U0504590

为了人与书的相遇

韦伯作品集

Herrschaftssoziologie

Max Weber

支配社会学

〔德〕马克斯·韦伯 著　康乐 简惠美 译

上海三联书店

图书在版编目（CIP）数据

支配社会学 / (德) 马克斯 · 韦伯著；康乐，简惠美译．-- 上海：上海三联书店，2020.12（2022.12 重印）

ISBN 978-7-5426-6433-4

Ⅰ．①支… Ⅱ．①马… ②康… ③简… Ⅲ．①政治社会学 Ⅳ．① D0

中国版本图书馆 CIP 数据核字 (2018) 第 179705 号

支配社会学

(德) 马克斯 · 韦伯 著

责任编辑 / 徐建新

特约编辑 / 吴晓斌

装帧设计 / 任　潇

内文制作 / 李丹华

监　　制 / 姚　军

责任校对 / 张大伟

出版发行 / 上海三联书店

（200030）上海市漕溪北路331号A座6楼

邮购电话 / 021-22895540

印　　刷 / 山东韵杰文化科技有限公司

版　　次 / 2020 年 12 月第 1 版

印　　次 / 2022 年 12 月第 2 次印刷

开　　本 / 880mm × 1230mm　1/32

字　　数 / 375千字

印　　张 / 15.625

书　　号 / ISBN 978-7-5426-6433-4/D · 396

定　　价 / 80.00元

如发现印装质量问题，影响阅读，请与印刷厂联系：0533-8510898

总序一

余英时

这一套“韦伯作品集”是由北京理想国公司从台湾远流出版公司出版的“新桥译丛”中精选出来的十余种韦伯论著组成，即包括了韦伯“世界诸宗教的经济伦理观”以及“制度论与社会学”两大系列的全部著述，囊括了这位学术大师一生的思想与研究精髓。我细审本丛书的书目和编译计划，发现其中有三点特色，值得介绍给读者：

第一，选目的周详。韦伯的“世界诸宗教的经济伦理观”系列，即《宗教社会学论集》，包括了《新教伦理与资本主义精神》、《中国的宗教》、《印度的宗教》和《宗教社会学　宗教与世界》等。其“制度论与社会学”系列不仅包括《社会学的基本概念　经济行动与社会团体》，“经济与社会”的《经济与历史　支配的类型》、《支配社会学》、《法律社会学　非正当性的支配》，也包括《学术与政治》等。

第二，编译的慎重。各书的编译都有一篇详尽的导言，说明这部书的价值和它在本行中的历史脉络，在必要的地方，译者并加上注释，使读者可以不必依靠任何参考工具即能完整地了解全书的意义。

第三，译者的出色当行。每一部专门著作都是由本行中受有严格训练的学人翻译的。所以译者对原著的基本理解没有偏差的危险，对专业名词的翻译也能够斟酌尽善。尤其值得称道的是，译者全是中青年的学人。这一事实充分显示了中国在吸收西方学术方面的新希望。

中国需要有系统地、全面地、深入地了解西方的人文科学和社会科学，这个道理已无须再有所申说了。了解之道必自信、达、雅的翻译着手，这也早已是不证自明的真理了。民国以来，先后曾有不少次的大规模的译书计划，如商务印书馆的编译研究所、国立编译馆和中华教育文化基金会等都曾作过重要的贡献。但是由于战乱之故，往往不能照预定计划进行。今天中国涌现了一批新的出版者，他们有眼光、有魄力，并且持之以恒地译介社会科学领域中的世界经典作品。此一可喜的景象是近数十年来所少见的。近年海峡两岸互相借鉴，沟通学术资源，共同致力于文化事业的建设和开拓，其功绩必将传之久远。是为序。

2007 年 4 月 16 日于美国华盛顿

总序二

苏国勋

作为社会学古典理论三大奠基人之一的韦伯，其名声为中文读者所知晓远比马克思和涂尔干要晚。马克思的名字随着俄国十月革命（1917 年）的炮声即已传到中国，二十世纪五十年代以后由于意识形态的原因，马克思与恩格斯的著作并列以全集的形式由官方的中央编译局翻译出版，作为国家的信仰体系，其影响可谓家喻户晓。涂尔干的著作最早是由当年留学法国的许德珩先生（《社会学方法论》，1929 年）和王了一（王力）先生（《社会分工论》，1935 年）译介，首先在商务印书馆出版，这两部著作的引入不仅使涂尔干在社会学界闻名遐迩，而且也使他所大力倡导的功能主义在学术界深深植根，并成为当时社会学研究中占主导地位的理论和方法论。与此相比，德国人韦伯思想的传入则要晚了许多。由于中国社会学直接舶来于英美的实证主义传统，在早期，孔德、斯宾塞的化约论—社会有机体论和涂尔干的整体论—功能论几乎脍炙人口，相比之下，韦伯侧重从主观意图、个人行动去探讨对社会的理解、诠释的进路则少为人知。加之，韦伯的思想是辗转从英文传播开来的，尽管他与涂尔干同属一代人，但在国际上成名要比涂尔干晚了许多。恐怕这就是中文早期社会学著述中鲜有提及韦伯名字的原因。

出于意识形态方面的原因，大陆学界从二十世纪五十年代初开始取消社会学这门学科的研究和教学，又长期与国际主流学术界隔绝，直到改革开放后，1987 年由于晓、陈维纲等人合译的《新教伦理与资本主义精神》由北京三联书店出版问世，内地学者才真正从学术上接触韦伯的中文著作。尽管此前台湾早在二十世纪六十年代就已出版了该书的张汉裕先生节译本以及由钱永祥先生编译的《学术与政治：韦伯选集（Ⅰ）》（1985 年，远流出版公司），但囿于当时两岸信息闭塞的情况，这样的图书很难直接到达学者手中。此外还应指出，大陆在此之前也曾零星出版过韦伯的一些著作译本，譬如，姚曾廙译的《世界经济通史》（1981 年）、黄晓京等人节译的《新教伦理与资本主义精神》（1986 年），但前者由于是以经济类图书刊发的，显然其社会学意义在一定程度上会受到遮蔽，后者是一个删除了重要内容的节译本，难以从中窥视韦伯思想全貌，无疑也会减损其学术价值。

大陆学术界在二十世纪八十年代中后期引介韦伯思想固然和当时社会学刚刚复出这一契机有关，除此之外还有其重要的现实社会背景和深刻的学术原因。众所周知，二十世纪八十年代中后期是大陆社会改革开放方兴未艾的年代，经济改革由农村向城市逐步深入，社会生产力得到了较快的发展。但是社会转型必然会伴随有阵痛和风险，改革旧有体制涉及众多方面的既得利益，需要人们按照市场经济模式转变思维方式和行为方式，重新安排和调整人际关系。加之，由于中国南北方和东西部自然条件和开发程度存在很大差异，在改革过程中也可能出现新的不平等，还有随着分配差距的拉大社会分层化开始显露，以及公务人员贪污腐化不正之风蔓延开来为虐日烈，这些都会导致社会问题丛生，致使社会矛盾渐趋激烈。如果处理不当，最终会引起严重的社会失范。苏联和东欧一些民族国家在经济转轨中的失败和最终政权解体就是前车之鉴。这些都表明中国的改革开放政策带来的社会经济发展遇到了新的瓶颈，面对这些新问题学术界必须做出自己的回答。

撇开其他因素不论，单从民族国家长远发展上考量，当时中国思想界可以从韦伯论述十九世纪末德意志民族国家的著作中受到许多启迪。当时德国容克地主专制，主张走农业资本主义道路，成为德国工业发展的严重障碍；而德国中产阶级是经济上升的力量，但是领导和治理国家又缺乏政治上的成熟。韦伯基于审慎的观察和思考做出了自己的选择：出于对德意志民族国家的使命感和对历史的责任感，他自称在国家利益上是“经济的民族主义者”，而在国家政治生活中自我期许“以政治为志业”。联想到韦伯有时将自己认同于古代希伯来先知耶利米，并把他视为政治上的民众领袖，亦即政治鼓动家，他在街市上面对民众或批判内外政策，或揭露特权阶层的荒淫腐化，只是出于将神意传达给民众的使命感，而非由于对政治本身的倾心。然而韦伯又清醒地认识到，现时代是一个理智化、理性化和“脱魅”的时代，已没有任何宗教先知立足的余地，作为一个以政治为志业的人，只能依照责任伦理去行动。这意味着一个人要忠实于自己，按照自己既定的价值立场去决定自己的行动取向，本着对后果负责的态度果敢地行动，以履行“天职”的责任心去应承日常生活的当下要求。或许，韦伯这一特立独行的见解以及他对作为一种理性的劳动组织之现代资本主义的论述，与大陆当时的经济改革形势有某种契合，对国人的思考有某些启发，因而使人们将目光转向这位早已作古的德国社会思想家。

此外，二战结束以来，国际学术界以及周边国家兴起的“韦伯热”也对国内学术界关注韦伯起到触发作用。韦伯的出名首先在美国，这与后来创立了结构功能学派的帕森斯有关。帕氏早年留学德国攻读社会学，1927 年他以韦伯和桑巴特论述中的资本主义精神为研究课题获得博士学位，返美后旋即将《新教伦理与资本主义精神》译成英文于 1930 年出版，并在其成名作《社会行动的结构》中系统地论述了韦伯在广泛领域中对社会学做出的理论贡献，从此以后韦伯在英文世界声名鹊起并在国际学界闻名。五十年代以后韦伯著作大量被译成英文出版，研究、诠释韦伯的二手著述也如雨后春笋般涌现。六十年代联邦德国兴起的“韦伯复兴”运动，其起因是二战后以美国为楷模发展起来的德国经验主义社会学，与战后陆续从美国返回的法兰克福学派代表人物所倡导的批判理论发生了严重抵牾，从而导致了一场长达十年之久关于实证主义方法论的争论。由于参加论战的两派领军人物都是当今学界泰斗，加之其中的几个主要论题——社会科学的逻辑问题（卡尔·波普尔与阿多诺对垒）、社会学的“价值中立”问题（帕森斯对马尔库塞）、晚期资本主义问题（达伦道夫和硕依西对阿多诺）——直接或间接都源于对韦伯思想的理解，对这些重大问题展开深入的研讨和辩论，其意义和影响远远超出了社会学一门学科的范围，对当代整个社会科学界都有重要的参考借鉴价值。作为这场论战的结果，一方面加快了韦伯思想的传播，促使韦伯思想研究热潮的升温，另一方面也对美国社会学界长期以来以帕森斯为代表的对韦伯思想的经验主义解读——“帕森斯化的韦伯”——做了正本清源、去伪存真式的梳理。譬如，在帕森斯式的解读中，韦伯丰富而深刻的社会多元发展模式之比较的历史社会学思想，被歪曲地比附成线性发展观之现代化理论的例证或图示。因此在论战中从方法论上揭示韦伯思想的丰富内涵，还韦伯思想的本来面目，亦即“去帕森斯化”，这正是“韦伯复兴”的题中应有之意。

随着东亚“四小龙”的经济腾飞，研究韦伯的热潮开始东渐。二战后特别是六十年代以后，传统上受儒家文化影响的韩国、台湾、香港、新加坡成为当时世界上经济发展最快的四个地区，如何解释这一现象成为国际学术界共同关注的课题。美国的汉学家曾就“儒家传统与现代化”的关系于六十年代先后在日本和韩国召开了两次国际学术研讨会。八十年代初在香港也举行了“中国文化与现代化”的国际学术会议，其中的中心议题就是探讨儒家伦理与东亚经济起飞的关系。许多学者都试图用韦伯的宗教观念影响经济行为思想去解释东亚经济崛起和现代化问题：有将“宗教伦理”视为“文化价值”者；也有人将“儒家文化”作为“新教伦理”的替代物，在解释东亚现代化时把儒家传统对“四小龙”的关系比附为基督教对欧美、佛教对东南亚的关系；还有人将韦伯论述的肇源于西欧启蒙运动的理性资本主义精神推展至西方以外，譬如日本，等等。所有这一切，无论赞成者抑或反对者，都使亚洲地区围绕东亚经济腾飞形势而展开的文化讨论，与对韦伯思想的研讨发生了密切关系，客观上推动了韦伯著作的翻译出版和思想传播，促使东亚地区韦伯研究热潮的出现。

作为欧洲文明之子，韦伯是一名百科全书式的学者，其思想可谓博大精深，同时其中也充满了许多歧义和矛盾，许多相互抵牾着的观点都可在他那里找到根源，因而时常引起不同诠释者的争论。历来对韦伯思想的理解大致可分为两派，即文化论和制度论。前者主张思想、观念、精神因素对人的行动具有决定作用，故而韦伯冠名为“世界诸宗教的经济伦理”这一卷帙浩繁的系列宗教研究（包括基督新教、儒教、印度教、犹太教等）是其著作主线；后者则强调制约人的行动背后的制度原因才是决定的因素，为此它视《经济与社会》这部鸿篇巨制为其主要著作。这种把一个完整的韦伯解析为两个相互对立部分的看法，从韦伯思想脉络的局部上说似乎都言之成理、持之有据，但整体看来都有以偏概全的偏颇。须知，韦伯既不是通常意义上的观念论者或文化决定论者，更不是独断意义上的唯物论者，因为这里的宗教观念是通过经济的伦理对人的行动起作用，并非纯粹观念在作用于人；而制度因素既包含经济制度、也包含法律制度、政治制度，还包含宗教制度、文化制度，并非只是经济、物质、利益方面的制度。换言之，一般理解的观念—利益之间那种非此即彼、对决、排他性关系，在韦伯的方法论看来纯属社会科学的“理念型”，只有在理论思维的抽象中它们才会以纯粹的形式存在，在现实生活中它们从来就是一种“你中有我，我中有你”的彼此包容的、即所谓的“镶嵌”关系。应该运用韦伯研究社会的方法来研究韦伯本人的思想，放大开来，应该用这种方法看待社会生活中的一切事物，惟有如此，才能持相互关系的立场，以“有容乃大”的胸怀解决现实中许多看似无解的死结问题。

欣闻台湾远流出版事业有限公司与大陆出版机构合作，在内地携手出版“新桥译丛”中有关韦伯著作选译的简体字版，这对于两岸出版业界和学术界的交流与沟通，无疑将会起到重要推动作用。祝愿这一合作不断发展壮大并结出丰硕的果实!

在中文学术界，台湾远流公司出版的“新桥译丛”有着很好的口碑，其译作的品质精良是远近驰名的，其中韦伯著作选译更是为许多大陆学人所称道。究其原委，一则是书品优秀，这包括书目及其版本的选择颇具专业学术眼力，另外新桥的译文具有上乘水准，是由经过专业训练的学者基于研究之上的迻译，而非外行人逐字逐句地生吞活剥。仅以两岸都有中文译本的《中国的宗教：儒教与道教》一书而论，远流本初版于1989年，六年后再出修订版，书中不仅更正了初版本的一些讹误，而且将译文的底本由初版的英译本改以德文原著为准，并将英、日文译本添加的译注和中文译本的译注连同德文本作者的原注一并收入，分别一一标示清楚。此外，远流版译本还在正文前收录了对韦伯素有研究的康乐先生专为该书撰写的“导言”，另将美国匹兹堡大学著名华裔教授杨庆堃先生1964年为该书的英译本出版时所写的长篇“导论”译附于后，这就为一般读者和研究者提供了极大方便，使这个译本的学术价值为现有的其他几个中译本所望尘莫及。再则，“新桥译丛”的编辑出版已逾二十余载，可谓运作持之以恒，成果美不胜收，仅韦伯著作选译出版累计已达十几种之多，形成规模效应，蔚为大观。不消说，这确乎需要有一个比较稳定的编译者团队专心致志、锲而不舍地坚持长期劳作才能做到，作为一套民间出版的译著丛书，在今日台湾这种日益发达的工商社会，实属难能可贵。现在，两岸出版业界的有识之士又携手合作，将这套译著引介到大陆出版，这对于提高这套丛书的使用价值、扩大其学术影响、推动中文世界社会科学和人文科学的发展、提升学术研究水平，功莫大焉。

近年来，随着两岸经贸往来规模的不断扩大，两地学术界和出版界的交流也在逐步深入，相应地，两地学者的著述分别在两岸出版的现象已屡见不鲜，这对于合理地使用有限的学术资源，互通有无，取长补短，共同提升中文学界的研究素质，可谓事半功倍。进而，倘若超越狭隘功利角度去看问题，将文本视为沟通思想、商谈意义的中介，从而取得某种学术共识，成为共同打造一个文化中国的契机，则善莫大焉。

诗云："瞻彼淇澳，绿竹猗猗。有斐君子，如切如磋，如琢如磨。"惟愿两岸学人随着对世界文化了解的日益加深，中文学界的创造性大发展当为期不远矣。是为序。

2003 年 12 月 3 日 于北京

目　录

第一章

支配的结构及其功能形态

一、权力与支配，过渡形态

就其最为一般性的意义而言，“支配”乃是共同体行动（Gemeinschaftshandeln）中最重要的环节之一[1]。的确，并非所有的共同体行动皆含有支配的结构，然而，在大部分种类的共同体行动中，支配仍然扮演着极为重要的角色，尽管乍见之下似乎并不明显。例如，在语言共同体内，一个政治支配经营体（politischer Herrschaftsbetrieb）以政治命令将某个方言提升为国语，对于一个更大的、具有统一的文学语言的共同体之形成，经常会带来决定性的影响（例如德国[2]）。另一方面，政治上的分裂则会带来最终相

1 共同体行动最初的雏形是：单纯依据习惯而发生的习惯化行为，亦即“习俗”（Sitte）：尔后转变成在他人期待下的、相互间特定的行为，亦即基于“谅解”（Einverständnis）而形成的所谓“共同体行动”。当此种特定的行动发生而伴随着某种约束力时，习俗即转化为“习律”（Konvention）。——日注

2 日耳曼有许多种方言，目前的德语乃是十四世纪末开始神圣罗马帝国法庭所使用的形式（首先在布拉格，其后在维也纳），马丁·路德则用与之相近的风格来译《圣经》，对德语的标准化影响极大。——中注

应的、语言分殊的情况（荷兰可与德国做一对比[1]）。再者，“学校”里行使的支配则会持久且决定性地类型化官方学校用语的形式与优势。在共同体行动的任一领域里，毫无例外皆深受支配结构的影响。大多数的情况下，从无定形的共同体行动所出现的、理性的结合体关系（Vergesellschaftung），乃是基于支配与其行使的方式而来。即或并非如此，共同体行动的样式及朝某一“目的”的取向，仍是取决于支配的结构与其开展。究其实，“支配”（尤其是）在过去与现在经济上最为重要的社会结构——前者为庄园制（Grundherrschaft），后者则为大资本主义经营——上，的确扮演着决定性的角色。

支配乃是权力的一个特殊个案，这是我们此刻要讨论的。正如其他形式之权力的例子里，行使支配的人并没有全然（或经常）将权力用来追求纯粹经济利益，例如，设法取得经济财货的充分供应。当然，对经济财货的控制（亦即经济力）经常是有计划之意图下支配的结果，同时也是支配之最为重要的手段之一。尽管并非任何的经济势力皆代表了我们所谓的“支配”，“支配”的基础与持续也并非都得利用到经济力。不过，在绝大多数的例子里（尤其是在最为重要的一些），事实就是如此，尽管方式各有不同；而且往往导致此一现象：亦即，为了维持支配所采取之经济手段的模式，却反过来对支配的结构发挥决定性的影响。再者，大多数的经济共同体——特别是其中最重要与最近代的——都展现出一种支配的结构。任何形式之支配的关键性特征也许（的确）并不会以任何简捷的方式与任何特定的经济形式结合起来；然而，在

1 荷兰由于独立，使通行于其领域的低地德语方言成为官方语言。——中注

许多场合，支配的结构既是个极具经济重要性的因素，亦是个（至少就某个程度而言）经济制约下的产物。

目前我们首先得界定有关经济形式与支配之关系的一般性前提。由于只是泛论性质，这些前提无可避免地会显得不够具体，有时则不够明确。就我们的目的而言，首先需要一个更精确的，“支配”的定义，及其与一般概念下之“权力”的关系。（在最一般性概念下）权力——亦即将个人之意志加诸他人之行动的可能性——的支配可以出之以各种形式。例如（实际上偶尔也常发生），法律赋予某人对他人（一人或多人）的请求权，因此拥有权力来命令债务者或无权利者，了解这点，即可明了近代私法的整个体系；支配乃是分散在法律上之“权利者”的手中。就此而言，在要求其薪水的限度内，劳动者对其企业主，官吏对国王，也都有发号施令——亦即“支配”——的权力了。这样的说法未免有点勉强，顶多也只不过是个假设性的说明概念。因为，司法权力对败诉之债务人的“命令”，与（债务）权利者自身在判决之前对债务人的“命令”，必须有个质的区别。

然而，通常被称为“支配”的地位，可以来自沙龙、市场的社交关系，演讲厅的讲坛（对听众），连队长的位置，亦可来自性爱关系、慈善关系、学术讨论或运动。这么广泛的一个定义无疑将使得“支配”此一概念完全失却其学术上的有效性。此处实无法对“支配”做一最广泛的，包括所有形式、条件与具体内容的分辨。我们只想提醒，除了无数其他可能有的类型外，有两种相互对立的支配类型存在，亦即基于利害状况（具体而言：基于独占地位）的支配，与基于权威（命令权力与服从义务）的支配。

前者最纯粹的类型乃是市场的独占性支配；后者则为家父长

权力、官职权力或君侯权力。就其最纯粹形式而言，前者所奠基的影响力乃纯然来自于（以某种方式与行动施诸那些被支配者之行为而得确保的）对财货或具市场价值之技能的掌握，不过，被支配者仍维持形式上的“自由”，并且单纯只为追求自己的利益而行动；后一类型的支配则奠基于支配者所要求的绝对的服从义务，而无视于任何个人的动机或利害关系。两者之间的界线并不明确。例如，任何大规模的中央银行或信托机构，都可基于其独占性的地位，对资本市场发挥“支配性的”影响。它可以要求其贷款者诸种条件以取得信贷，因此，（为了确保自己资源的流畅而）对贷款者的经济营运发挥了广泛的影响力。贷款者果真需要信贷，即须为了自己的利益而服从于这些条件，甚至必须提供担保品以保证此种服从。然而，信托银行并不认为自己在要求“权威”——尽管它们不顾被支配者自身的利益而要求他们“服从”。它们只是追求自己的利益，并以最佳方式来达成；至于被支配者，则以形式上“自由的”行动来理性地追求自己的利益，尽管是在客观环境的迫使下。就算是不完全的独占者，亦处于同样地位（尽管竞争仍然存在），只要他多少还能“指定”价格——不管是对交易的伙伴抑或是竞争者——就成；换言之，只要他能以自己的方式迫使他们采取符合他个人利益的行动就成，不过，其间并没有丝毫要求他们以服从此一支配为“义务”。

任何典型的、基于利害关系的支配，尤其是原本基于独占地位的支配，都可能逐渐转化为权威的支配。例如，为了更有效控制其贷款人，银行可能会要求——作为贷款条件——派人出任贷款者公司的监事，由于经营者对监事有服从义务，监事因此即可下达决定性的指令。或者是中央银行设法劝诱信托机构采取统一的信贷条件，以此方式企图——基于其权力地位——确保本身对信托机构与其顾客之关系的持续控制与监督。它也因此有可能利用此种统制以达成通货政策的目的、景气政策的目的、或政治的目的（例如战争的财政准备）——尤其是当中央银行深受政治力量影响的情况下。理论上，这样的统制的确是可以达成的，其目的及运作的方式也联系成规则章程，特别的机关创立出来以利其运作，还有特别的上诉机关以解决疑难，最后，统制乃日趋严格。在这样的情况下，这种支配也许会变得十分类似于一个官僚化的国家机构对其从属者的权威式支配，而从属者也会具有权威主义之服从关系的性格。

同样我们也可看到酿酒业者对由他们提供设备的小酒商的支配，将来如果德国出版商成立卡特尔，并有权核准书商的营业许可，即可达成对书商的支配，或者如标准石油公司对油商的支配，或者如德国煤炭生产者通过其共同营业处对煤炭商的支配。当这种支配发展到最成熟地步时，所有这些销售商即很可能降为受雇的承销代理人，与出外勤的装配技师、或其他从属于一个经营主之权威的私人职员（Privatbeamten）无甚区别。

从古代事实上的债务隶属到正式的债务奴隶，或者如在中古与近代，从出口产业之职工对了解市场之出口商的依附（各种形式程度不同的家内工业的依附性）、到彻底受制于权威主义之劳动规则的小工厂劳工，其间的转换是渐进的。由此循着其他过程而成为办公室或工厂的事务员、工程师与劳工，其所服从的纪律在本质上与政府官员或军队的纪律已无甚差异，尽管此一纪律乃是经过劳力市场上形式上“平等”的双方，以“自愿”接受雇主所提出之条件、通过签订契约的方式而出现的。

尽管公家的雇用与私人间的雇用仍有区别，更重要的差异却存在于服兵役与其他种类的雇用之间。劳动职位与官职本质上是基于自由意志来接受或拒绝，兵役则是强制性的，至少在那些古老的契约佣兵制已为征兵所取代的国家(例如德国)是如此。不过，即使是政治上的子民关系也可以自愿缔结，并且——在某个范围内——可以自由解除；过去的封建隶属关系是如此，某些情况下的家产制隶属关系亦可能如此。即使在一种完全无自由意志可言、其服从通常无解消之可能的纯粹权威关系（例如奴隶），其间的转换过程亦是渐进的。无论如何，即使是在一种纯然权威主义式的义务关系里，隶属者就其服从本身而言仍应有某种最小限度的利益可得，这通常乃是导致服从之无可或缺的动机之一。转换的过程因此显得含混不清。

然而，如果我们还是希望能从现实诸现象之流中得出有益的分际，我们就不该忽略存在于事实之权力与权威主义之权力间的、明确的两极对立性：前者乃是基于一种纯粹的所有，以及市场交换规律下利害妥协的形式，后者则来自诉诸绝对之服从义务的家父长或君主。权力的多样性自然不是上述所举例子所能穷尽的。

即使是所有本身，也可以构成权力的基础，而有异于基于市场力量的形式。正如我们先前所提到的，即使在没有社会分化的状态下，结合于相应之生活样式的财富——例如一个“门庭若市”的人，或一个拥有“沙龙”的贵妇人之在今天社会的地位——仍可创造出社会权力来。在某些情况下，所有这些关系都可能带有权威主义的色彩。更广泛定义下的“支配”并非仅只来自于市场上的交换关系，同时也来自习律性的社交关系；这种现象可从“社交界名流”算起，一直到罗马帝国时期社会公认的“品味大师”

(arbiter elegantiarum[1])、或普罗旺斯（Provence）地区贵妇人的爱情法庭（cours d'amour[2]）。

这种支配状况的确可见之于私人市场与私人关系领域之外。即使没有任何正式的命令权力，一个“主权州”——或者更精确地说，也就是那些可以通过权威或市场而获得决定权的地区——仍能发挥影响广泛（有时甚至是专制性）的霸权。典型的例子可见之于日耳曼关税同盟、或稍后的德意志帝国内，普鲁士的地位、纽约在美国的地位也有点类似，虽然程度要差许多。在日耳曼关税同盟里，普鲁士的官员是具有支配性地位的，因为他们的邦乃是最大（因此也是决定性）的市场；在德意志帝国时期，他们的地位也是最高的，因为他们拥有最大的铁路网、控制了最多的大学教职等等，因此可以掣肘其他形式上平等的各邦之相关的行政部门。纽约的政治势力乃来自其强大的金融力量。所有这些权力的形式都是基于利益的结合状态，因此也类似于市场上的现象，

1　Arbiter elegantiae 一词乃塔西图斯（Tacitus）作品中（*Annales*，XⅥ，18）的人物 Gaius Petronius 之别名。“话说 Petronius 这个人昼寝夜逸，别人以勤勉立身，他却以懒惰闻名：不过，有别于大多数荡尽家财的登徒子，他的逸乐是高尚讲究的，而非徒放荡奢华。他自由阔达而不做作的言行，因此显得一派天真，受人喜爱。在担任比多尼亚总督与执政官等职位时，Petronius 倒也表现出实务练达的才能。其后，他本性难移，又成为恶德者的模范，作为‘品味大师’（arbiter elegantiae）而被纳入尼洛王友人的小圈子里。总之，尼洛若不认可 Petronius 的话，那么也就没什么可以被认定为是纤细优美的了。”根据塔西图斯的这段描述，Petronius 便逐渐被称之为 arbiter elegantiae。后来他因 Tigellinus 的谗言而失宠于尼洛，割腕自尽。总而言之，此处 arbiter elegantiae 所指的是得 elegatia（纤细、优美、洗练、高尚、轻妙）之深髓的“权成者”“大家”，而 arbiter 与其说是“仲裁者”，倒不如说是指 Herr、master、maitre 之意。——日注

2　“爱情法庭”乃是骑士与吟游诗人的高潮时期（十二到十三世纪）上流社会中的娱乐之一。据说彼时的上流社会仕女们组织成法庭的形式，对于宫闱恋情与求爱的礼仪态度月旦衡论、鉴赏评议。此风盛于南法，尤其是普罗旺斯地区；其后，随着普罗旺斯社会因“十字军”之对抗阿尔比异端（Albigenses）而瓦解后，爱情法庭也消失无形。至中古晚期，布根地宫庭里，爱情法庭据说还盛行了好些年。——日注

而在发展过程中很容易转化为正式规制的、**权威的**关系，或者更精确地说，转化为具有**他治制**（Heterokephalie）**之命令权力与强制机构**的组织[1]。实际上，由于缺乏规律性之故，源自于市场或其他之利益结合状态的支配，比起一个其服从义务皆清楚明确固定下来的权威，有时更令人感到具有压迫性。不过，这一点无关乎社会学之概念构成。

在下面的讨论里，我们将只用狭义的支配概念，因此排除掉那些权力乃是基于一种利害关系的各方在形式上自由之互动——特别是在市场中所发生——的情况。换言之，在我们的概念里，**权威**即等同于**命令权力**。

更精确地说，“支配”即意味着此一情况：“支配者”（单数或多数）所明示的意志（“命令”）乃是要用来影响他人（单数或多数的“被支配者”）的行动，而且实际上对被支配者的行动的确也产生了具有重要社会性意义的影响——被支配者就像把命令的内容（仅只为了命令本身之故）当作自己行动的准则。从另外一端看来，此一情况即可称为“服从”。

（1）这个定义有点别扭，尤其是用了“就像”一词。只是，

1　将强制性地维持秩序及惩罚侵害秩序者等事务，特别当成是一己之任务的人，韦伯称之为“强制干部”（Erzwingungsstab），与此处之“强制机构”（Zwangsapparat）同义。

“团体可分为：a. 自律的（autonom）、b. 他律的（heteronom）、c. 自治制的（autokephal）、d. 他治制的（heterokephal）四种。自律之不同他律在于：团体的秩序并不是由团体之外的人所制定的，而是根据团体成员之作为成员的资格而制定出来（在其他方面，则不问团体秩序之制定是以何种方式进行）。所谓自治制，是指领导者与团体干部乃是依循团体本身的秩序而被任命，不同于他治制是经由团体外的人来任命（此外，则不论其任命是如何进行）。”（《经济与社会》，C.1，12）——日注

这点实在无法避免。单只是命令之被事实上遵守此一表面现象，并不足以突显出我们所说的支配；我们绝不能忽视命令之被视为一“妥当的”规范而予以接受所代表的意义。另一方面，从命令到事实上之被遵守间的因果连锁关系则是极端多样性的。从心理学角度而言，命令之达成可以通过双方“所见一同”（Einfühlung）、“启示”（Eingebung）[1]、或理性“说服”的方式，或者上述三种（某人企图影响他人之）主要类型的混合。在具体的个案里，命令之被执行，其动机可以是被支配者对命令之正当性的确信，可以是一种义务感，可以是来自恐惧，或者是“不假思索的习惯”，或者是企图为自己牟取利益。从社会学的角度而言，这些差别**并不一定**有什么重要关联。另一方面，支配之社会学的性格，乃是依其主要正当性支配之类型的基本差异，而有所不同。

（2）存在于我们刚界定的、狭义的支配概念，与我们稍早所提过的、在市场、沙龙、讨论等等场合上、广义的“发挥自己影响力”之间，有许多过渡形态。我们将会偶尔回到后者的例子，以便更清楚地说明前者。

首先，支配关系的存在显然可以是相互性的。例如不同“部门”的近代官吏，其命令权力——只要对方是在其管辖“权限”内——乃是基于彼此间相互服从的关系。这并不涉及概念上的难题，不过，如果一个顾客向鞋匠订购一双鞋子，我们是否能说，其中有人（顾客或鞋匠）就“支配”了对方？

1 Einfühlung 是指“给予影响者本身的内在态度被接受影响者所共同经验”，而 Eingebung 则是指“通过强烈作用的手段，某种观念突然觉醒，此一观念为：受影响者的行为乃是‘应有的’（gesollt）行为”（《经济与社会》，part Ⅱ，C.1，2）。——日注答案得视个别的情况而定，不过我们几乎经常总可发现，在某些**有限的**范围内，某人的意志可以排除他人的抗拒而影响其意志，就此程度而言，某人即“支配”了他人。然而，在此种衡量下是无法建构一个精确的支配的概念，这个说法对任何种类的交换关系（包括观念的交换）而言，都真确。再者，我们要怎样来评断亚洲的村落匠人，他们是明确受雇于整个村落的。在其职业“权限”内，他是个支配者吗？或者他是个被支配者？果真如此，谁来支配他？看来我们最好还是不要把支配的概念用到这种关系上，除非是涉及这个匠人对其助手的支配权，或者是涉及那些村落的“官方”人物——对他有命令权、监督权的人——对他的支配权的场合。

一旦如此做，我们即将支配的概念缩小到技术性的层面，正如我们前面所界定的。只是，村长——即“官方人士”（Obrigkeitsperson）——的地位，与上述村落匠人的地位，很可能完全一样。私的“业务”与公的“职务”之间的区别，如我们所知，乃是发展的结果，而且在其他地方绝非如我们德国这么根深蒂固。在一般美国人看来，法官的“经营”（Betrieb）与银行家的经营实无甚区别，都是一项“业务”（business）。法官只不过是个被赋予给某当事人一个“判决”（decision）之独占权的人物，由于有此判决，此一当事人即可强制要求他人履行某些事项，或者反过来，保护自己以对抗他人的要求。借着此种特权，法官即可直接或间接地享有某些合法或不合法的利益，而且为了保有这种特权，他得付出部分的“收入”给政党大老的金库，以报答他们给予此种特权。

在**所有**（而且也**只限于**）下述的情况里，我们将把上述村长、法官、银行家与匠人皆归类于支配的范畴：当这些人为其命令（纯粹就命令本身而言）要求“服从”，而且实际上也得到（具有重要社会意义的）服从时。除非求之于“命令权力”，否则即无法为支配界定一个可用的概念；然而我们也别忘了，在这儿——就跟生命中的所有现象一样——一切都只不过是个“过渡”。社会学的考察乃是全然奠基于如此一种命令权力的**实际**存在，而非以教条与法的方式、从规范中导出的一种“观念的”存在，这点乃是不证自明的。换言之，当某人在要求发布特定命令所需的权威时，决定性的乃是他在实际上所得到的(具有重要社会意义的)服从。虽然如此，“事实上的”命令权力经常还会要求由“法律”所规范的“秩序”；准此，社会学的考察即不得不应用到法学的概念配备。

二、支配与行政，民主制行政的本质与界限

我们对“支配”的首要关心之处乃在其与“行政”(Verwaltung)的结合[1]。所有的支配皆通过行政来展现与运作。反之，任何行政也都需要支配，因为在行政里，永远有必要将某种命令权力置于某

1　根据韦伯以下的说明“‘Verwaltung’绝不是个公法的概念。例如自己家计的 Verwaltung 及某种营利经营之类的私的 Verwaltung。公的 Verwaltung 则是指通过国家机构所行使的，或由国家授权的、亦即他律的、其他公家机构所行使的 Verwaltung。后者的范围，最广义而言，包括以下三种，亦即：法创造、法发现、及公家机构活动中除去以上两种的残余部分——吾人称之为‘统治’”。因此，Verwaltung 译为“行政”确有不妥之处，一般则常译为“管理”。只不过，在《经济与社会》第二部第九章里，至少本译书所及部分，此语实际上只涉及“公的”Verwaltung，如译为“管理”，则因其抽象性与一般性，恐怕有碍于理解，故而原则上译为“行政”。所谓“行政”，如引文所明示的，是指包含“立法”“司法”与政治“统治”在内的概念。在明白具有抽象意味的情况下，则与“管理”一词并用。——日注

人手中。

命令权力有时可能会以一种较为无害的姿态出现；被支配者可能会视支配者为其“仆人”，而支配者也可能如此看待自己。这种现象的最纯粹形态可见之于所谓的**“直接民主制的行政”**。这种行政之被称为“民主制的”，有两个理由（尽管这两个理由并不见得相互一致）。(1) 这种行政乃奠基于，所有人原则上都有同等资格来处理共同事务，此一前提上。(2) 在这种行政里，命令权力被缩减到最低程度。行政职务是轮流的、抽签决定、或由直接选举委派（任期很短）。所有重要事务皆留待所有成员共同决定，行政人员只负责准备议程、执行决议，并根据大会指令处理“日常事务”。这种类型的行政可见之于许多私人社团、某些政治共同体（至少在原则上，例如瑞士的州民大会，或美国的一些市镇）、德国的大学（只要校长及院长还掌握行政权[1]），以及其他许多性质类似的团体。

不管行政权限如何的缩小，某些行政人员仍必须委以命令权力，其地位因之乃不断游移于单纯处理事务的仆人与支配者之间。他的地位之所以被加诸各种“民主的”限制，正是为了要防止他发展成一个支配者。不过，“平等”与行政人员支配权力的“极小化”，同样亦可见之于许多贵族团体，用来对付他们支配层**内部**的同僚。具体事例可见于威尼斯与斯巴达的贵族层，或者是德国大学的正教授贵族层：他们都曾经采用过例如职务轮替、抽签、或短任期的选举等等“民主的”形式。

1 德国大学的校长与学院长是由正教授选举产生，任期一年；他们与理事会共同管理学校事务、代表学校，特别是在与管辖大学的教育部对抗的关头上。——日注这种类型的行政通常会出现在符合下述条件的团体里：(1) 地方性的；(2) 成员的数目有限；(3) 成员的社会地位不能相去过远；(4) 行政职务比较单纯与稳定；(5) 在手段与目的之客观性的考量上，必须有某种最低程度之发展的训练。最后一项要件存在于，例如，瑞士与美国的直接民主制行政，正如俄国的密尔 (Mir) 亦曾有过一样（在其根据惯例而来的行政事务范围内[1]）。我们并不将此种行政视为任何“发展系列”里一个典型的历史的起点，而只视之为一个极端性的个案，并作为本书研究的起点。轮替制、抽签制以及具有近代意味的选举制，绝非（选取共同体之行政人员的）“原始的”形式。

直接民主制的行政，其存在是不稳定的。随着经济分化的出现，行政职务即可能落入有产者的手中。其原因并不在于他们有过人的资质或专门知识，而只是因为他们有“余暇”兼职性地来处理行政事务，报酬很低或根本是无偿的。对那些被迫要工作以维持生计的人而言，这种兼职就意味着时间——换言之，收入——的牺牲，劳动的强度愈是增加，这种牺牲即愈无法忍受。拥有上述优越地位的人因此并不仅指那些拥有高收入的人，而是指那些可以不劳而获、或是只需间歇性劳动即可有所获的人。在其他一切条件都相同的情况下，一个近代的制造业者——较之农场主或中世纪的城市豪商（两者皆需不间断地工作）而言——就比较不

1　Mir 是俄罗斯的农村共同体（Opschtchina），或指由共同体之全体农家的户主所形成的村会。在 Mir 里，相应于各农家的劳动力，定期地实行土地分配，租税与其他税赋的缴纳则由全体农家负起责任。这些土地分配、税赋分摊及村长的选举等，皆为上述村会的权限。就形式而言，这样的 Mir 是极为民主的组织，但实际上，实权是掌握在被称为 Kulak 的富农阶层手中。根据现在通行的说法，Mir 所代表的并非原始土地共产制的遗迹，而是晚至十六七世纪时，新近“由上而下”被组织起来的。——日注

容易从自己的工作中脱身，因此也较不可能负责行政职务。准此，大学里医学院与自然科学研究所的负责人最不适合出任校长，尽管他们具有足够的行政经验——因为他们自己的工作已占据了太多时间。由于从事营利活动的人再也没有余暇，直接民主制的行政，随着社会分化的演变，乃逐渐落入“**望族**”（Honoratioren）的支配。

我们在前面已提到过所谓“望族”的概念，亦即（结合于某种生活样式之）特殊社会声望的担纲者[1]。这里我们还得再加上另一个不可或缺的条件，此即，由其经济地位而来的、掌管社会行政并将支配视为一种“荣誉职责”的能力。因此，我们可以暂时如此界定“望族”：首先，他们是不劳而获者，或者只要花费极少劳力（或诸如此类），因此除了他们（可能）从事的职业活动外，尚能负担行政职务；其次，基于这样的经济地位，他们乃拥有某种生活样式（这一向是个自然结果），这种生活样式赋予他们一种具有“身份荣誉”的社会“威望”，使他们适合就支配之职。

这种望族支配的发展经常会出之以筹备审议团体（vorberatendes Gremium）的形式，要提交共同体成员的事项会先在此一团体中讨论；这个团体自然很容易预知共同体的决议，或者索性打消这些议案，以此（基于本身的威望）而确立对望族地位之独占。这种类型的望族支配之发展，早自远古时代即已出现在地域性共同体，尤其是邻人团体。

不过，早期的望族与崛起于现代的、理性化之“直接民主制”的望族，性格截然不同。最初的资格乃是**年龄**。在所有以“传统”——

1　Honoratioren 的拉丁文原意为“那些有名望者”（those of higher honor），德文则用此字（带点友善的嘲弄地）来称呼城市里较受尊敬的市民。参见《支配的类型》，20 节。——中注习律（Konvention）、习惯法或圣法——为其共同体行为之取向的团体内，“长老”乃是“天生的”有声望者，这不仅是由于他们拥有（因经验广博而来的）声望，也由于他们知道传统；他们的鉴定、睿智（Weistum）[1]、事前同意（Prhoboúleuma）或事前认可（auctoritas）[2]，就像以超自然之力保证了成员决议的正确性，正如在有争议的场合这乃是最有实效的仲裁。当共同体的成员经济地位大致相类似时，“长老”就是家族、氏族、或邻人团体中最年长者。

然而，基于年龄的相对性威望，在一共同体内部极易生变。当食物供给缺乏时，无法再工作的人就只能是个负担。同样地，在一个长期处于战争状态的地区，老年人的威望一般而言在战士之下，而且经常会出现一种年轻人用来对抗老人之威望的“民主的”口号，例如“六十回桥”（Sexagenarios de Ponte[3]）。同样的现象也发生在政治或经济的革命时期（不管是暴力还是和平的），以及宗

1　所谓的 Weistum 是指日耳曼民族自古代以来至中世纪时的律例发现的手续，以及通过此一手续所发现的律例。在日耳曼民族里，每当有法发现的必要时，其共同体的成年男子原则上全体集合，集会的议长（望族、贵族）要求参加集会的成员中某一人（“法发现人”，亦即“判决发现人”）来发现法（此即“判决质问”），被要求法发现的人即必须发现法并将之提示出来（此即“法的宣示”Rechtsweisen，亦即“判决提案”），当此一提示的法经过集会者全员加以承认时，则由议长宣告之，法发现的手续于此完成。只不过，在古代，法发现人的资格至少在形式上应该是没有被限定的，后来才渐次有了特定的常置法发现人。——日注

2　auctoritas（即 patrum）拉丁文，指人民大会（comitia）的某些决议的有效性必须征得罗马元老院的认可。关于认可之政治意义的种种用语，参见 Jolowicz，*Historical Introduction to Roman Law*（1932），30。——日注

3　“六十回桥”是一则源起不明的罗马谚语，古代作家一般将之与一种尚有争论的古老人身祭献关联在一起，在上祭献中，无用的老人从桥上被扔到台伯河（Tiber）里去。较不那么通行的一种解释，也就是韦伯此处所认为的，是 Varro 在其 *de vitäpop.Rom lib.* Ⅳ（Ⅱ.11）中的报道。据说在 Matius 营区里，年过六十的人被排除于人民集会的投票议事之外，而此营区须过一座桥方能到达。——中注

教观念之实际力量（及由此而来的对神圣传统的敬畏）无甚发展或已在衰退之中的时代。另一方面，凡是经验仍有其客观性效用，或传统的主观性力量仍居高不下之处，老年人的威望即能持续。

老年人的权威被剥夺之处，权力并不因此即归年轻人所有，通常还是落入那些拥有其他种类社会威望的人手中。随着经济或身份的分化，"长老会议"（Gerusia，Senatus）的名称也许仍然保留[1]，实际上却已由前面所提过的"望族"——亦即"经济的"望族，或拥有"身份"荣誉的人（他们的权力归根究底还是奠基于财富之上）——所把持。

此外，必须成立或维持一个"民主制的"行政，这样的口号也可能会成为无产者或虽有经济力量却仍被拒于身份荣誉之外的人，用来对抗望族的有力武器。在这样的情况下，"民主制的"行政变成**政党间**斗争的手段，尤其是因为望族——基于其身份威望与某些人对其经济上的依赖——可以招募无产者成立"亲卫军"。事态一旦发展至此，权力斗争的目标，亦即"直接行政的民主制"，即丧失其独特的性格——未发展状态的"支配"[2]。究其实，政党的存在乃是为了争逐（特殊意义上之）**支配**此一目的的，因此它必然会倾向采取一种层级支配关系的结构，不管它如何小心企图隐瞒此一事实。

某种类似于此种成员间——他们本质上乃是在一"纯粹"民

1　Gerusia，斯巴达的元老院，由 géroutes（希腊文，古老）一字而来。Senatus，罗马元老院，由 senex（古老）一字而来。——日注

2　"只有在政团之间互相竞争，而不发展出长久占有职位的情况下，'望族'主导的直接民主和政府才可能真正的存在，而免于权成支配。如果他们发展出对职位长久占有的现象，胜利一方的领导者及其干部，不论他们以何种方式获得这项权力，不论他们是否保持先前的行政方式，就形成了支配的结构。"——中注

主制之边际性个案中，营同质性生活的统一体——之社会性疏离的现象，可能会发生在那些超越一定（**量的**）规模的社会团体之中，或者是其行政任务由于**质**的分化，以致无法再由某一个人（不管他是由轮替、抽签或选举所产生）来妥善处理、并满足其成员之要求的团体中。大规模团体的行政的各种条件，与基于邻人关系或个人关系的小团体的行政，有根本上的差异。只要涉及大规模的行政，"民主制"的概念即有剧烈的变化，从社会学的角度来看，再将它纳入与上述相同意义之"民主制"的范畴，实无意义可言。

行政任务之量与质的长期增长，会逐渐导致某些受过训练与有经验者在业务处理上之技术优越性，并无可避免地助长了（至少）某些职员之事实上的永久性存在。因此，一个为了行政目的——同时当然也是为了行使支配权——的、特别而永久性的组织之成立，其可能性永远存在。正如前面提到过的，这个组织可以是个由望族们所组成的、"合议制的"（kollegial）构造，也可以是个所有职员皆统合为一个在单一首长领导下的层级结构——"一元制的"（monokratisch）结构。

三、基于"组织"的支配，支配的妥当性基础

属于上述支配组织的团体，其相对于被支配"群"的支配地位，乃是基于所谓的"少数的长处"：支配的少数人能迅速在成员间达成谅解，因此能随时采取维持其权力地位所必须的、理

性的有组织行动（Gesellschaftshandeln）[1]。以此而能轻易地压制住威胁到其权力地位的、群众行动或共同体行动（Massen—oder Gemeinschaftshandeln），只要反抗者在争夺支配权的抗争中、尚未能发展出计划指导下的有组织行动。另一个“少数的长处”乃是支配者较易保持其意图、决议与知识的**秘密**，以充分发挥其效力；一旦人数多，想保持秘密就更困难、或根本不可能。“职务机密”愈是被强调，我们即可视之为一个征候：支配者要不是企图扩大其支配权，就是感到其支配权已受威胁。不过，任何其着眼点在永续维持的支配，在某一关键点上都必然是个**秘密支配**。

通过结合体关系（Vergesellschaftung）而建立的、为了支配的特殊机器，一般而言有下述特征：一群习于服从**指导者**命令的人，基于他们本身的参与与随之而来的利益，对于支配的维续亦**感到关乎其个人之利害**，为了持续维持支配，他们彼此分配并持续团聚一起，以掌握命令权力与强制权力的行使——此即“组织”之谓。那些其所要求且行使之命令权力、**并非**来自其他指导者所授权的指导者（一人或多人），我们称之为“支配者”（Herr）；至于那些团聚一起，以上述方式接受支配者之命令的一群人，我们将称之为“机器”或“机构”（Apparat）。

---

1 “在下述情况（也惟其在此情况）下，我们称利益社会关系下的行动（vergesellschaftetes Handeln，‘Gesellschaftshandeln’）为一种共同体行动，即当此行动（1）是有意义地以某种期待为其取向，且基于秩序之故而有此期待，（2）利益社会关系中的众人（vergesellschaftete）由于其行动之受到期待，而使得秩序之‘制定’纯粹合目的理性地产生，并且（3）行动之有意义的取向是出自于在主观上的目的理性（Gesammelte Aufsätze zur Wissenschaftslehre，S.442）。” 以此，Gesellschaftshandeln 乃是 Gemeinschaftshandeln 的次概念，是指“利益社会行动”“合理性的社会行动”，就其以基于秩序的、合于目的的，为其取向而言，明显地含有“有组织的社会行动”“有意识的社会行动”之意。——日注

任何特定支配之“组织”的社会学特征乃取决于，（单数或复数之）支配者与其机器的关系、这两者与其被支配者的关系以及其特有的支配**结构**——亦即其特有的、分配命令权力的方式。此外，当然还有其他许多因素、可用以建立样式繁复的、社会学分类下的支配形态。不过，就现阶段目标而言，我们要强调的是，如何归结支配的基本类型，亦即，支配之“**妥当性**”的终极依据何在；换言之，我们要考察的乃是，支配者对其“官员”所要求服从的权利以及这两者对其被支配者的同样要求，到底是基于怎么样的一些终极依据上。

在讨论“法秩序”时，我们即曾遭遇过这个“正当性”的问题。现在我们必须指出其更广泛的意义性所在。就一个支配而言，这样的正当性基础，绝非仅只是个理论性与哲学性思辨的问题，它实际上构成经验性之支配结构的、最为实际之差异的基础。之所以如此，乃是因为任何权力——甚至生活中的任何好运道——一般都有为自己之正当性辩护的必要。

人类的命运并不平等。每人的健康、财富情况、社会身份等等皆有所差异。简单的观察即可发现，在所有这些情况里，境遇较佳者一直觉得有必要“正当化”自己的处境，认为自己的好运乃是“应得的”，其他人的歹运则是他们的“自业自得”。因此，纯粹“偶然”因素所造成的差异，在此显然无甚重要可言。

优势特权团体与劣势特权团体之间的关系上，也感觉有此必要。所有高度特权团体都会创造出有关其天生（特别是“血统”）之优越性的“神话”。在权力分配稳定——“身份”秩序因此也稳定——的情况下，这种神话是会被劣势特权阶层所接受的。只要群众仍停留在其自然状态，有关支配秩序之性质的思考尚未开展之时，换言之，只要尚无急切的需要迫使群众将这些事情“问题化”，此一情况就会继续存在。然而一旦阶级状况划分判然，而且每人都可看出它乃是决定自己个人之命运的力量时，高度特权团体的神话——即每人的命运都是“自业自得”——即会遭到劣势特权者最激烈的攻击。我们只要看看上古晚期、中世纪以及（尤其是）近代的某些阶级斗争即可了然，在这些斗争当中，上述的神话以及奠基其上的、支配之“正当性的”要求，成为最激烈与最为有效的攻击目标。

究其实，任何支配（就此字之技术性意义而言）的持续运作，都有通过诉诸其正当性之原则的、最强烈的自我辩护的必要。这些根本原则有下述三种：

命令权力的“妥当性”（Geltung）可以基于：第一，一个具有（经由协定或指令所制定的）**合理**规则的制度。在此制度下，当根据规则所“委任”（握有权力）的人要求服从时，服从乃是服从于具有一般性约束力的规范。在此场合里，每个命令权力的担纲者，都由上述具有合理规则的制度赋予正当性，只要符合规则运作，他的权力即是正当的。准此，服从乃是针对规则，而非对人。

第二，命令权力的妥当性亦可基于**人的权威**。这样的一种权威，进一步可以奠基在**传统**的神圣性——一种具有习惯化与恒常化的神圣性，且要求对特定人物的服从。

第三，或者，此种人的权威亦可来自一个正好相反的基础上，亦即对非日常性事物的归依、对**卡理斯玛**（Charisma）的信仰，换言之，亦即信仰某个带来实际启示、或具有天赋资质的人物，视之为救世主、先知或英雄。

支配结构的“纯粹”类型相应于上述三种正当性的类型。见之于真实历史中的支配形态，乃是这些“纯粹”类型的结合、混合、同化或变形。一个支配结构之理性化、组织化的共同体行为，其典型特征可见之于“官僚制”(Bürokratie)。受传统的权威关系所制约的共同体行为,则可见之于“家父长制”(Patriarchalismus)。“卡理斯玛”的支配结构乃是基于具体的个人权威——既非依赖理性规则，亦非传统。目前我们将以最熟悉、最为理性化的类型——近代的“官僚制”行政——作为讨论起点。

第二章

官僚制支配的本质、前提条件及其开展

一、近代官僚制的特殊功能模式

近代的官吏制度（Beamtentum）所特有的功能模式如下：

I. 原则之一：各部门有（通常是）依据规则——法律或行政章程——而来的、明确的“**权限**”（Kompetenzen）。（1）为了官僚制支配团体之目的所必要的、一般性的活动，被清楚分派为官吏职务。（2）为了执行职务所必要的命令权力，也有明确的分配；附随于命令权力的强制手段（肉体、宗教性或其他），亦受到规则的明确限定。（3）为了规则性与持续性地履行这些职务，并行使相应的权利，有计划地供应所需物资；只有在一般规则下够资格的人才能被任用。

这三个要素，在公法的支配领域即构成官僚制的“**官府**”（Behörde），在私人经济的支配领域即构成官僚制的“**经营**”（Betrieb）。此一意义上的官僚制，其最成熟发展仅见诸近代国家的政治与教会共同体，在私人经济的领域则仅见诸资本主义之最进步的组织。具有明确权限的、持续性的官厅，在历史上纵或有之，亦属例外。对曾经有过庞大政治组织的古代东方、日耳曼人与蒙古人的征服国家以及许多封建国家而言，这点殆无疑义。在上述这些政治组织里，支配者皆通过个人心腹、共食伙伴(Tischgenossen)、或廷臣来执行最重要的政策。这些人的任务与权力并没有明确限定，而且也只是为了个别的事件暂时赋予的。

Ⅱ. 原则之二为**官职层级制**（Amtshierarchie）与审级制(Instanzenzug)。有一套明确制定的、官府间上下关系的制度，其间下级官府是在上级的监督之下。此一制度也提供被支配者，遵照既定程序，向相关上级申诉下级单位之决定的可能性。在发展成熟的官僚制里，官职层级是采取“**一元制的**”支配形式。层级式的审级制原则可见之于国家与教会的组织，亦可见之于所有其他的官僚制组织，例如大政党的组织与私有的大经营，不管它是被称为私人的机构，还是“官府”。

在“权限”的原则完全贯彻的情况下，层级制的从属——至少在公职的范围内——并不意味着,“上级”官府即可直接地将“下级”官府的职责揽到自己手中。通常的情况恰好相反：官职一旦设置，任何的出缺即需有新人递补。

Ⅲ. 近代的职务运作乃是以原本草案形式保留下来的文书档案(Akten)，以及由幕僚与各种书记所组成的部门为基础的。任职于一个官府的所有官吏，加上所需的物质设备与文书档案，即构成一个“办公室”（Büro)，至于私人的经营则通常被称为“营业所”(Kontor)。

在近代的官府组织里，原则上，办公室是与私宅分开的，而且，官吏的职务活动通常也与其私人生活领域有所区隔。公款、公家设备与官吏的私有财产清楚划分。此一状况不管哪儿都是长期发展的结果，今日则可见之于公家的与私人的经营，甚至私人企业的领导人亦遵守此一原则。营业所与家计、业务函件与私人信函、业务财产与私人财产，基本上都有所区分。近代类型的业务管理愈是彻底实现之处，此一划分就愈清楚，尽管早在中世纪即已有其萌芽。

近代企业者的特征乃是，他以“第一官员”的态度来指导其经营，就像特殊的、近代官僚制国家的支配者以国家的“第一公仆”自居一样。国家的公务活动与私人经济的事务所活动、有其内在本质之差异，乃是个欧陆的观念，而与美国人的观念截然相反。

Ⅳ. 职务活动——至少是所有专业化的职务活动（这是近代特有的）——通常都以彻底的专业训练为前提。近代私人企业的领导人与职员也愈来愈强调此点，正如国家的官吏一样。

Ⅴ. 职务发展完全成熟之际，职务活动即会要求官吏的全力投入，尽管此一官吏的办公时间是有明确规定的。这通常也是经过长期发展的结果，不管是公家的、还是私人经济的职务。以往的情况恰好相反：职务通常是以“兼差的”方式来处理的。

Ⅵ. 业务的执行须遵照一般规则，这些规则必须是：多少是明确的、多少是全面包罗的以及可以学习的。这些规则的知识可说是官僚所具备的一种涉及法律、行政与企管的、特殊技术性的学问。

近代的职务行使——以规则为准，乃是根深蒂固的。例如，近代的公共行政理论认为：经由合法程序赋予某一官府处理一定事务的权限，并不意味着此一官府可以根据（针对个别事件的）个别命令来处理，而只是赋予它抽象的、规制事务的权限。这点与我们稍后将讨论的、完全支配家产制（Patrimonialismus）的规制样式——一切的关系皆受个人之特权及恩惠之赐予所规制——恰好形成尖锐的对比（至少在此种关系尚未为神圣传统所确固以前是如此）。

二、官僚的地位

据此，官僚在此一体系之内与之外的地位，可归结如下：

Ⅰ. 职务即“**职业**”（志业，Beruf)。这点首先可见之于要求一种明确规定的训练过程（经常需要一段长时期的全力以赴），而且在任用前一般还得通过一个专业测试。其次，官僚的地位具有一种义务的性格。此一性格又以下述方式制约了其各种关系的内在特征：法律上与实际上，据有职位绝不能视为拥有一种收入的来源，可以利用提供某种服务的方式（执行职务）以换取个人收益或酬佣，这是中世纪与近代初期常有的；据有职位也不能被视为一种类似自由劳动契约下的、普通的有偿交换。接受一个职位（包括私人经济里的职位），宁说，即被视为接受一种特殊的**职务忠诚义务**（Amtstreuepflicht)，以换取一个安定的生活。

决定近代之职务忠诚的特殊性格的要素乃在于，就其纯粹类型而言，它是以非人格的、**即事化的目的**（sachlicher Zweck）为导向，而非设定在一种对人的关系上，就像在封建制或家产制的支配体系下、封臣或扈从的忠诚义务。这种非人格的、即事化的目的，通常自然会披戴上来自“文化价值理念”——例如“国家”“教会”“地方团体”“政党”或“经营”——的一种意识形态的光环，用以取代世间的、或非世间的人格性的支配者，而体现在一个共同体之内。

例如政治官僚——至少在一个发展成熟的近代国家里——已不再被视为支配者个人的仆人。同样地，今天的主教、教士与布道者，实际上也不再像原始基督教时代一样，被视为一个纯粹个人卡理斯玛的担纲者，此一担纲者在一个超人间的支配者的个人委命下（而且基本上也只对他负责），为那些值得拯救且冀望得救的人，提供彼世的救赎。这些教会人士，尽管仍保有部分对古老理论的信念，却已转化成服务于一个即事化之目的——此一目的在今日“教会”里正被即事化、同时也被加以意识形态地神圣化——的官僚。

Ⅱ. 官僚的**个人**地位如下：

（1）近代官僚——不管他是在公家机构或私人机构——永远努力争取、同时通常也能享有一个（相对于被支配者而言）、卓越的“身份的”**社会评价**。他的社会地位受到品位等级之规定的保障，政治官僚则尚受到针对国家及教会当局的“侮辱官吏罪”“藐视罪”等特殊刑法条例的保护。

在下述诸条件配合之处（例如在古代文明国家），官僚通常拥有最高的社会地位：强烈要求由训练有素的专家来处理行政；高度且稳定的社会分化，绝大多数的官僚——基于权力之社会分配，以及接受专门教育与维持身份习惯的费用过高等缘故——出身于社会、经济的特权阶层。

拥有教育文凭（详见第八节），通常即意味着任职资格；这点自然会强化官僚之社会地位里的“身份制的”（ständisch）因素。有时这种身份的因素是被公认的，例如德国军队里即规定，职位空缺的递补者必须得到官僚团（军官团）成员的同意（“选举”）。

类似的、促使官吏层之行会闭锁化的现象，其典型可见之于过去家产制的官吏制度，以及（尤其是）俸禄官吏制度（präbendales Beamtentum）。想要以其他形态来恢复这种官吏层之闭锁化的企图，即使在近代的官僚支配体制里，亦绝非罕见。例如在1905年的俄国革命里，它即曾在被剧烈无产化的专门官吏（“第三类分子”tretij element[1]）之要求中，扮演一个重要角色。

对专业行政之要求以及身份习惯之支配显著微弱之处，官僚的社会评价一般而言即非常低。这通常是新移民地区的现象，因为营利活动的空间大，同时社会阶层化也还极不稳定——美国是个例子。

（2）典型官僚制下的官僚，是由上级**任命**的，由被支配者选举出来的官僚，再也不是个纯粹的官僚类型。尽管事实上的任命——就政治而言，特别是由政党老大来任命——可能是隐藏在形式上的选举下。这并非法律所规定，而是取决于政党机制运作的方式。只要政党组织稳固，即可将形式上自由的选举，转变成仅仅是对政党领袖指定的单一候选人的赞同，至少也可将之转变成根据一定的规则所进行的竞争——由提名的两名候选人中票选出一人。

不管如何，通过选举来指定官僚无疑会松弛层级属关系的严

1 指在贵族、僧侣与布尔乔亚之外，服勤于地方自治体的杂阶级出身者。如医师、农业专家、技师、教师及护士等属于知识阶级的官僚人员。他们于二十世纪初，相对于政府官员（第一类分子）、地方自治体的议员（第二类分子），被称为第三类分子。当时地方自治体被认为是自由主义的堡垒、社会改革的领导核心，其中第三类分子在启蒙及社会改进上扮演了重大的角色。详究者可参阅M.Weber，“Zur Lage der bürgerlichen Demokratie in Russland”，*Archiv füy Sozialwissenschaft und Sozialpolitik*，Bd. XXII，1906，S.244，254，288，330。——日注

格性。基本上，选举出来的官僚对其上级而言，具有一种自主性，因为他的地位乃是“从下”而来，而非“从上”，或至少是来自政党有力人士（“党老大”，他同时也可决定其未来前途），而非来自官职层级制里的上级。他的前途并非——至少不是主要地——取决于其所在行政体系中的上级。

不经选举（由支配者任命）的官僚，从技术性角度而言，通常会比较精确地执行任务，因为（在其他条件不变的情况下），他的是否被选用与未来前途，似乎更取决于纯专业性观点的考虑与资格。身为外行人的被支配者，只能凭经验来判断某个官职候补者是否具有适任某一职位的专家资格，因此也只能有后见之明。再者，只要政党卷入任何方式的、经由选举来任用官僚的场合，它们通常会将此一候选人对政党有力人士的忠勤——而非其专业性的竞争能力——摆在更具决定性的考量上。当政党有力人士在提名形式上自由选举的官僚的候选人名单，以及本身是由选举所产生的领袖在自由任命其僚属时，情况亦复如此。而且，与下列情况之间的对比也是相对的——实际上同样的现象亦出现在一个正当性君主任命其从属之官僚的场合，除非他已不太能控制朋党的影响力。

当要求由训练有素的专家来负责行政事务的呼声日渐高昂之际，政党的忠实信徒就得考虑到一个高度知识发展的、受教育且自由的“舆论”的存在，任用不够格的官僚会使政党在下次选举中遭到报应。官僚是由政党领袖任命的情况下，尤其如此。美国现在的确也存在着要求专家行政的呼声，然而只要新移民的选票还是“被豢养的铁票”时（例如在大都市里的情况），就没有有效的舆论可言。就此而言，如果行政首脑连同其属下官僚皆由普选产生的话，除了会削弱官僚对层级制的从属关系外，还会危及——至少就庞大而难以监督的行政体而言——官僚的专业性资格与官僚制机构的精确运作。由美国总统所任命的联邦法官，较之选举产生的法官要来得优秀与廉洁，这是众所周知的，虽然两者的选用主要都还是基于政党的考虑。

反之，由改革者所要求的美国大都市自治行政的大变革，基本上乃是从民选市长着手，与此市长共事的乃是一个由他所**任命**的官僚干部，这些改革因此也带有一种“恺撒制的”（cäsaristisch）色彩。通常源自民主制度的“恺撒制”（Cäsarismus），就一个支配组织而言，其有效性（从技术观点来看）一般乃是奠基于这个“恺撒”的地位上——一个受群众（军队或市民）所信赖、且不受传统所拘束的人，以此之故，他可以无视于传统及其他一切考量而自由任命一群最优秀的军官与官吏为自己的干部，且成为他们的绝对支配者。然而，这种“个人天才的支配”，与官僚全部由选举产生的、形式的“民主制”原则，却是互相矛盾的。

（3）官僚的**地位**（至少在公家机构）通常是**终身性的**，性质接近的机构也逐渐如此。虽然会有解约规定与定期再续聘的制度，终身制还是个基本原则。在私人经营里，终身制与否通常也是职员与工人有别之处。这样一种法律或事实上的终身制，并不意味着官僚——有如过去许多支配形态一样——对其职位有“占有权”（Besitzrecht）。就算有法律保障官僚不能被随意免职或调职之处，例如德国的法官与（逐渐扩及的）行政官员，此一法律亦仅在保障某些特殊职务可以不受个人因素所左右，而能严格客观地来执行。

准此，在官僚制内部，从法律上以此方式来保障“独立性”的措施，对那些受到保障的官吏而言，并不见得因此就可提高他们习惯性的（konventionell）评价。实际的情况倒经常相反，尤其是在一个具有古老文明与高度社会分化的共同体内。因为，对一个支配者之独断统治的从属性愈是强烈，官僚生活样式(Lebensführung)之习惯性贵族风格的维持就愈能得到保障。因此，官僚之习惯性评价的提升，或许正因为是缺少上述法律保障之故。正如中世纪时,“家士”（Ministeriale[1]）评价的提升是以自由人的牺牲为代价，王室法官评价之提升也是以人民法官为牺牲的[2]。在德国，军官或行政官员随时可以被免职，至少比起“独立的”法官要容易得多，法官就算是严重违反了“荣誉法典”（Ehrenkodex[3]）、或社交沙龙的习惯，也不会为此解职。正因为如此，在其他条件皆不变的情况下，法官的“社交能力”，从支配阶层的眼光看来，

1 所谓“家士”是指非自由人出身而被其主人用来担任重要家职或军事职务者。他们因为工作的性质，无法参与直接的生产劳动，原则上从主人接受土地（“服务领地”，Dienstland），由之得到收入。因本非自由人，他们的任免或领地的收还，理论上主人可自由为之。此点——与独立性强而出身自由人的封建家臣不同——是他们会被任命为某些官吏的因素。无论如何，他们既被授予土地，即具有领主的地位。当他们的主人是一国之君时，他们所担任的家职也可能包括宫宰等最高官职，因此地位逐渐升到一般自由人之上。到了十三世纪左右，他们更明确地占有下层“贵族”的地位，所谓“骑士”大部分便来自此一阶层。——日注

2 根据古典学说，日耳曼人的裁判官古来便是于“民会”衰选举出来的。然而，这并不被认为是极端的民主制的形态，而毋宁是说：什么样的家世出身者据有何等的裁判权，乃是根据人民的承认及这些人的法意识而定。并且，他们于法庭中所适用的法，是所谓的“人民法”（人民来自古老传统的法意识），而判决则经由全体成年男子所参与的裁判集会里通过（上一章 p.15 注 1）Weistum 的手续做出。此义之下的法官称为“人民法官”(Volksrichter)。反之，由国王所**任命**的法官，称为“国王法官”（Königsrichter）；他们原来虽然完全从属于国王（如前注之“家士”亦有被任命为此职者），但此种法官不久即显著地趋于封建化，转化为自立的封建贵族。——日注

3 关于“荣誉法典”，韦伯并未给予直接的说明，然而荣誉的保持，应该不只是习俗上或习律上的义务，而是在伴随着一定的“法的”效果的情况下，才特别使用此语。不过，此处的“法”，不消说，是韦伯定义下的“法”，而不只限于“国家法”。——日注

比起军官与行政官员是要差多了，后者由于高度从属于支配者，反而更能保证其生活样式之“身份相应性”（Standesgemässheit）。

无论如何，一般官僚之致力于“公务员服务法”的建立，除了着眼于年老后的物质生活保障，也希望能保障他们不被任意解免。然而，此一努力仍有其局限。“官职要求权”（Recht auf das Amt[1]）一旦有了长足发展，自然愈难从技术目的的观点来考虑官职叙任，同时也会减少有抱负者登进的机会。这一点，以及，官僚较倾向依附于与他们同等身份者，而非那些社会地位较他们为劣的被支配者，使得官僚整体而言，并不因为其之依附于“在上者”而感到痛苦。目前（一次大战前）出现在巴登邦教士的保守运动，乃是由于担心国家与“教会”分离而起的，他们不愿意“从教区的支配者变成仆人”。

（4）官僚通常可以得到以固定**薪俸**形式给予的**货币**报酬，及年老退休金。薪俸并非像工资一样以工作量来衡量，而是根据其“身份”——亦即根据其职务的种类（“位阶”），可能还加上服务年资——来决定。官僚收入的较为稳定，加上（无形的）社会评价的报酬，使得官职成为炙手可热的追求目标，尤其是在那些再也无法从殖民地获取营利机会的国家里。当这种机会还存在时，国家付给官僚的薪俸就可以低些。

（5）在官府层级秩序里的官僚，期望的是从较低（较不重要、薪水较少）的职位“提升”到较高的职位。一般的官僚自然希望提升的条件——如果不是职位的，至少也是薪水的——能机械性

1 当官吏个人具有要求保持其所就任之官职的固有权时，吾人称此权力为 Recht auf das Amt。其典型为：世袭官职、因官职买卖所获得的官职。此种权力在近代官僚制里，原则上是不被承认的，不过，由于对官吏之“身份保障”的结果，还是产生了类似的现象。——日注

地固定下来。他要求这些条件能依照“年资”固定下来，要不然就依照在专业测试中所得的等第。这种等第实际上成为影响官僚一生前途的“不可磨灭的印记”（character indelebilis[1]）。伴随的还有对官职之要求权、身份团体之闭锁化以及经济地位之稳定的强烈期望。所有这些期望都会导致那些有教育文凭、够格出任官职的人，将官职视为他们的“俸禄”（Pfründen）。另一方面，有时某些职位——例如政治上最高的职位，尤其是“部长”之职——必须衡量整体的人格与思想的资质，而非仅止于作为一般次要人物之指标的专业教育文凭，这些职位的任用因此通常须考虑上述教育文凭。

三、官僚化的前提条件与附随现象

近代形式之官职的社会与经济之前提条件，有如下述：

1. 货币经济与财政等前提条件

只要今天官僚的薪水仍是以货币形式支付，**货币经济**的发展即为近代官僚制的前提。货币经济对官僚制的整个特质固然极具重要意义，却也绝非官僚之得以存立的、唯一决定性的因素。

发展较清楚且规模庞大的官僚制，在历史上有：(a) 新王

---

1 根据基督教教义，七大圣礼中的浸礼、坚信礼、品级礼，都赋予灵魂“不可磨灭的印记”，接受这些圣礼的人将永远保有此一印记，因此这些圣礼只行一次。——中注

国时期的埃及[1]，不过带有强烈家产制的成分。(b) 晚期罗马帝国，特别是戴克里先（Diocletian）时代[2]，以及奠基其上的拜占庭（Byzantine）国家制度，同样混杂有强烈的封建与家产制因素。(c) 罗马教会，十三世纪末以来逐渐增强。(d) 中国，自秦始皇开始直至今日，同样具有强烈的家产制与俸禄制的成分。(e) 专制君主制以来的近代欧洲国家（形式较为纯粹），公共团体亦有渐次官

1　古埃及自第十八王朝至第二十六王朝（前 1580—前 525），称之为新王国时期。但其间自第十八王朝至第二十王朝时期（约至前 1100 年为止），国势强盛，也有特别指此为新王国时期者。

为顾及后文里的种种问题，此处说明一下埃及史简单的时代区分：

(1) 初期王朝时代（前 3200—前 3000），自第一王朝梅涅斯王建立统一国家，至第三王朝之迁都孟菲斯为止。

(2) 古王国时期（前 3000—前 2200），神权的专制君主制、官僚制统治、建造金字塔。不过自第六王朝起大约五百年间，王权衰退，为所谓的封建分裂时期（不过韦伯将此封建制的时期列入中王国时期）。

(3) 中王国时期（前 2200—前 1600），以民众打倒贵族势力，呈现最民主的形态。不过，自前 1680 起西克索人（Hyksos）入侵，约有百年间，埃及北半部为其所支配。

(4) 新王国时期（前 1600—前 1100），国威再扬，王权强大，发展成大帝国，成为庞大的常备军与官僚、神官的支配。

(5) 异族支配时期（前 1100—前 332），利比巴亚人、伊索匹亚人、亚述人相次入侵，相续为异族王朝（自第二十一王朝以下）。

(6) 托勒密王朝时期（前 332—前 30），前 332 年埃及为亚历山大大帝所征服。大帝死后，由其最高幕僚之一托勒密（Ptolemy）建立新王朝。行国家独占的统制经济，国土王有。

(7) 罗马帝政统治时期（前 30—641），出现土地私有的倾向，不过由于罗马帝国的贫穷化，住民的财政负担增大，土地集中在少数大土地所有者手中。

(8) 伊斯兰教徒统治时期（641—1789），九世纪后半叶起伊斯兰教萨拉森帝国（Saracen，按：此一帝国兴起于七世纪，以麦地那为中心，在穆罕默德的后继者哈里发治下，疆域扩及欧亚非三洲）分裂，埃及也出现了自多乌伦王朝（868—905）至玛穆尔克王朝（1215—1517）的伊斯兰教徒独立王朝。1517 年为奥斯曼土耳其所征服。

(9) 1789 年拿破仑一世远征埃及后，埃及即处于欧洲人的势力下，1922 年（按：奥斯曼帝国崩溃）埃及独立。——日注

2　Gaius Aurelius Valerius Diocletianus，罗马皇帝，于 284—305 年在位。所谓“专主制”（Dominatus）的创始者。韦伯将之列为赋役（Leiturgie）国家的完成者。——日注

僚化的趋势。(f) 大规模的近代资本主义经营，规模愈是庞大复杂，官僚化的现象即愈显著。

从 (a) 至 (d) 的个案里，官僚的薪水大体上（或甚至主要）是基于实物报酬。尽管如此，它们仍然呈现出许多官僚制特有的素质与影响。埃及新王国时期的官僚制——所有此后官僚制的历史范例——同时也是有组织之自然经济的、最为宏伟的实例之一。这种官僚制与自然经济并存的现象，只有放在埃及的、十分独特的背景下才能理解。在将埃及的形态归类为官僚制时，我们得（相当程度地）有所保留，这种保留正是由于埃及是自然经济的缘故。

某种程度的货币经济发展，就算不是建立一个纯粹官僚制行政的基本前提，至少也是保持其不致变质的正常前提。根据历史经验，缺少了货币经济的支撑，官僚制结构很难避免内在本质的变化，或者根本就转变成另一种结构。

从君主的库藏、或者是其经常性的实物收入里，支付官僚定额的实物配给，此一方式在埃及与中国行之已有数千年，在罗马帝国晚期与其他地区亦曾扮演重要角色。然而此种方式通常也意味着，迈向官僚将租税收入及其用益占为私产的第一步。在货币购买力经常急遽变动的情况下，实物配给倒是有保护官僚的作用。然而君主的权力一旦衰退，基于实物租税的实物配给即不易保持规则。在此情况下，官僚即可直接依赖其辖区内的纳税人，不管他是否得到授权如此。为了保障官僚生活以避免上述的动荡不安，将贡租——亦即课税权——抵押或转让给官僚、或是将君主的土地交给官僚去利用等等主张自然出现，而任何组织不够严密的中央政权，不管是自愿还是为官僚所迫，都难免受到上述各种主张的诱惑。

官僚可能会仅止于从这些收益中取得自己该得的俸额，而将余额缴纳给君主。不过这种解决方式带有强烈的（驱使官僚染指余额的）诱惑，因此君主对其结果通常都不会太满意。变通的方式就是官僚是在“缴纳固定货币额的义务下被任命”的（auf festes Geld gesetzt）。这种方式经常出现在早期日耳曼的官僚制，以及（最大规模的）所有东方的“总督行政”（Satrapieverwaltung[1]）——官僚上缴固定数额，而保留其余。

在此情况下，官僚在经济上的地位，类似于企业化的包税者。承包官职，甚至包括将官职交给一个最高投标者，实际上经常出现。在私人经济里，从庄园结构（Villikationsordnung[2]）过渡到一种租佃关系的制度，乃是无数事例中最为重要的一

1 古波斯帝国（阿克梅涅斯王朝，公元前六到前四世纪）将其广大领域划分为数州，各州置总督，给予财政、司法权，实际负责属州的统治。当帝国衰退时，这些总督则坐拥兵权，事实上形同独立。亚历山大征服波斯后，将这些州总督改命马其顿、希腊的将军来担任，不过也有从前的总督留任的情形，这些州即称为 Satrapie，其总督则称 Satrap。——日注

2 Villikationsordnung 是大约从八九世纪至十一、十三世纪左右具支配性的庄园经营样式。具有此种经营样式的庄园，被称为古典庄园（klassische Grundherrschaft）。情形是：全领地划分为几个称作 villicatio 的经营单位，各 villiocatio 里必须保留一部分为领主的直营地，其余则贷出为农民保有地（被称为 Hufe 或 mansus）。直营地的耕作由该 villiocatio 里的农民以赋役劳动来进行。与此关联的是：这农民在身份上隶属于领主，被编列为农奴身份。各 villiocatio 设有领王的官员，称为 villicus 或 Mayer，负责直营地的经营、向农民征发赋役、收取地租。以上是庄园制的概略结构，至十二三世纪左右，上述领地官员（villicus）的独立性逐渐升高，而竟至出现篡夺整个 villicatio 的趋势。此时，领主干脆取消领主直营地，而将之贷给 villicus，责成他们每年缴交该 villicatio 当缴的定额地租；领主与 Villicus 之间的家产官僚制关系，至此改变为赁贷关系。尽管此注的本文仅及于此一阶段，然而进一步的发展则为：领主无视于 Villicus 而与其他领地的农民缔结直接的个别赁贷关系，如此一来 villicatio 的组织本身即解体。以此，“古典庄园”转化为“纯粹庄园”或“地租庄园”，连带的，农民之于领主的身份隶属关系，要不是消灭，即是显著减弱。——日注

个。借着租佃安排，支配者可以将实物收入转换为货币收入的麻烦，转嫁给承包官职者、或那些必须缴交一定数额货币的官僚。这似乎就是古代近东总督的例子。无论如何，将公家租税征收承包出去，以取代支配者自己管理征收租税，也是为了此一目的。

此一方式的重要结果则为，编制预算——财政史上的重大进步——之可能性的出现。对于收入及与其相应的支出有个明确的估算，从而取代了典型的、见之于所有公共财政早期阶段的（由于收入的立即性与无法预估而）到手即花的生活方式。然而，另一方面，支配者则得放弃由自己来控制及充分利用租税资源。再者，人民长期负担租税的能力也可能会因无情的剥削而瓦解，这得视授予官僚——官职承包人或租税承包人——的剥削自由度而定。就此而言，资本家不见得会像政治支配者一样，有意于维持人民长期负担租税的能力。针对这点，支配者则须制定规则以保障自己的地位。

准此，包税或租税转让的形态即有甚多变化，承包者之有意尽量榨取被支配者的纳税能力、支配者则有意维持他们长期纳税的能力，何者占上风得视支配者与承包者之间的权力关系而定。例如在埃及的托勒密王朝（Ptolematic），包税制度的性质即明显取决于上述动机之合作或制衡的作用上：收益的不稳定性被排除，预算编制之可能，防止人民受到不合经济的剥削以确保他们付税的能力，以及国家在最大可能之获得的目的上对承包者之收益的控制。托勒密王朝的包税者跟希腊、罗马的一样，都是私人资本家，然而托勒密王朝的租税征收却是官僚制地执行、且由国家控制。承包者的利润存在于，征取到的租税额有可能超过他所缴交的承包额——这个承包额实际上也就是君主的最低收入；然而承包者也得冒着征得的租税低于自己承包额的风险。

将官职纯经济地视为官僚私人的营利源泉，也会导致直接的买卖官职，尤其是当支配者迫于战争或债务压力，以致除了经常性的收入外，还迫切需要货币资本时。成为一种正规制度的官职买卖尤其见之于近代国家，例如教皇国以及法国、英国；买卖的官职不只限于冗散闲官，有时也包括非常重要的职位（例如军官的任命），此一现象一直到十九世纪还有。这种关系下的经济意义，依个别情况而有所变化，有时官职购买金的全部或一部分会带有职务忠诚保证金的性质，不过并没有形成通则。

不管以什么方法将原属支配者的用益权、贡租与赋役转让给官僚自己来利用，都意味着放弃典型的官僚制组织。在此情况下的官僚对其职位即有占有权。当官僚的职务义务及报酬与下述关系交织在一起时，职位占有权的程度即有更进一步的发展：亦即，官僚并不将任何从（君主委托给他的）目的物所得收入交给君主，而只为个人之目的来利用这些目的物，至于他对君主的义务则代之以个人性质的、军事性、政治性或教会性的服务。

我们称所有下列的情形为“俸禄”（Pfründe）与“**俸禄的**”官职组织（präbendale Amtsorganisation）：将来自财货的固定收入，包括土地与其他等等基本上为**经济**用益权的收入，赐给官吏终身享用，以酬谢其履行（不管是真实的还是虚拟的）官职义务，这些财货被君主**永远**地赐予官吏以提供他们经济的保障。从这样的一种组织向俸给官僚制的发展是相当不稳定的。在古代与中古、甚至近代，对教士生活的经济保障经常是采取“俸禄式的”。不过，同样的形式亦见之于其他领域的官职，以及几乎所有的时代。在中国的礼制下，由于所有官职皆具有“俸禄”的性质，使得服丧的官员必须辞去其职位，因为礼制规定：在为父亲或其他家中权威者服丧期间，必须节制对财产的享用（原先此一规定是为了避免逝去之家长的怨怒，因为那些财产原本是他的）——而官职在俸禄的观念下，被视为纯然是个收入的来源。

不只经济权利、甚至连（政治）支配权都授予官僚来行使、而且附有**个人**对支配者的服务必须有所回报的约定时，离开纯粹俸给官僚制就更为遥远。授予官僚的这些特权之性质差异甚大：例如，在政治官僚的场合，这些特权有可能较倾向庄园领主的性质，也可能较倾向官职的性质。两种个案中，尤其是官职性质的情况下，官僚制组织的固有特质即完全被摧毁，而步入“**封建制的**”支配组织的领域。

以实物给付与实物用益的方式作为对官僚的给付，都不免会使得官僚制的机制松弛，尤其是层级制的隶属关系——这是近代官吏纪律中，发展最为严格的。类似近代西欧契约制官僚之精确的行政，只有在（精力过人的领导下）官僚对支配者的服从是绝对且纯个人性的情况下才能达成，换言之，利用奴隶来管理行政，或将行政人员视为奴隶。

古代世界自然经济的状况下，埃及的官僚乃法老王的奴隶（如果不是法律上的，至少也是事实上的）；罗马的大农场经营者也偏好使用奴隶经手钱财事务，因为必要时可以用拷打来对付他们。在中国，作为惩戒手段的笞刑也曾流行一时，以达到同样效果。然而，要**持续不断**地采取此种直接强制手段，其可能性微乎其微。经验告诉我们，想要达成并维持官僚制机构的严格机械化，比较上最佳的手段还是提供一份有保障的薪俸，以及不受偶然与任意独断等因素所左右的升迁机会。严格的纪律与控制，然而同时也顾及官僚的荣誉感，身份团体的特权感以及舆论批评等等也有助于达成此一目标。在此条件下，官僚制机构的运转，比起将所有执事人员在法律上奴隶化的作法，要来得更精确。官僚具有强烈的身份意识，不但不妨碍其抛弃自己所有意志以服从于其上级，而且（例如对军官而言）还可对此种服从发挥一种维持其自尊的补偿作用。官职之纯然“切事化”的性格，以及同僚私人领域与其职务活动分离的原则，有助于将官僚嵌入一个有纪律之机制的运作条件中。

准此，尽管货币经济的成熟发展并非官僚化之不可或缺的先决条件，就一个特殊而**持续性**的结构而言，官僚制仍须结合于一个前提——维持其运作的**经常性**收入。如果无法从私人的利润中得到这种收入来维持（例如近代企业的官僚制组织），或是固定的地租收入（例如庄园制），那么就必须有一个稳固的**租税**制度来维系官僚制的持续运作。而只有完全成熟的货币经济才能为此种租税制度提供一个稳固的基础，其理由则毋庸赘言。因此，具有成熟货币经济的城市共同体，其行政官僚化的程度，往往比当时的大领域国家要来得发达。然而，一旦这些国家设法发展出一个完备的租税制度，其官僚制的发展，比起城市国家就要远为广泛得多，因为城市国家的规模只要还局限在一个较小的范围，其最符合需要的取向大概就是个金权政治与合议制的望族行政。

2. 行政事务之量的扩展

行政的官僚化一向就意味着行政事务之某种程度的扩展，首先是量的扩展。在政治的领域里，大国家与大政党可说是典型的官僚化的样本。

这并不是说：所有历史上的（真正的）大国家都有官僚制的行政。首先，一个大国家的纯时间性的存续及其所孕育出来的统一性文化，并不一定得依附于一个官僚制结构。的确，有些国家（例如中国）的存在及其**文化**的统一性，是极度依赖其官僚制结构的。许多非洲的大国家（或类似的组织）之所以仅能存在一时，主要即因它们缺乏官僚结构。当卡罗琳王朝（Carolingian）[1]的行政组织崩坏时，帝国随之瓦解，尽管此一组织基本上仍是家产制、而非官僚制的。另一方面，伊斯兰教哈里发（Caliph）[2]国家及其亚洲地区的先驱者，曾存在一段相当长的时期，尽管其行政组织基本上是家产制与俸

1 卡罗琳王朝为法兰克王国后半期的王朝（751—987），由矮子丕平推翻梅罗琳王朝后所建，丕平之子查理大帝再造西罗马帝国，为最盛期。查理死后，由于分割继承，帝国分裂为三，至十世纪断绝。——中注

2 伊斯兰教的哈里发国家可分为前期的乌玛雅王朝（Umayyad，661—750，定都大马士革）与后期的阿拔斯王朝（Abbāsid，750—1258，定都巴格达）。后者继承了波斯的专制主义，建立起集权强盛的统一国家，是伊斯兰教文化的黄金时代。自830年起，土耳其佣兵被纳入亲卫队，统一渐次不再，哈里发将租税委让给军队，至十世纪时，哈里发王朝即在土耳其佣兵的支配下，各地方独立王朝一一出现，而哈里发本身只是佣兵军队的贵族。最终，土耳其的塞尔柱克派拥立 Togrubeg 为苏丹，建立起广大支配领域的塞尔柱土耳其帝国。——中注

进的了。

此后英国之所以没有像欧陆国家一样往官僚化的途径迈进，反而停留在望族行政的形态，可以归因于——就像罗马共和时期的行政——（比较）缺乏大陆性格，以及某些独特的、不过今日却已不再存在的前提条件。例如其中之一就是它不像欧陆国家那么需要一支大规模的**常备军**，这些国家边境犬牙相错，却又具有像英国一样的扩张倾向，因此需要军队来防卫其国境。罗马的官僚化发展也是伴随着其从一个海岸国家转换为大陆国家的过程。至于其他方面，罗马政务官权力所具有的、严格的军事性格（这是其他民族所未曾有过的），以其技术的有效性、行政机能的精确性与连贯性，弥补了官僚制机器的缺乏，尤其是在城市以外的地区。整体行政的连贯性，则有地位独特的元老院来维持。我们且别忘了，罗马与英国之可以无需官僚制的一个前提条件乃是，**对内**之国家权力的功能范围被逐渐“缩小化”，而只局限于直接的“国家理由”（Staatsraison[1]）所绝对必要的范围内。

然而，近代初期欧陆诸国的国家权力，通常都集中在那些最大胆迈向行政官僚化之途的君主的手中。显而易见，大规模的近代国家在技术上是极端依赖官僚制之基础。国家愈大，愈是个强权，对官僚制的依存就愈是绝对。

美国政体的特色乃在于，至少就技术层面而言，其之尚

1　马基雅维利以及某些政治理论家认为，政治自有其政治性的目的，而不是为了其他诸如宗教、道德等非政治性的目的。因此，政治家应该考虑的是权力，而非正义。国家的行为应以本身权力的维持、增强为着眼点，而毋须引用道德的规范。易言之，国家在考虑自身的活动时，应该以本身为理由。——中注

未彻底官僚化。然而只要它与其他国家的摩擦日益增加、国内对行政之一致性的需求也日益迫切，此一特色就不得不逐渐为官僚制结构所取代。再者，美国国家结构之部分非官僚制化的形式，实质上也被那些实际支配政治的组织——亦即在擅长组织战与选战之专家（“职业政治家”）领导下的政党——之日渐严密的官僚制结构所平衡。所有真正的大政党——在德国特别是社会民主党，至于外国最大规模的则非美国之两个“历史的”政党（共和党与民主党）莫属——之日增的官僚制性格，为社会结构之官僚化过程中、纯粹数量之因素所发挥的杠杆作用，提供了最显著的例子。

3. 行政事务之质的变化

较之外延的、量的增长而言，行政事务之内含的、**质的**扩展是个更强的、促成官僚化的因素。只是官僚化的取向及其肇端，却有甚大差异。埃及可说是最古老的官僚制国家，因为它有全国性公共水利经济的技术性需要，因此从上而下创造出书记与官僚的机构。接着在很早以前，它又建立第二个业务运作机构，以进行巨大的、军事组织化的土木工程。在大部分情况下（如前所述），官僚化的肇端乃是由于权力政治所引发的、建立常备军的需要，以及随之而来的、财政的发展。不过在近代国家，由于文明之日渐复杂所引起的、对行政的需求，也促成官僚化的发展。

强权的对外扩张，特别是海外扩张，当然也有由望族所支配的国家（如罗马、英国、威尼斯）来进行的。然而行政的“集约化”，亦即尽可能将所有事务集中交由国家**直营**的机构来连贯性地处理，在大规模的望族支配国家里（特别是罗马与英国）——较之官僚制的国家——只有低度的发展，这点我们以后会再说明。当然，不管是在英国还是罗马，国家权力的**结构**对文化都有极为强烈的影响，但是这种影响极少是采取国家直接管理与控制的形式，从法律到教育皆如此。对文化日增的需求，反过来，是取决于国内最有影响力之阶层的财富的增加，虽然其程度各有不同。就此而言，日渐扩大的官僚化乃是、日益增加的**消费性**财货之支配利用，以及对形塑外在生活样式之日益洗练的技巧（此一技巧乃是伴随着上述之财富所提供的机会而来）的一个函数。这点反作用于一般的需求，从而强化了主观意识之认定不能没有一个组织的、共同经济的、地区间的、因此也就是官僚制，来供应种种的需求；这些需求在以前或者根本就不存在，或者是由各个地区、乃至私人经济自行提供。

纯粹政治性的因素里，一个习于治安绝对良好的社会、在各个生活领域日益扩大的、对秩序与保护（"警察"）的需求下，对官僚化的导向具有一种特殊持续的作用。从简单的缓和血族复仇（不管是宗教的、还是仲裁方式）——这些方式将个人之权利与安全的保障全然委诸同一氏族的成员（他们有发誓支持及为他复仇的义务）——到今天警察之被视为"上帝在世间的代理人"，可说是一脉相承的。

其他有助于导向官僚化的因素尚有各式各样的"社会福利"政策。近代国家之所以负担起此种任务，有时是因为利益团体的要求，有时则是国家为了权力政治的动机，或是意识形态的缘由。这些任务主要当然是由经济决定的。

最后，在（基本上为）技术性因素的层面，近代特有的交通手段也形成官僚化的先导者；部分是因为公路、水路、铁路与电信等等只能由公家来经营，部分原因则是共同经济的管理较符合技术之目的性的考虑。就此而言，近代交通手段在官僚化过程中所扮演的角色，经常有类于美索不达米亚的运河以及尼罗河的治理在古代近东的角色。另一方面，某种程度的交通手段之发展，也是实行官僚制行政的最重要先决条件之一，虽然并非唯一的。实际上，在几乎纯粹自然经济的基础上，如果没有尼罗河所提供的天然道路，埃及的官僚制中央集权绝不可能达到其所曾有过的程度。近代的波斯（伊朗）为了要促进官僚制集权，电信官僚尚负有（越过地方首长）向国王直接报告各省所发生事件的官方任务；此外，每人皆拥有以电信直接向国王请愿的权利。近代西方国家之所以能以今日所见的方式来管理，纯然是因为国家控制了电信网路、邮政与铁路。

这些交通手段本身则与地区间大量货物之流通的发展有密切关联，因此，大量货物之流通也是近代国家形成的因素之一。就我们所知，这个现象在过去并不一定存在。

4. 官僚制组织的技术优越性

官僚制组织之得以有所进展的决定性因素，永远是其（较之其他形式的组织）纯粹**技术上**的优越性。拿发展成熟的官僚制机构跟其他形态的组织来比较，其差别正如机器生产方式与非机器生产方式的差别一样。精准、迅速、明确、熟悉档案、持续、谨慎、统一、严格服从、防止摩擦以及物资与人员费用的节省，所有这些在严格的官僚制行政（尤其是一元式支配的情况）里达到最理想状态。比起任何合议制的、名誉职与兼职等等形态的管理，训练有素的官僚表现——就上述所列要求而言——都显得更优秀。而且在复杂的任务里，支薪的官僚做事不但更精确，（在最后结算时）较之形式上不支薪之名誉职人员的办事，往往还来得便宜。

名誉职的安排把行政工作弄得像个副业，也因为这样，名誉性的公职通常办事缓慢；由于较少束缚于规则与不定型，名誉性公职较不精确；由于较不依赖于上级，办事也较不一致及缺乏持续性；再者，名誉性公职之运用其僚属与书记的机构，其方式无疑要来得不经济。基于上述缘故，名誉性公职实际上反而是极昂贵的。特别是当我们考虑的不仅是公库的现金支出（官僚制行政较之望族行政，通常是会增加公库支出的），同时也考虑到被支配者由于时间的耽搁与办事不够精确所蒙受的经济损失时，即可了解这点。

名誉职的望族行政，只有在公共事务尚能以一“兼职”方式圆满处理的场合，才能长期存在。由于行政事务之质的复杂化，望族行政——今日即使是在英国——即面临其极限。此外，合议制的组织之行事，经常会导致摩擦与耽搁，而需要妥协各种利益与观点；这样的行政运作通常较不精确，也较独立于上级之控制，因此自然是较不一致，进行也较缓慢。普鲁士行政组织的所有优越之处，即为——将来也会是——官僚制（特别是一元化的）原则的优越之处。

今日，行政事务之必须精确地、一致地、持续地以及尽快地处理，主要是由于资本主义市场经济的要求。近代资本主义的各个企业，本身通常也就是无可匹敌的、严密官僚制组织的模范。这些企业的运作全然基于日增的精确性、稳定性与（尤其是）敏捷性。这点反过来又受到近代交通手段之特质——包括新闻报道——的制约。公共报道（包括经济与政治事务）速度之异乎寻常的加快，对于行政之（针对各种状况的）反应速度施加了持续且强烈的压力。而通常只有严密的官僚制组织，才能达到（对反应速度之要求的）最佳效果。对于某些最好是个案处理的事务，官僚制机构也可能——实际上也的确——会构成一定的障碍，不过我们目前尚不拟讨论此一问题。

究其实，官僚化提供了贯彻行政职务专业化（根据纯粹切事化的考量）之原则的最佳可能性；每个职员皆负有个别的任务，他们受过专业训练，而且从不断的实习中增加自己的专业知识。"切事化"地处理事务主要即意指，根据可以计算的规则、"不问对象是谁"地来处理事务。

"不问对象是谁"同时也是"市场"——而且一般而言，也是所有追求赤裸裸之经济利益——的格言。彻底的官僚制支配，意味着"身份荣誉"的齐平化。准此，如果市场自由的原则在此同时也不受限制，即意味着"阶级状况"的全面支配。官僚制支配的此一结果，之所以未能依各处官僚化的程度同步出现，乃因政治共同体满足其需求的原则之各有差异所致。不论如何，上述的第二个要素，亦即"可以计算的规则"，对近代官僚制而言，乃是最重要的。近代文化的特质，特别是其技术与经济基层构造的特质，正是对此一效果之"可计算性"（Berechenbarkeit）的要求。发展成熟的官僚制也是——就某一特定意义而言——在"无恨亦无爱"（sine ira ac studio）此一原则的支配下。官僚制发展愈是完美，就愈"非人性化"，换言之，亦即更成功地从职务处理中排除爱、憎等等一切纯个人的感情因素，以及无法计算的、非理性的感情因素。这点被资本主义评定为官僚制的美德。

近代文化愈是复杂与专业化，其外在支撑的装置就愈是要求无个人之偏颇的、严正“客观”的**专家**，以取代旧秩序下、容易受个人之同情、喜好、恩宠、感激等念头所打动的支配者。官僚制即为此一外在装置提供了最为完满的结合。具体而言，只有官僚制才为一个合理的**法律**——以“法令”为基础，经概念性体系化而形成的，一直到晚期罗马帝国时才首次以高度洗练的技术创造出来——之执行（**裁判**）提供了基础。中世纪时，罗马法的承续是与司法之官僚化并肩而行的：受过合理训练的专门人才取代了束缚于传统或非理性之前提的、旧式的裁判过程（**法发现**）。

基于严密形式之概念的、“理性的”法发现(Rechtsfindung)，是对立于一种受神圣传统所束缚的法发现。在后者的情况下，当碰到传统无法清楚决定的案例时，即诉诸具体的“启示”(神谕、预言或神判——亦即“卡理斯玛的”判决)，或者诉诸——此处我们只关心下列两种情况——(a)基于某种具体伦理的、或其他实践的价值判断所做的、非形式化的裁决，施密特(R.Schmidt)适切地称之为“卡地裁判”(Kadi-Justiz)[1];(b)形式化的裁决，不过并非基于理性概念下的前提假设，而是援用“类推”以及**具体**“判例”之解释，此即“经验的裁判”(empirische Justiz)。

卡地裁判完全没有合理的“判决理由”(Urteilsgründe)，

1　Richard Schmidt，当代人（1862 年出生），曾为韦伯于弗莱堡大学时的同事。施密特曾广泛调查过审判程序的发展，并致力于司法判决之“可计算性”的问题。“卡地裁判”一词见之于其论文“Die deutsche Zivilprozessreform und for Verhältnis zu den ausländischen Gesetzgebungen”，*Zeitschrift fr Politik*，Ⅰ（1908），266。——日注

纯粹类型的经验裁判不会提出任何我们可认为是合理的“判决理由”。卡地裁判之具体的价值判断的性格，可以发展成一种先知型的、与一切传统的决裂；至于经验的裁判，则可能精炼与理性化为一种“技术”。由于非官僚制的支配形态——我们别处会讨论——呈现出一种独特的、既严格束缚于传统、又带有支配者之专断与自由裁量的共存关系，因此经常是上述两种原则（即 a 与 b 项）的结合形态与过渡形态。即使是英国——如门德尔松（A. Mendelssohn-Bartholdy[1]）所言——的司法基层到今日仍相当广泛地采用“卡地裁判”，其程度殊难为欧陆国家所想象。德国陪审团的裁判——其判决也不附理由的——实际上经常也是以同样方式来运作，这已是众所皆知的。一般而言，我们必须提防，将“民主的”司法原则等同于“理性的”（意指形式理性）法发现这样的信念。事实恰好相反。英国与美国最高法院的裁判，一直到今日为止，在极大程度上仍然是经验的裁判，尤其是依据判例来裁判。在英国，所有想要理性地编纂法典的企图之所以失败，以及对罗马法的承续无法成功，乃是由于强大而统一的律师公会有效地阻挠了此一理性化的企图。这个律师公会是由望族阶层所垄断，高等法院的法官皆出自其间。他们将法学训练视为一种传授经验与高度技术的学徒式教育而牢握手中，并有效地阻挠任何会威胁到己身之社会与物质地位的、法律理性化的运动——此一运动始自教会法庭，大学亦曾参与。

1　Albrecht Mendelssohn-Bartholdy（1874—1936），作曲家门德尔松之孙。德国的国际法学者，1933 年至英国，担任牛津大学 Balliol 学院教授。此处所引用者，见其著作 *Das Imperium des Richters*，1908。——日注

习惯法之拥护者对抗罗马法与教会法的斗争，以及（一般而言）对抗教会权力的斗争，有相当程度是受经济因素影响的，易言之，即律师之规费利益，这点我们只要看英王干涉此一斗争的方式即可了然。不过这些律师从此一斗争之胜利所获得的权力地位，却受制于英国政治的中央集权化。日耳曼由于政治的缘故，缺乏一个像英国律师那样拥有社会力量的、望族的身份团体，因此也无法像英国律师那样，成为民族法之施行的担纲者，在学徒制教育的基础上将民族法提升至一种技术学的层面，并能对抗技术训练较优之罗马法法学家的入侵。罗马法并非因其**实体**法的存在而较适合于资本主义萌芽的各种条件——罗马法在欧陆的胜利并非取决于此。实际上，所有近代资本主义特有的法律制度，皆源自中世纪，而非罗马法。罗马法获胜的关键在其理性的形式，以及（尤其是）在技术上有必要将诉讼程序委诸经过合理训练——即在大学中受过罗马法训练——的专家。技术上之所以有此必要，乃因法律事件的日趋复杂，以及日趋理性化的经济对一种理性求证过程的要求，而非以具体的启示或巫术的保证来确认真相——这在世界各处都是最古老的求证方式。

此一情况当然是受到经济结构之改变的强烈影响。不过，此一因素在各处皆发生作用，包括英国，英国王权之所以引入理性的求证过程，主要也是为了商人。英国与德国实体法的发展之所以有别，主要并非由于此一经济的因素，正如前面所述，其缘故乃在于两国支配结构之固有法则性：英国为中央集权化的司法与望族支配，德国则虽有官僚化，却缺乏政治的中央集权。因此，英国虽然是近代第一个、也是最发达的资本主义国家，却保留了一套较不理性、也较少官僚化的司法。然而在英国，资本主义却能轻而易举地与此套司法合作无间，因为一直到近代为止，由于其审判制度与诉讼程序的性质，结果等于是普遍拒绝了经济上之弱势团体要求裁判的机会。此一事实，再加上土地转让手续所需要的漫长时间与巨额费用（这点关系到律师阶级的经济利益），对英国农业制度产生了深刻的影响，而有利于土地之集中化与固定化。

在共和制时期，**罗马法**本身即呈现一种独特的、揉合了理性与经验之成分、甚至还有卡地裁判之成分的形式。例如审判人的任命[1]，法务官的“事实诉权”（actiones in factum，最初显然是“根据个别案件”而宣示的[2]，都带有卡地裁判的成分。早期所谓的“预防法学”（Kautelarjurisprudenz）[3]以及由此衍生

1 众所周知，罗马法的诉讼程序分为两个阶段，亦即：法庭程序（in iure 程序）与面对审判人的程序（apud iudicem 程序）。前一阶段是于法务官、县长等政务官的面前举行，于此调查当事人的诉讼资格、有无诉权，决定当事人之间的争讼点，并任命审判人。后一阶段则由审判人个别（通常是一个人）审理事实，举出证据并下判决。关于此种诉讼程序所具有的卡理斯玛性格，参阅 M.Weber，*Wirtschaft und Gesellschaft* S.404 以下。——日注

2 相对于法律诉权（actio in ius）者，称事实诉权（actio in factum）。前者为：（表示原告之请求的）请求表示（intentio）关系到在市民法中被认定的法律关系是否存在的情形下的诉权。后者为：无法列入此种一定的形态时，将具体的事实记载下来，判决乃根据事实之有无，此一情况下的诉权。事实诉权并非严格的市民法上的诉权，而是由政务官（尤其是法务官）所特别加以认定的，所谓“政务官法”上的诉权；最初，每次都是由法务官给予。——日注

3 罗马的法学者活动并不在于法律的理论研究，而在于：对法律上的问题提供意见与解答（respondere），为当事人组织必要的行为方式以达成其所欲的效果（cavers），为他们选择提起诉讼的方式并助其完成（agere）。此种实际的法学，因 cavere 一词，而被称为 Kautelarjurlsprudenz。韦伯称法学者上述的这种活动为“顾问活动”（konsultierende Tätigkeit）。当法学者解答问题之际，亦命其学生听讲，进行法学教育。——日注

出来的、甚至包括一部分帝制时期古典法学者的解释[1]，则带有“经验的”性格。法律思维方式之朝向理性化发展的转折点，最初乃来自诉讼指示——基于法务官所宣示的、结合于法律概念的“程序”（Formel）——之技术性质[2]。（今天，在提出事实之原则的支配下，事实的陈述成为决定性的，而且不管基于何种法律观点，都可使控诉显得有道理。在此情况下，罗马法以其最辉煌时期之技术文化所创造出来的、概念范围之强制性地、明确化与形式化的架构即不再存在）。诉讼程序里的技术因素，因此在理性法律之发展中扮演一个角色，至于国家的结构则仅只有间接的关系。不过，罗马法之理性化为一套可以科学地处理的概念体系，也只有在政治制度步入官僚化的时期，才达到完美的境界。罗马法之与任何东方及希腊文化所创造出来的法律体系截然有别，也正是由于此一理性化。

1　大法学者对法律所作的解释，不但对法官具有拘束力，并且事实上也创制出了古典罗马法的一大部分。——日注

2　罗马民事诉讼里的“法庭程序”，在古代采“法律诉讼”之形，只限使用于在“法律”认定下的请求权。自布匿战争（the Punic Wars）以来，由于社会经济发展的步调急速，此种法律程序无以应对，而逐渐以“诉状书诉讼”的方式来取代。所谓“诉状书”（formula）是一种由法务官所作成、提示出作为判决之基准的种种规范的简单雏形文书〔诉状书至少包含了三部分：表示原告之请求的“请求表示”（intentio）、表示请求的原因以何为据的“请求原因之表示”（demonstratio）、对审判人之“判决权限的付与”（condemnatio）〕。对审判人而言，当一定的条件具备时，则做下被告有罪责的判决，若非如此，则判定被告允以免诉。诉状书并不执著于法律条文，对于有加以保护之必要的法律关系，亦可应用于种种相关事务（例如“事实诉权”），不过一般而言，要呈递何种诉状书，则预先由法务官的“告示”来决定。——日注

> 犹太法律学者对犹太法典（Talmud[1]）的解释，可说是经验裁判的一个典型，只能算是严格**束缚于**传统的“合理主义的”，而谈不上理性。从传统解放的、纯粹的卡地裁判可见之于所有效法下列模式的先知格言：“法书上如是说……可是我告诉你们。”卡地（或其他同类型的法官）的宗教本质愈是被强调，在不为神圣传统所束缚的领域内，对个别案件的裁决就愈能自由发挥——换言之，就愈少为规则所束缚。例如，在法国占领突尼西亚（Tunisia）一个世纪之后，仍然存在着一个极为显著的、对资本主义发展的障碍，此即宗教法庭（Chara）对土地所有权问题的裁决——从欧洲人的角度来看——完全是“自由裁量的”。我们将在其他章节讨论这些早期的司法类型在支配结构中的社会学的基础。

当然，“切事化”与“专业化”并不一定就等于一般的、抽象的规范之支配。即使是近代的司法也并不就是如此。“法律无漏洞”的观念，众所周知，已受到激烈的攻击。法官最好就像个自动机器，从上面投入案件资料与费用，它就会从下面吐出判决、并机械式地从法条读出判决理由——这样的观念已被极力非难。此种非难或许是因为，司法的彻底官僚化正意味着近似上述类型的审判方式。准此，即使是在法发现的领域内，官僚制的法官在某些地方仍直接被立法者束缚于“个性化的”方式上。

1 Talmud 为犹太教的圣典。有编集于四世纪末的巴勒斯坦版，与编成于六世纪左右的巴比伦版两种。Rabbi 在希伯来语中原为“师”或“主”的意思，后转为犹太教之法律学者之意（此义渐被使用为 Rabbiner 一字）。Talmud 是以摩西的律法为中心，以及律法学者关于摩西律法的解答与注释的集成。——日注因为，在行政活动原本的领域里，换言之，亦即不属于法创造（立法）与法发现（裁判）的、一切国家的活动，我们已习于要求个人领域之自由与支配。一般性的规范对行政官僚之积极与“创造性的”活动——绝不该被制约的——主要扮演了一个消极的角色、一种障碍。关于这个论题的意义，此处可以暂时搁下不论。决定性的关键仍在于：这个拥有“自由”创造力的行政（以及或者是司法裁判），并不会形成一个受**个人**之喜好与评价所操纵的、**自由**、恣意的行动与自由裁量的王国，就如我们可见之于前官僚制的各种类型的行政状况一样。理性地追求与献身于“切事化”的目标，以及接受此一目标的支配，永远是官僚行动的准则。官僚之接受近代特有的、严格“切事化”的“国家理性”(raison d'état)观念——视之为其在国家行政领域内之行为的最高与最根本的准则——的“创造性”的自由裁量，之所以被视为最神圣，正是由于上述这样的观点。当然，官僚制为了维持其**自身**在国内的权力(以及通过国家而与他国相对应）所具备的正确的本能，是与上述抽象的、“切事化的”观念之神圣化，融合无间的。在大多数的情况下，由于官僚制自身对权力的关怀，才会赋予上述略嫌模糊的理想一个具体可资利用的内涵；碰到尚有疑义的场合，永远是以这种权力的关怀作为取舍的依据。此处我们无法再详论。对我们而言，唯一的关键乃在于，纯正的官僚制行政之任何行动的背后、原则上都会有一套可以理性争论的“理由”体系——换言之，或者是在某种规范之下的前提条件，或者是对目的与手段的一种考量。

就此而言，对“民主”潮流——此一潮流意味着尽可能的缩小“支配”——的态度必然是含混不清的。“权利平等”以及法律保障以防止统治者恣意而行，这些要求都得落实到一个**形式**的与理性的“客观性”的行政，而排斥以往家产制支配下、以恩惠为依归的个人的自由裁量。然而，一旦在某些个别的问题上，群众受到某种“精神”——且别提其他的冲动——的驱使，针对具体的问题与具体的人提出**实质**“公道”的要求，即不可避免地会与官僚行政之形式主义、束缚于规则及冷酷的“就事论事”发生冲突。感性在此不得不拒斥理性的要求。

无产者大众从这种基于“资产阶级”之利益而来的、形式的“权利平等”及“可计算的”司法与行政中，尤其是一无所获。在他们看来，法律与行政自然是该为均平他们与有产者阶级之间的、经济及社会生活的机会而服务的。然而，法律与行政只有在具有一种非形式的、基于实质内容之“伦理的”（“卡地裁判”）性格时，才能执行此种任务。不管哪种类型的“群众审判”（通常不管理性的“理由”与“规范”），乃至于所谓“舆论”（亦即在大民主制的条件下，源自非理性之“感情”的共同体行为，通常都是由政党领袖或新闻界一手导演与操纵的）对行政的强烈影响，都不免会妨碍司法与行政的合理运行，其程度之强烈（有时则更甚），正如以往在“绝对”君主指导下的“王室裁判”（Kabinettsjustiz）。

5. 行政手段的集中

官僚制结构的发展，通常是伴随着物质经营手段之集中于支配者手中而进行的。此种现象，最熟悉且最典型的例子可见之于私人的、资本主义大企业的发展。资本主义大企业的基本特质，亦于此一过程中突显无遗。同样的过程亦可见诸公家组织。

在官僚指挥下的（埃及）法老的军队、罗马共和晚期与帝制时期的军队，以及（尤其是）近代军事国家的军队，其特色在于一切的装备与给养皆来自支配者的仓库。这点恰与农业部落的人民军、古代城市的市民军、中世纪初期城市的民兵以及所有的封建军队形成对比：后者通常是由有从军义务者自行武装与自备给养的。现代的战争是个机械的战争，这使得装备与给养的集中化成为**技术上**必要的条件，就像在机械支配下的工业促成了经营手段（生产与管理）的集中化。然而，在历史上由支配者装备及给养的官僚制军队之所以出现，主要是因为社会与经济的发展、导致**经济上**有自行武装能力的市民层（绝对或相对的）减少，以致其数目不足以提供（就国家所需要而言）必要的兵力。大规模的领土国家为了维持其治安以及进行远距离（特别是海外）的战争，都必须要有一支职业常备军，而只有官僚制的结构，才能适合这样的一支军队。再者，特殊的军事纪律与技术的训练——至少就近代的水准而言——通常也只有在官僚制的军队中，才能完整地实施。

在历史上，军队的官僚化不管哪儿都是伴随着兵役从有产者肩上转移到无产者的过程而出现的（在此之前，服兵役一向是有产者的一种荣誉的特权）。例如，共和制晚期及帝制时期罗马将军的军队里，以及一直到十九世纪为止的近代军队里，都有本国的无产者负担兵役；兵役负担也可能转移到非本国人的无产者肩上，各个时代皆有的雇佣兵即为一例。此一转变过程基本上是与物质及精神文化的提升并肩而行的；随着人口密度的增加，以及由此而来的、经济活动之密集度与紧张性的日增，营利阶层愈来愈“无余暇”为战争目的服务。

告别激烈的意识形态昂扬的时期，拥有精致文化生活——特别是都市——的有产阶级，一般而言愈不适合（同时也没兴趣）从事普通士兵的粗野的军事活动。在其他条件相同的情况下，乡村的有产阶级似乎较适合（也比较有意愿）成为一个职业军官。存在于都市与乡村有产阶级间的此一差异，只有当战争的经营日益机械化、而要求领导人才皆具有"技师"的资格时，才可能泯除。

战争经营之官僚化，也可以像任何其他产业一样，以私人资本主义的形态来进行。实际上，佣兵——尤其是一直到十九世纪初期为止西方世界的佣兵——通常都是以私人资本主义的方式来招募及管理的。三十年战争时（1618—1648），布兰登堡的士兵基本上还是其职业之物质手段——武器、马匹与服装——的所有者。虽然国家的确已经以商人"承包"的方式提供这些物资。稍后，在普鲁士的常备军里，队长则为战争之物质手段的所有者，一直要到蒂尔西特（Tilsit）和约后[1]，战争的经营手段才完全集中到国家的手中。也只有在这以后，士兵才普遍有规格化的制服。在此之前，除了某些个别的部队会有国王"颁赐"的制服外（1620年首次颁给禁卫军，腓特烈二世亦有同样措施[2]），士兵的服装主要是由联队长自行决定的。

---

1 普鲁士战败于拿破仑后，于1807年7月，拿破仑与腓特烈·威廉三世缔结蒂尔西特和约。——日注

2 腓特烈二世（1740—1786年在位），普鲁士最有名的专制君主，一般亦称腓特烈大帝(Frederich the Great)。其曾祖为与法国路易十四同时的大选侯腓特烈，在他手中霍亨索伦王室第一次获得了全普鲁士的统治权，并将三个自治领（普鲁士、布兰登堡与克里夫斯）的小规模军队，结合成一支国家军事武力。自选侯之孙腓特烈威廉一世（1713—1740年

像“联队”（Regiment）、“大队”（Bataillon）这样的名词，在十八世纪时的概念是大不同于今日的。只有“大队”是个战术单位（今日两者皆为战术单位），至于“联队”则是由联队长以“企业者”的身份所创造出来的一个经济的经营单位。“半官方的”海战企业（例如热那亚的 Maone[1]）以及军队的招募，可说是具备显著官僚制结构的、最早的私人资本主义的“大企业”。就此而言，这个企业的“国营化”倒是可从铁路的国营化——铁路从一开始就是由国家控制的——找到其近代的、相似的例子。

其他领域的行政官僚化，跟军队组织一样，也是伴随着经营手段的集中化。以往总督与太守的行政，就像官职承包者、买官者以及（尤其是）封建家臣的行政一样，物质的经营手段是完全分散的。各地区的需求、包括军队以及下层官僚的费用，通常都由当地的收入来支付，有剩余时才上缴中央。受封的官吏完全以自己财源来支付行政。相反的，官僚制国家将所有行政费用都编入预算，并提供下级机构所需的、经常的经营手段（经常费），这些经费的使用也受到国家的节制。对于行政的“经济性”而言，

[接上页注] 在位）起才享有“普鲁士国王”的称号。最热衷于军队，将之训练得有如机械一般，此即其皆在六尺以上的“波茨坦巨人”雇佣兵团。在父祖的开拓下，腓特烈二世作为改革派与唯理哲学思想的忠实信徒，成为十八世纪“开明专制君主”的领导人物，对公共事务皆躬亲其斯巴达式的管理，使普鲁士成为统治得最好的欧洲国家。——中注

1　欧洲自城市发展以来，政治团体（特别是为了战争企业之故）的临时经费之筹集，多半是以向市民发售公债的方式来进行。以此产生的资本结合，在热那亚称为 maone，此字源于阿拉伯语的 ma'-ûnah（“非常情况的供输”或“商业公司”之意）。maona 的资金大体上皆用于舰队的建设与海战，为的是争夺地中海中热那亚之贸易殖民基地，资金的偿付则由 maona 给予殖民地利权的方式进行。——日注

这种方式的意义，正如大规模集中化的资本主义经营一样。

> 在科学研究与教育的领域里，大学之常设“研究所”——吉森大学（Giessen）的利比希（Liebig）实验室可说是此种大经营的最早例子[1]——的官僚化，同样也是一个对物质之经营手段的需求日渐增加的函数。在官僚制下，国家将特权（亦即物质之经营手段的集中）交给研究或教学机构的一个领导人，以此，研究者与教员遂与其“生产工具”分离，就像资本主义经营里，劳动者与其生产工具分离一样。

尽管拥有无可置疑的技术优越性，官僚制不管在哪儿都还是个较晚起的现象。主要是因为有许多**障碍**，而只有在某些特定的社会与政治的条件下，这些障碍才会消失。

6. 社会差异的齐平化

官僚制组织之取得支配权力，通常是基于经济与社会差异之（至少）相对的**齐平化**；这种齐平化的重要性在于：**经济与社会的差异**，就行政功能之担当而言，是有其意义的。

官僚制乃是近代**大众民主制**（Massendemokratie）之必然的伴随物，而与小单位同质性团体之民主制自治行政截然有别。之所以如此，乃是由于官僚制特有的原则：基于抽象规则的支配权行使。而支配权的行使之必须基于抽象的规则，乃是因为对“权利平等”

---

1 Justus Freiherr von Liebig（1803—1873），德国化学家。1825 年担任吉森大学教授，创设近代的实验室，领导由各国群集而来的研究者。——日注

（不管是就人或职务而论）的要求——换言之，即对“特权”的憎恶，以及原则上反对以“个案处理”的方式来办事。此一（遵守抽象规则的）原则同样也来自官僚制之得以成立的社会前提条件。任何一个庞大社会团体之非官僚制行政，都以某种方式奠基于下述事实：此即，既存之社会的、物质的、或荣誉性的特权与位阶，都结合于行政机能与行政义务。这点通常即意味着：将（每种行政活动都会赋予其担纲者的）地位，直接或间接地作经济性或“社会性”的利用，乃是对其承担行政职务的一种报偿。

准此，在国家行政范围内的官僚化与民主化，通常也意味着国库**现金**支出的增加，虽然一般而言，官僚制行政本质上要比其他形态的行政来得更“经济”。东普鲁士地区一直到最近为止，几乎所有的地方行政与司法初审权都委托给当地的领主，（至少）从国库立场看来，这是履行行政需要的、最省钱的办法。英国治安长官（Justice of Peace）的行政也一样[1]。

大众民主制将行政之封建的、家产制的以及——至少是企图——金权政治的特权一扫而空，因此也不得不以支薪的职业劳动者来取代相沿成习的、兼职性的望族行政。不仅国家的组织如此。民主制的大众政党，其党组织之所以完全摆脱传统的、基于个人关系与个人威望的望族支配，绝非偶然。这种奠基于个人的结构仍存在于许多旧的保守主义与自由主义的政党，然而民主制的大众政党却是个在党官、专业性的党书记与工会书记等领导下的官僚制组织。这样的政党可见之于德国的社会民主党、农民运动；英

1 治安长官是由国王任命非法律界的平民担任的职务，有权维持地方安宁及处理小案件。详细情况请参阅下述本文第三章十四节。——中注

国最早则可见之于自 1870 年以来，从伯明翰（Birmingham）一地发展开来的、葛莱斯顿（W.E.Gladstone）[1] 与张伯伦（J.Chamberlain）[2] 的小组民主制（Caucusdemokratie）[3] 以及杰克逊（A.Jackson）[4] 以后的美国的两大政党。然而在法国，想在选举制的基础上——此一方式必然会迫使政党组织严密化——组织一个纪律严明的政党的企图，皆告失败。主要成因乃在于，地方望族阶层对政党官僚化的抗拒。若非他们的抗拒，政党组织的严密化势必导致官僚化的现象，而此一官僚化现象势必席卷全国、并瓦解望族的影响力。单只基于票数计算的、任何简单的选举技术的进步，例如比例代表制，

---

1 William Ewart Gladstone（1809—1898），英国自由主义政治家。1867 年任自由党党魁，自 1868 年首次组阁以来，历任四届内阁首相。——日注

2 Joseph Chamberlain（1836—1914），英国政治家，曾加入葛莱斯顿所组的第二次与第三次内阁。在第三次内阁时，为了爱尔兰问题而与葛莱斯顿起冲突，因而脱离自由党，自组自由统一党。——日注

3 Caucus 一词普通是用来指：政党干部为了指定党的选举候选人或为了政策决定所召开的“秘密干部会议”之意。不过，韦伯此词的用法，重点稍有不同。例如在其〔于《支配的类型》里〕的说明：“如果国会里的成员‘大伙儿’皆来自有‘教养与财产’的阶级——亦即**望族**——则国会较能正常运作。在此情况下，并不是纯粹以阶级为取向的政党间的冲突在支配着国会，而毋宁只是身份阶层间——借着财产**种类**之不同——的冲突在支配着。随着纯粹阶级政党的势力，特别是无产阶级政党的势力之抬头，国会的情况有了改变。另一个引起改变同样强烈的因素，是**政党**的官僚化（Bureaukratisierunng der Parteien, Caucus-System）。随着政党这种特别具有直接诉诸民意（plebiszitär）性格的官僚化，国会议员不再是选民的‘主人’，**而转变成政党机器之领袖的仆人。**”很明显，Caucus-System 一词被当作政党的官僚化的同义语，并特别强调其直接诉诸民意的特质。本文所提的葛莱斯顿—张伯伦之 Caucus-System，概略情形如下：此一制度由张伯伦于 1868 年为伯明翰地方选举之故而开始运用，至 1877 年后扩展至全国选举，其基础即在于选举法的民主化。韦伯此处所说之 Caucus-System，是指组成选举人团体，于此团体中设置领有薪资的党工与领导人，其后再扩展为全国性的组织。此种组织的形成，一方面打破了地方望族阶层的努力，另一方面使政党的实权掌握于少数干部、最后掌握于一名党领袖的手中。英国自由党内葛莱斯顿之掌握权力，即与此种组织的形成相并行。——日注

4 Andrew Jackson（1767—1845），美国第七任总统（1829—1837），代表西部农民与东部劳工的利益，实现大众的民主主义。——日注

都意味着一个严密的、超地方性的政党官僚组织的出现，随之而来的则为日渐增强的、政党官僚制与纪律的支配力，以及地方望族阶层的被排除——至少就大国而言是如此。

就法国、北美与今日的英国而言，国家行政本身的官僚化，显然是伴随着民主制的发展而来的。当然，我们得留意，“民主化”一词极易被误解。在一个较大的团体中，所谓的“人民”(Demos)——亦即无组织的群众——从来就未曾“支配”过，毋宁说是被支配的。有所改变的仅只是行政领袖的选拔方式，以及“人民”——正确地说应该是他们之中的一群人——可以借着“舆论”、对行政活动的内容与方向发挥影响力。在此意义上的“民主化”，并不一定就意味着被支配者得以扩大对行政事务的积极参与，这也许是民主化的结果，但并不一定皆如此。

在此我们必须清楚地提醒读者，源自被支配者之对“权利平等”之要求而来的、民主制的政治观念，尚包含有下述诸要求：(a)防止官僚发展为一个封闭性的“官僚身份团体”，以使官职可对所有人开放。(b) 尽可能缩小官僚的支配权力，以便（在可行范围内）尽量扩大“舆论”的影响力。准此，只要有可能，政治民主制即会尽量以选举、罢免等方式缩短官职的任期，并设法消除对候选人专门资格的限制。只是如此一来，民主制又不免会与官僚制的趋势产生冲突，而官僚化的现象却正是民主制对望族支配斗争的结果。因此，如果我们所理解的“民主化”一词，仅意指尽量缩小“职业官僚”的支配权力，以确保“人民”——实际上乃是各个“人民”政党的领袖——之最大可能的“直接”支配，那么，这个名词在此（官僚制成立的）问题上是不适用的。决定性的关键尤其在于面对官僚制组织之支配团体的、**被支配团体的齐平化**。在此情况下，支配团体——不管是事实还是形式上——都可能拥有完全专制的地位。

> 在俄国，由于“品位制度”（Mjestnitschestwo）的实施所导致的、旧领主贵族地位之崩溃[1]，以及其所导致的、旧贵族与官职贵族的融合，乃是官僚制发展过程中特有的过渡现象。在中国，根据通过的科考次数来决定位阶与官职资格，也有类似的意义，只是（至少在理论上）比俄国推行得更彻底。在法国，大革命以及（更决定性的）拿破仑的统治，使得官僚制据有绝对的优势。在天主教会，首先是封建势力、接着是一切独立的地方势力都被铲除。此一过程始于格列高利七世（Gregory Ⅶ）[2]，经特伦特大公会议与梵蒂冈大公会

---

1 彼得大帝（Peter Ⅰ, the Great, 1682—1725）改革前的俄国，原有一批贵族，包括传统的“包亚贵族”（Boyars）及武士贵族（Gentry），他们皆拥有土地与农奴，其世袭的政治社会身份是依据韦伯称之为“旧的品位秩序”为准则的。彼得于 1722 年颁布“官阶表”（Table of Ranks），将全国官职分为三类，即军事、行政及宫廷，每类又划分为十四级。所有公民，不论平民贵族，一律自最低级做起，视其表现擢升，凡升至八级以上，即可获封地、农奴、免税及世袭的特权，换言之，即成为新贵族。韦伯认为：由于“品位秩序”制度的制定，而导致的旧领主贵族地位的崩溃，以及由之而来〔在彼得大帝时代〕旧贵族与官僚贵族的融合，是官僚制发展中极具特色的转承现象。——中注

2 Gregorius Ⅶ（约 1020—1085），罗马教皇（1073—1085 年在位）。他依据克鲁尼的理念，热烈推动教会的改革。严格禁止圣职买卖与圣职者娶妻，违禁者决不予以宽容并剥夺地位。1075 年，发布宣言禁止依俗人之意叙任圣职者，引发主教叙任权之争（Investiturstreit），特别是以此在原则上废止私有教会制度。参照本书第三章第 8 节。——日注

议[1]，而在庇护十世时（Pius X）告一段落[2]。这些地方势力就这样被转化为纯粹执行罗马教廷权威的公务员，而形式上原本完全居于从属性的助理司祭（Kaplàn），在此过程中不断扩大其实际影响力（此一过程基本上乃根植于天主教会之政治性党派组织）[3]。这个过程因此也意味着官僚制的进展，以及“消极的”民主化——亦即被支配者之齐平化——的过程。自备武装的望族军队之为官僚制军队所取代，以及封建国家或望族的共和制之为绝对集权的军事王权所取代，也同样意味着“消极的”民主化过程。即使是埃及的国家发展，尽管有许多特殊的地方，原则上亦如此。罗马帝制时期，各省份行政的

1　罗马天主教前后三次于意大利北部之特伦特召开大公会议：第一次为 1545—1547 年由保罗三世（Paulus Ⅲ）召集，第二次 1551—1552 年由朱利乌斯三世（Jurius Ⅲ）召集，第三次 1562—1563 年由庇护四世（Pius Ⅲ）召集，为的是解决天主教会因宗教改革所引发的混乱状态，并基于教会的自我批判，企图重建与新教对抗的天主教教会。除了采用所谓“特伦特信仰告白”、排斥福音主义、并决定以圣多玛斯哲学（Thomism）为天主教神学的基础外，并编纂“公教要理”“弥撒祭典书”“日课祈祷书”“禁书目录”等，确立圣职者养成制度。此外，终于克服了大公会议首位论，确立了教皇首位权。以此，奠定天主教教会改革（反宗教改革）的基础，完成了天主教会近代的蜕变。

梵蒂冈大公会议于 1869 年在梵蒂冈召开，1870 年停会（正式说来，至今尚未闭幕）。会中议定教皇首位权，宣示教皇无误论的信仰条例，而其意义在于：沿革特伦特大公会议的路线，并给予结论。——日注

2　Pius X（1835—1914），罗马教皇（1903—1914 年在位）。在“一切皆于基督里改革”、促成统一等标语下，极力主张教皇对于一切精神生活的权威。严厉反对调和教会与近代文化、放宽学术自由、承认国民之于宗教的个别性等所谓“改革天主教主义”或“近代主义”，并命令圣职者宣誓反近代主义。此外，着手编纂现行的天主教教会法典（Codex Inris Canonici）。——日注

3　助理司祭一职是在圣堂区很大或其他特殊情况下，任用来协助主任司祭的常设性代理司祭。自中世纪初期以来，即有助理司祭一职，当时是由主任司祭来任免与供养。特伦特大公会议也未对这点有任何改革。不过，自十九世纪初以来，任免权依惯例原则上掌握在主教手中，以至于强化了助理司祭相对于主任司祭的独立性。根据现行的教会法典，助理司祭一职是由主教在征求主任司祭的意见后加以任命（476—477 条）。——日注

官僚化（例如在税收的领域），是与排除（在共和制时代拥有绝大势力的）资本家阶级的金权政治并肩而行的，古代的资本主义也因此宣告终结。

在此一“民主化”发展过程中，显然都会有某种经济因素的介入。我们经常可在此一发展的基部上发现一个新的、经济性制约的阶级产生，不管此一阶级的性格是金权的、小市民的、抑或是无产阶级的；这个阶级会求助于一个政治势力（当然也可能唤起一个新的政治势力、或使某个旧势力复苏）——不管此一势力是正当性的、抑或是恺撒型的——以获取经济或社会的利益。另一方面，此一过程也有可能（历史上亦有其实例）是“由上面”所主导的，主导者带有纯粹政治的性质，由政治——特别是外交——情势汲取利益。此一领导人利用经济与社会的对立，以及阶级的利害关系，纯粹只为获得一已之权力，为此目的而打破对立的阶级间——经常是不稳定——的均衡状态，将其潜在的利害冲突转化为斗争。这个现象不太容易用一般性的陈述来涵盖。

受经济影响力所驱动的此一过程，其程度与方向变化多端，政治权力关系介入影响的方式亦如此。在古希腊，朝向训练有素的重装步兵战斗编制的转化，以及稍后在雅典海军重要性的增加，为担负起军事责任的阶层之掌握政治权力，奠定下基础。然而在罗马，同样的发展对官职贵族之望族支配的冲击，只不过是表面上且暂时性的。最后，近代的国民军队，虽然的确也经常是用来瓦解望族势力的一个手段，本身却绝对谈不上是个促成积极民主化的杠杆，宁说还只是个消极民主化的工具。值得注意的是，导致此一差异的一个因素乃在于，近代的军队得依赖官僚制来提供其所需，而古代的市民军队则在经济上立足于自行武装的基础上。

> 官僚制构造的拓展，乃基于其“技术的”优越性。结果正如同在“技艺”的领域一样，我们发现只要是原有的结构形态能（以自己的方式）发展出高度的技术并能在功能上特别圆满地适应当下需求之处，官僚制构造的拓展即显得最为缓慢。英国的望族行政即为一例，英国因此也是所有国家中最迟屈服于官僚化的，甚至可以说，一直到现在也只有部分是如此。这跟某些已（投入大量固定资本而）有高度发展的瓦斯照明系统与蒸汽火车路线的地区，对电气化的发展所造成的障碍、要比全新开发的地区来得更为强烈的情况，是一样的。

四、官僚制机构的永续性

官僚制一旦确立，即为社会组织中最难摧毁的一种。官僚制乃是将“共同体行动”（Gemeinschaftshandeln）转化为理性且秩序井然的“结合体行动”（Gesellschaftshandeln）的特殊手段。以此，作为支配关系之“理性组织化”（Vergesellschaftung）的工具，对于控制官僚制机构的人而言，官僚制一直都是种无可匹敌的权力手段。在同样的情况里，有计划组织与指导的行动（“结合体行动”）要优于任何类型的、与其相对抗的“群众行动”（Massenhandeln）或“共同体行动”。只要行政管理已彻底官僚化之处，支配关系的形态实际上即无从摧毁。

个别的官僚是无法脱离其所属的机构的。职业官僚之整个经济生活与意识的存在，牢系于其职务活动，这点恰与“望族”之将行政工作视为一种名誉职与兼差形成对比。在大多数情况里，职业官僚只不过是个不断运转的机构中的小齿轮，遵照指示循一条（基本上已经）固定的道路前进；他被赋予特定的职责，然而此一机构的运转与否，通常皆取决于最高首脑，而与其无关。归根究底，各个官僚事实上乃被嵌入涉及所有官僚的一种共同利害的关系中——亦即此一机构能否继续存在，能否继续行使组织化的支配。另一方面，官僚制机构一旦成立，被支配者即不可能废除或代之以他物，因为此一机构乃是奠基于专门训练、功能专业化、以坚定的态度熟练地应付单一却又有条理地综合起来的职务上。如果此一机构停止运转，或其运转受到外力阻挠，混乱即不可避免，从被支配者中临时找来的代用人员是难以掌握此一混乱局面的。这点不管是对公共行政领域、或私人经济管理而言，都同样正确。大的物质生活命运已日益仰赖私人资本主义之日渐强化的官僚组织之持续且正确的运转，想要排除此种组织的想法，愈来愈只不过是个幻想。

公共与私人经营的一切秩序都日益仰赖“档案”与官僚纪律——也就是在其**惯常**的活动范围内恪守上下服从的态度。不管档案在实际上有多重要，终究没有官僚“纪律”那么具有决定性。想要借着摧毁公共档案、一举瓦解“既得权利”的基础与“支配”，这种巴枯宁（Bakunin）主义者的天真想法[1]，忽视了**人类**遵守熟悉

1 Mikhail Aleksandrovich Bakunin（1814—1876），俄国思想家，革命的无政府主义之创始者。他认为人的自由可以通过对神与对国家的否定而达成，提倡“自由共同体之自由的结合”的原则，并为此而以暴力的手段来灭绝国家权力，破坏一切的国家与政治机构乃是必要之事：“破坏的热情即创造的热情。”——日注

的规范与行政规则的态度，即使是没有档案也照旧存在的事实。所有被击破或解体的部队之重建，以及所有被革命、恐慌或其他灾难所摧毁的行政秩序之重整，都得有效地诉诸上述这种被制约的态度——同时存在于官僚与被支配者身上、长期培养出来的、对原有秩序的服从。如果此一诉求成功，被干扰的机构即会再度“上档启动”。

官僚制机构一旦成立之后，其客观上的不可或缺性与其特有的“非人格性”（Unpersönlichkeit）是相互结合的，这点也意味着此一机制——恰与奠基于个人恭顺（Pietät）之上的封建秩序形成对比——极容易变更效劳的对象，只要那个人能取得控制权。理性组织的官僚系统，即使是在被敌军占领的地区，仍持续运转，唯一要做的事只是更换其最高长官。之所以如此，乃是因为其运转与否关乎所有人——甚至包括敌军——的重大利害关系。俾斯麦（Bismarck）在长久掌权期间，已铲除掉所有较具独立性格的政治家，而将其与阁僚的关系转变为一种无条件的、官僚制的从属关系；然而令他惊讶的是，在他退休之后，这些阁僚既不在意、也不泄气，仍然坚守自己职务，整件事就只是官僚机构中某个人物取代了另一个人物，一点也不像离开的人实际上乃是个天才型的支配者、整个官僚机构的创始人。法国自拿破仑第一帝政以来，已更换过许多支配者，然而其权力机构本质上并没有改变。

这样的一种“机器”（Apparat），使得“革命”——意指以暴力方式创造出全新的支配组织——愈来愈不可能，因为在技术上，此一机器控制了现代的交通工具（电信等等），另一方面也因为此一机器的内部结构已日益彻底地理性化。在此过程中，“革命”已为“政变”（coupsd’état）所取代——法国仍可视为范本，因为那儿所有成功的变革都带有政变的性质。

五、官僚化的经济与社会的影响

社会结构、特别是政治结构的官僚制组织，通常（实际上也的确）有其广泛的经济影响。问题是怎么样的一种影响。当然，不管在任何个别情况下，影响总是视经济及社会权力的分配——特别是官僚机构所盘踞的领域——而定。因此，影响的问题乃取决于掌握官僚制机构的势力所指示的方向。其结果经常是一种隐秘的金权政治的权力分配。

在英国，特别是在美国，官僚制政党组织的背后通常都是政党赞助人，他们资助这些政党，从而对这些政党发挥强大的影响力。英国的酿造业，以及德国所谓的“重工业”——汉撒同盟（Hansabund）及其选举资金[1]——即为这方面的显例。伴随着打破地方与封建诸特权而来的、政治与（尤其是）国家结构之官僚化与社会的齐平化，在近代通常有利于资本主义之利益，或者根本就是直接与资本主义利益携手实现的，近代专制君侯与资本主义利益间、大规模的历史性同盟即为一例。一般而言，法律的齐平化与望族所支配的强固地方组织的瓦解，通常是有利于资本主义活动领域之扩张的。

然而，另一方面，官僚化也有其他的影响，此即确保小市民利益所在的传统的“生计”，甚至采取国家社会主义的路线，从而

1 汉撒同盟代表了工商业者的利益，1909 年于柏林组成。他们在帝国议会中对抗支持农业的土地贵族以及支持计划经济的社会主义者。——中注

限制了商人利得的机会。这在历史上已出现过几次，极具重要性，特别是发生在西洋古代的[1]。我们未来的发展或许亦可如此预期。

法老时代的埃及、希腊以及罗马时代的政治组织，至少在原则上，极为类似；然而其发挥的作用却大为不同，官僚化的经济意义之所以显得极为分殊，乃是取决于其他因素所决定的方向。单只官僚制组织的存在此一事实，并不能清楚告诉我们其**经济**作用的具体方向为何，虽然的确是有某种经济作用存在。较之其**社会**的作用（至少就齐平化这点而言），确实是要不清楚得多。

即使在这一点上，我们也还得留意，如上所述的官僚制乃是一件精密的机器，可以供极端不同的利益——纯政治性的、纯经济性的以及其他任何种类的——所支配使用。因此，官僚制与民主化的携手并行，不管有多少典范存在，都不能太过夸大。在某些情况下，封建的支配阶层也会利用官僚制此一机器的。行政的官僚化被有意地与身份团体的形成结合起来，或者在既存的社会势力团体的压力下、与身份团体的形成纠缠在一起，此一可能性当然也存在，而且经常也成为事实，例如罗马的帝制时期以及近代专制国家的某些类型。公开地将官职保留给特定的**身份**团体是极常见的，实际上的保留官职则更是不胜枚举。

社会民主化（就其全体及其**现代**意义而言）——不管是实际

---

1 "随着纳税者的受保护以及和平秩序的建立，罗马帝国宣告了古代资本主义的死刑……戴克里先所建立的'赋役制国家'制度下，资本主义找不到可以生根发展的据点，毫无利润可言。官僚制度摧毁了政治及经济动机，因为获得利益的机会已一去不返。资本主义制度的各种形式皆是企图将有产的'财富'转变成投资性的'资本'，然而在帝国统治下，整个趋向（正如托勒密王朝）是排除资本以保藏财富。在古代城邦，有产者以矛与盾服务其社稷，现在他们以其财产服务国家，成为国家财政及征敛的保证人……"参见 M.Weber，*Gesammelte Aufsätze zur Sozialund Wirtschaftsgeschichte*，S.277f.。——中注

上、或只是形式上的——对官僚化乃是特别有利的一个基础，但绝非唯一可能的。归根究底，官僚制仅只努力于**齐平**那些有碍其前进——就个别例子而言，即其企图占有的具体领域——的权力。我们必须牢记此一事实（对此我们已讨论过多次，而且还会不断再重复）：此即，如上所述的“民主制”正是与官僚制的“支配”相互敌对的，尽管（或许也正因为）此一民主制无可避免地——却也是非意图中的——促进了官僚化。在某些场合，民主制会带给官僚制组织极为显著的破坏与障碍。以此之故，在任何个别的历史案例里，我们都得仔细分析其间官僚化的特殊方向。

六、官僚制的权力

因此，在一个官僚制普遍发展的近代国家里，官僚制的**权力**是否即可日益扩张，仍是个问题。官僚制的组织在其支配者手中，就技术上而言，乃是最为进步的权力**手段**，然而我们无法仅凭此一事实来确定，这个官僚制的意见在其所属的社会结构里，究竟能有多少分量？官吏制度之日增的“不可或缺性”（已膨胀至数百万人），也不构成一个决定性的因素；就像无产阶级在经济上的不可或缺性，并不能决定其在社会与政治上的权力地位（虽然某些无产阶级运动的代言人抱持着相反的意见）[1]。如果“不可或缺性”

1 这里指的是米歇尔（Robert Michels）这些人。韦伯于1906年11月写信给米歇尔：“不可或缺性在经济进程里一点也算不了什么，对于某一阶级的权力地位与权势机会而言，这点根本不算数。在一个没有‘市民’工作的时代里，奴隶之必要，十倍于，不，千倍于今日的无产阶级。那又怎样？中古的农民、美国南部的黑人，全都是绝对‘不可或缺的’……政治的民主化才是可见的未来或可致力完成的唯一之道……我是无法阻拦你更加执迷，不过我可不能强迫自己这么做。”引自 Wolfgang Mommsen，*Max Weber und die deutsche Politik*，1890-1920（Tübingen：Mohr，1959），p.97，121。——英注真是具有决定意义，那么在一个奴隶劳动占绝对优势、而自由人（在此情况下）通常会视劳动为一卑贱须加以回避的经济体系里，“不可或缺”的奴隶显然就该拥有权力地位了。根据前述理由，官僚制的权力是否有所扩张，显然不是个能先验地决定的问题。

经济利益团体、不具官方身份的专家、乃至其他不具专家身份的代表，以议会制或其他职业身份代表制的方式加入地方、区域性乃至中央的决策机构，这些**似乎**都与官僚制权力的扩张直接有所冲突。到底有多少真确性？这个问题将在别章讨论。此处我们仅作一纯粹形式的、决疑式的论述。总之，此处只讨论下列问题：

一个发展成熟的官僚制，其权力经常极大，（在正常情况下）甚至可说是凌驾性的。政治的支配者在面对训练有素的官吏时，经常会发觉自己就像个面对着“专家”的“外行人”。不管此一官僚制必须为其服务的“支配者”，是个武装有“立法”“诉诸全民投票”以及撤换官吏等权力的“人民”；是个基于贵族制或“民主制”之原则选举出来、而配备有“不信任投票权”或实际决定权力的议会；是个基于法条或实际上互选产生的贵族合议制；是个全民投票选举的总统，抑或是个“专制”或“立宪”的世袭君主。

每个官僚制内的那些职业性消息灵通人士，都还会借着**保密**其知识与其意图的手法，进一步扩大原有的优势地位。官僚制行政通常倾向于排斥公开性，尽可能隐密其知识与行动，以逃避批判。普鲁士的教会当局最近正威胁要引用戒律来处分那些牧师，如果他们对教会的非议或忠告被第三者知道的话（不管以什么方式）；因为，教会的理由是，他们必须负起使得教会当局可能招致批评的“责任”。波斯君主的财政官员将编制预算的技术弄成一种秘传之术，甚至使用密码文字。普鲁士的官方统计资料，一般说来，只有那些不致危及掌握权力的官僚层之意图的资料，才可能公诸大众。

这种秘密化的倾向，在特定的行政领域内，乃源自其切事化(sachlich) 的本质：易言之，只要是支配团体**对外**的权力利益——不管是私人经营里的经济上竞争者、抑或是具有潜在敌意的外国政治体——遭受威胁之处，经常即有秘密化的倾向。外交的经营如果要成功的话，只能在极为有限的程度里接受公众的监督。由于纯技术层面因素的重要性日增，军事行政当局对最重要的策略也不得不坚持守密。政党的经营也不例外，尽管政党大会与天主教教徒大会（Katholikentag）[1] 不断夸示其公开性,而且随着政党组织之日益官僚化,秘密化的程度也会日益扩大。例如对外贸易政策，在德国就导致生产统计资料的保密。一个社会团体在采取对外战斗态势时，经常会强化其内部掌权者的地位。

只是，基于官僚层本身之纯粹权力利益所导致的秘密化，远超过其职务客观上所需的范围。“职务机密”此一概念，纯粹是官僚制的特殊发明，而且极少有其他的事物受到他们如此热切地拥护，之所以如此，乃是因为除了上述几个有限的特定领域外，他们这种保密的态度根本就无法以纯粹职务所需的理由来解释。在面对议会时，官僚制基于其权力本能，尽量阻挠议会任何想以自己的方式（例如通过所谓的“议会调查权”）从利害关系者取得专门知识的企图。官僚自然是希望能面对一个资讯贫乏——因此也无力量可言——的议会，只要这种无知能符合官僚本身的利益。

1 德国的天主教教徒大会创始于 1858 年，公开在德国大众中（大多为新教徒）讨论教会、政治与社会福利等议题。纳粹时期曾一度中断，1950 年再度恢复。——中注专制君主在面对官僚之优越专门知识时，也有同样的无力感，在某种意义上甚至比其他任何类型的政治元首都要感到无力。腓特烈大帝（Friedrich Ⅱ）所有关于“废止农奴制”的诏令，在具体实现之前即已纷纷出轨，因为官僚机构将这些诏令视为外行人的一时兴起之作，而不予理会。就此而言，一个立宪君主，只要能与被支配者中具有重要社会力量的团体达成协议，（通常）反而可以对行政的运作发挥较之专制君主更强大的影响力，因为他可以借着——至少是较为公开的——批评来管制官僚的运作，而专制君主则只能依赖其官僚提供资讯。旧制度下的俄国沙皇（1905 年任命首相之前），很少能长期推行其官僚所不满意、或有违他们利益的事务。这些阁僚虽然直属于独裁君主（沙皇），却像——正如勒罗伊-伯琉（A.Leroy-Beaulieu）所正确指出的[1]——个波斯总督（Satrap）的集合体，彼此之间用尽一切阴谋斗争，以长篇累牍的“建言书”相互攻击。面对这样一个内阁，身为外行人的君主实在也无计可施。

任何向立宪制政府转变的过程，都必然会导致中央官僚的权力集中于一人之手。官僚系统被置于一元制支配的首长（首相）之下，一切事务在上达君主之前都必得先通过他。这就使得君主在大半情况里被置于官僚首长的监护下。威廉二世（Wilhelm Ⅱ）与俾斯麦的著名斗争即是为了反抗此一原则，不过他很快就被迫

1　Henri Jean Baptiste Anatloe Leroy-Beaulieu（1842—1912），法国史学家。主要著作为《沙皇帝国与俄罗斯人》（*L'empire des Tsars et les Russes*，3 vols.，1897—1898）。——日注

缩手[1]。在专门知识的支配下,君主只有通过与官僚首长的不断接触下，才能稳固维持其实际的影响力，而此种接触却又是在官僚制中央最高干部有计划的操纵下。

在此同时，立宪制却也使得官僚与支配者（君主）团结为一个利益共同体，以对抗议会中亟思获得权力的政党领袖。但也正因如此，支配者在对抗官僚时还是无力的，除非他能得到议会的支持。“帝国的巨头”——亦即普鲁士的部长与帝国最高官员——的背叛，使得君主在 1918 年 11 月陷入绝境[2]，其情况极为类似于 1076 年尚在封建国家阶段时,所发生的故事[3]。这当然只是个例外，

1　Wilhelm Ⅱ（1859—1941），德意志皇帝（1888—1918 年在位）。即位后立即于 1889 年在内政上（关于鲁尔区罢工事件的处理）与外交上（与俄国重定和约）与俾斯麦起了重大冲突，终于在 1890 年将俾斯麦免职。韦伯此处所指的是**王制**立宪制度（monarchic constitutionalism），即俾斯麦献给德意志帝国的政府形式：首相对国王负责，而不是对国会，军队也在国王的控制之下。实际上，此种安排是将非常的权力首先给了俾斯麦，再来是给了普鲁士与帝国的官僚系统，二者皆对立于王室与国会。韦伯曾于第一次世界大战期间写了一系列感性的论文来攻击此一体制，见 *Economy and Society*，Appendix Ⅱ，“Parliament and Government in a Reconstructed Germany”。——中注

2　德国于第一次世界大战中战败，德皇威廉二世于 1918 年 11 月退位。同年 10 月，威廉二世一反其本意，任命议会派的代言人马克斯（Prinz Max von Baden）为帝国首相兼普鲁士首相。自10月末至11月,各地叛乱蜂起。马克斯与多数派社会党党魁艾伯特(Friedrich Ebert）计议，为了抑止叛乱，劝请皇帝及皇太子辞位。皇帝尚在踌躇之中，马克斯即于 11 月 9 日在未得皇帝承诺的情况下，宣告皇帝退位，并将首相之位让与艾伯特。11 月 10 日皇帝亡命荷兰。皇帝自昔日以来即与议会尖锐对立，并在大战里对军队也未有强力的发言权。——日注

3　此处日译本（根据德文第四版所译）作“1056 年”，即亨利三世去世的一年，其子亨利四世继位，年仅六岁，封建诸侯乘机夺权，王室势力大衰，似乎颇为接近韦伯所叙述的状况。问题是德文本第五版（即中译本所根据的版本）却为“1076 年”，即亨利四世与教宗格列高利七世政教冲突最激烈的时期，教宗于此年二月下令开除亨利四世教籍，导致大部分日耳曼贵族皆公开背叛亨利四世，其处境也的确类似 1918 年威廉二世的情况。孰是孰非恐怕还得靠版本学者的考证。亨利四世被开除教籍后，见大事不妙，亲王卡诺沙（Canossa）乃于次年向教宗请罪，终于挽救了他的政治生命，并于此后数年间逐渐扳回劣势，史称“卡诺沙事件”，对西欧中古史有关键性的影响。——中注

因为整体而言，当时君主在对抗官僚制官员时的权力地位，要远比任何封建国家时期或“定型化”家产制国家时期的君主权力地位来得强大。这是因为永远有热衷于名位的候补者存在，君主很容易用他们来取代较具独立性的官员。在其他条件皆相若的情况下，只有经济上能独立的官员——亦即有产者阶层——才敢冒丧失职位的风险。从无产者之中拔擢官员可以扩大支配者的权力，这是从古到今都一样的。只有那些出身社会有力阶层的官员，例如在普鲁士被称为“运河法案叛逆者”的那些官员，才有可能实质且彻底地使君主无法贯彻其意志，这是因为君主必须虑及这些人乃是其自身地位的支柱[1]。

只有私人经济利害关系者的专门知识（在“经济”的领域里），才可能优于官僚的专门知识。这是因为对这些人而言，正确的专门知识乃是直接决定其经济存亡的关键所在。官方统计资料的错误，对犯此错误的官员并不会带来任何直接的经济后果，然而在一个资本主义企业里，计算错误所付出的代价可就是赔钱，或甚至整个企业的生存。再者，作为一种权力手段的“机密”，藏在企业家的簿子里比起藏在官方的档案里，可要来得安全。以此之故，在资本主义时代，官方对经济生活的影响被局限于极狭小的范围内；在此领域里，国家的施政经常是无前瞻性、无计划性可言，或者是在利害关系者之优越的专门知识下，被删除掉主要的环节。

1　1899 年皇帝强烈希望通过的所谓“中部运河”（Mittellandkanal）建设法案，遭到帝国议会的否决。反对此一法案的是保守党议员，同时亦为政府官员，因而被称为“运河法案叛逆者”（Kanalrebellen）。顺带一提，此一法案于 1901 年再度被否决，但自 1905 年以降逐渐被部分地通过，至 1938 年运河终于完成。——日注

七、理性的官僚制支配结构的发展阶段

由于特殊化的专门知识愈来愈成为官职保有者权力的基础，支配者从一开始所关心的就是，如何利用这些专家的特殊知识而又不危及自己的地位。随着行政业务之质的扩大，以及随之而来的专门知识之不可或缺，下述典型现象即会出现：支配者再也不满意于只是偶尔性的跟一些心腹——或者是由这些人所组成的、间歇性或有严重事故时召集的会议——商谈国事，而开始在身边设立一个常置的、合议性的备询与议决的团体，法国的 Conseil d'Etat[1]、英国的 Privy Council[2]、普鲁士的 Generaldirektorium、Kabinett[3]、土耳其的 Diwan[4]、中国的

---

1 法国的 Conseil d'Etat 是由五六名具有 ministre d'Etat 称号的大臣所组成的国王亲信会议。外交与海陆军二大臣及财务总监为此会议的常任成员，外加两三名大封建领主。实际上参加会议的只有被国王召集来的人，而具有资格却未被召集者，形同被解去职务。在此秘密会议里所商讨的是重要国策，但无议事记录。——日注

2 英国的 Privy Council 是官职任免与人数皆由国王任意决定的顾问官（privy councillors）所组成的国王亲信会议。顾问官具有将自己最专长的相关项目向国王进言的义务。随着内阁制度的发展，此项会议渐失其实质意义。——日注

3 由普鲁士的腓特烈·威廉一世将原来的总战争部（Generalkriegskommissariat）与总财务部（Generalfinanzdirektorium）合并，组成 General-Ober-Finanz, Kriegs-und Domänendirektorium（即 Generaldirektorium 的正式名称），是普鲁士有关内政、财务、军事等方面的最高行政机关。

所谓 Kabinett，原来并非今日所指的“内阁”，而是由国王亲信的人所组成的合议的咨询机关。当时对国王有很强的从属性。此一合议制机关自十七世纪以来即被称之为“内阁”。——日注

4 Diwan 是在苏丹或大宰相（Grosswesir）的主持下所召开的（以前的）土耳其的国务会议。——日注

总理衙门与外务部[1]皆为此种性质的团体,“宫廷外顾问”(Räte von Haus aus)即为此一发展中典型的过渡现象[2]。

此种合议体的地位自然有甚多变化,得看它们是否发展成最高的行政机构、或是有一个(或多个)一元制支配的中央机构与其并存而定。再者,很多情况也得视其程度而定:当此种合议体发展成熟时,通常是在支配者主持下召开(实际上如此或仅是虚拟的),一切重要案件在负责的专家作完报告与补充报告后,其他成员提出赞同与否的理由,经全面讨论后作成决议,支配者再对此决议表示认可或否决。这种类型的合议体乃是典型的模式,通过此一模式,(已逐渐“外行化”的)支配者可以在利用专家的知识时、设法——这点常被忽视——闪避专家优越知识的支配。他让其他专家来制衡某个专家,通过如此繁复的程序让自己对事态有个全面性的了解,并且确保自己不致在某人的怂恿下作出恣意的决定。支配者通常主要是依赖直接呈递给他的书面意见——而非主持会议——以确保能发挥最大的影响力。普鲁士的腓特烈一世(Friedrich Wilhelm Ⅰ)对行政虽有强大的影响力,却几乎从未亲自主持其合议制组织的内阁会议,任何决定,或者直

1 总理衙门为创设于清咸丰十年的外务机关。统理外交、贸易、关税等内外交涉事务,掌管公使、领事的任命。总理大臣人数不定,由皇帝特任,通过会议来处理事务。光绪二十七年废总理衙门,置外务部。在组织上,最初置总理事务大臣一名,会办大臣二名,左右侍郎各一人,至光绪三十二年有若干改变。——日注

2 相对于长驻于宫廷的顾问官(wesentliche Räte),住在宫廷外、自己的领地内,每逢特别召集才参加会议的顾问官,称“宫廷外顾问”。近世以来,枢密院会议渐渐转化为具有明确结构的常设性官厅,属于贵族阶层的宫廷外顾问遂被排除,非贵族阶层的顾问官较被乐意任用。——日注

接批于奏折上，或者另发敕令，这些奏折与敕令在与内阁（从属性极强的）“仆人”相商后，即由内阁派遣猎骑兵（Feldjäger[1]）送达大臣手中。俄国、普鲁士以及其他国家的内阁，就这样发展成一种个人的堡垒，支配者可以利用它来逃避专家知识，以及行政之“即事化”的趋势。内阁以此成为官僚阶层憎恶的对象，就像政策失败时会招致被支配者的不信任一样。

根据合议制的原则，支配者乃更进一步企图把**专家**综合成一个集合体（合议制机关）。此一企图能否成功，很难作概括性的论断。不过，此一现象在许多不同类型的国家（从家产制、封建制到早期官僚制国家）皆相当普遍，更是君主绝对专制形成时期的典型特色。合议制的原则已被证实为达到行政之“即事性”的最为有效的教育手段之一。而且此一原则较可能接受拥有社会势力的私人，因此能在某种程度上将望族的权威、私人企业家的实际知识与职业官僚的专门知识结合起来。合议制机关乃是近代“官府”（Behörde）之概念——一种独立于个人之外的永续性组织——得以发展的最初制度之一。

当有关行政事务的专门知识只能来自长期**实际的经验**、且行政规范乃来自传统——而非规则——的情况下，**长老**会议——通常包括有教士、“政治元老”与望族——即为最佳的合议机构。这个机构刚开始时仅备支配者咨询之用，然而由于其——不像有所更替的支配者——为一永续性的组织，因

1　Feldjäger 原来是从事军务的猎师，但在普鲁士约自腓特烈大帝以来，即被运用为军事、外交上的“联络员”“传令”。——日注

此经常能篡取到实权。罗马的元老院[1]、威尼斯的委员会[2]，以及雅典的元老议院[3]（在其为群众领导者的支配取代之前[4]），都是这样的。不过，我们当然得把这些权力机构与目前所讨论的合议体明确区分开来，尽管两者之间有无数的过渡阶段。合议体乃是奠基于合理的职务**专业**化与专门知识的支配上。

---

1 在罗马共和国的早期，贵族控制了两个最重要的政府机构——执政官和元老院。在平时，执政官遵循元老院的领导，处理国家的日常事务。一到战时，元老院即经由正式立法方式将他们的权柄转交给一个人，为期最长不得超过六个月，此即“坎克推多”（dictator）。元老院大约有三百人，大多从贵族之中选出，所有的执政官在任期之后也都成为元老，而且当政的执政官可以任命其他的元老。理论上，元老院的职责只在于咨询与监督；实际上，享有极大的声望，是对共和国产生极大影响、最著名的纯粹罗马政府制度。——中注

2 在威尼斯的制度里，我们可见到许多的 Rat（合议制机关）。其概况如下：1032 年，为了限制总督（Doge）的权力，威尼斯创设了由二名（后为六名）顾问官（consiglieri ducali）所构成的枢密院与元老院（pregadi）。1171 年，对东罗马帝国一役惨败之际，成立大评议会（maggior consiglio），掌握了总督和其他官吏的任命权，原有的民会（concione）实质上丧失了势力。评议会议员原来是由选举产生，后来世袭化，成为城市贵族最有力的堡垒。1310 年，发生 Bocconio 阴谋事件，威尼斯城又趁此成立十人委员会（consiglio dei dieci）。此一委员会最初是为防止政治阴谋的临时机关，1335 年后即恒久化，其权限诸如：监视贵族在政治上的个人态度，必要时推翻大评议会的决议等，担当一种护民官的机能。十人委员会的设置可视为威尼斯国制的完成：位于国会最下层的是大评议会，其上为元老院。元老院是原来的立法机关，握有有关国家一切重要事项的权限。与此并行的是：作为另一机关系统的十人委员会，其权限如前述。在这些合议机构之上，是担任执行的内阁（collegio），位于顶端的是总督及其顾问会议，但总督已无实质的权力。——日注

3 雅典的 Areopagus 地位相当于罗马的元老院。在君主政体时代，它原本应该是作为君主之咨询机构的长老会议，但自贵族制时代以后，曾任执政官（Archon）之职的名门出身者即为此一会议的终身成员，因而成为“拥护国制者”之保守派的大本营。到公元前 462 年，Ephialtes 在伯里克利等人的协助下，攻击此一议会，并将权力转移到五百人评议会、人民法庭及人民大会之中，并且由于公元前五世纪半以后执政官之职按抽签制产生，此一会议连失其权力，打开向民主制转化的大道。——日注

4 古希腊雅典自从伯里克利（Pericles，c. 前 440）于公元前 429 年过世，城邦政治顿失重心，后继诸人无一有其能力及威望，而社会矛盾及外患又日益严重，于是新的领袖崛起。此类新型领袖凭借的并非既有的家世及社会威望，他们了解群众，以直接诉诸民众（经常是在人民大会的场合）的方式，凭个人魅力赢得群众的信任，而取得权力。这些人物被称为 demagogue，希腊原文为 demagogos，demos 即人民之意，agogos 则为“领导者”，故中文译为“群众领导者”或“群众煽动家”。——中注

此外，合议体也必须与顾问团体有所区分，这种（常见之于近代国家的）顾问团体的成员乃来自私人性的**利害关系**者阶层，其核心成员亦非来自官僚或卸任官僚。最后，这种合议体在社会学上也必须与见之于今日**私人**经济下、官僚制组织（合资公司）内的合议制统制机构——董事会（Aufsichtsrat）——有所区分，虽然这种董事会也常从无利害关系的圈子中聘请一些名人来担任董事——或者借重他们的专门知识，或仅只是利用他们作为一种看板及广告的手段。（在德国），这种董事会通常并非由拥有特殊专业知识的人才所组成，而是由具有重大经济利害关系者——特别是融资此一企业的银行——的代表所组成，这些人绝不会仅止于扮演提供咨询的角色。他们至少可以拥有某种控制力量，更经常是踞有实际支配的地位。这种统制机构可比拟（虽然不免有点扭曲）、家产制或封建制政体下、独立的大采邑与官职持有者，以及其他有力量的社会利益团体的会议。这种会议有时的确也会成为——为应付日渐繁忙的行政事务而成立的——“顾问会议”的前身，更经常是身份制团体（等级会议）的前身。

上述官僚制的合议制原则，通常会转用至各式各样的下级单位。在一个封闭性的地区里，特别是城市团体，合议制行政可说是**望族**支配的最初的一种形式，这点我们先前已经提过。最早是经由选举、稍后则经由（至少部分地）互选所产生出来的“参议会”——例如 magistrate、decurione 以及

Schöffenkolleg 的合议体[1]——来运作。这种合议体乃是“自治行政”组织基本上的构成要素，换言之，即在官僚制的国家机构的监督下，由地方上的利益关系者来处理行政事务。前面提到的威尼斯委员会以及罗马元老院（更是如此），则显示出——通常植根于地方性政治团体的——望族支配形式转用于庞大的海外帝国。在官僚制国家里，由于交通工具的发达、对行政的技术性要求日增（因为需要迅速且明确的决断），以及我们上面提到的、要求全面官僚化与一元制支配的种种因素具有压倒性的优势，合议制行政乃再度消失。此外，当支配者发现（就其本身利害而言），一个严密统一的行政领导、要远比周全彻底地商定决策更为重要时，合议制行政亦告终结；一旦议会制度开始发展以及（多半是同时出现的）外来的与公众的非难日增时，即会导致此一情况。

在这些近代的条件下，像法国那样彻底理性化的专业部长与地方首长的制度，即为驱逐旧形态提供了重大的契机；同时亦可能辅之以利益团体，通常是从经济上与社会上最有力量的阶层中选拔人才组成咨询委员会。这种方式的运用日益频繁，而且也可能会愈来愈正式。

最后的这个（咨询委员会的）发展——其目的在将利益团体的具体经验与由受过专业训练的官僚所负责的理性行政

1　Magistrate 一词普通用以指罗马的城市政务官，不过中世纪的城市里，所有行政的会议机关一般也用此一名称。此处，恐怕是后者之意。其实体随时代、城市之不同而异。

decurione 是指罗马的地方城市参事会的成员。相当于罗马城里的元老院的元老(senator)。因此，Dekurionenkolleg 是指罗马地方城下的参事会。

在中世纪的城市里，若干个 oberhof（相对于子城市法庭的母城市法庭之称）称为 Schöffenkolleg，其成员则称之为 Schöffen。——日注结合起来——无疑会愈来愈重要，而且会进一步强化官僚制的力量。众所皆知，俾斯麦是如何计划利用“国民经济会议”（Volkswirtschaftsrat）作为对抗帝国议会的一种手段，并指责反对此一计划的议会多数派——他可绝不会赋予这些人类似英国国会所拥有的调查权——为了议会本身的权力，而有意不让官僚变得“太聪明”。至于照这样发展下去，上述的利益团体在未来的行政里究竟会被赋予什么样的地位，这个问题此处无法评论。

在“客观的”法秩序与（此一法秩序所保障的）个人“主观的”权利之间，作一明确概念上的区分，得等到国家与法律大体已皆官僚化之后，才有可能。用来规制各个公家机构彼此之关系、及其与所属“子民”之关系的“公”法、与规制被支配者彼此之关系的“私”法之间，其概念上的区分亦同样得等到国家与法律的官僚化。这些区分的前提假设乃是，“国家”——作为支配者权利（Herrenrecht）之抽象担纲者与“法规范”之创造者——与所有个人之人格性的“权限”（Befugnis）之间，有一概念性的分别。这种概念形式与前官僚制时期——特别是家产制与封建制——的支配结构，本质上大相径庭。这些概念最早乃是在城市共同体的基础上被构想出来、且被具体实现。因为一旦城市的官职拥有者是通过定期的**选举**来任命时，个别的权力持有者——就算他拥有最高的支配权——即再也不能将支配权之“行使”、视为其“固有的权利”。然而，一直要等到官僚制将职务之执行全面非人格化，以及法律的理性体系化之后，公、私领域之区分才得以在原则上确立与贯彻。

八、教养与教育的“理性化”

这里我们不可能详细分析理性官僚化支配结构之进展所带来的、广泛且一般性的文化影响，因为此一支配结构的发展是如此纯粹且全然独立于其所控制的领域之外。官僚制支配结构的确有助于促进一种“理性主义”（Rationalismus）的生活方式，问题是理性主义此一概念可以包含太多的内容。通常我们只能说，任何支配结构的官僚化会极端强烈地促进理性的“切事性”以及“职业人”（Berufsmenschentum）与“专家”（Fachmenschentum）的发展。这种发展当然有诸多分歧，在此只能就其过程中一个重要的因素——亦即其对**教育**（Erziehung）与**教养**（Bildung）之本质的影响——略作提示。

欧陆的教育制度，特别是高等教育（包括大学、技术学院、商业学院、文科中学及其他中学），乃是极端受制于——根据近代官僚制所不可或缺之专业考试或专门训练而产生的——某种性质之“教养”的需求。

近代意义上的“专业考试”，不管是过去还是现在，亦可见之于官僚组织之外，例如目前的医生与律师等所谓的“自由”业，以及有行会组织的制造业。它也不见得就是官僚化过程中不可或缺的一环——法国、英国与美国的官僚制完全（或在相当显著的程度上）没有这种考试，而以在职训练及政党组织中的训练作为替代。“民主制”对这种专业考试持有一种矛盾的态度，正如它对所有官僚化的现象所持有的态度一样，虽然它也促进了官僚化的出现。因为这种考试制度意味着（或至少**表面上**意味着），从所有社会阶层中“选拔”适合的人才，从而取代了望族支配。然而，民主制也担心考试与教育文凭会制造出一种特权的“种姓”(Kaste)，因此反对这种制度。最后，专业考试制度早已见之于前官僚制或半官僚制时期；实际上，其最早的历史发源地（通常）乃是**俸禄式**组织的支配结构。最初是对圣职俸禄——例如伊斯兰教东方与西洋中古——的期待，以后则有对世俗俸禄——特别是中国——的期待，俸禄成为人们勉力向学与接受考试的标准奖赏。然而这些考试只具有部分地、真正“专业的”性质。

只有近代完全成熟的官僚化，才促使理性的专业考试制度的持续发展。美国的文官制度改革运动逐渐导入专门训练与专业考试[1]。考试制度也从其(欧陆的)原始发祥地——德国——向其他国家推进。英国行政的日渐官僚化提高了专业考试的重要性。在中国，(取代旧有且本质全然不同之考试制度的）专业考试之所以出现，乃是为了要以近代官僚制取代原有的、半家产制的官僚制。资本主义的官僚化及其对受过专门训练之技术人员与事务人员的需求，使得此种专业考试普及世界各地。

此一发展更因（通过此种专业考试而获得的）教育文凭所拥有的社会威信，而得到强力的推动，特别是由于这种社会威信能转换为经济利益。以往的“系谱证明”(Ahnenprobe)[2]、“同等出身”

1　在美国，文官的任命从前与其说是以对职务的适格性为标准，倒不如说是以对政党的服务与功绩为标准（spoils system）：自 1883 年以来，渐次改革，现在转变成依公开竞争考试来选任（merit system）。——日注

2　所谓系谱证明，是指提出系谱，并有二名同身份的证人之证言为基础，证明自己有一定数额（四名、八名，有时是十六名或以上）的祖先是贵族，且其婚姻皆为正规者，以此证明自己的贵族资格。——日注

(Ebenbu rtigkeit)[1] 与“教会机构委员资格”(Stiftsfähigkeit)[2] 等等用来维持贵族之社会势力与出任国家官职资格的证明文件，现在已为教育文凭所取代。大学、技术学院与商业学院文凭的发达，以及进一步要求在各个领域皆设立教育文凭，助长了办公室（Büro）与营业所（Kontor）内一个特权阶层的形成。此种文凭构成其持有者要求与望族通婚（在私人公司里，文凭也会导致其期望能拥有向老板女儿求婚的优先权）、要求加入“荣誉法典”的阶层、要求一份“配合其身份”的薪水（而非依其表现支薪）、要求稳固的升迁与退休保障，以及（尤其是）要求独占一切社会与经济之有利地位的基础。当我们听到各方传来要求课程的标准化与专业考试的呼声时，可别以为突然间来了阵“教育热”，其目的毋宁说是想要限制这些位子的供应量，并由持有教育文凭者独占这些位子。就此种独占而言，“考试”在今天已成为一种普遍的手段——这也是它之所以持续推展的缘故。由于取得教育文凭所需过程需要相当多的费用，而且在这段时期里无收入可言，这种努力过程也意味着才能（“卡理斯玛”）的受压抑与财富的占便宜，因为随着教育文凭之大量制造而来的，往往是（为获得文凭所付出的）“知性”花费的减少，而非增加。往日对骑士生活方式的要求（必须拥有采邑受封资格），目前则代之以其现代的残渣形态；在德国，必须

1　指的是在出生身份之对等性的基础上所具有的法的同格性。比方可以拒绝比自己身份低下的人成为审讯自己的法官、证人及决斗的对手。有违身份的婚姻不产生完全的效力，此种婚姻所生之子女，没有各种继承权。此一原则，在下层贵族之间较早崩坏，但德意志的高级贵族间，部分至第一次世界大战为止，仍然维持住。——日注

2　指 Stift（亦即主教座圣堂附属委员会、共住圣职者委员会、修道委员会、女子修道委员会等）之会员的资格。必须证明自己有数名（最初八名，后来十六名，有时甚至三十二名）祖先具有贵族资格。——日注

加入授予文凭之大学的学生社团；在盎格鲁—撒克逊诸国，则有体育社团与俱乐部。

另一方面，通过建立规则化的惩戒手续以及排除“上司”对其属下官僚完全恣意性的处置，官僚制也不断努力想发展出一种“官职持有权”（Recht am Amt）：官僚的职位、正常的升迁管道及其退休后的生活皆有所保障。官僚制的此一要求受到被支配者——他们要求尽可能缩小支配权——“民主的”情绪的支持。抱持这种态度的人相信，支配者对其官僚之恣意处置权力的削弱，即为支配者权力本身的弱化。就此而言，不管是在私人营业所或公家机构，官僚制皆有助于一种特殊“身份制”——就像以前（尽管性质大不相同）的官职持有者一样——的发展。我们曾经指出，这种身份特质在官僚制为完成其特殊任务时，往往可作一种——就其本质而言也的确有助于——技术性的利用。

正是为了要对抗这种无可避免的“身份的”性格，“民主制”努力想以由选举产生的短任期官僚来取代任命制官僚，用人民投票罢免官僚来取代规则化的惩戒手续，以此，取代层级制里位居上位的“支配者”之恣意处置的，乃是被支配者——其实是控制这些被支配者的政党领袖——之同样的恣意处置。

基于接受一定教育与教养而来的社会威信，绝非官僚制所特有。情况恰好相反。不过，在其他支配结构里，由教育所带来的社会威信，与上述的社会威信在内容基础上有本质性的差异。在封建制、神权政治与家产制的支配结构，英国的望族行政、昔日中国家产官僚制以及在所谓民主制时期希腊城邦的群众领导者的支配下，尽管其间仍有甚大差异性，其教育的目标与社会评价的基础乃在（如见之于标语者）“有教养的人”，而非“专家”。此处所用的“有教养的人”完全不带任何价值意味，所指的纯粹只是教育的目标乃在培养一种**必须被加以**“教养”的生活样式的特质，而非专精于一业的专门训练。这种教育的目标可以是一种骑士的教养、禁欲的教养、文人的教养（例如中国）、体育与艺术的教养（例如古希腊）、或者是盎格鲁—撒克逊型之习律的“绅士”的教养。在这种意义上的人格“**教养**”构成教育的理想，而且这个理想是受到支配结构与统治阶层所属社会之各种条件所制约。此一统治阶层的资格乃基于其之具有“教养资格”（此处所用的“教养资格”一词是相当有弹性的、且不带任何价值意味），而非基于专门知识。

当然，这些文化也致力于培养军事、神学与法学的专业能力；不过，古希腊、中古与中国之教育课程的重点，其构成要素却完全有别于（就一技术性意义而言）“有用的”要素。在所有目前关于教育制度之基本问题的讨论背后，潜藏着存在于以往“文化人”类型与“专家”类型之间一个关键性的斗争；此一斗争肇因于一切公的与私的支配关系中不断推展的官僚化，以及专门知识之重要性不断地提高，并影响到我们文化中最为切身的问题。

在其推展过程中，官僚制组织必须要克服那些基本上有碍其齐平化过程的各种因素，这点我们已提过多次。此外，奠基于不同原则的行政结构，在过去（现在也还有）确与官僚制组织有所交集，这点也有部分已经提到过。此处实无法讨论所有曾经存在过的类型——这将使我们偏离主题太远。我们只能以一种极端简化的图式来分析若干最为重要的**构造原则**。接下来我们要讨论的主要（虽然并不只限于这些）是下列问题：(1) 这些奠基于不同原则的行政结构，在其发展过程中，受经济、政治或任何其他外在因素制约的程度有多大，或者是否受到其技术结构本身内在的“固有法则性”的制约？（2）这些行政结构所发挥的经济影响——如果有的话——为何？在作这些分析时，我们必须注意所有这些组织原则的流动性及其重叠之处。究其实，它们的“纯粹”类型只能被视为一种近似的情况（虽然在分析时具有特殊且不可或缺的价值），将通常出之以混合形态的历史现实予以分类组合。

不管何处，官僚制结构都是个历史发展中较晚起的事物。我们愈是往回追溯，官僚制与官吏阶层之不见于支配的形态，一般而言就愈是典型。由于官僚制具有“理性的”性格，其行动乃是在规则、目的与手段的计算、“即事性”的支配下，其兴起及其普及乃带有“革命性”的影响（此一特殊意义的革命性影响稍后还会讨论），正如**理性主义**之普遍推展所带来的。准此，官僚制的进展摧毁了不具备理性性格（就此词之特殊意义而言）的各种支配结构。我们想问的是：这些支配结构究竟为何？

第三章

家父长制支配与家产制支配

一、家父长制支配的本质及其形成

在前官僚制的支配结构里，**家父长制**支配（patriarchale Herrschaft）乃是最为重要的一种。此一支配本质上并非奠基于官员对某一即事化、非人格性之“目的”的认同，亦非奠基于对抽象规范的服从，而是基于一种严格的、个人性的恭顺（Pietät）关系[1]。家父长制支配乃源自家长对其家共同体的权威。

家父长此种**个人性的**权威与**即事性**取向的官僚制支配有其共

1 “家共同体是恭顺与支配的原始基础，也是家之外的其他许多共同体的基础。就‘支配’而言，家共同体是（1）较强者，以及（2）较富经验与知识者支配的基础，因此是男子对妇孺，有体力者对能力较小者，大人对小孩，长老对年轻人支配的基础。再就恭顺而言，家共同体是臣属者对拥有权威者之恭顺的基础，也是他们彼此间相互恭顺的基础。由于对祖先的恭顺，恭顺乃渗透入宗教。又因为家产制下的官吏、随从、封臣的恭顺，而渗入这些原具有家的性格的诸种关系内。就其纯粹的形式——但不一定是原始的形式——而言，家共同体不论在经济上或人际关系上都意味着：对外的连带性与对内的共产主义式消费共同体（家共产制）性质。这两方面皆在严格人际性的恭顺关系基础上，以密不可分的方式统一在一起（*Wirtschaft und Gesellschaft*，Kap. Ⅲ，“Die Hausgemeinschaft”，S.214）。”因此，韦伯所谓的“恭顺”，大致而言，可说是一种骨肉之情，对长上孝悌恭顺，对手足则发挥兄弟爱、骨肉爱；另就严格定义下的人际关系性质（Persönlich）而言，恭同之处：此即稳定性与“日常的性格”。此外，两者最终皆从被支配者之对“规范”的顺从，取得其内在的支持。只是在官僚制支配里，此种规范乃是合理制定的、诉诸对抽象的合法性的感受、并以技术性的训练为前提；而在家父长制的支配里，规范乃来自“传统”：对相传久远的传统之不可侵犯性的信仰。

在这两种支配的类型里，规范的意义有其根本上的差异。在官僚制支配里，通过制定的规范，掌权者拥有正当的权威发布具体的命令。在家父长制支配里，支配者命令的正当性则由其属下人格性的服从来保障，而且只有其权力的事实与界限是由“规范”而来，不过这些规范乃是由传统所神圣化，而非制定的。这个具体的支配者的确是他们的“支配者”，永远是第一个浮现在被支配者脑海中的念头。除了受制于传统与可以抗衡的权力外，支配者可以依凭己意、自由地行使权力，丝毫不受规则的阻挠。相反的，官僚制的官吏，其命令原则上仅及于其特定的“权限”范围，而此一范围又是由“规则”所确定的。官僚制权力的客观基础，乃是其基于特殊专门知识的、技术性的不可或缺。然而在家中的权威，其信仰基础乃是自远古以来即被视为当然的恭顺关系。此种信仰乃植根于下述事实：由于长期紧密地共同生活在一起，家中的依附者乃自然形成——不管是外在生活还是精神生活——一个“命运共同体”。妻子之为依附者，乃是因为丈夫通常在体力及智力上皆较为优越；儿童之为依附者，乃因其客观条件上需要扶助；已

(接上页注)顺则与客观性、即事性（Sachlichkeit）、计算性（Rechenhaftigkeit）恰相对立。恭顺虽是以家共同体为其原始母胎，但会逐渐渗透到原有的家之外，而成为许多其他人际关系的基础。——日注

成年的儿子之仍为依附者，乃是因为习惯、教育遗留下来的影响，以及从幼至长根深蒂固的记忆所致；婢仆之为依附者，乃因从幼时开始，生活现实即已让他了解：在主人的权力范围之外，他是无从得到保护的，因此他必须服从于主人，以换取保护。家父长的权力与儿子的恭顺，基本上需奠基于一种实际的血缘关系——虽然通常都是基于这样的一种关系上。原初的家父长制一直将家权力视为处置财产的权力，即使在（这绝非“原始的”）了解怀胎与生产之间的关系后，仍然如此。所有从属于某一主人之家权力的女人——不管是妻子还是女奴——所生的小孩，**不问**与家长有无真正的血缘关系，只要家长愿意，即可视其为“他的”小孩，就像他的家畜所生产的一切，都是他的财产一样。除了将子女与妻子典当或出租（纳入他人的“手权”Mancipium[1]）外，买卖子女就算在文化发达地区，也是常见的现象。实际上，这种交易乃是一种原始的、用来调节家共同体之间人力与劳力需求的办法。巴比伦的契约里还有自由人签订“雇佣合同”，在固定的期限里卖身为奴的。买子当然还有其他的作用，特别是宗教性的（例如确保死者的供奉不致中断），这可视为“养子”的先驱。

随着奴隶制发展成一种正规的制度，以及血缘关系的受重视，家也开始有了社会分化：作为自由之权力服从者的儿子（liberi）[2]，现在已与奴隶有所区别。当然，此一区别对家长的专断权力并没

---

1 在妻子与子孙之外的自由人，不管基于何种原因而服属于家长权力之下时，家长之于此一自由人的权力，有别于对妻子的夫权（manus）、对子孙的父权（patria potestas），而称之为手权（mancipium）。服属于手权者虽是自由人而非奴隶，但地位则类似于奴隶（loco servi，in conditione servi）。——日注

2 liberi 之含义有二：一为“自由人”，一为“儿子”。——日注

有太大意义，因为只有他能决定谁是他的儿子。即使在已步入历史时期的罗马法里也还承认，家长可在其遗嘱中指定某一奴隶为其继承人（liber et heres esto）[1]，并将自己儿子卖身为奴。不过，除了此一可能性外，奴隶还是与家子有所区别，因为他不能成为家长。而且在大多数情况下，家长对儿子的处置权力还是被禁止的，或至少有所限制。再者，一旦基于宗教与政治（最初是为了军事上的考虑）的因素而对家长的处置权力有所限制时，此一限制主要（或完全）只适用于儿子，并不包括奴隶；不管怎么说，这种限制是经过极长时间才确立的。

共属性的客观基础，不管何处都是基于长期地共同分享居处、食物、饮料与日用品——这点可见之于前穆罕默德时期的阿拉伯人、历史时期某些希腊法律的词汇以及大多数较纯粹的家父长制法秩序。家权力是否委诸一个女人、长子、还是最有经济能力的儿子（例如俄罗斯的大家族），有极端多样的规则，且视经济、政治、宗教诸因素而定。家权力是否受到（外力）他律式制定规范的制约，如果是的话，以什么方式？或者是根本不受任何限制，例如罗马与中国的情况。这些问题亦同样取决于诸多因素。就算有上述他律式的制约存在，它们可出之以刑法与民法的形式（这是目前所习见的），也可能只具有宗教法的约束力（例如罗马），或者根本只是个“习惯”（可见之于各地早期的情况）。擅自破坏习惯会激起权力服从者的不满与社会的非难，因此习惯也可算是个有效的保障。因为在家父长制支配结构下，一切事务最终都得取决于“传

1 以奴隶为继承人时，在遗嘱中的继承人指定文字即为“liber et heres esto”。“做自由人”（liber esto）是解放奴隶的词语，“做继承人”（heres esto）则为指定继承人之词。——日注

统”——亦即，对“永存的昔日”（ewig Gestrigen）之不可侵犯性的信仰力量。犹太法典的格言：“不应改变习惯”，其实际重要性一方面固然是基于——植根于内在固定“态度”（Eingestelltheit）的——习惯本身的力量，一方面（最初）也是因为害怕会招致不知名的巫术性灾殃，因为改革者（以及支持他的共同体）的行动，可能会犯了某方的神灵，以致大祸临头。随着神概念的发展，此种信仰乃为下述观念所取代：此即，神明已将古来传承的事物设定为规范，必须视为神圣并加以守护。

准此，对传统的恭顺与对支配者的恭顺，乃构成家父长权威的两个基本要素。传统的力量限制了支配者，从而有利于权力服从者——他们没有任何正式的权利。例如，在受传统所束缚的东方家父长制里，奴隶所受到的保障要比迦太基—罗马的大农场里的奴隶来得多，在这些大农场里的奴隶乃是一种不受任何制约的、理性的剥削的对象。

二、望族支配与纯粹家父长制

家父长制支配并非唯一基于传统之神圣性的权威。**望族支配**也是另外一种重要的、传统型权威的形式；我们前面已经提到过，以后也还会谈到。一旦社会名望（“威望”）在某一团体中成为支配的基础，望族支配即告出现——当然，并非所有的社会名誉皆可形成望族支配。望族支配与家父长制支配的区别在于其缺乏一种特殊的、人格性的恭顺关系（子女与奴婢的恭顺），这种恭顺关系乃是促成家团体、庄园领主团体、人身领主团体（Leibherrlicher Verband）、家产制团体之成员结合起来的动机。然而望族——由于财产、教养与生活样式等特点而使其卓立于邻人之间——的特殊权威却是奠基于"名望"。虽然这两种形态的界限并非那么明确，作一类型学上的区分还是有其必要。"望族"权威的基础、性质及其影响力，彼此有极大差异性，我们将在更适当的地方讨论。目前我们将集中讨论奠基于传统之神圣性的权威结构中、形式上最为首尾一贯的权威——家父长制的支配。

就其纯粹类型而言，家父长制支配是不受法律制约的。旧家长死亡或因他故退位时，权力即无条件转移至新家长手中。新家长对其前任（有时甚至是其父亲）的女人，亦拥有性支配的权利。有时也会出现家权力由数人分享的例子，不过并不常见。有时家权力会分割：例如出现与表面上占优势的权威并存的、独立的家母（Hausmuter）的权威。此一现象与最古老的分工——即两性的分工——有关。例如美洲印第安人酋长中的女酋长，或者如慕塔雅瓦（Muata Jamvo）[1]王国里的女王（Lukokescha），她们在其自己领域里皆拥有独立的权威。她们之所以拥有此种地位，通常（虽然并不一定皆如此）乃是因为妇女是基本"经济"——通过耕作土地与料理食物来保持食物的不断供应——的最古老的担纲者；此外，也可能是因为在某种军事组织下，所有具备武装能力的男子皆被隔离于家庭之外的结果。

在先前论及家共同体时，我们曾举出下列诸现象：其原有的、

1 Muata Jamvo 王国为十六到十九世纪存在于非洲刚果盆地及安哥拉东北部、罗得西亚北部的邦多人王国。此一王国里所行的是由一名国王（Muata Jamvo）与一名女王（Lukokescha，并非国王的王妃）共同统治的、特殊的二重支配制。十九世纪时为 Tschokwe 族所灭。德文本编按，参见 Dietrich Westermann，*Geschichte Afrikas*，S.383，386 ff.。——日注

存在于性关系与经济领域的共产制，逐渐受到限制；其“内在闭锁性”日渐增强，从家之资本主义的营利共同体中分离出合理的“经营”，“计算”与明确持分的原则愈来愈重要，女人、儿子与奴隶亦获得其固有的、个人的与财产的权利。这些发展其实也意味着对(原先)不受约束的家权力的限制。相对于(由家之营利经济发展、分离出来的)资本主义的“经营”，则为家之内部分化所出现的共同经济形式——“庄宅”(Oikos)[1]。接下来我们就要分析从庄宅的基础——换言之，亦即分化的家权力之基础——上发展出来的支配结构：**家产制支配**（PatrimonialeHerrschaft)。

三、家产制支配

原初当家长将其依附者（包括被视为家人的年轻男子）安置于其广大领土的份地（Landparzellen）上，让他们拥有自己的房子与家庭，并提供他们家畜（这是 peculium 一语的由来[2]）与农具时，

1 “庄宅”(oikos)，根据韦伯所说，Karl Rodbertus（1805—1875）是最早用此名词来称呼古代“大规模家计”的学者。在“庄宅”中，“需求基本上是以自给自足为一主要标准，其方式则通过家之成员或附属劳动力的服役，生产的物质手段无须通过交换方式即可获得。例如古代世界的庄园及皇室的家计——特别是新王国时代的埃及（前 1400—前 1000)，家计需要的大部分物资皆由徭役或实物贡纳的方式来提供，这是附属的家计单位的义务……同样的现象亦曾存在于中国与印度，中世纪欧洲亦曾有过，即查理曼时代宣布的《庄园管理条例》(capitulare de villis)，只是程度较浅。”参照 *Wirtschaft und Gesellschaft*，Kap. Ⅱ .18，“Soziale Arten der Leistungsverteilung”，S.69；英译 *Economy and Society*，vol. Ⅰ，p. 124。——中注

2 在罗马法里，唯有家长具有财产所有权，服从于家长权者（家子与奴隶）所取得的财产，皆归于家长个人所有。然而事实上，在父或主人的财产中，某些特定的财产是委托给家子或奴隶自由地管理、收受的。这种习惯到了帝政时代逐渐受到法律的保护。以此，被委托给家子或奴隶管理、收受（后来变成处分）的财产即称为 peculium，而此字则源自于 pecus（家畜）一字。——日注

只不过意味着家共同体的分散化。然而，正是这种最简单的、庄宅的发展，导致了完整家权力之无可避免的弱化。由于最初在家长与其依附者之间，并没有以一种契约方式缔结起来的结合关系(即使在今日的文明国家，也无法用契约方式来变更父权的法定内容)，因此，存在于支配者与其权力服从者之间的内在与外在诸关系，在此也只能以支配者本身的利害关系与权力关系的内在结构为出发点，来加以规制。依附关系本身仍然是基于恭顺与诚信的关系上。

然而，这样的一种关系，就算最初纯粹只是一方的支配，仍然会演变出权力服从者之要求互惠，而且此一要求“理所当然”地成为社会所承认的“习惯”。住在小屋中的奴隶是在具体的皮鞭威胁下努力工作的，正如薪水与失业威胁之鞭保证了“自由”劳动者的努力工作，然而必须得有价格便宜的奴隶可以随时补充，奴隶劳动才有利可图，“自由”劳动者的补充——只要有愿意工作的——却不费一文；将其家共同体分散的支配者，基本上得依靠其（分散出去的）依附者自发性地履行义务以及（通常）他们是否有能力缴交贡纳物。因此，支配者对其权力服从者也“负”有某种义务，只是这种“负担”是基于习俗与支配者自身利益之考量，而非法律性的：首先是对抗外力时的保护与困穷时的援助，其次则是“人道的”待遇以及（特别是）对经济剥削之“惯例性的”限制。当支配的目的并不在取得货币，而是为了满足支配者本身之需求时，剥削是可以减少而须牺牲支配者之利益的。因为，当需求尚未扩展到质的要求时（原则上这是可以无止境的），支配者的需求与其权力服从者的需求之间，仅有量的差别。这样的一种限制，对支配者而言确有实质上的利益，因为不只其支配权的稳定，甚至其生存都极端依赖隶属民对他的态度与情绪而定。

根据习俗，隶属民必须尽一切手段援助支配者。在特殊场合里，例如帮支配者还债、为支配者女儿提供嫁妆、或者当支配者被俘虏时赎取他，这种（经济性的）义务可以是无限制的。在战争或决斗的场合，则有无限制之（人身）援助义务——他以侍从、御者、扛械者与勤务兵的身份（例如中世纪的骑士军队或古代重装步兵的场合里[1]）陪伴其主人上战场，或者以其主人之私人的、全副武装的战士的身份上战场。最后一种显然也是罗马拥有 precarium[2] 的客（Klienten[3]）所须提供服务的方式，precarium 可以随时收回，

1　重装步兵是自公元前七世纪以后希腊城邦的典型军队。在此之前，由饲马的贵族所组成的骑士军是军队的主要形态。随着工商业的发展，一方面由于富裕的平民阶层抬头，另一方面也因为武器得以用较便宜的价钱购得，以甲胄固身的重装步兵（Hopliten）密集队成为军事胜败的关键。兜、胸甲、胫甲、青铜盾、剑、枪，构成重装步兵的全副武装。平民军的这番抬头，成为希腊城邦国家之民主化的有力杠杆。关于最后这点，参照 *Wirtschaft und Gesellschaft*，S.789f.。——日注

2　Precarium 或可译为“假性占有”。凡是所有者认可给其他人作事实上之利用的财物、或此种利用关系，称为 precarium。在实际的利用关系上，利用者这方并不拥有利用“权”，所有者随时可取消对此利用的承认。保护者将土地授予客，让他们可以如同实际所有者般地利用，可说是 precarium 的起源。——日注

3　“客”（client，pl.clientele）一词，实源自于拉丁语中的 cliens（pl.clientes），乃隶属民之意。虽然同样是“客”，罗马初期、共和末期与帝制期的特征各不相同。初期（王制及共和初）的“客”，乃是隶属于贵族（patricius）的半自由民。他们究竟是被征服的土著，或是与贵族、平民（plebs）属同一种族？至今尚未能究明。韦伯在讨论“客”时，特别强调要与农奴（serfs）、债务奴仆（debtservants）区分开。“他们并非屈辱地受制于他人的权力，而是形成一种‘恩主’（patron）的随从身份。这是一种互相忠诚（fidelty）的关系；借此关系，在一宗教性禁忌下于‘恩主’与‘客’间设定一种法律约束；‘客’是其‘恩主’个人及政治权力的工具，而非经济工具。‘客’与其主子的关系是由诚实信义（fides）等原则来制约，其关系并非由法官来监督，而是道德律，违反者受宗教性的惩罚（被称为 infamis）。‘客’源自骑士战争及贵族律。他们原先为领主的随从，随侍领主上战场，有义务要贡献礼物，领主需要时得予以支持，有时或许还包括服劳役，而领主提供给他土地，以及在法庭上代表他辩护（译按：罗马法律规定，非罗马公民无权在法庭上为自己辩护）。他们并非领主的仆役，不过如在中世纪，他们会被称为领主的‘家士’，

其角色可能类似服务采邑（Dienstlehen[1]）。早在罗马内战时期[2]，部曲（coloni[3]）已负有这种义务；中世纪时，庄园领主与修道院的隶属民（Hintersassen）当然也有同样的义务。准此，埃及法老、东方君主或大庄园领主的军队，主要是以家产制的方式从其部曲中征调来的，而且以支配者的家计来装备与给养。偶尔也会征发奴隶，特别是海军（当然不只限于海军）。奴隶在古代东方可说是打有主人烙印的所有物。就其他义务而言，隶属民尚需提供赋役与服劳务、表示敬意的礼物以及定期（或不定期）的贡租，形式上视支配者的需求与自由裁量，实际上却是根据习惯而定。支配者在法律上当然仍保有任意支配隶属民的权利，习惯上最早也承认支配者可

(接上页注）其间当然有些许差异。无论如何，他们并非过骑士生活的人，也非骑士阶级，而只不过是有块农地的小老百姓——即拥有军事采邑的平民阶层（*Economy and Society*, vol. Ⅱ，pp.1355—1356)。”有力量的贵族拥有数量庞大的“客”，他们形成了贵族力量的基础。到了共和制末期，“客”已不再是一种身份，而指的是自由民之间依据 fides 为纽带之自由意志而立于保护—隶属关系下的依附者。这里的保护—隶属关系，指的是例如在法庭上的代表与保护的关系，私人军队与指挥官的关系，被解放之奴隶与旧主人的关系。以此种主客关系为基轴的联合与对抗，构成了共和制末期罗马政治史、社会史的基本取向。帝政时期，食客型的“客”更取代了这种自由的保护—隶属关系而成为主流。另参见 M.Weber，*The Agrarian Sociology of Ancient Civilization*（London：NLB，1976），pp.276—277。法国史家古朗士（N.D.Flustel de Coulanges，1830—1889）认为“客”不仅存于罗马，而且也普遍存在于古希腊各邦。不过，我们今天了解的主客关系以罗马时期为主，这大概是留下的资料较多的缘故吧。——中注

1 此处之“服务采邑”(Dienstlehen)，又称为“服务领地”(Dienstland)，详见本书第二章 p.30 注 1。——中注

2 罗马帝政成立前的一段内战时期，如前 50—前 45，庞培（Pompey）对恺撒（Julius Cäsar）之争；前 43—前 42，屋大维（Octavian）与安东尼（Mark Antony）对抗布鲁塔斯（Bruins）之争；前 31—前 30，安东尼与屋大维之争。——日注

3 coloni 起于晚期罗马帝国，其身份介于自由农与农奴之间。惟关于其确切性格，至今仍为西洋上古史学争论重点。参见 A.H.M.Jones，*The Later Roman Empire*，*A.D.*284-602（Oxford，1964），vol. Ⅱ，pp.795—803。类似身份之农民亦普遍见于中国中古时期（东汉末至南北朝），当时称为部曲或佃家。参见唐长孺，《魏晋南北朝时的客和部曲》，《魏晋南北朝史论拾遗》，pp.1-24。——中注

自由处置其隶属民死后所遗留下来的人与财物。**“家产制”**支配因此乃是家父长制支配结构的一种特殊变形——通过分配土地（有时尚包括农具）给家中年轻男子及其他依附者的方式，将家权力分散化。

将家产制关系定型化，并且在事实上限制住支配者之任意裁量权的，最初只不过是一种习惯性的因素。不过这种因素却结合了传统之“神圣化”的力量。不管何处，对任何违反惯例之纯然事实上的抗拒，都是最为有力的；此外，支配者的任何改革企图也常受到限制：一方面因为可能遭到其周围环境的责难，另一方面则是由于他对宗教力量的畏惧——不管何处，宗教力量通常都是传统与恭顺关系的守护者。再者，支配者也相当顾虑，传统的义务与权利的分配关系一旦遭到毫无根据与不公正的干预，传统的恭顺之情不免有所动摇，从而会严重影响到己身的利益，特别是经济的利益。就此而言，支配者对个别依附者之无上权力、与其面对依附者全体时之软弱无力、乃是并肩而存的。从而导致（不管何处）一种法律上极不稳定、事实上却极为稳定的秩序之形成，此一秩序缩小了支配者自由裁量的领域，而扩大了传统所制约的领域。

支配者可能希望将这种传统的秩序定制化为一种庄园规则与服务规则，就像近代工厂的工作规则一样；只不过近代的工作规则是根据理性目的合理制定的，至于庄园规则与服务规则的拘束力却是诉诸以往既存的状态——而非未来的目标。支配者所颁布的规则，对他自己显然是不具法律约束力的；不过，如果支配者得极端仰赖其依附者的好感、才能取得应有的收入的话（这有可能是因为分配给依附者的领地过于庞大，也可能是因为太过分散，也可能是因为持续不断的政治军事等问题已令其疲于奔命），他所颁布的规则即可能形成一种团体的法律，从而对其产生实际上极为强烈的约束力。因为任何一种这样的规则，都会将原先纯粹利益的团体转变成一个法律特权团体（不管是否具有严格的法学意义），提高他们对自己共同利害的了解，从而强化他们照顾自己利益的意愿与能力；结果则导致依附者团结一致（最初只是偶然性的，最后则为规则性），与支配者对抗。这正是哈德良（Hadrian）帝政时期为皇庄所颁布的leges[1]——“敕令”而非“法律”——所导致的结果，正如中世纪“庄园法”（Hofrecht）所导致的一样。如果首尾一贯地发展下去，庄民参与下所召开的“庄园法庭”的“睿智”（Weistum），即成为上述规则之具有公权力解释的源泉[2]。这可以视为一种“宪法”，只不过近代的宪法，其目的乃在为社会关系之理性整合、提供一个持续制定新法的基础，并划分官僚制与立法机

1　Publius Aelius Hadrianus，罗马皇帝（117—138年在位）。他对外尽量采取和平政策，而全力专注于内政：重用法学者，奠下“法学隆盛时代”的基础，领布“永久告示录”（Edictum perpetuum），奖励美术文艺等，享有贤明皇帝的高名。有关通过改善皇帝之领地内的农民地位、重新整编皇帝领地的经济，以确立整个帝国之经济基础的尝试，自弗拉维王朝诸皇帝〔译按：尼洛王暴政，致使奥古斯都王朝覆灭，由新皇帝韦帕芗（Vespasian, Titus Flavius Vespasianus，69—79年在位）的弗拉维王朝取代〕至图拉真皇帝（Trajan, 98—117年在位）以来，即已进行。例如弗拉维朝的“曼西安法”（Lex Manciana）中即准许皇帝领地内的农民自由地开垦未垦地，只要继续耕作即保障其土地保有权即耕作权ius colendi的承认，种上果树的土地则获准典当抵押或遗赠。哈德良皇帝则在埃及颁布了一道（或称二道）法（所谓Lex Hadriana），因袭上述的政策，特别是承认皇帝领地内之农民的prossessores地位（亦即准所有者的地位）等政策，试图进一步安定农民的地位。在其他省份也采取同样的政策。直到康莫都斯皇帝（Commodus，180—193年在位）时代，埃及之皇帝领地内的农民在向皇帝申诉地方官及皇帝领地租借人（conductor）之不法时，仍引用Lex Hadriana来护卫自己的权利。准此，此种Lex（leges）并非（1）就“人民大会之议决”的罗马法含义下的、（2）或就约束君主的近代意义上的“法律”，而是只依皇帝一人之决策所定的“规约”（Statut）。——日注

2　参见本书第一章p.15注1。——中注

关的权力，至于“睿智”则是用来解释传统的。

不过，一般而言很少能这样首尾一贯地发展下去，而且当家产制关系为传统所定型化时（即使是在早期阶段），即已意味着纯粹家父长制之逐渐瓦解。代之而起的是一种严格束缚于传统的特殊支配结构——庄园领主制（Grundherrschaft）。领主与庄园附庸皆束缚于一种无法单方面取消的纽带关系下。这种制度曾遍及世界各地，且有其基本重要性，只是此处无法继续探讨其兴衰过程。

四、家产制国家的支配结构

家产制的支配关系，就政治结构的基础而言，有其特殊的重要意义。后面会谈到，埃及事实上就是一个单一的、在法老家产制统治下的异常庞大的庄宅（Oikos）。埃及的行政一直保持着庄宅经济的特色，罗马人基本上也一直视其为一个巨大的皇庄。印加帝国，特别是巴拉圭的耶稣会国家[1]，则奠基于徭役基础。实际上，君侯的政治领域不只由其庄园构成，同时也还包括其政治依附者；东方的苏丹、中世纪的君侯以及远东的统治者，其实际政治权力乃是以家产制经营的大直辖庄园为核心的。就远东的统治者而言，其政治领域大体上即等同于一个巨大的君主庄园。

有关这些庄园的管理，我们可以从卡罗琳王朝所留下的管理

1　耶稣会在巴拉圭的传教活动约自1609—1610年正式展开，此一教团的布教地区虽在西班牙总督的治下，但由于教团被认可拥有广泛的自治权，故而形成一种国家中的国家，称为“耶稣会国”（Staat der Jesuiten 或 Jesuitenstaat）。直到1767年教团的势力被打败为止，巴拉圭的历史事实上即耶稣会国的历史。——日注

条例，以及古罗马的皇庄管理条例中得到一个清楚的印象[1]。近东与大希腊化诸国，其领土上的居民大体上可视为君主之庄园与人身的隶属民，由其家计来管理，正如其直辖庄园一样。

当君侯以一种人身的强制，而非领主式的支配，扩展其政治权力于其家产制之外的地域与人民，然而其权力的行使仍依循家权力的行使方式时，我们即称之为**家产制国家**。大多数欧陆国家一直到近世初期（甚至在此之后），仍保有相当显著的家产制性格。

原先家产制的管理乃是用来满足支配者之纯粹个人的——特别是其私人家计的——需求。"政治的"支配之确立，换言之，即**某个**家长取得对**其他**家长的支配权（不过这些家长并非服属于他的家权力之下），意味着家权力之支配关系的统合，这些支配关系之间仅有程度与内容上——而非结构性——的差异。此种政治权力的实质内容，得视极端多样性的条件而定。我们所认为最具政治性的两种权力，军事与司法权力，当支配者面对其家产制的依附者时，可视此两种权力为家权力的一部分，其行使完全不受任何制约。相反的，对于并非其家族成员的人而言，首长的"司法权力"，不管在哪个时代的农民共同体里，基本上都只能扮演一种仲裁者的角色。在司法领域里，"纯然"政治性支配权之缺乏一种可以采取强制手段的自主性权威，乃是其与家支配权最显著的区别。不过，随着权力的强化，司法领主即企图篡夺"禁制权"

1 在这些管理条例中，最有名的是 Capitulare de villis（794 或 795 年），一般认为是由查理曼所颁布。——中注

(Banngewalt[1])，以巩固其地位，一直到他取得实际上等同于家父长所拥有的、基本上不受约制的司法权力为止。

对于非家族成员或氏族成员（在氏族械斗的场合）的、特别的“军事权力”，在历史早期仅见之于一种暂时性的、为了掠夺或防止掠夺的结合，通常都是服属于一个特别选出或拥立的领导者。此一领导人的支配权力结构，稍后再论。不过，如果一个政治的家产制君主的军事权力能持续，它即会转变成一种对其政治被支配者的征调权力，与家产制依附者的军事义务仅有程度上的差异。

在家产制国家里，被支配者的最根本义务乃在满足支配者纯物质性的需求，正如家产制的家计一样，差别亦仅是程度上的。这种供应最初只是根据政治行为中间歇性的“临机行为”、提供表示敬意的礼物以及在特殊情况里的援助。然而，随着支配者政治权力之日渐持续化与理性化，供应义务亦愈形扩大，同时也愈来愈类似家产制义务。因此在中世纪时，很难分辨哪些义务是源自政治权力，哪些又是源自家产制权力。所有西洋上古、亚洲与中世纪的、基于自然经济的领土国家（Flächenstaat），支配者基本上都是依赖下述方式来供养：支配者与其朝廷所需的食物、衣物、武器及其他需求，都由其支配领域的各个地区按比例以实物供应；朝廷所需物资则由其驻在地的臣民来负担。一种基于实物给付与

1　Bann，bannus，意指（1）附有罚则的命令或禁令（禁制），（2）违反禁制时所被课的罚金（Bannbusse），（3）根据禁制所产生的状态（例如“禁猎林”Bannforst）。“禁制权”即颁布禁制的权力，原本是法兰克国王的独占权力，后来Graf〔参见本书第五章p.309注1〕也因国王的委让而拥有这项权力。其后，Graf以外的人也获国王授予禁制权，并且，随着国王势力的衰退，贵族也获得此项权力。所谓禁制权的拥有，意指：对于那些不具人的从属关系（人身奴隶）或物的从属关系（农奴）者——亦即家从属者以外的人——拥有“政治的”权力。——日注

实物贡租的共同体经济（Gemeinwirtschaft），乃是满足家产制政治结构之需求的最主要形态。不过，其间的经济影响并不全然相同：波斯的宫廷对其（国王）所在地的城市而言，是个沉重的负担，然而基于货币经济的希腊诸国的宫廷，对其所在的城市则是收入的源泉。

随着商业与货币经济的发展，家产制支配者也许会不再以上述庄宅式的方式来满足其需求，而改为采用营利经济的独占政策。这在埃及有大规模的发展，即使还在自然经济的阶段，法老也已经有其自营商业；在托勒密王朝以及（尤其是）罗马支配时期，各式各样的独占政策以及无数的货币租税取代了古老的赋役制[1]。

---

1 liturgy（Leiturgien）一词在古希腊雅典时代（公元前四五世纪），指的是由富人（自愿或强制性的）提供金钱或劳役来支持一些公共事务的制度。例如"trierarchy"，是由富裕的市民提供资金来建造三层桨的战舰（trireme），并须负担此一战舰的一切开销（包括水手、修补等）；另外如"choregia"则是提供酒神祭典所需的合唱团、戏剧等。此外还有其他许多。被提名到的市民如果觉得还有人更有能力负担，则可提出抗辩，对方可以接下此一职务，也可以拒绝，条件是必须与原被提名人交换财产，要不然就得诉诸法庭。此一制度后来为罗马所承袭，例如被选为"市议员"（decuriones）者即需负担当地的公共支出，并负责税收，不足得补齐。古埃及亦有类似制度。中文辞典一般皆译为圣礼崇拜，此为后出之义，此处译为"赋役制"。参见 *Oxford Classical Dictionary*，p.613；*Oxford English Dictionary*，p.1642。

韦伯借用此一名词来说明古代团体——包括家（household）、氏族、家产制国家或者像雅典那样的古代城邦——解决其公共事务（即国家财政）所采取的手段。其特点为实物贡赋及徭役，然而不同职业、不同身份的人，其义务也各自不同。"此种'赋役'通常是为了统治当局的预算所需，或是为了互助的目的。当这种农民、工匠及商人所必须负担的徭役及实物贡赋是为了满足个人统治下的家计时，我们称此为'庄宅（oikos）实物赋役'；如果是为了整个团体，则称之为'互助实物赋役'。以此种方式来提供介入经济活动的团体的预算所需，其原则即称为'赋役式供应'（liturgical provision）……在政治组织中，此一制度扮演了近代所谓'财政'的角色；在经济团体中，由于将主要的家计分摊给一些早已不受共同体维持及利用的人去负担，这就使得主要的家有了可以分散的可能性。每一小单位有其自营生计，但负有提供中央单位所需的义务，就此程度而言，他们还是从属于此一中央单位。例如负担各种徭役及贡赋的农民或农奴，附属于庄园的工匠以及其他各式各样的负担者。"参见《经济与社会》，Vol. Ⅰ，p.124；Vol. Ⅱ，pp.1022—1023；郑太朴在《社会经济史》一书中将 liturgy 译为"徭役"。——中注因为在财政理性化的过程中，家产制也不知不觉地朝着基于货币租税体系的理性的官僚制行政迈进。

原先所谓“自由”的标志乃是，没有任何源自家产制关系的正规的贡租义务，提供给支配者的物资援助是自愿性的，然而支配者权力的发展却企图通过赋役制或租税手段，迫使原先“自由的”子民负担其决斗与维持身份的费用。以此，自由子民与不自由子民的区别只不过存在于下列事实：此即，对“自由的”——亦即纯粹政治的——子民一般而言仅要求少量且明确限定的贡纳，而且有某种法律的保障。

五、家产制支配者的权力地位：家产制与非家产制军队；家产制支配者的政治支配——基于传统且正当的支配者权力

君侯从其家产制之外的——亦即政治的——被支配者身上能取得多少贡纳，端视其对这些人的支配权力而定，换言之，亦即视其威望与其机器（Apparat）的性能而定；不过，这种贡纳通常还是受到传统的约束。君侯只有在某些有利的条件下，特别是他如果能拥有一支可以（不顾子民之好恶与否）任意调遣的军队，才可能敢于要求不合惯例的新贡纳。

这支军队可能由：(1) 家产制奴隶、仰赖实物配给的依附者(Deputatist)、或者是**部曲**所组成。埃及法老、美索不达米亚诸君、西洋上古（例如罗马的贵族）以及中世纪（例如 seniores[1]）之私人

1 Senior 原意为“长老”，但在中世纪一般是用来指称“封主”“领主”“贵族”“都市委员会会员”等，属于高支配阶层里的人。——日注

大家产的支配者，即利用其部曲组成私人的军队，打上主人财产烙印的近东人身奴隶也曾被如此利用。然而，至少就农作部曲而言，并不适合充当常备的军事力量，因为他们必须维持自己以及支配者的生计，因此通常并无余暇（Abkömmlichkeit）来应付过度的要求，换言之，他们的忠诚乃是纯然基于传统，超越传统的过度要求即可能动摇此种忠诚心。因此，家产制君侯通常会将其对政治子民的支配力量奠基于特别为此目的而组成的军队上，这支军队与此一君侯的利害关系是休戚与共的。

这支军队也可能由：(2) 完全脱离农业生产的**奴隶**所组成。实际上，自从833年阿拉伯军队完全解体之后（这支军队是在神权政治的号召下以部落为单位组成，基于狂热信仰的掠夺欲乃是其之所以四向征服的担纲者），哈里发王朝以及因其崩溃而出现的大多数近东诸国，有几个世纪之久皆依赖市场购买的奴隶来组成军队。阿拔斯王朝（Abbāsid）[1]购买土耳其奴隶，并施以军事训练，这些土耳其奴隶由于与阿拉伯人种族有异，所有一切都须仰赖支配者，王朝因此可以摆脱由自己民族征集而来、平时纪律松懈的武力，而创出一支有纪律的军队。我们不晓得赫哈斯

---

1 阿拔斯王朝是萨拉森帝国（Saracen）的第三个哈里发制王朝。王朝的名称是由穆罕默德的叔父之名Abbās而来。他的玄孙Al-Saffāh推翻乌玛雅王朝，于750年建立新王朝，一直延续到1258年被蒙古人征服覆灭为止。阿拔斯王朝的全盛时期为其初期的六代，约半世纪多，特别是第五代的Hārūn al-Rashid时代（786—809）。其后帝国分裂，产生有力的独立政权，哈里发仅保有宗教的权威。第八代的al-Mu'tasim时代（833—834），任用土耳其佣兵，不过也种下了以后的祸根。——日注

乌玛雅王朝（661—750），唐朝时称之为“白衣大食”，阿拔斯王朝于唐朝称“黑衣大食”。——中注

(Hedschas[1]) 地区大家族——特别是那些互相争夺麦加 (Mecca) 之控制权的家族——(购自市场的) 黑人奴军是何时出现的，不过在麦加的这些黑人士兵的确是为其原先设定的目标——结合于支配者及其家族的私人军队——服务，而不像那些雇佣兵与解放的奴隶所组成的军队，雇佣兵与解放奴军有时会扮演禁军的角色——改变效忠的对象，或游移于数个意图染指王位者之间。黑人奴军的数目得视这些互相竞争的家族的收入而定，收入的来源直接方面得看他们拥有多少土地，间接方面则看他们能从对朝香客的榨取中分享多少。对朝香客的榨取乃是居住在麦加的各大门阀所共同独占的货币收入源泉。

阿拔斯王朝所使用的土耳其奴军，以及埃及所使用的、购自市场的奴军 (马木路克，Mameluke[2])，则与上述的黑人奴军大不相同。这些奴军军官成功地控制了名义上的支配者，虽然这些军队——特别是在埃及——的官方身份仍是奴军，而且也以身份世袭与市场购买的方式来补充兵源，然而他们事实上 (且逐渐在法律上) 已成为俸禄持有者 (Pfründner)，最后则掌握了所有的土地——最初只是充当他们薪俸的抵押品，最后则成为领主。一直

1　阿拉伯西岸地方。大约北起北纬 20 度，南至阿卡巴湾，西自红海海岸，东至高原地带的边缘。——日注

2　马木路克在阿拉伯语里原来是“被拥有者”的意思，主要是指土耳其系或亚美尼亚系的白人奴隶。这些白人奴军的军官，如本文中所述，取得极大势力，最后，土耳其系奴隶出身的军司令官 Tzz al-Din Aybak 创建前马木路克王朝 (1252—1390)；其后，前马木路克王朝里亚美尼亚系奴隶出身的 Al-Zāhir Barqūq 独立，建立后马木路克王朝 (1382—1517)。——日注

到这支军队被穆罕默德·阿里（Muhammed Ali[1]）血腥屠杀为止(1811)，他们的将领实际上已控制了所有的行政体系。

奴军的存在，意味着君主拥有相当的现金资本（以购买奴隶）；他们对君主是否有好感，端视待遇而定，换言之，亦即视君主有多少货币收入而定。然而，当塞尔柱（Seldschúk[2]）军队与马木路克被赋予向土地与人民征税的权力后，经济遂走上封建化之途——土地变成他们的服务采邑，他们自己也转化成领主。军队的恣意而行所导致的、法律上赋税人口的极端不稳定（因为这些人的赋税能力已被军队视为抵押品），是有可能对商业——亦即货币经济——造成阻碍的。实际上，自从塞尔柱人取得支配权后（十一世纪中叶），近东的市场经济的确有显著的衰退或停滞。

(3）一直到十四世纪前为止，奥图曼土耳其[3]的支配者基本上仍只依靠从小亚细亚征发来的军队，不过由于这支军队以及土库曼（Turkmen）雇佣兵的纪律不足以担负征服欧洲的艰巨任务，乃于1330年首次组织一支职业化的“新军”(Janitscharen，jeni chai

1　穆罕默德·阿里（1769—1849），埃及最后一个王朝（穆罕默德·阿里王朝）的始祖（1805—1849年在位）。扫除地方军阀，成功地统一了埃及。他也采取武断的富国强兵政策，致力于埃及的现代化。——日注

2　源于中亚古苏土耳其族的一个支派，于十世纪中叶时，在族长塞尔柱率领下，自吉尔吉斯大草原（Steppe）南下，移往亚拉尔海（Aral）东北岸地方，归依伊斯兰教桑尼派（Sunna）。其后，趁着邻近的土耳其族代表势力（伊古尔系的伊利库罕王朝）与伊朗系的萨曼王朝之间的嫌隙，巩固其地盘；至塞尔柱之孙 Tughril bek 时代（约994—1063），占领了自赫拉桑到伊拉克整个地区，1055年进入巴格达，1058年，以阿拔斯王朝哈里发之保护者的身份，接受苏丹的尊号。他所建立的王朝即称塞尔柱王朝。——日注

3　亦为古苏土耳其的一个支派，原来居于赫拉桑的草原地带，过着半游牧的生活，自十三世纪起，在族长 Süleiman Shah 时代，由于蒙古人西进的压力而不得不退避到小亚细亚。然而到其孙奥图曼·贝（Óthman Bey，1259—1326）的时代，此派的势力变大，自塞尔柱王朝的宗主权下独立出来（1299），创建所谓奥图曼帝国，一直延续到1922年。——日注

即“新军”之意）：从不同种族、不同信仰的被征服民族——保加利亚人、贝都因人（Bedouins）[1]、阿尔巴尼亚人以及希腊人——中，以著名的**征调少年**（Dewshirme[2]）的方式组成。每五年征调十至十五岁的少年一次：最初1000人，稍后逐渐增加，一直到达其原先计划的135 000人为止。这些少年首先接受大约五年的训练，包括信仰教育（不过并不直接强迫接受伊斯兰教信仰），然后再编入军队。

根据最初的规则，这些士兵得留在军营中过独身且禁欲的生活，接受贝克塔西教团（Bektaschiorden[3]）——其创始人乃是这些士兵的守护神——的督导，不准介入商业行为；他们只属于自己军官的司法审判权，并拥有其他重要的特权；军官可根据年资升迁；他们享有退休养老金，出战期间则有特别津贴，因为得自行提供武器。至于平时生活则依赖某些由他们自行管理的收入。由于拥有高度特权，“新军”的地位为人所羡望，甚至连土耳其人都希望自己的儿子能够加入。至于“新军”本身则努力让自己家族垄断这些职位。结果是：首先只限他们的亲戚、接着则只有他们的儿

1　阿拉伯系的游牧民。阿拉伯人分为拥有固定住屋、过着定居生活的hazar，及过着营帐生活的árab。árab又区分为在沙漠周边放牧羊与山羊过活的shwāja与深入沙漠以饲养骆驼为主的badawi，译为欧语即Bedouins，他们擅长骑马、使长枪，具有中世纪骑士般的气度。——日注

2　Dewshirme为Knabenzins之意，即少年被当作贡租而征集。新军最初是由被强迫改信伊斯兰教的战争俘虏所组成，自1360年以后即改由征集新属地的基督教徒少年的方式来组成。新军制度于1826年由Mahmut Ⅱ废止。本文后面提到的135 000名，此一数字即废止那年的数字。——日注

3　得未使教团（Dervish）的一派。Dervish原来是“贫者”之意，不过并不单指物质的贫穷，而另有“求神之恩宠者”与“信心深者”之意。得未使在修道院里过着集体生活，靠捐献与托林维生。作为得未使教团之分派的贝克塔西教团，据说是伊斯兰教传说中的圣者贝克塔西（Bektāsh）于1357年左右所创建的。——日注

子才能加入新军，征集少年一事到十七世纪末实际上已废止，最后一次征集令于1703年颁布，不过从未付诸实施。从征服君士坦丁堡到围攻维也纳，这支新军一直是土耳其人向欧洲扩张的最主要担纲者。然而由于这支军队所具有的鲁莽的暴力倾向，对苏丹本身甚至都经常是个危险性的存在，因此在1825年，根据“伊斯兰教长老”（Sheich ül-Islam）的意见（Fetwa）[1]：信徒必须接受军事训练，苏丹乃征集一支伊斯兰教徒军队。新军遂发动叛乱(1826)，而被屠杀殆尽。

（4）**佣兵**。这种军队的利用并不必然基于货币给付的形态。在西洋上古早期，我们可以发现主要是以实物给付的佣兵；不过，真正具有诱惑力的当然还是以贵重金属支付的部分。君侯因此必须有货币收入以支付佣兵，正如他必须得有资金购买奴隶以成立奴军。他从商业或（以市场为导向的）产业筹措资金，或者依赖佣兵的力量向臣民收取支付给佣兵的货币贡金。上述情况——特别是后者——必须以货币经济的存在为前提。实际上，我们可以从近东诸国（以及步入近代的西洋诸国）发现一个典型的现象：此即依赖佣兵之力的专制军事王权的出现，与货币经济的发展有显著的关联。近东的军事王权自从那时起即保持着典型的国民的

1　Scheich 或 Schaich，阿拉伯语中“老人”“长老”之意。Scheich ül-Islam，“伊斯兰教长老”之意，亦为对伊斯兰教法学者（Mufti）中之有力者的敬称，自十六世纪初以后，专用来敬称君士坦丁堡的伊斯兰教法学者。后者由苏丹所任命，拥有次于大宰相（Grosswesir）的位阶，遇有重要国事必须征得他正式的判断（Fetwa），而此一判断具有无条件的法律效力。——日注

支配形式，西方的军事王权如意大利城市的门阀（Signoren[1]）——极类似古代的僭主[2]——以及（更广泛言之）具有“正当性”的君主，其权力也都是以佣兵为基础的。无论如何，由于雇佣兵皆来自外族，与被支配的子民处于对立的局面，彼此间无法达成紧密的结合，与君侯的支配权（基于共同利害关系）所形成的联结也因此特别稳固。事实上，家产制君主通常也的确喜欢招募外族人来充当禁卫军，从大卫王（以克里特岛人与非利士人为禁卫军[3]）到法国的波旁王朝（以瑞士人为卫兵）皆如此。几乎所有激进的“专制政权”都有赖于此种基础。

（5）家产制君主亦可仰赖某些从他那儿**接受份地**的人，这些

1　意大利北部及中部的城市自十二世纪以来即有城市自治共同体（commune）的成立，就类型而言，这些城市自治共同体经过 console 制、podestā 制，capitano del popolo 制等阶段，至十三世纪末左右进入门阀独裁的时代，换言之即 Signoria 的阶段；其后，等到这些门阀转化为世袭的专制君主时（十六世纪），即宣告了城市自治共同体的终了。在此门阀支配的阶段，独裁的支配者称为 signore 或 dominus，但他们并非世袭的君主，而且 consiglio maggiore（大评议会）、consiglio di credenza（小评议会）、行会代表、市民总会等自治的机关，在形式上都还存在。换言之，在此阶段，城市自治共同体的外表还保持着，只不过在实质上为继之而来的专制君主国家阶段作了准备。正当十四、十五世纪的此一阶段，意大利内部尤为众所皆知的是：结合在佣兵队长（condottiere）名下的佣兵队大为门阀间相互的激烈争斗所用。有的佣兵队长甚至弄垮自己所事的门阀而自立门户。——日注

2　韦伯此处所指的是公元前六七世纪左右，崛起于古希腊各城邦的政治领袖，他们利用当时国王或贵族与平民斗争的机会脱颖而出，以直接诉诸民意的方式取得绝对权力。其统治并非一定是暴政或恐怖政治。一直要到公元前五世纪，随着民主城邦的出现，tyranny 渐有指暴政的意思。柏拉图即认为 tyranny 是最糟的政治形式。早期“僭主”崛起自下层阶级，他们的崛起展开了日后民主政治道路，对经济发展亦有贡献。——中注

3　所根据的是《圣经·撒母耳记（下）》，8:15:“大卫作以色列众人的王，又向民众秉公行义。洗鲁雅的儿子约押作元帅，亚希律的儿子约沙法作史官，亚希实的儿子撒都和亚比亚他的儿子亚希米勒作祭司长，西莱雅作书记，耶何耶大的儿子比拿雅统辖**基利提人（克里特人）和比利提人（非利士人）**，大卫的众子都作领袖。”参见 M.Weber，*Gesammelte Aufsätze zur Religionssoziologie*，Bd.3，S.53。——日注

人跟庄园农民一样，只不过以军事义务取代了经济义务，此外他们也享有一些经济或其他种类的特权。古代近东诸王的军队，即有部分由此而来，特别是埃及所谓的“武士阶级[1]”、美索不达米亚的受封战士[2]、希腊化诸国的“军事份地持有者”(Kleruchen)[3]，以及近代俄国的哥萨克骑兵。除了君主外，其他家产制支配者当然也懂得利用这种方法来建立私人的武力，这点我们在封建制之“平民的”变形里再谈。这种武力如果是由外族人所组成，即特别可靠——因为他们的存在必须有赖与君主支配权的密切结合。基于此一理由，军事份地常常会特别授予外族人，不过，异种族在此并非绝对必要的条件。

(6) 存在于君主及其职业战士——亦即“领军饷的人”(Soldat)[4]——之间的共同利害关系，其实已足够坚强，种族是否有异倒也并不十分重要，此外，这种结合关系尚可通过挑选军队

1　埃及的武士（machimoi）从王那儿分配到小土地，这些土地被免除其他住民所负的一般义务，而只负担军事义务。他们虽然必须随时因应召集且参加定期的训练，但也能参与普通的市民业务、将土地赁贷给其他人。长久以来，一般相信埃及存有种姓制度，但韦伯却予以否定。因为，职业的世袭性，无非是在赋役制与贡纳义务下因土地与产业联结所产生的**事实上的**世袭性，并且，由于职业并没有和宗教上“不净”的观念联结在一起，职业的世袭性既不意味着在通婚上的禁止，也不意指职业行会的封锁性或种姓制度的形成。——日注

2　这些战士从王那儿领受小土地作为采邑，代价是被课以职业的军事性赋役。他们虽是轻装备，但装备的筹措恐怕是来自于君王。军事义务必须要履行，若是怠忽义务，则要领受死刑的制裁。除了土地之外，君主还供给他们家畜，这些财产可以世袭保有。不过，他们并未比其他的子民形成更优越的身份阶层。——日注

3　克里娄（Kléros）一般是指：原始的共同体将其共有地依抽签方式分配给希腊市民世袭的所有地。此处所指的希腊化时代的克里娄，乃是君主将其土地分配给战士的“军事份地”。其间的分别须加以注意。——日注

4　Sold 在德文即“军饷”或“军俸”之意。Soldat 即领“军饷”的人。Sold 一字源自 Solidus，是罗马君士坦丁堡大帝（306—337）在四世纪初所铸造的金币，用来支付其官员及士兵薪俸。此一货币在欧洲中世纪曾长期被视为标准通货。——中注

的方式（例如上述的“新军”）、或者赋予士兵一种有别于被支配臣民的法律性特权地位，而予以显著强化。如果家产制君主的军队并非来自外族人或贱民阶级（Pariakaste），而是来自其子民（换言之，**“征兵”**），那么他通常会遵照大致已确定的社会准则。握有社会与经济力量的阶层一般几乎都可免除“常备军”的义务，或至少给予他们以钱代役的机会。就此而言，家产制君主的军事力量通常都奠基于无产者或至少是无特权者——尤其是农民——的身上。以此,他即解除了那些可能与他竞争支配权者的武装。反之，任何望族军队——不管是城市共同体的市民军，还是自由民所组成的部落军——通常都会将武装的义务与荣誉转化为支配阶层的一种特权。

从无特权——特别是经济上居于劣势——的阶层中选拔士兵，是与一种经济情境及与其相关的军事技术的发展有所关联：一方面，随着经济性营利之集约程度与理性化的增强，人们愈来愈无法自经济活动抽身；另一方面，随着军事训练重要性的增加，军事活动也愈来愈成为一种持续性的“职业”。在某种特定的经济与社会的前提条件下，上述两种现象会有助于某种望族——亦即训练有素的战士——身份团体的发展，例如中世纪的封建军队与古斯巴达的重装步兵。这两支军队成立的基础，根本上乃是因为农民已无经济余暇，以及某种配合支配阶层之军事训练的战争技术的发展。

然而家产制君主的军队则是奠基于另一前提上：此即有产阶层——例如古代与中世纪城市的商业与工业市民阶层——已愈来愈无经济余暇；此一事实配合上常备军的需要（不管是基于战争技术的发展，抑或是君主之政治目的），皆导致征募“领军饷的人”（Soldat）长期服务——而非为了偶发性战役——的必要。准此，家产制与军事王权之发展并非只是纯粹政治因素——由于领土扩张以及随之而来防卫边境的需要（例如罗马帝国）——的结果，通常也是由于经济变化的结果：亦即经济的日渐理性化，以及随之而来的、人民之中“文”“武”分途的职业专门化，这在西洋上古晚期与近代家产制国家皆曾经出现过。

除此之外，为了吸引经济与社会特权阶层加入自己的阵营，家产制君主经常会将常备军——一个有纪律且训练有素的永久性团体——里的领导职位保留给此一阶层；这些职位就像官僚制官吏制度一样，也是一种伴有社会与经济机会的、特殊的“职业”。与望族战士不同的是，他们现在步入一个同样具有身份特权的、职业“军官”的生涯。

君主的军队具有多少家产制的性格，换言之，这支军队到底有多少程度可视为纯粹君主私人的武力，可遵照其意志而与君主之同种族的被支配子民**为敌**，亦取决于某种决定性的经济因素：这支军队的装备与给养依赖君主个人的资源到什么程度。军队在经济上愈是依赖君主，就愈是无条件地掌握于君主手中：因为在此情况下，没有君主的话，这支军队即无行动能力可言，其存在乃完全依赖君主与其非军事性的官僚机器。当然，在上述这样一种纯粹家产制军队与自行装备、自己给养的军队组织之间，尚存在着各式各样的过渡形态。例如，授予（士兵）土地——如我们稍后所论——乃是将装备与给养的负担，自支配者转移到士兵身上的一种形式，不过这种方式在某些状况下，会严重削弱支配者对军队的控制力。

然而，极少家产制君主会将其政治支配权力全然置于子民对其家产制军事力量之畏惧的基础上。因为一旦此种畏惧的确存在，实际上即意味着君主之极度依赖其军队；结果是支配者如果死亡、战败或发生其他类似的现象时，军队当下即告崩解、走上街头、推翻旧政权拥立新王朝，要不然就得用赏赐、承诺提高待遇等方式来赢取他们的欢心；同样的方式当然也可以买动他们背弃其原来君主。此即罗马帝国塞佛伦斯王朝（Severus）依赖军事统治的结果[1]，在近东苏丹制的统治下更是司空见惯。其结果则为家产制政权的兴替无常——亦即支配团体的极度不稳定性。就其最极端的事例而言，这可说是近东最具代表性的舞台：家产制军队同时也是"苏丹制"——支配者的命运。

然而，政治的家产制君主通常还是通过一种谅解性的共同体关系（Einverständnisgemeinschaft）而与被支配者结合在一起；这种共同体关系的存在与君主是否握有独立的军事权力无关，它乃是植根于此一信仰：只要**合乎传统**，支配者权力的行使即为正当。在此意义上，被家产制君主"正当"支配的那些人，我们称之为"政治的子民"。他与自由身份的、司法与军事同志（Dingund Heergenossen）之间的区别乃在于，他有为政治目的纳税与服劳役的负担。他与家产制人身领主（Leibherr）之隶属民的区别则在于，（至少原则上）有迁徙的自由，土地领主（Grundherr）——而非人

1　此一王朝为 Septimius Severus（193—211）所肇建，至 Alexander Severus（222—235）为止的罗马帝国王朝。前者为具有迦大基血统的非洲人，其妻为叙利亚人。他不顾罗马传统而采行新政策：将意大利人排除于向来为他们所独占的禁卫军之外，并且强化禁卫军统帅的权限，把政敌的财产没收到皇帝私人的金库里，优遇具骑士身份者而轻视元老院，强化军事独裁的性格。其子 Caracalla（211—217）继续发展此一趋向，并于 212 年颁布有名的安东尼努斯敕令（Constitutio Antoniniana），将罗马市民权赋予帝国里大部分的自由民。——日注

身领主——的隶属民亦享有同样的自由。再者，政治的子民与土地领主隶属民的劳役与租税负担，原则上是受传统所约束的，这点亦有别于人身隶属者。他与上述两种隶属民之间的另一个区别在于，他可以在现存秩序的许可范围内自由处分其财产，包括土地财产（这是他与土地隶属民的区别所在）；他可以根据一般习俗将财产传给子孙，可以不经领主同意而结婚；在面临法律诉讼时，如果他不想采取决斗一类的自救方式，他也可以诉诸其他各式各样的法庭，而须与领主的庄园官吏或家人打交道。直到一个普遍性的境内和平法令（Landfrieden）禁止决斗为止[1]，这都还是他可以援引的自力救济的权利，因为原则上，他拥有武装的权利——因此也是个义务。

然而，这种武装义务逐渐转化为政治的子民必须接受君主征召作战的义务。尽管英国的国王最早主要是依赖采邑军队，稍后则依赖雇佣兵，他们仍严格要求政治的子民遵守根据财产自行武装的义务。在十六世纪日耳曼的农民革命里，根据传统而来的、持有武器的权利，仍扮演着重要角色。不过，这种仅由政治子民所组成的“民兵”，原则上只能用之于诸如防卫国土的传统性的目的，而不能让家产制君主任意用来遂行其私战。

1 发起国境内之治安维持运动（禁止或限制包括决斗在内之暴力行使的运动）的，最初（自公元十世纪末起）是教会——神之和平（Gottesfriede，pax Dei）的运动。后来此一运动转化成民众自主的运动，因而威胁到封建的支配秩序，教会则冷眼漠视此一发展，不过，此一运动在支配阶层的武力镇压下，遭受挫败。然而，国内治安的维持再怎么说仍有其必要性，法国自十一世纪左右、日耳曼则自十二世纪左右起，由国王主动地发起所谓的境内和平（Landfriede）运动。境内和平法令即是指为此目的而颁布的、具有独特立法形式的法令。各个境内和平法令的效力原先都只限定在几年之内，因此而有许许多多境内和平法令的颁布，最后，法国终于在 1413 年，日耳曼在 1495 年，颁布了具有永久效力的境内和平法令。——日注君主的职业化家产制军队，虽然形式上是支雇佣兵，如果它也从政治子民中招募士兵，那么实质上即带有征召民兵的性格；另一方面，民兵有时也会类似职业军。英法百年战争中（1337—1453），有许多战役并不只由骑士进行，英国的武装自耕农（yeomanry）也扮演了极重要的角色；许多家产制君主的武力其实都介于家产制军队与征集的民兵之间。这支武力愈是依赖征集民兵，就愈缺乏特殊的家产制军队的性格，君主对它的使用就愈是受限制，他对子民的政治权力也愈受传统所约制；征集的军队并不一定会无条件地支持君主去违背传统。英国的民兵并非国王的家产制军队，而是基于自由人的武装权，此事之具有重要的历史意义即在于此。因反抗斯图亚特（Stuarts）王朝违反传统的租税要求所引发的伟大革命里，民兵乃是主要的军事担纲者，而查理一世（Charles Ⅰ）与获胜的国会之所以无法达成妥协，最终也是因为卡在民兵控制权的问题上。

源自政治的支配而来的、子民的租税与劳役负担，较之于人身隶属者与土地隶属者的负担而言，不但在数额上有更明确的、根据传统的约定，而且在法律上也有所区分。例如英国的“三调制”（trinoda necessitas）：亦即（1）筑城、（2）修筑道路桥梁、（3）服兵役，乃是课之于自由人的财产，而不由隶属民来负担。在日耳曼南部与西部，一直到十八世纪时，对司法领主（Gerichtsherr）的劳役义务还与源自人身领主制的各种义务有所区分[1]；在人身领

1　司法领主制（Gerichtsherrschaft）是基于司法权（政治权力）的支配——有别于基于土地所有的支配（Grundherrschaft）与基于个人人身隶属关系的支配（Leibherrschaft）——据有此种司法权的人即司法领主；因此，司法领主的支配权遍及他人的土地和与自己并无人身隶属关系的人。村领主（Dorfherr）与州领主（Landesherr）即典型的司法领主。

主制的义务转化为要求租税后，对司法领主的劳役义务可说是唯一残存的人身负担。因此，自由人的各种负担，不管在哪儿，原则上都受到传统的约束。支配者根据特别命令——不管是否与其子民达成特别协定——违反传统所征收的租税，通常都可从其名称，例如 Ungeld（恶钱）或 Malatolta（非法征收的钱），找出其不正常的起源。

无论如何，家产制支配者都企图迫使非家产制的子民、像家产制子民一样无条件地服从于其权力之下，将所有权力皆视为他个人的财产，就像家权力与家产一样，这是家产制支配的内在倾向。支配者能否成功做到这一点，乃是个权力关系的问题。而且，除了他自己拥有的军事力量外，还得视特定的宗教影响的模式与作用力而定，这点我们稍后再论。这方面最极端的一个例子乃是埃及的新王国与托勒密王朝，皇家部曲与自由地主之间、皇家土地与其他土地之间，在那儿实际上已无任何区别可言。

六、家产制需求的供应：赋役制与连带责任，强制团体

家产制满足其需求的方式，除了有类似于其他支配形态之处外，亦有其独自特色。以**赋役制**（Leiturgie）来满足支配者之政治、经

（接上页注）他们的支配权并不论什么土地所有关系与人身隶属关系，原则上是贯串于整个村落或整个州。因此，司法领主制的成立，多多少少是否定了土地领主与人身领主的支配权，也不外是权力集中过程的起步动作。之所以称为“司法”领主制，乃是因为一切的“政治权力”原则上不得不以作为“司法权力”来显现的中世纪社会的独特结构。此种司法领主制在日耳曼地区虽自十三世纪以后才正式发展，但尔后如本文中所叙述的，对于农民施加压迫的，并非土地领主或人身领主，而主要是司法领主。在日耳曼农民战争里，农民的要求主要就是向这种司法领主提出的。相反的，在易北河东岸，物财领主（Gutsherr）集土地、人身、司法领主制之大权于一身，并未产生支配权分裂的现象。——日注

济的需求，虽非家产制国家所特有，却是在家产制国家最为发达[1]。

赋役式的供应有其变化多端的形式与作用，此处吸引我们注意的是那些因赋役制供应而形成的、子民的组织。对支配者而言，赋役式的供应意指他设定一些负责的团体——他律的（heteronom）与经常是他治的（heterokephal）——以确保对其义务之充分履行。正如氏族团体必须为其成员的债务负责，这些团体也得负起其成员对君主之个人义务的连带责任。例如在盎格鲁—撒克逊民族，氏族可说是最古老的负责团体，担保其成员对支配者的服从义务。同样地，村落也得负担起其个别居民之政治与经济义务的连带责任。我们稍早也曾提到，这种连带责任可能会导致农民世袭性地束缚于其村落；个人原先所拥有的、分享村落土地的权利，可以以此方式转化为参与村落土地生产的义务——以此确保对支配者应纳的贡租。

确保赋役式供应最彻底的形式，乃是将此种农民世袭性的束缚扩大及于其他职业团体：换言之，同业公会、基尔特或其他职业团体，在此目的下被支配者设立、法律化或强制，以担保其成员所该负责的特殊劳役或贡租。为了补偿此一负担，特别是为了维持这些人的经济能力（以确保支配者之利益），支配者通常会赋予他们对该行业经营的独占权，并将个别成员与其继承人（包括人身与财产）皆束缚于此团体。这种义务可能是某个特定行业的特殊贡纳，例如军用物资的生产与维修，也可能是其他的负担，例如普通的战争税或其他税捐。

1　参见本章 p.106 注 1。——中注也有人认为印度的种姓制至少有一部分是源自赋役制，不过关于这点我们目前尚无足够证据。中古时期的行会被用来作为一种提供军事、政治及其他贡纳的官方职务（Offiziat），这点对行会制度的普及化到底扮演了多重要的角色，还是个极值得怀疑的问题。印度种姓制的起源，最主要的因素无疑得归诸巫术性宗教、身份以及种族的差异；至于行会的起源则由自愿性的团体扮演主要角色。

不过，强制性的赋役团体确为极普遍的现象，而且绝非仅见之于家产制的支配，虽然在家产制支配里有其最为彻底的首尾一贯性。因为，对这种政权而言，子民的存在乃是为了满足支配者的需求，由此更进一步认为子民的经济活动之配合赋役制的义务、乃其存在的理由。据此，以赋役制的方式来满足需求特别盛行于近东：埃及、一部分希腊化世界、晚期罗马与拜占庭帝国。这种方式亦可见之于西方，只是较不彻底，例如英国的行政史上，赋役制即曾扮演相当重要的角色。不过在西方，赋役制的束缚通常并不以人身为对象，而是以财产，特别是土地财产。它与近东的赋役制仍有共同之处，此即用来担保个别成员履行其应尽义务之强制性团体的存在，此外，至少在事实上，此一团体可拥有其行业的独占权。

事例之一即为公共治安的担保制——在英国称为“自由人连坐法”（frankpledge）[1]：邻里团体对其成员之违反治安的行为、政治态度皆负有强制性的连带责任。除了英国之外，同样制度亦可见之于东亚（中国与日本）。为了维持治安，邻里被编组为五户（日

---

1 此乃诺曼人征服英格兰时，为维持治安所采取的办法：在以十户为一单位（tithing）里，十四岁以上的自由人相互担保不犯罪行，若有犯罪情事，要负责将犯人押送官府，若犯人逃脱，则全员担负刑责。——日注

本）与十户（中国）的团体，彼此负有连坐之责。这种组织早在诺曼人征服以前即已存在于英格兰，而且成为以后诺曼人行政的基础之一。其成员对罪行负有连带责任的强制性团体，当其成员（邻人）涉及某一罪行而被起诉时，即须出庭提供关于刑责之有无的相关证据（陪审制即源自于此）、“判决发现人”（Urteilsfinder）的出庭与作成判决（Urteilsfällung）[1]；此外并负责民兵的征集、军事性的“三调制”，以及各式各样的公共义务。这些强制性团体至少有一部分是特别为了上述目的而成立的，特别是以土地财产为基础来担保公共义务之履行。这些团体若有“误判”、或其他违反应负之公共义务的情况时，国王即可加以处罚。至于这些团体则要求其成员以人身及财产来担保，政治性的各种负担因此通常都会与最实在的财产——个人的土地——联系在一起。基于上述之功能，赋役制的强制团体乃成为此后英国之地方团体（亦即地方自治）的基础。此一发展有下列两个层面：(1) 支配者所要求的义务如何分配于其成员，成为该团体内部自行处理的事务；(2) 某些只能由富裕成员承担起来的义务，即被委托给这些成员，然而由于这种义务有其附随的影响力，这些富裕成员遂将此义务视为其阶层的身份权利而加以独占，治安长官（Justice of Peace）的职位即为一例。

此外，在家产制行政里，任何政治性的义务都有转化为一种非人格性之固定负担的内在倾向，换言之，即以具体的财产——特别是土地、或者是工场与店铺——为对象来课征贡纳。当赋役

1　在英国的州郡法庭（county court）或百户村法庭（hundred court）里，进行和欧陆之“睿智”（Weistum）同样程序的判决。换言之，判决并非由审判长自身作成，而是由被称为suitor者作成判决，审判长不过是宣告此项判决的人。因此，若有误判，该由判决发现人来负责。关于“睿智”，参见本书第一章 p.15 注 1。——日注

式的集体义务无法将个人世袭性地束缚住，且其负担的义务是可以转让的情况下，即会出现上述现象。因为在此情况下，支配者一般而言只能依赖那些永远可见可及的事物——在英国称之为“可见的有收益的财产”——来满足其需求,基本上也就是土地。因为，如果要在每一个别的场合里掌握住负有义务的每个人，支配者即须拥有一个极为庞大的强制机器，强制性团体的出现正是为了要解决此一（掌握住每个人的）难题。然而，如果没有支配者强制机器的支援，这些强制性团体也会面临同样的困境。

准此，以赋役制的方式来满足需求可以有两种非常不同的发展。一个极端的例子即为导向具有强烈独立性的、地方望族的行政：附随于这种行政的乃是一种特殊之负担的体系，其数额与种类受传统所约束、且附着于特别的财产对象之上。另一个极端的例子则为一种子民之总体的、人身的家产制隶属关系之发展：每个人皆被世袭性地束缚于其土地、职业、行会与强制性团体；在此情况下，每个子民皆暴露于支配者纯然恣意的无厌诛求之下，约束这种诛求的力量是极不稳定的——因为，支配者基本上仅在乎其子民是否有能力继续负担对他的义务。支配者自身的家产制权力地位，特别是他可用来压制其子民的家产制军事力量，如果在技术上有高度发展，那么第二种类型——总体性的隶属关系——就愈容易实现。不过，大多数的例子乃是介于其间。

我们在前面已讨论过支配者的军事力量（家产制军队）的重要性及其种类。只是，除了军队之外，支配者能否拥有一个可以自由调度的官僚强制机构，对其向子民所课征的负担的质与量，具有重要的意义。如果支配者想追求的是最大限度的个人权力地位，那么就不可能——也不合其目的——将所有必要的勤务皆转变为基于连带责任的赋役制：他永远需要一个**官吏群**（Beamtentum）。

七、家产制官职，家产制官吏与官僚制官吏的差异

在最单纯的情况下，君侯的直辖领域包括有自己的家计，以及一个庄园隶属民的复合体，庄园农民的家计亦在其中。这已经需要一个有组织的“管理”，以及由此而来的适当的职务分配，其发展程度与其领域成正比；对于附属的政治管理，情况更是如此。

家产制的官职于焉成立。源自家计管理的宫内官职在世界各地皆大同小异。除了家里的祭司与（有时）个人的侍医外，还有负责各部门的主管：例如监督膳食与厨房的 Truchsess，监督酒库的 Kellermeister 或 Mundschenk，监督马厩的 Marschall，监督仆婢与从臣的 Hausmeier（宫宰），监督劳役的 Fronvogt，监督服饰与军需品的 Intendant，监督库藏与财政的 Kämmerer，与负责整个宫廷管理的 Seneschall[1]。如果家计管理有必要增设部门，即会另行设置监督者。一直到本世纪初，奥图曼土耳其帝国宫廷职官的划分仍相当奇特。任何超过直接家政范围的事务，最初都会交付给家计管理部门中最

1 以上皆为法兰克王国与中世纪日耳曼帝国里所见的典型宫内官（国王的家内官吏）。Truchsess（在古高地德语里为“军团长”之意）是宫廷（国王的家政）之长，但后来宫廷长的地位转移到 Hausmayer（梅罗琳王朝时代）及 Hofmeister（于各领邦）身上时，Truchsess 就单只是粮食与调膳之长。Kämmerer 是 Kammer（国王私有财库）的管理者。Marschall（古高地德语：marah=Pferd〔马〕，schalc=Knecht〔仆役〕）为马厩管理者。Schenk，法兰克王国时代青年贵族之长，负责国王餐桌的酒食接待。Hausmayer（maior domus），在梅罗琳王朝时代是宫廷长官兼国王侍从军队长，至王朝末期其势力凌驾国王之上，王位继承者事实上必须由此“宫宰”来指定。最后，宫宰家废去梅罗琳王朝，自行创立卡罗琳王朝（751），此一王朝即不再置宫宰一职。以上这些职位皆为帝国的最高官职（Erzämter），由有势力的贵族担任，因此，他们并不亲躬上述职务，而由其下属来执行。——日注

为相关者,例如骑兵指挥官一职即由马厩的监督者 Marschall 来担任。

所有官员除了其本身职务外，尚须随侍君主、有时并须代表君主；他们与官僚制行政不同之处在于欠缺职务的专业化；另一方面，他们也像官僚制官吏一样，会逐渐形成一个有别于被支配者的身份团体。庄园依附者或人身依附者的“卑贱的职务”(sordida munera) 或“奴隶的劳务”(opera servilia),不管是在古代晚期抑或中古时期，皆有别于上述那些高级的、宫廷的、管理性质的服务与义务。这些职务是交付给“家士”(Ministeriale)，而且——至少在为有势力的支配者服务的场合下——稍后亦被自由人视为值得担任的职务。

支配者首先（而且也是最重要的）从他的人身依附者——奴隶与隶属民——中拔擢官吏，因为只有这些人的忠诚服从是他可以完全信赖的。然而，一个政治的管理极少能完全依赖这些人，一个政治的支配者经常也被迫得从家产制之外来拔擢其官吏，不只因为当子民看到非自由人不管在权力或品位皆爬到他们头上时会感到不悦，而且也因为直接的管理上的需求，以及与前家产制时期管理形式的一脉相传。另一方面，自由人如果想以为一个支配者的服务来交换上述的明显利益，那么他首先就得服属于支配者个人的权力之下。因为只要情况允许，支配者都会坚持出身家产制之外的官吏、也得跟非自由人出身的官吏同样接受人身隶属关系。在一个家产制国家里，官吏必须得是君主的“家人”(familiaris[1])，这点通贯整个中世纪皆然。例如意大利南部的安如

1 familia，familiaris 是指从属于某一支配者而形成一个共同体的人。例如在古典庄园 Villikationsordnung〔参见第一章 p.13 注 1〕里，每一 villicatio 里的家内仆婢和从属农民全体，即被称为 familia。familia 的原意，自然是指“家族”，不过当本来的家族成员之外的隶属民也被称为 familia、familiaris 时，即意味着家支配的原理被扩大到原本的家以外，亦可说是显现出典型的家产制的观念。——日注

王朝（Anjou）家产制国家[1]，这是某个这方面的权威告诉我的[2]。

在德国，成为家士的自由人首先得将其土地献给支配者，再以服务采邑（经过适量的增加）的形式领回。家士乃源自非自由人阶层，这一点在经过长期争辩后，今日殆无疑义，然而我们同时大致也可确定，家士之成为一个特殊的"身份团体"，乃是由于接受骑士生活样式的自由人之大量加入。在西方各处，特别是在英格兰，家士皆被"骑士"阶层视为身份相称而予以吸纳。实际上，这点也意味着他们的地位已大致固定，因此支配者对他们的要求也受到明确的限制。在此之后，支配者只能向他们要求合于习律的、适合骑士身份的服务，而且一般而言，在与这些人交往时，他也必须遵守适当的、合于骑士身份的习律，这点成为不证自明的道理。

当支配者颁布"服务规则"，因此而创出"服务法规"（Dienstrecht）时，家士的地位乃得进一步的定型化。因为这些服务法规会导致他们成为一个法律上的自主团体（Rechtsgenossen），这正是中世纪各种服务法规所产生的结果。随之而来的是，这些团体的成员垄断了官职、建立明确的规则——特别是他们的同意权——来规制新成员的加入，服务与报酬也加以限定，从而形成

1　安如王朝是由法国国王路易九世之弟安如伯爵查理（Charles d'Anjou，1226—1268）于西西里及南意大利所建立的国家（两西西里王国）。教皇克里蒙四世（Clement Ⅳ，1265—1268年在位）为了将霍亨斯陶芬家族的势力驱逐出这地方，而于1265年招请查理来此，查理于翌年打败西西里王Manfred，两西西里王国即在教皇手中赠与查理。不过由于查理及其法国家臣的恶政，西西里岛人的不平渐增，此种反感终至爆发为"西西里的晚钟"（Sicilian Vesper，1282）事件，此后安如王朝势力被扫出西西里，仅仅保有拿坡里一地。——日注

2　韦伯此处或许是指Eberhard Gothein，他直到1904年一直住在海德堡，著有*Die Kulturentwicklung Süditalians in Einzeldarstellungen*(1886)及*Die Renaissance in Süditalien*(sec.ed.，1924)。——日注

一个（不管从哪个角度而言）闭锁的团体，支配者也必须与其打交道。以此，支配者除非得到法律判决，否则即不能剥夺一个家士的服务采邑，而在西方，这样的判决必须来自于一个由家士所组成的法庭。最后，当官吏或其中某些官吏（例如朝中高官）要求支配者在选任其制定政策的官吏时、必须根据他们的提案或权威的推荐，则官吏的权力达于顶点。官吏的这种要求，有时的确可以实现。

然而，几乎在所有例子里（亦即支配者被迫根据其顾问的意见来选任最高官吏），这些顾问并非官吏（尤其不是家士），而是来自大封臣或地方望族——这些人乃是“身份团体”的代表[1]——所组成的“顾问”会议。照中国古典传统而言，理想的皇帝乃是根据其朝中重臣的推荐来任命最有能力的人为宰相，只是我们还不晓得这些重臣究竟是自主性的望族、封臣，还是官吏。英国的贵族在中世纪时也不断重复同样的要求，不过我们可以确定其中仅有一小部分人是官吏，而且这点对其出任官吏的资格亦无助益。

只要情况允许，支配者当然会设法避免官职为身份团体所垄断与官职义务的定型化，其方式则是任命世袭性的人身依附者或

1　*ständischer* Vertreter，正如帕森斯（T.Parsons）所说：“Stand 一词及其衍生义可能是韦伯著作中最麻烦的单词。它指的是一社会团体，其成员具有一相对而言清楚界定的共同身份，特别是指涉社会阶层化的情况，虽然此一指涉并不一定重要。除了共同身份外，还有其他标准，此即一个 Stand 的成员有共同的生活方式，及一般而言多多少少清楚界定的行为模式（Parsons，ed.，*The Theory of Social and Economic Organization*，1964，p.347）。”帕森斯不用“身份制支配”（estatetype domination），而采用“分权式权威”（decentralized authority），因为行政干部成员独立于其支配者。然而，由于 Ständisch 一词源自特殊的历史背景，尽管韦伯用此词时含意是一般性的，采用英文同义词“身份”（estate）似乎更契合，因为此一名词可以涵摄中古的门阀及高社会品味。至于 Stand 一词单独使用的场合时多半译为“身份团体”或“社会特权团体”。——英注

外族人，因为只有这些人是完全仰赖他的。官职与官职义务愈是定型化，支配者就愈是希望能摆脱这种垄断，特别是当有新的职务出现而必须设置新的官职时；在此情况下，支配者有时的确也能成功做到这一点。然而，支配者无论如何总是会遭到当地人的官职候补者——有时且包括子民——的强烈反对。这点涉及地方望族企图垄断当地官职之斗争，稍后再论。不过，只要支配者新设一个典型的与有利可图的职位，某个特定阶层就会企图垄断此一职位，这是他不得不面对的，至于他能抵挡这种强烈的利害关系到什么程度，则是个权力的问题。

家士的垄断性的权利共同体，以及由此而形成的家士与支配者之间合作性质的结合，主要乃是个西方法律所导致的现象。不过，某些痕迹亦可见之于他处。根据拉特根（Rathgen）[1] 所言，"藩"——亦即大名与其自由从士（武士）的共同体——被认为乃是支配者（大名）可资利用的支配权的持有者。无论如何，由于上述缘故，这种合伙权利（Genosserecht）的形成从未能如西方一样的贯彻。

官职权力的定型化，以及上述权利共同体成员之官职持有者对官职权力垄断性的占有，导致了家产制之"**身份制的**"类型。

家士之垄断宫廷职位可视为宫廷服务俸禄之一例，在政治领域里，同样的例子则可见诸英国律师（bar）之对法官（bench）职位的垄断。在宗教史上，同样的例子则可见诸伊斯兰教"学者"

1　Karl Rathgen（1855—？），德国法学者，曾赴日本东京大学讲授行政法与政治学。归国后任马克德堡大学教授。著有多本有关日本的书，如 *Japans Volkswirtschaft und Staatshaushalt*，1891; *Die Japaner und ihre wirtschaftliche Entwicklung*，1905; *Die staat und Kultur der Japaner*，1907 等。——日注

(Ulema[1]) 之对“卡地”“传法者”(Mufti[2])、“教主”(Imam[3]) 等职位的垄断；西方类似的学位持有者对圣职俸禄也有各式各样的垄断。然而在西方，家士官职地位之定型化，赋予个人对于特别授给他的官职之一种较为明确的、身份的合伙权利，在东方则大体并非如此，东方的官职制度的确是高度定型化的，然而官职持有者个人仍然是可被自由任免的。此中因素——如我们稍后所见——乃源自于缺乏作为西方发展之基础的、某种特定的“身份”特质，以及东方支配者的军事权力地位、不管是政治还是经济基础上、皆与西方的支配者有所差异之故。

家产制的官吏制度也可能由于、逐渐的职务分化与理性化，特别是由于文书利用的日增，以及职位层级制度的出现，而具备有官僚制的特征。然而，如就其社会学的本质而言，纯正的家产制官职与官僚制官职，其形态呈现愈是纯粹，则其差异愈大。

尤其是，家产制的官职根本就缺乏区分“私人”与“官职”领域此一官僚制的特征。政治的管理也被视为支配者纯个人性的事务，政治权力被视为其个人财产的一部分，可以通过收取贡租与规费等方式加以利用。其权力之行使因此乃是全然恣意性的，至少在并未受到（或多或少）神圣传统之干涉的范围内是如此。

---

1 Ulema，阿拉伯语，“学者”之意。具备伊斯兰教之神学、法学等学识的学者之总称，不论其是否就任官职。——日注

2 Mufti，阿拉伯语，“决定者”之意。伊斯兰教国家的法学者，他们的正式判断（Fetwa）具有法定约束力，卡地必须遵照 Mufti 的判断。——日注

3 Imam 一词在可兰经中意味着“指导者”“模范”，其后的用法则指涉多种含义。首先是可以用来指教徒之集团礼拜的指挥者。或视情况而定，指常任的指挥。在桑尼派里，哈里发的称号是对一个学派的祖师的敬称。在什叶派里，穆罕默德的堂弟阿里与穆罕默德之女两人结合下的直系子孙中，身心健全者即为 Imam（教主）。——日注

除了传统所定型化的职务外，在所有政治事务范围内，支配者个人的恣意亦决定了其官吏的“权限”。

这些官吏的权限——如果我们还是要用这个特殊的官僚制的概念的话——最初是完全变动不居的。每个官职的确都有某些具体的目标与任务，然而其界限通常含混不清。当然，就这一点而言，其他的官吏与家产制官吏最初亦无甚差异。只有在互相竞争的支配者权力下，才会创出定型化的界限，以及某种类似“明确的权限”的概念。然而，在家产制官吏的场合里，之所以如此乃是由于官吏视官职为其**个人的**权利，而不像在官僚制国家，是因为即事化的利害关系——职务的专业化以及为被支配者提供权利保障的努力——的结果。

因此，这种官职权力之拟权限性限制的出现，主要乃是由于诸多家产制官吏彼此经济利益互相竞争的结果。除非受到神圣传统或支配者的限制，官吏基本上可自由行事，因此支配者及其官吏在处理每一事务时，皆要求报偿，不管其数额是任意决定抑或根据明确的价目表。这些收入如何分配乃成为职务权限逐渐明确划分的原动力，原先在家产制国家的**政治**范围内，是几乎完全没有权限划分这回事的。例如，为了守住其规费收入，英国的律师坚持法官必须完全从他们之中任用，而且只有接受他们法律训练的学生才准担任律师；大学毕业的罗马法学生因此乃被排除于外，同时也阻断了罗马法的承受，这点恰与欧陆诸国相反。为了争取规费，俗世法庭与教会法庭、习惯法法庭与大法官法庭[1]以及三个

1　在英国，习惯法与平衡法（equity）是由各个法庭分别沿袭采用。采用前者的法庭即为习惯法法庭（commonlaw courts），本文所提到的财务法庭、民事诉讼法庭与王室法庭皆为

势力强大的法庭——财务法庭、民事诉讼法庭与王室法庭[1]——相互间及与其他地方法庭之间展开斗争。法庭管辖权的归属问题，大多数情况下皆由各个有兴趣争取规费的法庭相互间的妥协来决定，基本上并非（更谈不上纯粹）根据理性的、即事化的考量。由于管辖权经常有重叠之处，相互竞争的法庭为了吸引顾客，乃使出各种手段，包括（特别是）比较方便的诉讼上的拟制[2]、较低的规费以及迎合公众之意的判决等等。

然而，这个例子里所涉及的官职是已经永续化与定型化了的，这种现象即使是在一个庞大且持续性的政治结构里，也是渐进而来的。一开始时，"特别设置"的官吏，其权力通常乃是局限于具

（接上页注）习惯法法庭。平衡法法庭中最主要者则为大法官府（chancery）的法庭。Chancery，如此一名称所示，原来是国王的书记处或秘书处，于 1307 年自宫廷独立出来成为独立的官府。至于 Chancery 是根据何等情事而取得裁判权，学者们则众说纷云。——日注

1 财政部（exchequer）原来专掌国王的收支，纯粹是监视国王财政上的利益的财务官府，后来渐次取得与财务相关事件的裁判权，而于中世纪时成功地将其裁判权扩张到一般的民事诉讼（非财务关系的诉讼）上。到了伊丽莎白女皇时代，财务法庭已确立其为第一审习惯法法庭的地位。

民事诉讼法庭：由于人民之间的相互诉讼案件日多，亨利二世于 1178 年在"王座会议"（curia regis）里常设五名法官，是为审理此种案件的起源；约翰王前后时期，虽然普通皆于西敏寺开庭，不过由于是王座会议的一部分，所以也随着国王移动场所。"大宪章"第十七条则禁止此种移动，规定要在固定的场所开庭。其后，亨利三世时代，民事诉讼法庭遂于 1224 年有了与在王座面前的法庭（coram rege，即下述王室法庭）分别开来的诉讼记录（rolls），而于 1272 年设置独立的民事诉讼法庭长官，完成与王座会议的分离。

王室法庭：有关国王本身及高级贵族之事件的审理或其他所有法庭之误审的审理，原来都是在国王面前（coram rege）的王座会议里处理。虽自 1268 年以来即设有独立的长官，但作为 coram rege 的法庭（king's Bench），仍随着国王而移动开庭场所。至于其独立于王座会议而取得习惯法法庭的地位，则是十四世纪末的事。王室法庭最后变成是握有审理刑事与民事事件及下级法庭之误审等一般管辖权的机构。——日注

2 例子之一是财务法庭所发的 Quo minus 令状。令状中写着：假设原告是国王的债务人或借贷者，由于被告的侵害之故，原告之不可能偿还向国王所赁贷的债务云云。根据此一令状，财务法庭成功地扩张了自己对财务关系以外之一般民事诉讼事件的管辖权。——日注

体的、即事化的目的，然而其任用却是基于个人的信赖，而非即事化、技术性的资格。只要一个庞大政体的行政是家产制的，任何想要确定“权限”的尝试，都会失陷在官衔——其意义似乎毫无准则可言——的迷宫里；亚述帝国可说是个典型的例子（即使是在其国势最为鼎盛的时期）[1]。当支配者的政治运作皆从属于其纯经济性的关怀时，这些运作即可视为辅助性的，其使用仅凭需要与随机性而定：政治的管理最初可说是“特设性质的管理”，支配者将某些事务交付某人（多半是个宫廷官吏或食客），因为这个人可能最适合处理此事，而且（尤其是）也由于他最接近支配者。支配者个人的恣意、好恶，在此乃是决定性的，这是个原则性——而不仅是个事实性——的现象，不管何处皆然。

这点也适用于被支配者与官吏之间的关系。官吏“可以”任意行事，只要他不违反传统的力量以及支配者的利益——维持臣民的服从态度与付税能力。官僚制行政之具有明确拘束力的规范与规则，在此则付之阙如。除非支配者的权力受到被支配者个人明确权利的限制，否则不管是异例的问题抑或客观性质的重要问题，只要是力所能及的范围内，支配者皆倾向随机性地处理事务。以此，官吏在执行支配者的权力时，是在两个通常互不相干的领域内进行的：一个是受制于具有拘束力之神圣传统与个人明确权利的领域，另外一个则是弥漫着支配者个人独断意志的领域。官吏因此不免会陷入矛盾之中。违反旧习不免会冒犯了（或许）有

1　古代美索不达米亚最显著发展为亚述人的文化，史家认为或可称其为“军国主义”的文化。亚述人为闪族人和赫伦人（Hurrian）的混血，擅长军事组织与掠夺，懂得在征服地建“附庸国家”。但由于其文化专重军事方面，故其最盛期也不过维持了一百多年的光景（前745—前625）。——中注

危险性的力量，然而不服从支配者的命令则是对其禁制权的违法侵犯，违反者——用英国法律术语来说——即在支配者的“慈悲”(misericordia）之下：换言之，即在其专断的处罚权（arbiträres Bussrecht）之下。存在于传统与支配者禁制权之间的冲突，一旦出现即无法调解。即使是政治的官职权力（在一明确的管辖领域之内）已经稳固确立之处，例如诺曼人统治时期英国的郡守，统治者原则上仍可依照自己的自由意志，停止其职务、免除其（对第三者的）管辖权、或订正其职务。

因此，与官僚制相反的是，家产制官吏的地位乃来自其对支配者之纯粹人身性格的隶属关系，其面对子民的地位也不过是此种关系的一个外延。就算政治的官吏并非人身性的宫廷隶属者，支配者也会要求他在职务上无条件地服从。因此，家产制官吏的职务忠诚并非对即事化任务的一种切事性的职务忠诚（职务忠诚的外延与内涵乃由此种任务来界定)，而是一种婢仆的忠诚，奠基于对支配者之严格的人身隶属性关系上；这种忠诚乃是（原则上）无止境的恭顺——忠诚义务的一部分。

在日耳曼人国家，国王对不服从的官吏，即使是自由人，也经常以疏远、黥刑、死刑来威胁[1]。不过，在面对其他人时，则官吏也分享着支配者的权威，因为——而且也只限于如此——他乃是人身性地服属于支配者的权力。在日耳曼人国家里，只有国王官

1　此处“日耳曼人的国家”是指〔五世纪〕民族大迁徙之后，由日耳曼人所建立的国家。至于本文所提的各种刑罚，详细情形可参见 Brunner-Schwerin，*Deutsche Rechtsgeschichte*，Ⅱ，2.Aufl.，S.105f。而所谓疏远（Ungnade）是指丧失官职或国王所授予的财产，或自国王的侧近被外放等制裁。——日注

吏的人命金（Wergeld）数额可以提高（不问其身份如何）[1]，自由人的法官则不然；而且无论哪儿，宫廷的隶属官吏经常很容易爬升到自由人臣民之上，尽管他自己并非自由人出身。

所有家产制政体的服务规则（类似我们现代概念里的“行政规则”），究其实，也只不过是来自支配者之授予或恩宠的、个人性的纯粹主观性质的权利与特权；实际上，这也可说是家产制国家公共规范之整个体系的一般性现象。官僚制国家之客观的规范、以即事化目的为取向的就事论事的态度，在此是付之阙如的。官职与公权力的行使，乃是为了服务支配者个人，以及得到此一职位的官吏个人，而非“即事性的”目的。

八、家产制官吏的生计：实物俸禄与规费俸禄

原初家产制的官吏，就像任何家族成员一样，都是依靠支配者的餐桌与库藏来**维持**其**生计**。作为家共同体基本要素之一的同桌共食，有其广泛的象征意义，其发展亦远超乎原有领域，只是我们此处无法详论。不管怎么说，家产制官吏，特别是其中高位阶者，长期保有分享支配者餐桌食物的权利（当他们逗留在宫廷

1 所谓“人命金”是指当有人被杀害时，由加害者这一方支付给被害人这一方的金钱（但在古代恐怕是要换算成实物）。至于杀人以外的违法事件时，支付给被害人的金钱，称为“赎罪金”（Busse，compositio）。因此，人命金、赎罪金的金额之高低，是视其人之生命、身体、财产之是否被厚予保护而定。在法兰克帝国里，国王的官吏即被认可有本来的人命金的三倍数额：如果国王的官吏是个自由人，那么一般自由人的人命金（200 solidus）的三倍即 600 solidus；若国王的官吏是国王的奴隶或隶属民（puer regis），则需偿付 puer regis 一般的人命金（100 solidus）之三倍，为 300 solidus，这比自由人当人民法官的人命金 200 solidus 还要高。——日注

时)，就算是支配者的餐桌对他们的生计早已不具任何重要性之后，仍然如此。

家产制官吏的脱离此一亲密共同体，自然意味着支配者直接控制权力的松弛。支配者当然可以使官吏的经济报酬完全依赖于自己的恩惠与意志，从而置此官吏于一极不稳定的地位上；但是这并不适合一个较大规模的官吏机构，而且有关的规则一旦确立，支配者再去破坏也不免会带来危险。因此，依赖支配者家计来维持的方式，很早即转变成赐予（拥有自己家计的）家产制官吏俸禄或采邑的方式。

我们首先处理**俸禄**（Pfründe）的问题。此一重要制度——通常也意味着一种明确的“官职持有权”，以及由此而来的官职之占有——在历史上有极端多样的发展。最初的俸禄乃是——例如在埃及、亚述与中国——来自支配者（国王或神）库藏与谷仓的实物配给，通常是**终身享有的**。例如在古代近东，当神殿祭司的同桌共食制崩解之后，即出现依靠神殿谷仓的实物配给制。稍后，这种实物配给转变成可以让渡、甚至可以分开来商量（例如每个月不同日子的配给）的对象。因此，它们可说是近代政府债券的一种、自然经济阶段的前驱者。我们称此种俸禄为**实物俸禄**（Deputat Pfründe）。

俸禄的第二种类型为**规费俸禄**（Sportel Pfründe）：支配者将特定的规费授予其代理人，这种规费是支配者或其代理人可以因执行职务而期待的报偿。这种类型的俸禄使得官吏更进一步独立于支配者的家计之外，因为它乃是以（相对而言）来自家产制之外的收入为基础的。早在西洋上古时期，这种俸禄就已经变成可以用来（纯粹）交易的对象。例如，古代城邦的大部分祭司职位，都是公开拍卖的，虽然这些职位实际上都具有“官职”的性格，而非自由职业（反之，亦非门阀的世袭财产）。我们还不晓得在古埃及与近东，俸禄的买卖盛行到什么程度。不过，从他们习惯将官职视为一种“糊口之资”看来，在那些地区若有这样的发展似乎也不稀奇。

最后，俸禄亦可采取职田或服务领地等**土地俸禄**的形式，提供给官职持有者使用。这种形式的俸禄最为接近“采邑”，并同样给予俸禄持有者（对支配者）较大的独立性。支配者的官吏与“从士”（Degen[1]）并不见得就都喜欢脱离其共食团体，因为这意味着他们必须独立背负经济的风险与家计重担。不过，建立一个家庭以及独立的期望终究还是占了上风，而且，从支配者的角度而言，也有必要减轻自己家计的负担，因为随着共餐伙伴的增加，支出已急遽成长至无法控制的地步，而家计却仍不免受到收入变动的影响。然而，对于一个拥有家庭的世俗官吏而言，从支配者的餐桌分离出来显然会直接导致他们追求世袭性地——而不只是终身的——占有俸禄。这种世袭性的占有涉及采邑的形式，有关其过程我们将在他处再论。

俸禄的占有在近代家产官僚制国家的初期特别显著。这种过程各处皆曾发生，罗马教廷与法国是最强烈的，英国则较不明显，因为那儿的官吏为数不多。**规费俸禄**是最成问题的。这种俸禄是由支配者授予其亲信或宠幸、并允许他们雇用（多少是）无产身份的代理人来负责实际工作，或者将这种规费俸禄以固定的租金

1　此字由古高地德语 dëgan（子、从士、召使）而来。在法兰克王国时代一般意指“从士”（Gefolge）的日用语。英文中的 thegn 一字同出于此。——日注

或一次付款的方式转让给有兴趣的人。以此方式，俸禄（亦即官职）乃成为租赁者或购买者的家产，其中可有极端多样的变化，包括世袭性与可以让渡的。首先，官吏（俸禄持有者）可以将其俸禄转让给有兴趣的人以交换报酬，同时则向支配者要求推荐继任者的权利——此一继任者也就是向他购买或租借俸禄的人。类似的现象亦发生在官僚群（例如法官团），他们也会要求推荐继任人选的权利，而在整个同僚的共同利益基础上设定将俸禄（职位）转让给他人的条件。

支配者当然想要（不管以什么方式）分享这种转让所得利益，因为这个俸禄是他所授予的，而且原初并非终身享有的；因此，他会设法确立一些转让的原则，其结果则各有不同。对罗马教廷与各君侯国家而言，官职买卖——亦即以闲散官的形式大量制造规费俸禄，从而使得规费收入资本主义化——成为一种弥补他们额外支出的、最为重要的财政运作。在教皇国，其“亲族”(Nepoten)财产大多皆来自规费俸禄的利用[1]。

在法国，俸禄之成为（实际上的）世袭制、且成为可以买卖的对象，乃是从最高法院（parlements）[2]开始，随后则及于所有财

---

1 教皇国是罗马教皇所踞之世俗权力统治的中部意大利教会国家，其版图随时代骤增遽减，至今，教皇的支配权仅及于梵蒂冈市。教皇将教皇国的官职及伴随而来的俸禄偏向于授予自己一族的人（Nepoten），此即所谓的 Nepotismus 或 Nepotenwirtschaft（阀族主义）。这在十世纪及文艺复兴时期，特别是从 Sixtus Ⅳ（1471—1484）到 Alexander Ⅵ（1492—1503）时，最为显著。其后，Nepotismus 虽有减弱，但终不能完全绝迹。——日注

2 原与 Conseils souverains 并列为法国的最高法院，最初是王座会议中专门负责诉讼的一个分科，至十四世纪起才独立出来。虽也存在巴黎以外的地区，但本文明显地仅指巴黎的 parlements。——日注

政与行政官，包括prévots[1]与baillis[2]等地方长官。当一个官员引退时，即将其俸禄售予继任者。死亡的官员的继承人也要求同样的权利（官职世袭权，survivance），因为官职已成为财产。经过几次尝试禁止此一弊端而徒劳无功后，国库从1567年也开始参与交易，官职继承者必须交付一定的金额（官职移转税 droit de resignation[3]）给国库。到了1604年，这种交易即在保列（Charles Paulet）的建议下形成一个制度，并称之为Paulette[4]。官职世袭权得到确认，国王收取的官职移转税则大幅削减，取而代之的是，官职持有者每年得付给国王其买官费用的百分之十二至十三，而此一收益权又由国王每年出租（第一个租赁者即为保列）。俸禄的价格随着官吏规费所得的增加日益上涨，这也意味着租赁者与国王收入的提高。

然而，官职占有的结果导致官吏实际上**无法免职**（特别是最高法院的官员）。因为除非国王退还该职位的售款，否则即无法免

1 Prévots 一般是用来指代理国王或领主的官吏，因此总有各式各样的官吏被称为 prévots。就本文而言，指的应该是出现于十一世纪左右起被起用于比较下级身份中的国王的地方行政官。他们在其辖区（prévôté）里执行国王的命令，也握有诸如行政、司法、军事、财政（租税的征收原则上依据 prévots 的包税制）等一般的权限。自十二世纪末以来被置于 baillis 的监督之下，渐次丧失其重要性。——日注

2 baillis 原来是国王从其侧近之中任命派遣去监督地方行政的官吏，出现于十二世纪末左右。其后，这些监督官逐渐定着于地方，成为合并数个 prévôté 所成的新行政区（baillage）的长官。十三世纪时，他们以国王代理人的身份，成为最活跃于政坛的人物，具有行政、司法、军事、财政等全面性的权限，不过自十六世纪以后逐渐丧失其实质的势力。——日注

3 官职买卖制度确立之后，官吏在生前未卖出其官职即死亡时，此一官职即复归临时接管局所有，因此国王可以再将此一官职卖出。若官吏在生前就已转卖其官职时，必须缴纳卖官价格的四分之一或三分之一，是为官职转移税。对官吏而言，自然是希望官职的世袭，但最初并不被认可为原则，只有在得到国王的世袭特许状（lettre de survivance）时，才个别地被认可官职的继承，并且在接受此项特许时，必须缴纳给国王相对于此一官职的价格。世袭权的一般性认可，是在下述 Paulette 的制定之后。——日注

4 Charles Paulet，法王亨利四世的秘书官，生殁年不详。他的建议案是向当时的宰相 Sully（1560—1644）提出，成立后即称此制为 Paulette。——日注

去该官员，而国王是不太容易下定决心这么做的。一直要到 1789 年 8 月 4 日，法国大革命才彻底废除了官职的占有，尽管如此，也还付出超过三亿多里佛的补偿金。另一方面，如果国王想将自己意志强加之于最高法院，最高法院在最极端情况下也会施出大罢工的手以迫使国王让步——集体辞职，迫使国王退还所有当初购买这些俸禄的款项。这种事例在大革命之前曾出现多次。

被占有的俸禄曾构成“法服贵族”（Noblesse de la robe[1]）——法国重要的身份团体，曾在“第三阶级”（tier état [2]）与国王及土地、宫廷贵族的斗争中，扮演领导角色——的最重要支柱。

中世纪基督教会圣职者的生计，主要是依赖土地俸禄或规费俸禄来维持。原初，圣职者是依靠以供奉形式提供的共同体财产来给养的，这是早自其有必要将教会服务当作一个“职业”以保障其经济生活以来即如此。这种方式反过来则使得专业圣职者完全依附于主教，因为他单独掌握了上述财产的处分权。这是以城市——城市为当时基督教的担纲者——为基础的古代教会的一般情况。撇开某些特点不论，教会可说是某种官僚制之家父长制的变形。

然而在西方，宗教的城市性格渐趋消灭，基督教也传入仍处于自然经济状态的农村地区。某些主教（特别是在北方）

1 “法服贵族”是指相对于穿着短袍（robe courte）的贵族出身军人、而着“长袍”（robe longue）的拥有学位者中，出任司法官或财政官而被授予贵族称号者。主要是出身于新兴的市民阶级，相对于封建贵族，形成新的官僚阶级，为法国绝对王权的支柱。贵族的称号最初只限一代，其后即世袭化。——日注

2 第三阶级即平民阶级；法国在大革命前的“三级会议”（etatsgénéraux）里，区分为贵族、教士、平民三个阶级。——中注

不再居于城市。许多教会成为农民共同体或庄园领主所拥有的“私有教会”(Eigenkirche[1])，圣职者也往往成为庄园领主的依附者。就算俗世的(教会的)建立者与所有者采取比较委婉的方式、捐赠给教会固定的地租或田产以维持其生计，他们还是会坚持任命(或甚至免职)教区牧师的权利；这种情况自然从根本上严重削弱了主教的支配权，同时也严重影响到圣职者的宗教关怀。

早在法兰克王国时期(八、九世纪)，主教即尝试以振兴共同体生活——至少是针对修会的圣职者——的方式来防

1　西方自民族大迁徙之后，改信基督教的日耳曼贵族，上自国王起，盛行在自己的领地内用自己的经费来建立教会与修道院。这种教会和修道院称为“私有教会”“私有修道院”，属于建立者所有，并且任职其中的圣职者是由建立者自由任免，在某些情况下，非自由人也有被任命为司祭的。私有教会与私有修道院的收入，归建立者一家所有，因此，此种教会与修道院的建立，尚具一种经济的企业性格。若就原来教会法立场而言，主教区内的所有教会财产与圣职者皆应服属主教的管理，因此，私有教会、私有修道院的制度对于此一教会法原则乃是个显著的例外，然而，由于其结合着贵族在经济上与精神上的利益，此一制度单只被试着矫正显著的弊害，在很长一段时期内无法废止。不仅如此，随着私有教会的观念之得势，主教管理下的正规教会也被体认为主教的私有教会，进一步，国王对于主教具有强大的支配权且得以自由任免主教等事，最后演变成主教教会本身即为国王之私有教会的观念，以此，国王对教会的支配又更进一步地加强。私有教会制虽在主教叙任权之争中，成为教皇这一方的主要攻击目标之一，但除了在瓦尔姆斯协约(1122)之后下级教会慢慢地被废止私有制外，在“教会保护权”(Patronatrecht)的方式下，原来的私有教会所有者的各项权力，换个外形被保留了下来。

此外，本文所见之农民自治共同体的“私有教会”，恐怕是指一般所称的Genossenschaftskirche(共同体教会)或Urkirche der Grosspfarrei(大教区的原教会)，这与一般对“私有教会”的用法有所出入。共同体教会是指大大小小的各种团体在其集会场所(同时是裁判场所，异教时代的礼拜场所)所建立的教会。在此种教会里，共同体握有圣职者的选举权及任命权(其后因“教会保护法”的方式而被削弱)。——日注

止俸禄的被控制，只是泰半皆未能成功[1]。不断出现的修道院改革运动所针对的目标即为修道院共产制的衰微——这是东方教会（东正教）典型的现象，那儿的修道士转变成（不住在修道院的）俸禄持有者，修道院本身也变成贵族的慈善机构。另一方面，主教也无法阻止圣职者地位的俸禄化（Präbendalisierung）。北方的主教辖区——特别是那些仍坚持住在城市的主教——过于庞大，而有分割的必要，这有异于南方大多数城市皆只有一个主教的情况。由于许多教会及其财产来源皆控制于私人手中，主教并不能将它们视为可以自由支配的官职财产，虽然整个环境已逐渐适合教会法的实施。俸禄是在成立教区时设定的，只有一部分是由主教授予。在欧洲的新布教地区，俸禄及其附随的财产，乃是由有力量的俗世（教会）建立者所提供的，他希望仍能保持对这些土地财产的实质控制。虽然面临着教皇对至高权力的要求，主教的地位仍可说是如此，他们最初几乎完全是由（接受教会与规制教会的）俗世支配者所自由任命的，而且由于成为支配者的重要心腹，他们也逐渐享有许多政治权利。以此，教会层级秩序的发展乃循着分权化的轨道进行，在此同时，俗世

1 主教座堂所属的圣职者仿效修道院范例，在一个（或若干个）被称为 Kapitel 的共同体组织统合下过着共住生活的运动，昔日在麦滋即有过，这是 760 年就已被证明的。依循此例，816 年成立所谓“亚衡共住规则”，适用于全法兰克帝国。Kapitel 之名的由来据说是因为此一规则是按章（capitulum）朗诵出来之故。以此，九世纪中叶，各主教城一一组成 Domkapitel（主教座堂委员会），所属的圣职者（Domkapitulare）过着同桌共食的共住生活。在主教教会之外的大教会和没有主教教会的城市里，也作成相同组织的 Stiftskapitel。Domkapitel 以其作为主教的咨询机关、当主教出缺时的议决机关，多多少少参与了主教区的管理。此种共住组织于十、十一世纪左右瓦解，委员会职位及其俸禄却已成形制。——日注

支配者则占有教会保护权（Patronage），教会官吏从他那儿接受俸禄而成为家中牧师或封臣，换言之，教会官吏亦服属于俗世支配者的权力之下。

并非只有封建诸侯才迫切需要这些有学问、懂得书写的教士——他们没有家庭牵挂、就劳动力而言便宜且能胜任，而且不必害怕他们会世袭性地占有官职。威尼斯的海外殖民地行政，一直到主教叙任权之争为止，一直是控制在教会与修道院的手中。叙任权之争，对于城市官僚制的形成乃是件划时代的大事。因为随之而来的教会与国家的分离，导致了教士对总督之忠诚誓言的废除，并废止了总督举办、监督、认可及叙任教士之选举的权力。一直到那时（叙任权之争）为止，教会与修道院直接租借与管理殖民地，或者可说是殖民地聚落的中心，因为他们对内扮演司法官的角色，对外则为威尼斯利益的代表。

撒利安王朝（Salian[1]）时期日耳曼人帝国行政及其政治权力地位，主要乃是奠基于对教会财产的支配权，以及（尤其是）主教的服从之上。众所周知，格列高利教皇的反击，即针对此种将圣职俸禄用之于俗世目的的行为。此一反击有其相当收获，不过却局限于极小的范围。教皇逐渐取得对出缺的俸禄的处分权，此一过程于十四世纪初发展至最高潮。

俸禄在十四、十五世纪时成为教会与世俗权力间“文化

1　自 Konrad Ⅶ（1024—1039）至 Heinrich Ⅴ（1106—1125）的神圣罗马帝国王朝。此一王朝在 Heinrich Ⅳ（1056—1106）时代，与罗马教皇间爆发激烈的主教叙任权之争。——日注

斗争”的主题之一[1]。通贯整个中世纪，圣职俸禄乃是为“精神文化”（Geisteskultur）服务的基本资源。特别是中古晚期（直到宗教革命与反宗教革命时期为止），俸禄乃是当时之“精神文化”担纲者阶层所赖以生存的物质基础。教皇将俸禄的支配权授予大学，从而使得中世纪的知识阶层得以兴起，除了僧侣之外，此一阶层在学术工作的保存与持续发展上，扮演了最为重要的角色；此外，教皇也将大量俸禄赐予自己欣赏的人（其中有许多学者），使他们得以摆脱官职的负担。然而在此同时，由于教皇在赐赠俸禄时，丝毫未曾顾及民族的差异，因此激发了知识分子（特别是北方诸国）针对罗马教廷的、民族主义的激烈反抗。此一因素在宗教会议首位权运动（konziliare Bewegung[2]）中，扮演了重要角色。

---

1 自十四世纪以来，由于教皇的“亚维农之囚”（1305—1376），以及接下来的天主教教会之“大分裂”（1378—1417），罗马教皇的精神权威一蹶不振，而自十三世纪起逐渐形成的民族国家却一步步扩大势力。在此情况下，诸如 Marsiglio di Padua（c.1290—1342）、William of Occam（c.1300—1349）、John Wycliffe（c.1320—1384）、Johannes Hus（1369—1415）、Machiavelli（1469—1527）等人即发起对教会之俗世权力与财产所有的猛烈攻击。另一方面，国家亦独立于罗马教皇权力之外，步上建立国家教会之途，例如：十五世纪前半叶“法国教会之自由”的原则——所谓“教宗权限制主义”（Gallicanisme）——确立（1438 年的 Pragmatique Sanction de Bourges）；十六世纪中叶英国国家教会的独立（1534 年的 Act of Supremacy）；日耳曼国王 Ludwig der Bayer（1314—1347）的策动等等；是皆孕生出反教皇的运动。——日注

2 此一运动主张：教会的最高权力并不是在于教皇，而是在于包含圣职者与俗世信徒双方代表的普通性宗教会议。此一理论虽早由 Marsiglio 与 Occam 提出，但直到教会的“大分裂”产生两位教皇时，才获得势力。诸如 1409 年在比萨、1414—1418 年在康斯坦茨、1431—1438 年在巴塞尔召开的宗教会议，皆是基于此一宗教会议首位权理论而召开的。其中尤以康斯坦茨宗教会议最为重要，在会中，明白地公开承认宗教会议首位权理论，废除当时并存的三位教皇（除了罗马与亚维农的教皇外，比萨宗教会议又选出第三位教皇），选出新的教皇马丁五世（Martinus，1417—1431），为大分裂划下终止符。以此，此一理论一下声势大涨，不过，此一理论的信奉者大致皆属上层阶级，下层民众并不理

此外，国王与贵族不顾教会法的禁令，仍然继续夺取对圣职俸禄的控制权。从十三世纪以来，英国诸君即不断大规模地进行此事，主要是为了确保其政府能得到廉价且值得信赖的劳动力。教士的受雇于政府，也使得英国国王得以摆脱对家士的依赖：这些家士的服务乃是系于世袭占有的服务领地，这种方式已形僵化，而且无所用于理性的中央行政。独身的教士比起得供养家庭的官吏而言，要来得便宜，也没有理由要求世袭性地占有其俸禄。由于对教会拥有控制力（这点对此一事件具有极为具体的意义），国王可以从教会财产中拨付年金（Collatio[1]）给教士。教士在当时大量地取代了旧型的官吏，以至于今日我们仍用 clerk 一词（原意为“教士”）来称呼官吏。大贵族的势力则仍强大得足以保住对许多俸禄的控制，或至少能强迫国王依照他们的期望来处置这些俸禄。大规模的俸禄买卖即始自于此时。从而导致宗教会议首位权运动时代、有关俸禄的斗争中，相关者——教廷、国王与贵族——间极为复杂的权力关系。

有时候国王与议会（贵族）联手反抗教皇，以便将俸禄保留给本国的所有者或候补者，有时国王则与教皇联手照顾彼此利益，而牺牲本国的利益。然而教皇还是无法改变教士官职俸禄化的本质。就算特伦特大公会议也无法改变大量教士官职——特别是正规的教区教士，他们仍保留某种有限的、

（接上页注）解（康斯坦茨宗教会议宣告 Wycliffe 为异端，并将 Hus 处死），因此得不到下层阶级的支持，此外，由于大分裂的告终已达成此一理论的当前目的，而各国强烈倾向于国家教会的独立，种种因素使得此一运动的声势不久即告衰微。——日注

1　Collatio 为“圣职叙任”之意，因此也意指授予随圣职而来的俸禄。——日注

且也有效的“官职持有权”——之俸禄化的性格。近世教会财产的世俗化[1]，使得教会及其官吏的经济支出必须编入国家预算，进一步确立了上述的官职持有权。只有在近代教会与国家的“文化斗争”出现之后[2]，尤其是“国家与教会的分离”，才提供给天主教当局——在他们以另一套可以“自由撤换”（ad nutum amobile）教会官吏的制度取代俸禄制度之后——废除存在于世界各处的“官职持有权”的机会。只是教会制度这个极为重要的转变却几乎没有受到任何注意。

俸禄的买卖基本上只限于规费俸禄，因此乃是发达的货币经济的一个产物。货币规费重要性的日渐增加，以及投资财富于此种货币规费之收入的倾向日渐加强，乃是以货币财富的出现为前提的。中世纪末期、尤其是近古初期（十六至十八世纪）所出现的俸禄买卖，不管是质或量上，皆非其他时代所能比拟，虽然类似的发展可见之于各个时代。有关其在西洋上古时期的重要萌芽，我们已经述及。在中国，由于官职制度的特殊结构（稍后会述及），官职俸禄并未被占有，其买卖也从未得到法律的认可。尽管如此，在中国，官职在

1 所谓教产世俗化（Säkularisation）是指：将教会领地拿来作世俗目的的利用，或者是干脆予以没收。早在八世纪时，卡罗琳王朝前身的宫宰一家即大规模地利用教会领地作为采邑。至近代，最早的是英王亨利八世之没收修道院领地，法国则于 1789 年根据 11 月 2 日的法令，没收所有的教会领地，并规定教会与圣职者的费用由国家来负担。德国则特别是在 1803 年 2 月 25 日的帝国代表主要决议（Reichsreputationshauptschluss）下，决定全面没收教会领地。——日注

2 例如德国的文化斗争：俾斯麦从 1871 年开始致力于由普鲁士统一德国，建立一个强有力的中央政府。因此他必须攻击天主教认为教会独立于国家的看法，以及压制反普鲁士的天主教中央党（Centre Party）。1873 年开始，俾斯麦逐步立法，将天主教会纳入国家约束，直到 1887 年才又恢复天主教徒的权利。1871—1887 年这段时期的斗争，即称为“文化斗争”。——中注

大多数情况下还是可以仅凭金钱之力——以贿赂的方式——即可取得。而且，虽然俸禄的合法买卖并非一个普遍现象，俸禄到的确是普遍存在于各处的。

在中国与近东，受教育、奋发向学或取得学位的目的乃在获得俸禄，这点跟西方并无二致。最能清楚呈现这点的就是：在中国，对于政治上的越轨行为、最具特色的惩罚即为停止某一省份的科举考试，换言之，即暂时将此一省份的知识阶层排除于官职俸禄之外。占有俸禄的倾向也是普遍存在的，虽然结果各有不同。特别是够资格的候补者基于自身的利害关系，往往会形成一种有效的、制衡俸禄之占有的力量。伊斯兰教“学者”（Ulema）——亦即通过包括“卡地”（法官）、“传法者”（以“意见”来答复问题的教会法律学者）与“教主”（Imam）等官职考试的候补者的身份团体——的俸禄，通常只限于短期授予（一年至一年半），以便加速其在候补者之间的流通，由此而强化他们的团体精神，并抑制个人的占有欲。

除了其正规、经常性的收入外（实物配给、有时则为地租或规费），家产制官吏如果立下特别功绩、或者碰到其主子情绪好的时刻，还可收到额外赠品。这些物资来自支配者的库藏：亦即贮藏贵金属、珠宝与武器的宝库，有时则是他的种马场。贵金属在此特别有用。由于官吏对支配者的好感有赖于后者对他们的功绩提供适当的报偿，“财宝”之拥有，不管在哪儿都是家产制支配之不可或缺的基础。因此，古代北欧游唱诗人的隐语里，称呼国王为“财宝施予者”（Ringebrecher[1]。宝库的得失，经常可以决定王位竞争者之间战争的胜负，因为在自然经济支配的阶段，贵金属财宝实意味着巨大的力量。稍后我们将讨论由此而引发的各种经济关系。

九、家产制行政的分权化与定型化，官职之占有与独占的结果；特权制国家

在家产制国家里，所有行政之俸禄分权化、所有（由于必须在竞争者之间分配规费收入所导致的）权限之固定化以及（尤其是）所有的俸禄占有，皆意味着**定型化**，而非理性化。俸禄之占有，如我们所见，往往使得官吏实际上无法被撤换，这跟近代为了维持法官之“独立性”所赋予的法律保障有异曲同工之妙，虽然其意义截然不同：其目的乃在保障官吏之官职持有权，至于近代的公务员服务法则致力于通过对官吏之“独立性”的保障——亦即，除非经过合法的审判与宣告有罪，否则不能被撤换——来确保官吏即事化的态度以符合被支配者的利益。

在法律上或实际上占有俸禄的官吏，能够非常有效地制约支配者的统治权；简言之，他们可以使得一切想用纪律严明的官僚制来达成行政理性化的企图皆化为泡沫，并维持政治权力分配之传统主义的定型化。法国的“最高法院”乃是个俸禄持有者的伙伴团体，他们手中握有赋予国王命令形式之认可的权力以及部分

1　一般是用 Ringspender 来做国王的别名，义为 Ring（戒指、手环、首饰）的授予者，亦即“财宝施予者”之意。——日注

的执行权[1]；以此制衡王权达数百年，并阻挠一切有碍他们传统权利的改革。当然，官吏不能反对其支配者，此一家产制原则基本上还是被接受的。当国王个人亲临（lit de justice）这些官职俸禄持有者的集会——亦即"最高法院"——时，即可强制要求其命令之被认可，因为在他面前不得有任何异议；他也尝试着让最高法院以同样方式接受书面形式的直接指令（lettre de justice，敕令状）。不过，基于其所拥有的官职持有权，一旦国王的命令有违传统，最高法院会立即以"建议书"（remontrance）的方式质问国王命令的妥当性，经常也能以此贯彻自己之为独立的权力担纲者的主张。

导致此一状况的俸禄占有，其实际效力当然是各有不同，而且得视支配者与俸禄持有者之间的权力关系而定。特别得看支配者是否能有足够财政力量来赎回这些俸禄持有者的占有权，并代之以一个完全依赖于支配者的官僚制。迟至1771年，路易十五（Louis XV，1715—1774）还尝试过以奇袭的方式来瓦解最高法

1　当国王发布公开状（lettre patente，大部分的敕令 ordonnance 是采取公开状的形式）时，将复本封函巴黎及各地的最高法院（parlements，参见 p.138 注 2），最高法院则召开公开法庭朗读公开状，并在特别的登录簿上登录下来（enregistrement），再将登录内容下达于各辖区内的下级法庭（本文中所谓的认可 Legalisierung 应该就是指这种登录、下达手续的意思）。由于敕令及公开状须经这些最高法院的登录手续才能取得法律效力，所以登录即为公开状公布的形式。然而自十四世纪以来，最高法院接到公开状复本时，会提出关于公开状之内容是否合适的建言（remontrance），若未得到国王的回答，则予以延期登录。此时，国王无论如何并无遵从建言的义务，也不认为建言具有正当性，径自发布敕令状（lettre de justice），并据权命令登录（enregistrement d'autorité），若最高法院还是拒绝登录国王则派遣代理人去下达实际登录的命令，或者自己率领高官**亲临**（也称为 lit de justice）巴黎最高法院，于院内设置的王座（即 lit de justice）上亲自命令书记登录。以此，最高法院确实并无拒绝登录权，不过若是最高法院诉诸舆论执拗地继续反对下去，国王也只好有所让步，多半是依建言将敕令撤回或加以修正，而最高法院在解释的名义下限制或修正敕令一事，至少是获得了默认。据此，最高法院在政治上所扮演的角色于官职世袭化被认可（前述 Paulette）的十七、十八世纪里大大地发挥出来，而与国王之间不断发生激烈的争执。——日注

院之俸禄持有者所惯用的手段——以集体请辞的方式进行大罢工，以此迫使国王让步（因为他无法偿还当初拍卖这些官职的费用）。官吏的请辞被接受，然而国王并没有归还当初的官职购买金，反之，最高法院被解散，官吏则以违命的名义被收押，取而代之的是一批新官吏，官职的占有则宣告废止。不过，想要建立一个专断的家产制——支配者可以自由任免官吏——的企图还是没能成功。1774 年，有鉴于利害关系者的激烈反对，路易十六（1774—1793）乃撤回原有敕令，长期存在于国王与最高法院之间的斗争再度恢复，一直要到 1789 年召开全国“三级会议”（étatsgénéraux[1]），才开创了一个全新局面：相争执的两个权力——国王与官职俸禄持有者——的特权问题，很快就被搁置一旁。

支配者赖以指挥地方行政区——大部分是由古老的司法集会人团体（Dingverbànd[2]）转化而来，有些则来自个别的大直辖领——的官吏则有其特殊状况，有关这点我们稍后会再详述。在这方面，经由购买而出现的俸禄占有也经常导致独立于支配者之外的权力的定型化与分立。法国尤其如此。然而，此处所导致的分权化与定型化的影响，其一般性的条件——在此条件下，官吏乃居于一种远离支配者个人权势的、毫无掩蔽的地位——也必须加以

---

1 1789 年“三级会议”的召开，是由于法国国内的经济财政问题，诸如：歉收、失业、物价上涨、国库濒临破产等。路易十六先于 1787 年召集显要人士开会，希望主要富户能同意负担大部分政府预算，然而利之所在意见分歧导致会议破裂，第一阶级的高级教士与第二阶级的武士贵族起而坚决支持君主，也从而得以保留住他们的特权。文人贵族（即前述法服贵族）则赞成修改预算并主张改革政府，召开三级会议，而于 1789 年的三级会议中加入平民这一边；第三阶级平民于是宣布三级会议为国民会议，发布网球场宣言，正式与君主及封建贵族势力决裂，成为法国革命的开端。——中注

2 凡参与“睿智”手续的人所组成的团体，称为 Dingverbànd。至少自法兰克王国以来即已地域团体化。具体的有：Grafschaft、Centena、Zent 及庄园团体等。——日注

考虑。一个在经济上与社会地位上彻底依赖支配者之恩惠的官吏，只有在非常有利的条件下，才能获得个人的权威。而且这种权威若要持续拥有，至少在一般情况下，则只有在一个严密的、功能性的理性机器——例如具备一切经济与技术先决条件的近代官僚制——的基础上，才有可能，因为在此基础上，专业知识本身就是一种力量，具有此种知识的官吏即可以此获得个人的权威。

反之，在家产制一般性的条件下，行政所需要的乃是"经验"——最多也不过是具体的"技能"（例如书写）——而非理性化的"专门知识"，地方官吏的地位因此乃取决于其在当地所拥有的社会威望；而且不管哪儿，这种社会威望主要都得看他是否有能力维持适合其身份之卓越性的生活样式。以此，被支配者之中的有产阶层，特别是地主阶层，即可轻易垄断地方官职。稍后我们会再详述。只有具备维持一个强力独裁政权所需之特殊禀赋的支配者，才能根据相反的原则施政：通过在经济上与社会上彻底依附于他的无产者来统治。不过他因此也得面临与地方望族的不断斗争，这种斗争实际上贯穿着整个家产制国家的历史。来自一个具有凝聚力之利益团体的、持有官职的望族，最后通常总是能占得上风。不只梅罗琳王朝是如此，遍及世界各地的官吏不断从急切需要他们支持的支配者那儿取得承诺：他们可以保有职位终身，而且子孙尚可继承。

伴随着官职占有的发展，支配者的权力——特别是政治权力——乃崩解成一堆分别为个人（基于其特权而）占有的拼凑权力。这种权力的占有，其划分极为复杂，然而此种划分一旦确定，支配者即别想更动，除非他想激起利害关系者的强烈反抗。这样的一种结构是僵硬的：无法适应新任务，也不能接受抽象的规制，与官僚制的性格——其“权限”乃奠基于一有目的的、抽象的秩序，而且在必要时可以随时调整——恰成对比。另一方面，在官职占有尚未出现的领域里，支配者则拥有完全专断的权力，可以自由赋予其宠幸任何行政任务与权力地位，只要这些任务与地位尚未被占有权力所控制。

整体而言，家产制国家有可能倾向定型化的发展，不过，也可能走上专断的途径；前者较常见之于西方，后者则多半出现在近东，因为在那儿，基于教权制与家产制武力的权力经常为新征服者所篡夺，从而有效地阻止了分权化与占有的趋势。

在定型化的过程里，昔日的宫廷官员变成纯粹象征性的清望官与持有俸禄的闲散官，最有权势的支配者的官吏尤其如此，这些支配者不再以非自由人来充当宫廷官吏，而偏好贵族，这种官吏自然是没什么兴趣处理日常事务的。

俸禄的占有愈是发达，家产制政体就愈是缺乏“权限”的概念，也愈缺乏今日意义之“官府”的概念。官吏之公务与私务的划分、公产与私产的划分、公权力与私权力的划分，只有在专断型的家产制里才多少能贯彻一点；而且随着逐渐的俸禄化与占有，此种划分也不再存在。中世纪的教会的确曾经努力防止俸禄持有者——至少在他死时——自由处置其俸禄；世俗权力也曾扩张其“剥夺权”(ius spolii[1]) 及于已逝教士的私产。不过，当占有发展完全成熟时，官职财产与私有财产实际上是合一的。

基于纯粹人身隶属关系的官职，一般而言，完全缺乏即事化

1　中古时代取得（spolire= 剥夺）圣职者特别是主教之遗产的一部分的权利，称“剥夺权”。由国王、教会保护权者(Patronen)或具有其他权力者行使之。原来是由私有教会的观念(见 p.141 注 1) 发展出来。——日注

之官职义务的观念。就算曾经有过，也因官职之被视为俸禄或占有的财产而消失。权力的行使基本上被视为官吏个人的支配权：只要是神圣的传统没有明确规定的领域，他即可任凭个人意志下决定，就像支配者一样。以此，在家产制国家法律的制定，典型的特征乃是不可侵犯之传统拘束性与全然专断的判决（“王室裁判”Kabinettsjustiz）两者的并存，后者取代了理性规则的支配。官僚制“就事论事”的态度及其——基于同样的客观性法律之抽象妥当性的——“不问对象为谁”的行政理想，在此完全不见，取而代之的是截然相反的原则。一切事务都明显地以“对象为谁”为其考量重点：换言之，事务的处理是取决于对个别具体的申请者及其具体要求的态度，同时也取决于纯粹个人性的关系、偏好、承诺与特权。

支配者所赐予的特权与占有——特别是土地的赠与，不管此一赠与的形式为何——很容易在“忘恩负义”的理由下被撤销，然而有关“忘恩负义”的界定又极为模糊；一旦赠与者死亡，由于所有的关系本质上皆基于个人的关系，这些特权与占有的有效性亦极为可疑。因此，所有的赠与皆必须上呈原赠与者的继承人，以获得其确认。由于支配者与官吏之间的权力关系经常处于不稳定的状态，上述之确认可能会被官吏视为支配者应尽的义务，并迫使其放弃撤销的权利，从而铺平通往作为一种“既得权利”之永久性占有的道路；然而，继承人也有可能为了扩大自己独断的领域，而撤销此种特殊权利。后一方式在近代西方家产官僚制国家兴起之际，即曾不断被使用。

尽管官吏的权利（就其与支配者关系而言），以及支配者对他们的权力，皆已因合伙权利（Genossenrecht）与官职之占有而趋于定型化，彼此间的力量关系仍取决于实际上的行使；因此，只要中央权力的衰弱——此一衰弱可能是偶然性的，也可能只因为个人因素——持续一段较长时间，即有可能由于不利于中央权力之新习惯的确立，而导致中央权力的萎缩。准此，在这样的一种行政结构里，支配者贯彻其意志的纯粹**个人性的能力**，对其名义上权力之（经常不稳定的）实质内容，乃是决定性的关键。就此而言，“中世纪”之被称为“个性的时代”（Zeitalter der Individualitäten）倒是相当妥切的。

十、家产制支配之巩固统一的手段

支配者努力以各种方法来确保其支配之统一性，防止官吏及其继承人占有官职，并对抗任何可能导致官吏获取独立权力的企图。首先，他可能不断巡幸其领域。具体言之，中世纪的日耳曼君主即曾不断移动其住所，这并非仅只由于运输不便，以至于君主必须被迫就近取得其所需物资。此一动机绝非关键性的：英国国王与法国国王、及其中央政府——中央政府才是要点——很早以前即已有固定所在，虽说“朕于英格兰无所不在”（ubicumque fuerimus in Anglis）这句话也指出，首都之得到法的确认还是渐进的。波斯诸君主也有确定的首都。决定性的动机乃是，只有靠着不断的现身，这些君主才能维系住其对子民的权威。通常，君主的巡幸会再辅之、或代之以“巡察使”的制度：亦即由君主特别派遣的官吏有系统的巡行国境,卡罗琳王朝的“巡察使”(missi dominici[1])与英国的“巡回法官”即为其例[2],他们定期地召集人民会议以处理司法案件或人民的请愿。

此外,对于派驻外地的官吏,由于无法密切地监督,支配者通常也会要求一些个人的保证,最粗野的手段即为要求人质,较洗练的方法则有下列一些:(a)定期到中央述职的义务,例如,日本的大名(诸侯)每隔一年即须留驻将军的幕府一年,其家人则须永远留在幕府;(b)官吏的儿子有义务至宫廷服务(例如“侍从集团”);(c)将自己族人或姻亲派驻于要地,不过正如我们指出的,这往往也有反面效果;(d)缩短官吏的任期,例如法兰克王国的伯爵最初即为如此,伊斯兰教的许多俸禄也是这样;(e)官吏不得任职于其有土地与亲族的地区,例如中国;(f)某些重要的职务尽可能交给独身者——这点不仅说明了独身者在教会之官僚化过程中所扮演的重要角色,同时也说明了为何在王室行政(特别是英国)里使用教士的缘故;(g)有系统地利用密探或正式

1 巡察使是国王为监督地方行政而派遣的全权大使。此种巡察使虽在查理曼时代之前已有派遣,但要到查理曼时才组织化为一种制度。查理曼将整个帝国划分为若干“巡察使辖区”(Missaticum),原则上各辖区每年派遣俗、教各一名组成巡察使。巡察使的任务在于:监督地方行政的所有层面、受理对地方官的不满、督促州省议会开议、召开巡察使法庭及将中央法令彻底布达于地方。当其出发之时,由国王授予载有详细指示的“巡察使敕令”(Capitulare missorum)。此一制度的良好功能造就了查理曼一代的治世,不过仅只一代,到了下一代 Ludwig 一世时,此一机制已形瘫痪。——日注

2 巡回法官是英王授予有关民事、刑事及行政之广泛裁判权以监督地方一般行政、所派遣到地方上的官吏团(所谓一般巡察 General Eyre)。其组织化在亨利二世时(1133—1189),而于十三、十四世纪时广为利用。主要目的虽在于统制川郡长(sheriff),然而遇有法律或行政手续上的过失时,则订定对失误细节的罚金,这至少意味着为国王牟取收入来源。此一官吏团之长称为 Justiciar(司法长官),其他官员称为 Justice in Eyre(巡回法官),但这并不是说他们的权限仅及于司法。自十四世纪中叶以后,即不再有巡回法官的派遣。——日注

的监察官来监督官吏，例如中国的"御史"，这些人通常是选拔自君主的人身依附者、或贫穷的俸禄持有者；(h) 在同一辖区内设置互相制衡的官职，例如"检察官"(coroner)[1]就是设计来制衡郡守的。

用来确保官吏忠诚的一个普遍手段乃是任用那些并非出身社会特权阶层的人，甚至外国人，因为他们本身没有任何社会势力与声望，而必须完全仰赖支配者才能获得这种势力与声望。从下述事实我们可以知道，支配者所关心的其实是同样的：克劳地乌斯（Claudius[2]）曾经威胁过元老院贵族要完全以出身被解放奴隶的宾客来统治帝国，尽管此一措施有违奥古斯都（Augustus[3]）所制定的身份秩序的原则；塞佛伦斯及其后继者曾经以普通士兵——而非罗马贵族——出任将领；近东的许多首相（Grosswesire[4]）以及近代许多宫廷"宠幸"，特别是对扩张君主权力最为有效的一些官吏（因此也是最为贵族所憎恨者），经常是拔擢自极其卑贱的阶层。

中央用来控制地方官吏的手段之一即为分割地方官吏的权限，这一点对行政法的发展极其重要。这种划分有时是将财政权交给特

1 coroner 制度的由来是根据亨利二世的法令，规定各郡必须选任官吏以审理国王的诉讼。coroner 之名源自担当国王（crown）的诉讼。由于在郡内与郡长并列，遂取得与其相当的裁判权。不过后来 coroner 的国王诉讼裁判权被否定（"大宪章"第 24 条），其任务主要变成：每当有刑事事件（特别是杀人事件）发生时，确实保住国王的收入——罚金、没收 Deodand（招惹出人命的动产）、没收被宣告有罪者的财产等等。以此，coroner 逐渐演变为现今的"验尸官"。——日注

2 Tiberius Claudius Drusus Nero Germanicus（前 10—54），罗马皇帝（41—54 年在位）。他大量起用被解放奴隶为侧近扈从，尤以促成俸禄官僚制闻名。——日注

3 Augustus（前 63—14），先前名为 Gaius Octavius，其后则为 Gaius Julius Caesar Octavianus。罗马帝政的创建者，首位皇帝，但在形式上尽量尊重共和制时代的统治形式，也给元老院面子，以避免看来像是个独裁者。——日注

4 Wesir 为伊斯兰教国家的大臣。Grosswesir 为其中最高位者（首相）。——日注

别的官吏，有时则是各个行政区内民政官员与军事官员的并立，这种措施有时也是基于技术性的考量。军事官员因此必须依赖独立的民政官员来补充给养，后者反过来则必须依靠军事官员的合作以维持其权力。埃及新王国时代法老的行政里，财政权与军事指挥权已有分离，这可能也是由于技术上的需要。在大希腊化时代，特别是托勒密王朝治下，包税制的导入及其官僚化的结果，使得君主可以维持独立的军事指挥权之外的财政控制。帝政时期罗马帝国的行政，通常在各省皆设置有一名独立的、直属皇帝的监理官（procurator），其地位仅次于（皇帝属州的）指挥官与（元老院属州的）总督，而且有其个别的升迁管道[1]。戴克里先重组罗马帝国行政后，将民政与军政截然划分开来，一方面是从首相直至县令（praesides）的文官系统，另一方面则是从司令（magistri militum）直至部队长（duces）的武官系统。晚期近东史上（特别是伊斯兰教时代），军事指挥官（Emir）与税务官员、包税者（'Amil）的分离，也是任何一个强力政府的固定原则。而且，一旦这两种权限长期统合起来——换言之，即地方行政区的军事权与经济权掌握于一人手中——很快就会导致此一地方首长走向独立于中央权力之途，这个观察无疑是相当正确的。奴隶军队时期伊斯兰教帝国的日渐军事化，以及由此而来对臣民税赋要求的急遽增加，不断出现的财政危机及其所导致的、将税收抵押给军队、或索性由军队接管税收，最终的结果自然是帝国的

1　奥古斯都于公元前 27 年将罗马属州划分为元老院统治的州和皇帝直辖的州。元老院属州的总督（Proconsul）是由前执政官、前法务官当中经由抽签选出，再经皇帝认可而任命。皇帝属州的总督（皇帝代理官 legati Augusti pro praetore）则由皇帝直接由前执政官、前法务官中选出任命。然而皇帝属州有正规军屯驻，而元老院属州则没有，所以皇帝属州的总督特别被称为“上级指挥官”（Oberkommandant）。在财务方面，两种属州的总督皆无权处理，另置财务官（quaestor）或监理官（procurator）独立于总督处理财务。——日注

崩坏以及恩俸制（Benefizialwesen）的出现[1]。

十一、家产制行政功能之实例

某些重要历史实例可以用来说明家产制行政的功能，特别是支配者用来维持自己权力、对抗官吏占有倾向的一些重要手段。

1. 古埃及

人类最早的、首尾一贯的家产官僚制行政，就我们所知，乃出现在**古埃及**。此一官僚制最初似乎完全由皇家的宾客（Klient）——附属于法老宫廷的仆佣——来负责。不过，稍后官吏也必须自家产制之外来补充，来自唯一技术上够资格的阶级：书记。只是书记一旦成为官吏，即意味着纳入支配者之家产制从属关系中。

早自旧王国时期，所有的人民即已被编入一种宾客制的层级秩序里；在此层级秩序下，一个没有主人的人可说是个最佳猎物，一旦被捕获，即编入法老的徭役队伍。之所以如此，乃是由于中央统筹的治水事业之超乎一切的重要性，以及由于土木工程的繁忙（埃及的农闲期长，因此可以史无前例的大规模征发人民从事徭役）。整个国家可说是个徭役国家：持鞭的法老即为其象征之一。始自纪元前三千年的豁免权——泽特（Kurt Sethe）是第一个正确解读这些文件的学者[2]——之授予，即为免除神殿或官吏之依附者

1 “恩俸”（benificium）目前是被理解为封建制里的采邑之类。——日注

2 Kurt Sethe（1869—1934），德国埃及学学者。除了研究古埃及的语言文字之外，更关注其宗教，曾试图将金字塔文书当作宗教方面的根本文献来彻底研究，完成文书的定本，并且着手进行文书的翻译与注解，但后者并未完成。泽特对于王朝时代的埃及史研究有着划时代的贡献。——日注

的徭役义务。法老依赖直营企业、独占的贸易、家内之不自由劳动力的工业生产、部曲的农业生产以及贡纳来供应其庄宅（Oikos）所需。存在着一种雏形的交换经济，特别是市场交换，以及一种类似货币的交换手段（即被称为 Uten 的金属棒）。然而基本上，如残存的账本所显示的，法老的经济需求乃是由其库藏与实物贡纳来供应的，至于特别的土木工程与运输，则如史料所示，临时征发（经常是数以千计的）人民来完成。

私有的大庄园领主制与郡县长官支配制（Nomarchen-herrschaft[1]）——其源起及其重要性可见之于旧王国的史料——在中王国时期开创了一个封建制度的过渡阶段，随后在外族支配下渐趋消灭，正如被蒙古人征服之后的俄罗斯一样[2]。不过，神殿早在旧王国时期即已取得豁免权，而且在拉默塞诸王（Ramessiden[3]）统治时又获赠大量产业；因此，祭司与王室官吏乃成为唯一骑在民众头上的特权阶层。大多数的人民则成为政治的子民与家产制的子

1　古王国时代的埃及，全国划分为许多州（Nomos），各州置州长，称为 Nomarchen。他们原来是独立的乡（Gau）的首长，在法老体制下渐次被征服，而转变成法老的官吏。他们从法老王那儿取得领地，从王的仓库里领受实物赠与，但由于是原来独立的首长，对于王的独立性仍强，是所谓“封建化”中最重要的担纲者。此外，在古王国时代，除了这些 Nomarchen 之外，还残存着一些非官方的大领主。详见 M.Weber，*Gesammelte Aufsätze Zur Sozial-und Wirtschaftsgeschichte*，S.66.ff.。——日注

2　古埃及的外族支配指的是约自公元前 1680 年起一百年左右的西克索人之支配。另见本书第二章 p.33 注 1。

十三世纪前半叶，俄罗斯被蒙古军队征服，成为钦察汗国（Kipchak Khanate）所属领地，直至 1380 年莫斯科大公国才脱离蒙古人的统治。在这段时期里，庄园领主制是否消灭尚有疑问，不过韦伯很明显地只是想将埃及之中王国与新王国的对照关系，相对比于蒙古人支配前以基辅为中心的国家与解放后之莫斯科大公国的俄罗斯二者间的关系。——日注

3　指第十九王朝的拉默塞一世（？—前 1305）、拉默塞二世（前 1298—前 1232）及第二十王朝的拉默塞三世（前 1198—前 1166），特别指后二者。以兴建大规模神殿著称。——日注

民，两者之间实际上亦无明确区别。在那些无疑属于家产制支配下的属民中，我们发现同时存在着许多用来称呼依附者与不自由民的名称，他们的经济状态与社会地位显然有所不同；我们还无法确定其区别之处何在，或许他们根本就无法严格区分。

子民只要没被征发去服徭役，他们的租税似乎即由官吏以一个总数承包下来。官吏以鞭子或其他类似手段，强迫人民申报有纳税义务的财产；租税的征收因此经常是出之以（官吏的）奇袭、追逐、伴随着人民的逃亡等形式。

法老的家产制部曲与其自由的政治子民之间，法老的所有地与农民的私有地之间，显然是有区别的，不过此一区别基本上似乎仅止于技术层面，而且也不稳定。因为君主愈来愈以赋役制（Leiturgie）的方式来满足其家计需求。个人被永久地束缚于其财政（赋役）的功能上，并固着于其地方行政区；他之所以属于此一行政区可能是由于出生、地产或职业的缘故，其细节尚不清楚。职业的选择实际上相当自由，虽然我们还无法确定为了满足君主家计之需求，是否有某种强制性地、职业的世袭束缚。没有真正的种姓制。政治的以及家产制的子民有实际上的迁徙自由，不过随着君主为了保障其家计需求的供应，而要求子民必须得到管区许可方能免除其义务之后，这种自由在法律上也变得极不可靠。这种管区在希腊晚期称为 idia，罗马人则称之为 origo，此一法概念在西洋上古晚期有其重要意义。

所有的土地财产与工业经营皆被视为负有某种赋役责任；换言之，拥有土地或工业经营被视为乃是履行某种公务的报酬，因此具有类似于俸禄的性格。至于特殊的官职或军事义务的履行，则酬之以实物俸禄或土地俸禄。

军队也是家产制的，这点对法老的权力地位具有决定性意义。军队——至少在战时——是由君主的库藏来装备与给养的。战士——亦即托勒密王朝之武士阶级（Machimoi）的前身——受有份地，显然也扮演警察的角色。此外，尚有由君主库藏支付费用的佣兵，至于库藏的收入则来自法老的商业经营。对人民的控制轻而易举，因为他们已完全被解除武装。只有不服从与罢工等形式的反抗——如果服徭役时的食物供应不足的话。

地理条件，特别是便利的水路交通以及（客观上需要的）统一的治水事业，（除了一小点障碍外）维持了直至大瀑布为止的统一支配。升迁的机会与对君主库藏的依赖，显然成功地阻止了官吏之俸禄占有的发展；当俸禄出之以规费或土地的形式时，其占有在技术上较之实物俸禄（亦即古埃及主要的俸禄形式）显然要来得容易些。从许多赐予豁免权的文书中——不断重申豁免权的不可侵犯性，并恐吓要处罚那些违反的官吏——我们可以看出，在其家产制权力的基础上，支配者的确可以将这些特权视为一种偶然性的存在，身份制国家制度（Ständestaat）的萌芽因此毫无可能，而家父长制依然屹立不移。在新王国时期，实物俸禄仍为主要的俸禄形式，相对的私有庄园制则日渐衰微，这些皆有助于家产官僚制之持续发展。托勒密王朝时期货币经济的全面发展，并没有动摇此一家产官僚制，宁说反而强化了其力量，因为货币提供了行政理性化的一个手段。赋役制的供应方式(特别是徭役制度)逐渐放弃，取而代之的是一套非常复杂的租税体系，虽然君主从未放弃征发子民从事徭役的权利，子民也仍然被紧紧束缚于其管区（idia）。实际上，当货币经济于公元三世纪开始崩溃时，上述的旧制度即再度恢复。整个国家几乎可说是君主庄宅（Oikos）的一个直属领地，只有神殿的庄宅勉强可与之匹敌。罗马人在埃及的政策，其法的基础即奠立于此一结构上。

2. 中国

中国可说是一个截然不同的典型，虽然其家产官僚制的权力也是源自于类似的基础：治水事业，特别是开掘运河（不过主要是为了交通运输，至少在中国北部与中部是如此），以及巨大的军事工程；这些建设也同样都只有大量利用徭役才可能完成。贡租以实物形式贮藏于仓库，以此提供官吏的俸禄以及军队的装备与给养。此外，在社会阶层上，由于庄园领主制较之埃及更为脆弱，亦有助于家产官僚制之发展。

进入历史时期的中国已无赋役制的束缚，虽然在过去可能曾经有过（或至少曾经企图采用），这点或许可从传统所遗留下来的一些制度推测得知。不管如何，实际上的迁徙自由与职业选择的自由，在进入历史时期后，似乎即不再有（长时期的）限制，虽然这种自由从未得到官方的正式认可。某些世袭的贱业的确存在，然而，除此之外我们找不到任何种姓制度、其他身份或世袭特权的痕迹，除了一种无关紧要的爵位贵族制（受赠者可保有数代）之外。

基本上，中国的家产官僚制所要对抗的，除了各处皆有的商人与手工业行会外，就只有拥有地方土著力量的氏族。氏族是由（在狭小的家族圈子内的）祖先崇拜以及（在较大圈子里同姓的）族外婚所凝聚起来的，其长老乃是村落里实际上最有权力的人。

由于帝国的疆域辽阔，再加上官吏人数不多（相对于人口而言），中国的行政既非集约式的，（在平凡的君主统治下）也谈不上中央集权。中央当局的指令，对下级官府而言，与其说是个具有拘束力的命令，倒不如说更接近一种非权威性的劝告。在此情况下，跟其他地方一样，官吏即必须虑及传统主义——氏族长老与职业团体可说是其担纲者——的抵抗，而且无论如何得设法与其达成妥协，才能推动其业务。另一方面，尽管传统的力量异常强韧，政府显然还是成功地创设了一个相对（至少就其一般性格）而言统一的官吏机构，同时也成功地防止此一官吏群转化为奠基于地方望族势力的、独立于帝国行政之外的领土君主或封建诸侯。

然而，在中国，官吏也同样喜欢将他们合法或非法获得的财富投资于土地；中国的伦理也特别强调官职候补者与其座师（恩护者）之间、官职持有者与其上司之间，特殊紧密的恭顺关系。官吏之间的座主与门生的恩护关系，以及官吏与其氏族的关系，无疑会导致一种事实上的世袭官职贵族制之发展。这种官职贵族制实际上也曾不断出现。究其实，封建制已被传统理想化为历史上最原初的制度，经典认为官职之事实上世袭化，乃是理所当然的；经典也同样认为，国之重臣有权利参与其同僚之任命。

为了抑制不断出现的、官职占有之倾向，为了防止一种固定的恩护关系之形成以及地方望族对官职的垄断，皇权家产制支配乃诉诸下列手段：缩短官吏任期，官吏不得出任其氏族所在的地方官（本籍回避），以及秘密侦察（所谓监察御史的制度）。除了这些一般性的手段外，帝国政府也发展出一些新办法：此即在人类历史上首次出现的、任官资格考试与业绩考核。出任官职及其品位的资格，理论上完全——实际上也相去不远——取决于其所通过的考试次数而定。官吏的现职表现及其升黜，亦基于其业绩考核报告——一种（截至目前还）定期公布的、附加理由的官吏行为考课表，有点类似德国高等学校的学期成绩单。

从一形式的观点而言，这可说是官僚制即事化可能性之最彻底的实现，因此也是与典型的家产制官吏——官职之持有乃是有赖于君主个人之恩惠与宠信——之最彻底的决裂。的确，俸禄还是有可能购买，个人的恩护关系仍有其重要性，然而，封建化、官职占有与官职之恩护关系终究被抑制住了。其负面影响乃是由于激烈竞争与互不信任所导致官吏彼此间的疏离，然而，其正面意义则是，通过考试的文凭所具有的声望逐渐为社会普遍接受。其结果则为，官吏层的身份习律因此具有一种教养贵族的特色，对此后中国人的生活有极为深刻的影响——这种习律乃是特殊官僚制的、具有功利主义的取向、由经典教育型塑而成、并视姿态庄严与冷静自制为最高德行。

尽管如此，中国的官吏制度并没有发展成近代的官僚制，因为官职权限之切事性的分划——相对于行政对象之庞大——仅行之于极为有限的范围。技术上而言，这种低度的权限分划并无大碍，因为整个和平化的帝国行政可说是个文治政府；再者，（相对而言较小的）军队乃是个特别分立的部门，而且（如下所述），权限分划以外的手段即足以保证官吏之服从。

然而，不推动权限分划的积极因素乃是个原则性的问题。近代特有的目的团体（Zweckverband）与专业官僚等概念（这些概念在英国行政逐步近代化的过程中曾扮演重要角色），根本上就与中国特有的各种现象，以及中国官吏阶层各种身份的倾向背道而驰。由考试所形塑出来的教养，并不具备专业的资格，毋宁说正好相反。书法娴熟、文体优美、一切皆以经典为准的心态等等，对通过论文考试——这种考试的题目有时不免让人联想到德国中学里传统式、爱国的与道德性的作文题——而言，具有绝对的重要性。这种考试实际上乃是在测验一个人的文化教养，其目的在判定他是否是一个君子，而不在判定他是否具有专家的资格。孔子的基本理想："君子不器"——普遍的、个人自我实践的伦理理想，正相对立于西方之切事化的职业思想——对任何专业训练及专门权限之发展，都是种妨碍，而且也一再阻挡了其实现。这点可以说明此一行政体系中特有的反官僚制以及家产制的根本倾向，而其行政的疏放性与技术的落后，亦可由此倾向来加以理解。

另一方面，中国也是一个最彻底的、将习律与官方审查通过的文学教养（科举考试）视为身份特权之基准的国家。就此而言，中国（在形式上）可说是近代特有的、和平化与官僚化社会的最佳代表。然而，这个社会的俸禄的垄断、及其特殊身份制的阶层结构，却是全然基于由科举功名而来的声望。的确，从古埃及的某些文献中，我们可以找到一种官僚伦理与官僚哲学的萌芽，然而只有在中国，这样的一种哲学——儒教——才达到其体系化与理论的完整性。我们已讨论过其对宗教与经济生活的影响。

中国文化的统一性基本上乃来自其身份阶层的统一性，此一身份阶层乃是官僚制、经典文学教养、与上述之儒家伦理所特有的君子理想的担纲者。此一身份伦理之功利的理性主义受到下列因素的严格限制：接受一种作为身份习律之构成要素的、传统的、巫术性的宗教性格及其相关的礼仪文献，以及（尤其是）承认对祖先与双亲的恭顺义务。正如家产制源自于家子对家父权威的恭顺关系，儒教亦将官吏对君主的服从义务、下级官吏对上级长官的服从义务，以及（尤其是）人民对官吏与君主的服从义务，奠基于孝顺此一首要的德行上。君父（Landesvater），此一典型中欧与东欧特有的家产制概念，与之有点类似，就像在严格的、家父长制的路德思想里，孝顺乃是一切政治德性的基础一样，只是儒教对此一观念的推衍要远为周详完备得多。

中国的家产制之所以可能有此发展，当然是由于缺乏一个庄园领主阶层，换言之，缺乏一个可以行使支配力量的地方望族阶层。然而，除此之外，也得归功于万里长城修成后、帝国境内广泛的和平化。万里长城修筑后，曾阻挡匈奴人的入侵达数个世纪之久，并转移他们的兵锋于欧洲；而且，从那时开始，中国的对外扩张亦只着眼于那些仅只需要（相对上）少量职业军队即可掌握的地区。

对人民这方面，儒教伦理则发展出一套福利国家的理论；西方开明专制时期的家产主义思想家的理论，以及印度的佛教君主阿育王（Asoka[1]）的、带有神权政治与灵魂救赎色彩的诏书所包含的思想，与之极为类似，只是儒教的福利国家理论要远为严密周详得多。

然而，尽管有某种程度的、重商主义的萌芽，实际的政策却与重商主义的本质大异其趣：中国的家产制政权只有在必要的情况下，才会干预氏族、村落之间不断发生的械斗。经济的干预则几乎完全着眼于国家财政的立场；若非如此，由于行政之无可

1　阿育王为印度玛迦大国玛乌利亚王朝第三代君主（前268—前232年左右在位）。玛乌利亚王朝为印度第一个统一王朝，由阿育王的祖父所创建，阿育王在其治世初期所行的是完全依据武力的专制支配，其后痛感战争的悲惨而于公元前260年左右皈依佛教，以“万人皆为我子”之念致力基于Dharma（普遍的伦理）来施政，保障其全国境内之非暴力与和平。不过，玛乌利亚王朝之得以支配广大的国土是有赖于其强大的军事力与丰盛的经济力及其整备的统治组织，绝非仅仅靠着单纯的道德理念。在阿育王的政治里，法律与伦理有着密不可分的关系，他于公元前257年设置“教法大官”一职为顶点贯通整个国王的官吏组织，径行基于法律与伦理的、他律性的、强制人民的统治。——日注

避免的疏放性，干预通常会因利益团体的顽强抵抗而告失败。在正常时期，这个现象往往导致普遍地节制政治力量介入经济生活，此种节制在极早即已从理论性的“自由放任”原则中寻得支持。

在氏族团体内，通过科举的官职候补者可凭其功名与拥有传统性权威的氏族长老分庭抗礼。官职候补者往往是氏族成员咨询的对象，如果获得官职，则又成为氏族成员的恩护者；另一方面，则长老的权威在地方性事务上仍具有决定性的力量。

十二、家产制支配的分权化，总督与分国

即使是在纯粹官僚制的家产制里，也没有任何行政技术足以防止领域内各个部分脱离支配者之影响力的一般性倾向，而且，愈是远离支配者之所在地，此一倾向即愈强。最接近支配者所在的领土是由其家产制廷臣直接管理的、并构成其“王畿”(Hausmacht)。接着是外域诸州，其首长亦将之视为自己领域而采取家产制的管理。就算没有其他因素，由于交通不便，各地首长亦没有将所有贡纳上缴中央，而只是应付地方需求后的剩余——通常是个固定的数额。距离愈是遥远，这些首长对自己辖区武力与租税力的支配权即愈独立。有时这也是因为情势使然，在边境诸州，为了应付外敌入侵，官吏经常必须立即做出决定，而在欠缺近代通讯设施的情况下，这些地区的首长通常皆被赋予极大的权力。这就是为何在日耳曼，统一的领土国家是出现在两个以前

的边境地区——布兰登堡（普鲁士）与奥地利[1]。最后，对于那些极端遥远、仅只名义上服属的君长，中央只有不断诉诸逼贡的战争，才能迫使他缴纳贡赋。古代亚述帝国君王即曾进行此种战争，就像一直到最近为止的许多非洲国家的支配者一样，这些支配者每年都会对其领土——他们所认定的、一般而言不太稳定、有时完全是虚拟的——内某个边远地区发动此类逼贡的战争。

大部分近东与亚洲帝国的“郡守”对中央的从属关系，实际上都处于不稳定的状态；他们的地位通常介于两种类型之间：一种可以波斯帝国的“总督”（Satrap）为代表，中央可以任意撤换总督，而总督则只负责提供定额的贡物与兵员；另一种可以日本的大名为代表，他们已极接近独立的“邦主”（Landesherr[2]），虽然在违反封建义务时还是可以被撤免。

就庞大的大陆帝国而言，这种类型的政治组织自古以来即有多样变化，其基本特征虽仍具有一贯性，个别的变化还是相当

1 神圣罗马帝国皇帝 Heinrich Ⅰ于 928—929 年征服了 Havel 河畔的斯拉夫人城堡布兰登堡，鄂图大帝则将此地编整为一个边防区（Markgrafschaft）。其后，日耳曼人又一度被赶回易北河以西，而 Albrecht der Bä 自 1157 年起又决定性地再度确保住布兰登堡，创设布兰登堡边防区（Mark Brandenburg）。其后，Wittelsbach 家族（1324—1373）与 Luxembourg 家族（1373—1451）时代，此一边防区又告失势，然自 1451 年起在霍亨斯陶芬（Hohenstaufen）家治下再度获得 Markgraf 的地位而强盛起来，1618 年兼并了普鲁士，而形成布兰登堡普鲁士。查理曼击退侵入奥地利一带的亚伐人后，于 796 年在此地建边防区 avarische Mark。其后，法兰克帝国衰弱，马札尔人侵入定居于此。鄂图大帝于莱希河一战而胜（Lechfeld，955），日耳曼人再度进占此地。鄂图二世则于 976 年于此设置巴伐利亚东边防区（Die bayerische Ostmark）。至腓特烈一世时（1156），东边防区从巴伐利亚分离出来，升格为独立的奥地利公爵领（ducatus Austri），此即现在的奥地利之前身。——日注

2 神圣罗马帝国至十三世纪中叶左右实际上已经解体，帝国内的各领邦（Land）地位几近独立的国家，也以此奠下了后来德意志之联邦制度的基础。此种领邦单位的国家制度、国家权力即称为 Landesherrschaft，而邦的君主则称为 Landesherr。自十三世纪中叶以后，皇帝对于这些邦主实质上已全无撤免权。——日注

大。直到近代为止，中国虽有一个统一的官吏层，其总督仍有一部分——亦即围绕在中央直接管理的核心省份周边的地区——仅在名义上从属于中央，而呈现出上述政治组织的特征。就像波斯的总督一样，中国的地方当局亦将该省份的收入保留在自己手中，以之支付地方行政费用，中央仅能收到固定数额的贡纳，就法律层面而言，中央当然可以要求增加贡纳的数额，实际上则极为困难，而且必须克服地方利害关系者的激烈抵抗才有可能办到。目前中国行政改革里最为重要的课题乃在于，能将上述状态之明显的残渣清除到什么程度，以便合理地重组中央与地方的权力，包括建立一个可靠的中央政府以吸引外资；这个问题当然是密切关联于中央财政与地方财政间上述的问题，也就是经济利害关系相互对立的问题。

将义务缩减到仅只提供兵员与贡纳，可说是分权化的一个极端形态，另外一个极端则为分国（Teilfürstentum）。由于所有的权力——包括政治与经济权力——皆被视为支配者的私产，继承分割乃成为一个正常的现象。这种分割通常并不被理解为形成各自完全独立的权力；换言之，从日耳曼法的角度而言，这并非一种“决定性的分割”（Totteilung），而只是在一个（至少表面上仍维持）统一的领域里，独立支配财政收入及行使领主权力。这种纯家产制的、对君主地位的解释，导致（例如梅罗琳王朝）地理上极端不合理的分割方式，富裕的领地或其他高收益的资源必须分割开来，以便公平分配各个分国的收入。

“统一性”（如果真能维持的话）的方式与程度有各种可能性。有时只不过维持一种名义上（某一支配者对其他支配者）的优位。拥有大公头衔、且为首都所在地的基辅（Kiev），在俄罗斯分国时期所扮演的角色，与带有皇帝称号的亚琛（Aachen）及罗马在卡罗琳帝国分割之后所扮演的角色是一样的。成吉思汗的帝国被视为其家族共有的财产，大汗的称号在理论上则该归幼子所有（虽然实际上通常是交给指定或推举出来的继承人）。不管怎么说，分国的君主一般而言皆不会遵守期之于他们的服从义务。支配者将重要官职权力授予家族成员，不但无法维持统一，反而造成国家的分崩离析，或者（如英国的玫瑰战争[1]）促成有意于君位者的火拼。家产制的官职一旦成为世袭财产，被占有的官职权力是否也采取继承分割的原则，则视各种不同的情境而定。重要的一个关键在于，此一财产之官职性格到底崩解——或反过来，维持——到什么程度。以此之故，如果家产制的官吏层仍拥有强大的权力地位，那么一个中央官吏或许即可对抗分国君主而实现帝国真正的统一，例如卡罗琳王朝的“宫宰”（majordomus）[2]。此一官吏的消失将有助于决定性的分割。另一方面，这些家产制的最高官职一旦被完全占有，自然也就成为被分割的对象，卡罗琳王朝的宫宰一职即

1　玫瑰战争是发生于十五世纪中叶（1455—1485）为时长达三十年的英国皇室家族间的战争。英王爱德华三世的后裔兰开斯特家族（Lancaster）与约克家族（York）各以公爵名号、各以佣兵互相征战以争夺英国王位，前者以红玫瑰为标记，后者以白玫瑰为标记，故称为玫瑰战争（Wars of Roses），也是佣兵骚扰的最盛期。在战争期间，国会成了党派工具，政府也不断易手，甚至发生叔侄骨肉相残之事（约克家族的爱德华五世及其弟被其叔父摄政王理查囚于伦敦塔后遇害），理查于1485年阵亡于波斯渥滋战场，玫瑰战争终告落幕。兰开斯特家族中的亨利·都铎（Henry Tudor）被找来当新领袖，在国会的拥护下成为英王亨利七世，开始英国史上著名的都铎王朝。——中注

2　“宫宰”一职为梅罗琳王朝所设，卡罗琳王朝并未设置此职。梅罗琳王朝于751年被其宫宰家（Arnulfinger家）的矮子丕平（Pepin The Short，741—768）所废，并创立卡罗琳王朝。所以，本文中所谓der Karolingische Hausmeier（卡罗琳王朝的宫宰），应被理解为“梅罗琳王朝时代掌握于卡罗琳家（Arnulfinger家）的宫宰职”。

矮子丕平的祖父海利斯多丕平（Pepin of Heristal）于Testry一战（687）胜利〔击败其他宫宰〕后，宫宰职即由这一家所世袭，然而也未能免于继承分割的命运。——日注

为其例。这种继承分割的原则对家产制结构的稳定性而言，极具威胁性；其铲除乃是在不同的动机下、以不同的程度完成的。

一般说来，在那些遭到外来政治压力的国家里，继承分割即会因政治顾虑而受到抑制；再者，当虑及家族势力之维持时，每个国君都会倾向排除继承分割。然而，单只此类权力政治的动机并不足以促成继承分割的终止。这种趋势还得由意识形态与技术—政治性的动机来强化。

官僚制秩序实行之后，中国的君主即被赋予一种高度巫术性的威严，而导致此一威严在概念上的不可分割[1]。此外，官僚制之身份的凝聚性及官僚对其仕途的利害关心，亦助长了政治结构之技术上不可分割性的趋势。日本的将军与大名在概念上仍然是“官职”的身份，此外，其官职制度与军事制度之特殊的封臣性格（我们早先已讨论过“藩”的概念），皆有助于维持支配者地位之统一性。

伊斯兰教哈里发地位之基于宗教因素而达成的统一性，并无法阻止（由奴隶将军所创立的）纯世俗的苏丹地位之解体为分国[2]。然而，这些分国一旦确立，训练有素的奴隶军之统一性反过来却又有助于维持这些分国的统一。继承分割之所以无法在伊斯兰教近东地区生根，部分即由于此一因素。

1　“帝”于殷代是用来指称天上之至上神的用语，“皇”则是周代形容其祖先之德的充盈浩大，故而“皇帝”的称号本身即指示高度的巫术性权威。——日注

2　哈里发为“阿拉之使徒的后继者”之意，伊斯兰教教团（国家）之最高权威者的尊称。本来兼备世俗与宗教两方面的权威，苏丹原本意指“极大的神权专制君主”，后来则为“哈里发所委托的、非宗教的国权所有者”，换言之，转变为帝国统治之世俗的权威者之意。哈里发与苏丹之分权制成立后，苏丹的地位落入阿拉伯人之外的伊朗人与土耳其人手中，哈里发完全丧失其世俗的专制君主制的支配权。——日注

继承分割的原则亦未尝出现在古代近东地区，之所以如此，国家治水事业之必要的统一性或许是主要的、技术上的因素；不过，由其历史起源的角度观之，则不可分割的原则乃来自其王权之原始性格实为一个城市王权。因为，较之农村的领域支配而言，单一城市的支配权在技术上是无从分割的，至少是极为困难的。无论如何，继承分割之不见于近东诸家产制国家，实有其宗教、行政以及（尤其是）技术与军事上的因素。亚历山大大帝死后所出现的、其继承者的分崩割据，并非因为统治家族的继承分割，而是因为同时存在着几支在不同支配者统率下的常备军。

在西方，只要支配者的权力仍具有官职的性格，即会对继承分割产生抑制的作用，罗马的帝政即为其例。只有当罗马“元首”（princeps）之政务官性格消失，而代之以戴克里先新秩序下的“专君”（dominus）之后，分割的倾向才告出现，不过其基础乃在于纯政治与军事性的因素，而非家产制的因素。然而，此一分割倾向很快即因东、西帝国的各自统一而告终止——帝国的东、西两半从很早前即因兵员补充的问题而在军事上有所分离。以此之故，罗马的执政官制度与君主制乃源自于对市民军的最高指挥权，此一性格直至西洋上古末期仍有效维持。稍后，同样地，任何事物只要被视为纯然是“官职”的，即不可分割，除了还未被占有的官职外，皇帝的职位尤其是如此。再者，在西方（其他地区亦如此），君主若着眼于国家长远权力问题，即会限制、甚至完全放弃继承分割的原则。基于征服的新国家尤其如此。诺曼人在英国与南意大利所建立的国家，以及西班牙人复国后所建立的国家，都维持着不可分割的原则，正如条顿民族在迁徙初期所建立的国家一样[1]。在其他国家，不可分割的原则则受到两种极端相反的发展所强力推动：在日耳曼与法兰西王国以选举王国的方式（法国至少在形式上是如此），贯彻了不可分割的原则；反之，在其他家产制化的国家，此一不可分割原则的贯彻，则是以**身份制**领域团体（ständische Territorialkörperschaften）的发展、此一西方特有的现象为前提的。只要每一身份团体——近代国家组织（Staatsanstalt[2]）的前驱——皆被视为一个统一体，“邦主”的权力即被视为不可分割。不过，此处我们已触及近代“国家”的起源。

在家产制结构里，地方权力之实际上的独立性可有甚多变化，从依附于家产制家计的官吏到负有朝贡义务的诸侯，以及仅仅在名义上臣属于中央的分国君主等等。

---

1 早在公元前第二世纪末期，罗马人称做西恩布里（Cimbri）和条顿（Teutones）的两支日耳曼人，似乎就已出现在历史舞台上了，并且也对罗马从事侵略。日耳曼人据推测是发源于波罗的海沿岸，虽然他们有好几世纪以来一直侵犯罗马的欧洲边境，但他们通常被阻于莱茵河和多瑙河线上，到公元四世纪时，他们终于击破此一防线。例如东哥德人向东推进占据现今的罗马尼亚和南俄罗斯（乌克兰），比利吉人（Belgae）则西进与塞尔特人混合，此一名称现仍存在比利时（Belgium）这个称呼中。西哥德人则越过阿尔卑斯山进入高卢，从西罗马皇帝手中获赐高卢的亚奎丹（Aguitaine，约在罗亚尔河与加伦河之间），并兼并西班牙，建土鲁斯王国，是罗马在帝国之内对蛮族一连串“赐地”（Concessions）的先例。许许多多诸如此类的“赐地”成为中古和近代早期历史的疆土单元，而且其中有一些成为现代的民族国家（nation-states）。——中注

2 “当一个团体（Verband）之被制定的秩序，在一可确认的有效范围内，得以（相对而言）有效地被强行于一切依一定标志而可确认的行为上时，这样的团体即称为Anstalt。”Anstalt英译为强制性组织或机构（compulsory organization or association）。——中注

典型的Anstalt为国家。国家之“被制定的秩序”即国家法，在“可确认的有效范围内”原则上即国家领土的内部，对于“一切依一定标志而可确认的行为”诸如法律契约、犯罪等成为法律规范对象的一切行为，皆相对的有效通用。只是，此一国家法并非基于全体同意而成立，此即韦伯用被“强行”（oktroyieren）一字的用意。总之“……并非基于所有参与者个人的、自由的合意而成立的秩序，**是皆**被强行的（oktroyiero）秩序。因此“多数决”即为其例，少数者〔要违反本意〕服从之”。——日注

十三、家产制的支配者与地方庄园制

中央权力与种种离心的地方权力间不断的斗争，为家产制带来一个特殊的问题，此即家产制的支配者虽拥有自己的权力手段（包括土地资源、其他收入以及具有人身依附关系的官吏与士兵），所要对抗的却非仅只在氏族与职业上有所区别的、单纯的子民大，而是以一个庄园领主的地位对抗其他属于他的**庄园领主**，这些庄园领主都是拥有属于自己的、自主性权威的地方望族。这种现象可见之于近东地区古代与中古的家产制国家，罗马帝国崩溃后的西方世界尤其如此，这点恰与中国以及新王国时期以后的埃及形成对比。

家产制的君主并不见得就都敢尝试去摧毁这些自主性的地方家产制权力。某些罗马皇帝，例如尼洛（Nero，54—68），的确曾设法铲除一些大庄园领主，特别是北非地区的。然而，就算支配者敢于尝试完全清除掉自主性的望族，他也得有一个自己的行政组织，能拥有类似望族对其地方民众所具有的权威，以便取代这些望族。否则，一个新的望族阶层——取代原有土著庄园领主之地位的租地者或新庄园领主——即会出现，对支配者提出类似的权利要求。

对近东诸国（在某个程度上）以及大希腊化诸国与罗马帝国（基本上）而言，一个特殊的、创设地方行政机器的手段乃是建立城市。类似的手段亦行之于中国，迟至十九世纪为止，西南苗族的服属与其城居化，还是被视为同一件事。在各种不同的情境下，城市的建立有其不同的意涵，有关这点稍后再论。不管怎么说，一般而言，此一事实亦可说明，在罗马帝国，城市之建设所受到的、时间与空间之经济的限制，亦即为古代文化之传统结构的界线。帝国愈是内陆化，庄园制在政治上即愈为重要。

从君士坦丁大帝（Constantine[1]）开始，主教的权力即成为维系晚期罗马帝国统一的支柱，大公会议（oekumenische Konzilien[2]）亦成为独特的帝国会议。稍后我们将会说明，为何为国家所普世化与政治化的教会，最终仍无法充分负担起此一统一支柱的角色——正是因为其极端强调的政治化所导致的、过早地域化的结果。

在中古早期的家产制国家里，教会也被选取来扮演类似的角色，尽管形式有所不同。法兰克王国以及其他封建国家（方式亦有差异）、皆为其例。尤其是在日耳曼，君主曾企图——初期也的确非常成功——建立一个与地方、地域性势力相抗衡的权力，他以主教为基础创立出一个教会—政治的望族身份阶层，以与当地的俗世望族阶层相抗衡。由于这些主教并非世袭，也不自当地选拔（因此不受当地利害关系所左右），而可在普遍性利害关系的基础上与国王团结一致。再者，国王所授予他们的、庄园领主与政治的权力，至少在法律上仍完全掌握于国王手中。

以此之故，当教皇企图以直接官僚制的形式来重组教会，借此完全掌握教会官职，或至少由不受王权所控制的、地方的教士与信徒根据教会法来决定教会官职人选时，即等于攻击日耳曼君

1 Flavius Valerius Constantinus（274—337），罗马皇帝（306—337 年在位）。313 年发布“米兰敕令”，认可宗教自由，公开承认基督教。主宰尼卡伊亚（Nicaea）大公会议，解决亚利乌斯派与阿塔那西乌斯派的论争，防止基督教会的分裂。此外，于 332 年发布君士坦丁土地系缚法，完成专君制的经济体制。——日注

2 相对于地方性的宗教会议，由全基督教世界的高级圣职者（枢机主教、主教、神学者等）相聚召开的宗教会议特称为“大公会议”（concilium）或“普遍大公会议”（concilium oecumenicum）。具召集权者，现今为罗马教皇，在古代则未必如此。——日注

主所赖以对抗地方权力的、根本的权力基础。由地方教士与信徒来决定教会官职人选，基本上即意味着地方上的教士望族阶层——修会的圣职者——控制了教会官职，而他们又因家族血缘或个人的关系与地方上俗世的望族阶层有密切联系。这是为何教会在与君主的斗争中，很容易争取到俗世望族支持的缘故所在。

就我们所知而言，波斯帝国之得以维持长达两个世纪的统一（尽管不十分稳定），乃是由于普遍解除人民武装以及教权制的统治（犹太人与埃及亦如此），同时，它也尽量利用强烈的民族矛盾关系，以及地方望族间利益的冲突。不管怎么说，存在于地方望族与中央权力之间的典型的冲突（或至少其痕迹），早已见之于古代巴比伦帝国与波斯帝国，这种斗争乃是日后西方中世纪发展史上、最为重要的决定因素之一。

地方庄园领主对家产制君主的首要要求乃是，君主不得干预这些领主自己对其属民所拥有的家产制权力，甚至更进一步要求君主对这种权力给予直接保障。他们尤其要求拥有豁免权：亦即在其自己庄园领域内，得免于支配者之行政官员的干预。后续的要求则如下：除非通过庄园领主，否则支配者不得直接与其属民打交道；庄园属民的刑事责任与纳税义务由其领主负责；庄园领主被委以征集新兵的任务，支配者对庄园属民的租税要求也由他来支付，所有这些负担再由他来分配给其属民。再者，由于庄园领主总希望能尽量将属民负担力役与贡租的能力保留下来以供自己使用，他会尽可能设法削减其属民对家产制君主的义务，或至少将其固定化。在不同程度上满足上述诸要求的豁免特权，早自纪元前三千年即可见之于埃及，当时是赐予神殿与官吏的，在巴比伦帝国，则私人庄园领主也享有此一特权。

上述这些要求如果彻底实现的话，即会导致庄园脱离村落共同体与（有时）城市共同体等地方团体，这些团体是家产制支配者设置来作为对其权利与义务之担纲者的。实例可见之于大希腊化帝国与罗马帝国。君主直属的庄园首先即脱离所有的地方共同体。随之而来的是，不仅君主的官吏，有时甚至连君主直属庄园的租借人，都能行使——除了家产制的支配权外——政治的支配权。私人的庄园亦如此，它们在罗马帝国的重要性日益增加，除了城市区之外[1]，这些庄园的领域亦拥有类似于易北河以东之普鲁士领主制农庄（Gutsbezirke[2]）——可回溯至封建时期——的地位。然而，在中世纪的西方国家里，地方庄园领主势力较之古代而言，更能贯彻他们对君主的要求，因为较之古代君主而言，中世纪的君主缺乏一支常备军与根据确固传统、训练有素的官僚制，以为其权力之支柱。即使是在近代初期，除非君主能建立起自己的军队与官僚制，并能以自己的资金来支持其装备与给养，否则还是得被迫与庄园领主妥协。

西洋上古末期的君权，特别是拜占庭帝国，也不得不向地方上的利害关系低头。即使是兵源的征集，自四世纪以降，也愈来

1　在西罗马帝国的地方行政里，各地设置城市，以此城市为中心的周边农村地方编成一“城市区”，通过城市的自治而运行各城市区的行政。——日注

2　整个 Grundherrschaft 或 Gutsherrscheft 的地带若未被编入地方公共团体而具有独立的行政地位时，一般称此地带为 Gutsbezirk。特别是易北河东岸地方的 Gutsherrschaft 之具有公法性格的地区，称为 Gutsbezirk，在其中，此一地区的所有者（Gutsbesitzer）与地方公共团体具有相同的权利与义务。根据 1927 年 12 月 27 日的法律，Gutsbezirk 原则上被废止。——日注

愈地域化。城市行政由市镇议员（decuriones[1]）负责，在乡野则有庄园行政，这使得所有纯粹地方性的事务皆落入地方望族的手中；然而在晚期罗马帝国与拜占庭帝国，这些阶层归根究底还是在中央权力的掌握下。这点在西洋中世则付之阙如。与中国行政官方原则——西方君主也不断想付诸实施的——相反的是，西方的庄园领主很快就达到他们的要求：此即，支配者的地方官吏必须在其管区内拥有地产，换言之，他必须出身当地庄园领主的望族阶层。英国的郡守（sheriff）、治安长官与普鲁士的郡守（Landrat[2]）皆得符合此一原则。在普鲁士，迟至十九世纪，他们仍拥有地方国家官职——至少就郡守一职而言——的候补权。负责提名的委员会实际上乃是掌握在当地领主的手中。中世纪有力量的贵族通常都能成功地取得广大地区的官职叙任权，就算没有得到法律承认，至少也是事实上的。

不管哪儿，历史发展都倾向于将家产制君主的全体子民"附庸化"，使地方望族成为各种政治官职的独占者，切断君主与其庶民间的直接联系，而完全由地方官职持有者来满足双方的要求——一方面是满足君主对赋税与兵役的要求，另一方面则是满足庶民

1　罗马的地方城市之参事会议员称为 decuriones。在五年一次的户口调查（census）中，由符合门第、财产、年龄等方面的条件的人当中选取任命任期终身，员数依城市大小而异。参事会原来是城市官员的咨询机构，后来由于人民大会衰退，才取代人民大会为议决机关，进而占有城市（区）之自治行政的中心地位。不过另一方面，参事会也要负担租税征收的责任，若有纳税额不足的事情发生时，参事会有义务要填补不足额。因此，担任参事会议员必须要拥有相当的资产，故而由地方贵族（望族）来就任。然而到了罗马晚期，随此地位而来的种种负担增大，规避就任此一地位的倾向也就显著起来。——日注

2　管区长（Kreisdirektor）之被称为郡守（Landrat）是自 1702 年起才开始，之后其权限逐渐扩大，成为管区（Kreis）裏的国家行政长官兼管区之自治行政的指导员。Landrat 必须是其管区内的土地所有者的原则，自 1919 年渐被废止。关于郡守的任命，望族（Stände）具有推荐权，自 1872 年后，此项推荐权则转由管区会议（Kreistag）行使。——日注

对法律保护的要求；换言之，此一趋势乃是排除君主这方的任何控制，并由一个家族世袭性地占有政治官职（或至少是由地方望族联合垄断），不管此一占有是法律所承认，或仅只是事实如此。

十四、以出身乡绅的治安长官为基础的、英国的望族行政，“绅士”类型的养成

存在于家产制君主权力与地方上家产制利害关系者的自然倾向之间的斗争，有其极为复杂的结果。君主对其附庸化的子民关心的重点，主要是财政与军事的利益：他所在乎的乃是子民数目——足以负担自己家计的农民的数目——之维持；防止他们受到家产制地方权力的过分剥削，以免损害到他们满足君主之需求的能力；换言之，君主希望能保持直接向这些子民课税以及军事动员的权力。

另一方面，地方上家产制的支配者则希望在任何问题上，都有权代表农民与君主交涉。“没有无领主的土地”（nulle terre sans seigneur[1]），此一原则在中世纪时除了有其采邑法的意义外（稍后再论），亦有其实际的、行政法的意义：因为对君主的行政体系而言，农民的村落共同体并不被视为一个具有自己固定权限的团体，因此，每个农民必须属于一个家产制的团体，由此一家产制的支配者来代表他，而君主也只被赋予与此一支配者——而非此一支配者之属民——交涉的权力。君主与属民的直接交涉，只有在例

1　此乃十三世纪左右法国的谚语。事实上，当时尚存在着“无领主的土地”，亦即所谓自由领地（alleu），此一谚语意味着要求将此种土地视为不合原则的例外之物。——中注

外的情况下才能完全贯彻，而且就算能贯彻，通常也只是一时性的。

一旦君主的权力地位得以强化，他与全体子民的关系即（多少）变得更为直接。然而，君主通常还是会被迫与地方上的家产权力或其他的望族妥协：因为他必须考虑到反抗——通常相当危险——的可能性，再说他也缺乏一个足以接掌地方行政的、军事与官僚的机器，最后（尤其是）他必须考虑到地方望族存在的事实。单就纯粹财政观点而言，中世纪末期的英国（十八世纪普鲁士之易北河以东地区更是如此），如果没有地方贵族的协助，君主根本就无法推动地方行政。此一情况或可说明为何在普鲁士，贵族得以垄断军官的职位、并对国家的官职拥有极大的优先权——尤其是，他们可以完全（或至少大致上）免除对其他非贵族出身者所要求的资格条件；由此导致的另一个现象则为：直至今日为止，骑士庄园主（Rittergutsbesitz）在所有的农村行政团体里仍踞有支配性的地位。

君主如果想要防止上述之地方家产制支配者完全占有国家地方行政的现象，除非他自己拥有巨额的收入，否则他就不得不将地方行政交付给另一群（不管在人数或力量上皆）足以与地方上大家产制支配者相抗衡的地方望族。在英国，此一状况曾导致**治安长官**的出现（治安长官制度的性格形成于英法百年战争期间）。庄园领主之纯粹家产制行政与其司法权，以及在封建贵族支配下的地方长官（郡守），由于经济发展所导致的、人身隶属关系的解消，已无法胜任纯粹地方行政事务。另一方面，君主也希望能排除家产制的权力与封建的权力，而在这一点上，王权受到下议院（the Commons）的强力支持。

新成立的治安长官，其主要行政任务（跟英国其他地方行政一样）乃在维持治安，因为地方治安的重要性已随经济的发展而日益增大。一般认为治安长官之成立乃是由于战乱的缘故，此一说法不足采信，因为治安长官在此之后仍继续存在。个别家计之与市场关系日益密切，才是导致人们深刻感觉治安败坏之严重性的主要因素。更具特色的是，由于货币经济的扩张，当时英国也正面临着失业问题与食物价格上扬的问题，因此，治安长官所负责的多样任务中，首要扮演的即为治安警察、产业警察与市场警察的角色。

治安长官来自那些对上述职务有利害关系的私人团体。君主希望能将乡绅（gentry）纳入自己阵营，使之与地方上的大家产制支配者——有爵位者（baron）——相抗衡；因此在各郡任命当地望族为治安维持官（conservatorespacis[1]），并赋予（随着时代变迁而日益复杂的）警察与检察官的权限。治安维持官乃是选拔自——首先仅是事实如此，不过很快即在法律上固定下来——各行政区的地主阶层，他们必须拥有一定限度的地租收入，并维持一种骑士样式的生活；这些官员形式上当然可以免职，不过实际上却往往是终身职的；君主将任命这些治安维持官的权力保留于自己手中，并将监督他们的权力委诸皇家法庭。治安长官之一的郡代理长官（lord lieutenant[2]），则兼掌民兵指挥权。

---

1 此为“治安长官”（justice of the peace）的前身。其起源可追溯到十二世纪末，而被组织化成为一种制度则要到爱德华三世（1327—1377）的时代。justice of the peace 这个名称之正式出现始自 1361 年，其后逐渐地取代了 conservator of the peace 一称。——日注

2 lord lieutenant 一职是于十六世纪前半叶亨利八世时代起才设置的。原来是郡的首席武官，亦有同时兼任首席治安长官（custos rotulorum）的例子。在后者的资格上，拥有关于治安长官之任命的推荐权，及治安长官之僚属（治安书记，clerk of the peace）的任命权。——日注

对于治安长官的裁决，没有任何正式的、官僚制的“上诉机关”可资抗告，就算曾经有过，也只不过是在君主之家产制权力达于巅峰时，以“星法院”（star chamber[1]）的形式出现过罢了，而星法院之所以在十七世纪革命时为乡绅所废止，也正是由于这个缘故。将某一具体案件转移至中央法庭的唯一办法（此种方式的运用范围实际上也日益扩大），乃是通过特别的处置（案件移送令，Writof Certiorari[2]），不过，这种命令的颁发与否，原本也是完全自由裁量性的。这点实际上也意味着：没有任何君主可以不顾治安长官所出身的阶层而长久维持其有效的统治。君主也不断设法防止、根据地方望族直接选举来任命治安长官的企图成为事实，并成功地将任命权保留在自己手中，唯一修正的仅是赋予某些君主的顾问推荐治安长官人选的权力。这点也意味着赋予上述高官——特别是大法官（chancellor）——官职叙任权，这种权力当然也常被用为牟利的工具。然而，在对抗官职叙任权与王权之法律上的权利要求这方面，乡绅的团体十分坚强有力，足以保障他们对治安长官一职的长期垄断：在伊丽莎白女皇时代（1533—1603），许

1 指在西敏寺宫殿里的“星室”（star chamber）所召开的特别刑事法庭，“星室法庭”（court of star chamber）之名即由此而来。“星室”之名于十四世纪末左右方始出现，国王的顾问官群集星室，审理一般法院无法公平裁决的高身份者之刑事案件。其后，根据亨利七世于1487年所订定的法律，其组织与权限有了明确的规定。不过，此一法院成为真正独立的机关，始自亨利八世时代的1540年左右。星法院被赋予审理违反国王诏书（proclamation）的裁判权，此乃在优越普通法庭权限的做法下扩张其管辖权，并被利用来处罚国王的政治反对者，成为英国绝对君主制的专制支配工具。于1641年为“长期议会”所废止。——日注

2 这是王室法庭对下级法庭所发出的令状，命令下级法庭将其所审理的案件记录移送上来。治安长官的法庭毕竟仍从属于王室法庭，王室法庭得以依此令状让前者的案件移送上来再度审查。所谓大权令状（prerogative writ），即因此一令状之布达乃是依据自由裁量而行使之故。——日注

多不平之鸣即因新任治安长官的任命实际上乃取决于前任者的推荐而引起的。

就像其他皇室官员一样，治安长官原先也是收取规费与薪俸的。不过，由于规费涉及的金额甚小，拒收规费乃成为地主的一种身份习律。出任治安长官的财产资格限制，至迟在十八世纪已有显著提高：通常会要求拥有一定价值的地产。英国特有的、日渐盛行的土地租佃，使得乡绅有余暇从事治安长官的职务。相形之下，市民阶层里活跃的实业家即因缺乏经济上的余暇，而无法从事此等职务，就像他们被排除于"望族"圈子之外一样。当然，从企业界退休下来的市民也经常出任治安长官一职，尤其是那些已经累积足够财富、而从企业经营者转变为坐食者（Rentner）——这个阶层正逐渐扩大中——的人士。乡村的坐食者阶层与城市的坐食者阶层之此种以"绅士"（gentleman）类型而达成的、别具特色的融合，颇受益于两者对治安长官一职的共同联结关系。在这些圈子里，年轻的儿子在完成人文教育后即被任命为治安长官，乃成为一种身份习惯。

治安长官一职因此乃成为无给职，对于够资格的候补者而言，其义务性的承担在形式上也成为一种赋役制（Leiturgie），就算可以解职，也只限于一个短时期。许多治安长官其实并不管事（不过此一现象在近代却有逆转的趋势），对他们而言，此一职位仅只是个头衔与社会声望的一个来源。不过，单只社会声望与社会势力亦足以说明为何此一职位——如果积极执行的话，工作分量的确相当重——一直都是人们极力争取的目标，即使是必须积极执行其职务。在此情况下，专业的法律家终究还是溃败下来，尽管他们曾与之激烈竞争了数个世纪之久。他们之所以被逐出此一职位，主要是因为薪水太低，而且乡绅连规费也都放弃了。

各个治安长官在办案时会咨询其律师的意见，不过，整体而言，他是依靠书记的协助、根据传统以及（大致上）实质公道的考量来判决；这点使得治安长官的行政极具平民色彩，其特性也由此而来。这是职业的官吏层在和平的竞争中为望族官吏——尽管行政职务正日渐扩大中——所完全取代的、仅见的少数例子之一。乡绅之所以对治安长官一职感兴趣，决定性的诱因并非任何特殊的"理想主义"，而是此一职位所能提供的、具体与实际上不受外界干涉的影响力；形式上此一职位仅受到下列规则限制：此即任何重要的案件必须采取合议式的——至少得有两名治安长官——共同裁决，实质上则仅接受来自身份习律的一种强烈的义务观念的节制。

治安长官的行政，使得所有城市以外的地方行政机关几乎皆无重要性可言。在被歌颂为国民之守护神的"自治"制度的全盛时期，治安长官乃是地方州郡里唯一真正有效执行行政工作的官吏，与之并存的古老的强制性赋役制团体、庄园领主的家产制行政与各式各样的皇家的家产官僚制统治，皆萎缩至无足轻重的地步。这是我们在历史上所知、曾经出现在一个大国里，最为彻底实现的纯粹的"望族行政"。

执行职务的方法与内容也与此配合。治安长官的行政，截至今日为止，仍带有强烈的"卡地裁判"的性格；对大而言，它也是唯一真正重要的行政，因为远在伦敦的皇家法庭，不管在地理上，或是经济上（需要巨额的规费），对他们都是遥不可及的，正如法务官（praetor）之于罗马农民、沙皇之于俄国农民一样。就像所有的望族行政一样，治安长官的行政无可避免地具有"尽量缩小"

行政业务与临机的性格，换言之，它并非一种持续性与有系统的“经营”（Betrieb）。就此而言，此种行政并不只限于保管记录（例如最早 custos rotulorum 的例子[1]），而主要是压制性与无系统性的，通常只有在明显重大违法事件出现时、或被害者有所申诉时，才会有反应。这样的一种行政在技术上全然不适合持续的、密集的处理积极性的行政任务，也不适合追求一种来自统一思想的、首尾一贯的“福利政策”，因为基本上它只是“绅士”的一个兼差工作。

的确，在治安长官的“四季法庭”（quarter sessions[2]）里，原则上规定至少得有一人是受过法律专业训练的。法定人数条项（quorum clause[3]）中规定：这个具有法律资格的人（或数人），必须明白列于“任命状”上。以此方式，中央对于实际执行业务的治安长官之任命，仍维持若干的影响力。然而，即使是此一规定到了十八世纪亦丧失其适用性：任何积极参与的人都可以被列入治安长官的“法定人数”中。

人民必须估量到治安长官所拥有的警察权与处罚权可以影响

1　custos rotulorum 为 rotulus（卷宗、记录）的保管者之意，指川郡里的治安长官法庭之记录的保管者。虽然是由国王来任命，但原则上是由 lord lieutenant（参见 p.181 注 2）来担任。custos rotulorum 也就是郡内的治安长官中的首席。实际上，保管记录的当然是治安书记。——日注

2　治安长官的法庭有“四季法庭”与“小治安法庭”（petty sessions）两种。四季法庭之名源自于 1388 年的制定法中有“治安长官至少在一年四季的每一季里要召开庭会”的规定。此一法庭至十八世纪为止握有有关死刑案件的审判权及由小治安法庭而来的控诉事件的管辖权。在其中，有大陪审的召集、起诉的进行，并依此直接审讯被起诉者。小治安法庭则可进行无陪审的裁判、担当较轻微的案件。两种法庭皆由两名或两名以上的法官所组成。——日注

3　这是治安长官任命书（commission of the peace）中的用语。其中指示：为进行审判之故，被任命的治安长官之中的（quorum〔他们之中的〕）特定一人或数人，无论如何必须参加审判。——日注

到他生活中的每个层面：从上啤酒屋、打牌到衣着是否适合其身份，从谷物价格的高低到薪资是否够用，以及从游手好闲到异端，都在治安长官的管辖范围。无数的成文法与法令——其制定往往是偶然因素所促成的——都只能依赖治安长官来执行。然而治安长官是否要执行、何时执行、如何执行以及执行到什么程度，大体上可凭己意而定。服务于特定目标之有计划的行政活动，此一观念对他们而言，就算有，也只能说是例外。至于想要实施一种首尾一贯的、有系统的“基督教社会福利政策”的企图，也只有在斯图亚特王朝时——特别是劳德（William Laud，1573—1645[1]）任内——曾短暂付诸实现。如始料所及，此一政策正是由于治安长官所出身的阶层（望族）之反对而告失败的。

治安长官行政所具有的、疏放与间歇性的性格，很容易令人联想起具有甚多类似外在特征的、中国的行政；中央当局干涉的方式也差不多：要不就直接介入某一具体的案件（往往也能干涉成功），否则即出之以一种泛泛的抽象性的指令，通常（顶多）只有建议性的效果。两者之间虽有重大差异，决定性的关键倒是同样的：此即，家产官僚制的中央行政与地方权威有冲突，前者必须与后者达成某种妥协，才能执行其功能。只是在中国，受过教育的行政官吏所面对的是氏族的长老与行会；在英国，受过专业训练的法官所面对的则是，出身拥有土地之乡绅阶层的、有教养的望族。中国的望族是有教养的，他们接受经典与文学的教育

1　劳德为英格兰的圣职者。查理一世即位后即重用之，协助国王与国会斗争。1633 年任坎特伯利大监督，为确保英国国教会的统一而采取极为严厉的统制，在苏格兰强行国教主义失败后，遭受长期议会的弹劾，于 1645 年被处死。他的教会政策之不宽容与褊狭，必须为清教徒革命的爆发负很大的责任。——日注

准备步入官场生涯，他们是俸禄持有者或期待者，因此，乃是属于家产官僚制的权力这一边的；反之，在英国，乡绅的核心层乃是一个拥有大土地的、自由独立的身份团体，他们所接受的专门训练仅在统治其属民与劳动者，以及人文主义的教养，这样的一个阶层并不见之于中国。在中国出现的是一种最纯粹的、家产官僚制的典型，这个官僚制不受任何反对力量的掣肘（就算有的话），尽管它也还没精练到近代专门官吏制度的阶段。反之，英国的治安长官行政，在其全盛时期乃是一种身份家产制与纯粹的、自律性的望族行政的组合，而且后者的性格比起前者还要更强些。

原初，这种行政制度在形式上乃是基于赋役制的义务——这是他们之所以必须接受此一职务的缘故。然而，由于实际权力分配的因素，事实的发展却成为君主必须通过一个政治团体之自由"成员"（亦即"国家公民"）——而非其子民——的自愿性的合作，才能行使其权力。这种行政之所以与典型的政治层级结构——君主之家产制家计，与拥有自己属民的、附属性的私人家产制支配——有重大的差异，主要就是基于此一缘故。究其实，治安长官行政的发展，正是与私人属关系的崩坏并肩而行的。

本质上，英国的"乡绅阶级"——治安长官制度即由其而来——当然是个具有纯然之庄园领主性格的望族阶层。没有其特殊的、封建制与庄园领主制的先行者，绝不可能出现英国乡绅所特有的"精神"的。从盎格鲁—撒克逊绅士所显示的一种独特的"刚毅的理想"，即可看出此一无可磨灭的痕迹。此一性格的突显，则可见之于习律之形式的严峻性、极端强烈发展的自傲与自尊，以及运动——其本身即有助于身份团体之形式——在社交上的重要意义。

然而，早在清教主义侵入之前，乡绅阶层与特殊的市民阶层（城市坐食者与活跃的企业家阶层）之渐次融合，已相当实质地转化与理性化此一精神，其发展方向极为类似我们稍后即将提到的、意大利之贵族与富裕市民（popolo grasso[1]）融合之后所导致的结果。只是，只有在清教主义的影响下，近代绅士的类型才脱离了原有的窠臼。清教的影响所及，远超过其纯正依者的圈子。乡绅支配之半封建的特质逐步同化为具有禁欲、道德主义与功利主义的色彩，不过，迟至十八世纪为止，这两种特质还是相互对立的。

当面临资本主义势力来袭之时，治安长官一职正是用来保持上述独特高尚品格之影响力——不只对执行政务与官吏之高度廉直的影响，同时也包括对有关荣誉与道德之一般性社会观念的影响——的最重要手段之一。在近代城市生活的条件下，由受教育却非专家所负责的、无给职的治安长官行政，在技术上已不再能胜任。支薪的城市治安长官人数逐渐增加：十九世纪中叶时，在超过 18 000 人的治安长官中（其中大约 10 000 人仅是名誉性的），有 1300 人左右是支薪的。英国的行政组织之所以缺乏体系性，之所以混杂了家父长制的组织与纯粹目的团体的组织，主要乃因合理的官僚制仅在个别具体的需要出现时，才以零碎的方式导入原有的望族行政之中。

望族行政在政治上的重要意义乃在于，有产阶级在行政事务之执行、强烈习律性地奉献国家以及自己与国家的一体化上，都接受过严格的训练。其在经济上的重要性则为，由于尽量缩小行

1　popolo grasso 为市民中富裕的大企业家阶层之谓，相对于此的是由手工业者所形成的下层市民层，称为 popolo minuto。——日注

政的范围（这是望族行政无可避免的结果），遂赋予经济上的主动创新一个几乎是完全自由开阔的天地，尽管“营业伦理”仍受到相当强烈的习律的拘束。作为家产制的一个实例，治安长官的行政可说是个最极端的边缘性的例子。

十五、沙皇的家产制

在所有其他历史上重要的、家产制君主与庄园领主望族共存的例子里，这些望族本身也是家产制的支配者。当家产官僚制出现在近代之初时，上述两个权力明白地（或暗中）达成了下列妥协：只要在不影响君主租税与征集兵员之利益的范围里，地方家产制支配者对其属民的支配权与经济上的自由处置权即可受到保障。以此，他们即完全掌握了地方行政与管辖其属民的下级法庭；他们代表属民与君主或其官吏打交道；所有国家官职（或至少大部分），以及几乎所有的军官职位，都保留给他们；他们不付人头或地产税；作为一个“贵族”，他们享有广泛的身份特权，审判他们的法庭、刑罚与举证的方式皆有所不同。他们的身份特权明定，在大多数情况下，只有他们能行使家产制的支配权，换言之，只有他们能拥有附有人身或家产制之属农的“贵族”庄园。

在乡绅行政时代的英国，这种属于一个独立于君主之外的、贵族的身份特权，也仅留有一些痕迹。英国乡绅在地方行政里所拥有的权势，乃来自他们接受了一种类似赋役制的负担，承担了一个无薪给、却又极端花费时间与金钱的职位。这种负担已不再见之于近代欧陆。

不过，从彼得大帝至叶卡捷琳娜二世时期[1]，俄国贵族却得负担一种勤务的赋役制。彼得大帝废除了以往俄国贵族所享有的社会品位与法律权利，而完全以下列两个简单原则为准：(1) 社会品位（卿，tschin）只有通过服务于一个家产官僚制的官职（文官或武官皆可）才能得到。品位的高低则取决于其在十四职等的官职层级制中、所据有的地位而定。新贵族并没有官职独占权，也不受土地财产资格的限制，不过却有（至少理论上）教育资格的要求，这些似乎有点类似中国。(2) 拥有贵族特权的人如果不能继续持有官职，那么，两代之后贵族特权即告丧失，这点也类似于中国。然而，俄国的贵族除了其他的特权外，还独享拥有附带有农奴之庄园的权利，贵族以此乃结合于庄园领主家产制之特权，这点则全然不见之于中国。由于无法继续持有官职而取消贵族特权的规定，在彼得三世与叶卡捷琳娜二世时被废止。不过，卿与职官品位表仍然是此后社会声望的官方基础，对年轻贵族而言，（至少）短期服务于某个国家官职，也还是种身份的习律。

贵族庄园领主的家产制支配，普遍行之于私有地的领域，基

1　Peter Ⅰ (1672—1725)，俄国皇帝（1682—1725 年在位），亦为俄国之欧洲文化的导入者，建置以官僚制、常备军、农奴制为基础的绝对专制政体，为谋求出海口而采取对外扩张政策，并使俄国挤入欧洲强国之列而著名。Catherine Ⅱ (1729—1796)，俄国女皇 (1762—1796 年在位)。典型的启蒙专制君主，因与伏尔泰文书交往且与狄德罗 (Denis Diderot，1713—1784) 往来而闻名。起初意图改革农奴制，但受挫于贵族的反对。后来转变改革的方针，反过来于 1785 年授予贵族“特许权状”，免除他们的勤务、税金、体罚等，承认其保有农奴的独占权及地方自治的参与权，亦即，以提携贵族来改革国家制度。至其晚年，法国大革命爆发，更加强了她在这方向改革。从彼得一世至叶卡捷琳娜二世，虽是俄国绝对君权的时代，但俄主经常提携贵族（本文后面提到的“宫廷”贵族或“职务贵族”，亦即 Dworjanstwo)，因而致使这个时代成为贵族帝国的黄金时代，另一方面，亦为农奴制发展的最盛期。这样的体制，在继叶卡捷琳娜之后的保罗一世 (Paul Ⅰ，1796—1801 年在位) 时代开始崩解。——日注

本上也符合西方“没有无领主的土地”此一原则，因为除了贵族的领地外，仅存在着君主直辖领、皇族采邑、教会与修道院的庄园，此外，再也没有掌握于其他人手中的自有地，就算有，也只不过是若干残余（自耕农，Odnodwórzy[1]），或者是军事采邑的形式（哥萨克骑兵）。以此，农村的地方行政——只要不涉及君主的直辖庄园——即完全掌握于土地贵族手中。然而，政治权力本身与社会威望，仍然是完全基于官职或直接系于其与宫廷的关系（这点与中国的模式全然一致）；尤其是经济地位的上升，其机会完全有赖于政治权力的运作。当然，当保罗一世提醒一个外国访客，所谓的高贵人只不过是个他俯允与之交谈、而且也只限于他继续与之交谈的人时，这个说法未免有点夸张。不过，俄国的君主的确可以冒犯贵族，就算是个拥有最高名望与最多财产的贵族，西方的君主，不管他多么强而有力，即使是对一个品位最低、法律上也非自由人的家士（ministeriale），也不敢贸然采取类似的举动。

沙皇的权力植根于个别卿位持有者与其强固的利害联结关系上，这些卿位持有者负责行政与军队（士兵是强制征募来的）；另一方面，贵族之间却完全缺乏一种基于身份的、利害联结关系。正如中国的俸禄持有者一样，俄国的贵族也视彼此为卿位，以及所有由于君主之恩惠而来的机会的竞争者。以此，贵族乃严重分裂为小党派，在面对君主时则全然无力可言。俄国近代的地方行政重组——的确也（部分地）另创新局——里，贵族极少集结起来共同反抗，就算有，通常也不成功，尽管在叶卡捷琳娜二世时

1 握有自己的田园的农民。他们之中就任国王勤务的，也不在少数，不过彼得大帝并不将他们列入贵族身份，只算为农民身份。若拥有由祖先继承而来的农奴时，也准许他们保有农奴。——日注

已明确赋予他们集会权与集体请愿权。

由于互相竞争宫中恩惠所导致的、贵族之身份联结性的阙如，并非完全是因为彼得大帝改制的结果，此外尚可溯其根源于原有的“品位秩序”制度（Mjestnitschestwo[1]）——早自莫斯科家产制国家建立以来，望族的社会品位即取决于此一制度。从一开始，社会品位即视沙皇——普天之下所有土地的持有者——所授予的官职位阶而定；其物质报偿则为服务采邑（pomjestje，源自 mjesto——职位——一词[2]）。原有的品位秩序制度与彼得大帝新制的差异，最终说来，也只不过是：在旧制度里，某人（或其后人）由于官职位阶而取得的服务采邑与品位，成为子孙世代相袭的财产，以此之故，各个贵族门第间也形成一种相对而言稳定的品位秩序。年轻贵族的出身官是根据：(1) 其祖先在官职层级制里所曾达到的最高职位，以及 (2) 拥有最高官职的祖先与此一年轻贵族之间的世代数目，来决定的。根据既定的身份习俗，高品门第的子弟不能担任一个低门第出身的官吏的下属；正如在餐桌上，

---

1 这是指就任官职并非基于个人的能力，而是以位阶（mjesto，情况、地位）为基准，故称为 Mjestnitschestwo，于 1682 年时为 Fyodor Ⅲ所废止。——日注

2 pomjestje 是自沙皇为始下至公侯、教会、修道院等，对于出仕于自己的贵族、特别是 Dworjanin（职务贵族，总称为 Dworjanstwo）所授予的土地，以代偿其文武勤务。相对于被称为 wotschina 的自有世袭土地。相应于职务位阶（pomestu slushby）而被给予土地即称为 pomjestje。据说此语之出现于文献上始于 1382 年，不过此一制度之普遍实施则始于伊凡三世（1462—1505 年在位）时代以后。皇帝依此创出被称为 Dworjanstwo 的新兴职务贵族阶层，在他们的支持下抑制旧有的公侯与贵族，树立专制君主体制；此一政策与中世纪日耳曼诸皇帝所采取的 Ministerialenpolitik 相近似。服务采邑原来只限于就任职务时才被授予，其后逐渐成为可买卖与遗赠的，类似 wotschina。职务贵族在十六世纪后半叶已成为莫斯科大公国最有力的社会阶层，进入十七世纪后势力更进一步坐大。在此世纪里，初期由于内乱而给予旧贵族势力最后的一击，再加上农民叛乱的失败，农奴制度遂确立不移。此种以农奴制的服务采邑为基盘的职务贵族的支配，一直延续到叶卡捷琳娜二世的时代。——日注

他不能坐在一个出身门第（根据“品位秩序”）较低的人的下席，不管这个人的官位有多高，这点就算是在沙皇的餐桌上也必须坚持——即使有冒生命危险之虞。

这样的一种制度，对于沙皇之选任最高行政官员与军事指挥官，必然会带来极大的不便；只有在面临极大难关时，他才能置之不理，其后果则为：他必须冒着抗议之声不断以及（甚至在战场上）不接受指挥的危险。另一方面，这个制度却也迫使贵族——世袭品位愈高者愈是如此——不得不接受宫廷以及家产官僚制的职务，以便维持其社会身份与官职的机会。以此，贵族即几乎完全转化成一种“宫廷贵族”(Dworjanstwo，源自 dwor——宫廷——一词)。

十六、家产制与身份荣誉

私人土地所有权之为一种社会品位之基础，其重要性逐渐丧失。wotschianiki——wotschina 之持有者，wotschina 乃是传自祖先的“自有地”(Allod)，而非授予的服务采邑[1]——一语为 pomjeschts-chiki（pomjestje 之持有者）所取代，后者已成为今日唯一用来称呼“庄园主”的词汇。社会品位取决于官职位阶（不管是自己获得的，还是传自祖先的)，而非拥有贵族领地。

沙皇家产制巧妙地利用此一制度，将所有的社会势力与服务君主联系起来，其根源乃出之于下列两者的结合：(1) 国王扈从

1　wotschina，见前注。Allod，alodis 一字原来意指“继承的财产”，复转而为相对于买来的财产，而是“咱祖先继承而来的财产”之意，到了封建时代更进一步转义为，相对于采邑、原来就是“自己所有的土地”。——日注

制（Königsgefolgschaft），稍后将再论及；(2) 氏族的联结性，不遗余力地为整个氏族成员占有（获得的）职务位阶以及随之而来的各种机会。面对此一状态，彼得大帝的做法是将其简单化：烧毁贵族所据以要求品位的门第品位表（rasrjadnaja perepis），代之以（几乎）纯粹依据个人实际拥有之官职而定的卿位制。此一措施的目的乃在根除氏族的荣誉，而又不致激发一种与沙皇对抗的、身份的联结关系的出现；直至彼时为止，氏族荣誉一直阻碍了身份联结关系之发展，正如其有碍沙皇之自由选任其官吏一样。这个政策是成功的。贵族之间由于无情地角逐卿位所伴随的社会品位，以及当本身还是一个纯粹的庄园领主时，对 tschinownik（卿位持有者）——官吏的通称——的憎恶，仍陷于严重分裂状态。垄断拥有农奴的权利，并不能使之成为一个团结的身份团体，因为彼此之间存在着对卿位的角逐，同时也因为只有出任沙皇的官职，才能带来更大的致富机会。

就此而言，情况类似晚期罗马与拜占庭帝国，近东的巴比伦、波斯、希腊化诸国及其后的伊斯兰教国家：那儿的庄园家产制——这是完全不见之于中国的——既非来自庄园领主阶层与国家官职之固定的结合，亦非某一基于庄园制的同质性贵族阶层之兴起的结果（不管曾经有过多少萌芽现象）。在晚期罗马帝国行政上日渐重要的“大地主”（possessores）阶层，对立于一个具有社会重要性的君主的家产官吏层，这些官吏的位阶是根据其俸禄收入的多寡而定。土地贵族与家产制官吏层之此种无联系性的并存状态，亦可见之于早期近东与希腊化诸国。在伊斯兰教国家，相应于其神权政治的性格，社会品位从一开始就是授予那些精通伊斯兰教律法的人，官职机会则视所受宗教性教育与君主个人的恩惠而定；

一种持续且有效的贵族垄断权，在此情况下是无法出现的。

在此基础上，西欧中世纪贵族的一个基本特质——通过一种固着于传统、并由教育强化的特定信念（Gesinnung），而使生活态度有一核心取向——丝毫没有发展余地。通过这种信念，个人的关系以一生活样式为导向，每个人皆被要求具有一种（全体所共同持有的）身份荣誉的观念、以此形成一个将整个身份团体维系在一起的纽带。在俄国与上述诸国的望族阶层里，的确也发展出许多的身份习律；不过这种身份习律并不能提供给“荣誉”的观念、一个统一的信念的引导；其原因不能单纯归诸上述之社会品位基础的暧昧不明。究其实，这种身份习律只不过是为保护自己之经济利益、或对社会威望之无餍欲求，提供一个外在的框架，而无法提供给贵族一个坚持自己之荣誉，同时也能证明这点的、根本性的内在基准。个人的社会荣誉及其与支配者的关系之间，并无任何（像独立自主的望族那样的）内在的联系性，或者仅只是一种诉之于外在权势欲求的“荣达”的机会，正如宫廷贵族、卿、中国的官员，以及所有全然依存于支配者之恩惠的职位，所呈现出来的一样。另一方面，一切类型的俸禄占有，的确——就像法国“法服贵族”（noblesse de la robe）的例子一样——也为官职与望族身份的“尊严感”提供一个恰当的基础，然而，它却不能为一种以个人“荣誉”为基准的、与支配者之关系，以及与此相应的内在生活态度，提供一个特殊的基础。

西方的家士（其社会荣誉有赖于支配者之恩典），与出身“乡绅阶级”（Squirarchie）的英国绅士（其社会荣誉乃得自于本身之独立自主的望族资格），皆为一种独特的、人格与身份之尊严感的担纲者（尽管两者的方式大相径庭），此一尊严感乃是基于个人之

“荣誉”，而非仅凭官职而来的威望。两者的基本内在态度，皆深受西欧**骑士精神**的影响——就家士而言，是显而易见的，至于英国绅士，倒也不难看出。家士与骑士阶层是完全融合的，另一方面，英国的绅士则——随着望族阶层之逐渐非军事化——将愈来愈多的市民质素纳入自己的刚毅理想与生活样式之中，以此调整其中世纪的骑士特质。结果则产生了一种在品位上足以与往日之乡绅阶级相埒、起源却极端有异的清教徒的绅士类型，这点可归之于极为多样化的同化过程。不过，对家士与绅士阶层而言，封建的骑士精神仍然是他们原初的、特殊中世纪取向的核心。

骑士的生活态度，乃是由封建的荣誉观念形塑而成，而封建的荣誉观念则又来自**封臣**之忠诚义务的观念。封建的荣誉观念乃是唯一一种同时受到内外双重制约的身份荣誉：一方面是一种发自内在的、原则性与统一性的精神，另一方面则是外在的、封臣与其支配者的关系。由于特殊的封建关系经常总是外家产制的，就此而言，它其实已超越家产制支配结构的范畴。不过，就体系而言，我们最好还是将封建关系视为家产制之一个极端特殊“边缘性的个案”，其缘故不难理解：因为封建关系实际上仍是由个人对支配者的一种纯人格性的恭顺关系形塑而成；其次，封建制乃是针对某一特殊的、具体“问题”的“对策”——换言之，即树立由一个家产制君主来统辖地方上的家产制支配者（同时也借助他们之力）的、政治的支配。

第四章

封建制、身份制国家与家产制

一、采邑的本质与封建关系的类型

在纯粹家产制支配下、广阔的恣意而行的领域以及随之而来的权力地位的不稳定性，（可能）恰与**封建关系**的结构形成对比。采邑封建制（Lehensfeudalität）乃是家产制结构的一个“边缘性的个案”，因为它企图将支配者与封臣的关系定型化与固定化。

正如市民资本主义时期，家父长共产制的家团体，由于内部结合体关系（Vergesellschaftung）的出现，而发展出基于契约与明确个人权利的“经营”（Betrieb）一样，在骑士军事制阶段的大家产制经济体，也自其内部产生出基于（同样）由契约所确定的、忠诚义务的采邑关系。此处，人格性的忠诚义务已自家共同体之一般性的恭顺关系中解放出来，而在此一基础上，发展出一套权利与义务的秩序，正如纯物质的关系、随着“经营”的发展而自一般性的恭顺关系中解放出来一样。另一方面，封君与封臣间的封建忠诚义务，也必须从卡理斯玛——而非家产制的——关系（扈从制）之日常化的角度来理解，某些特定的忠诚关系的要素，是由此一角度取得其体系性正当的“定位”。无论如何，我们此处的目的乃在了解，从内在而言封建关系之最为首尾一贯的形式。因为“封建制”以及“采邑制”可有极端多样的定义。

如果我们将“封建制”界定为一种土地军事贵族的支配，那么，波兰可说是（就此意义而言）最为彻底“封建的”。然而，就技术意义而言，波兰又无法被划入“封建的”范畴，因为她欠缺了采邑关系此一决定性的要素。因为，就波兰之国家秩序——或者也可说是无秩序——的发展而言，最重要的特征即在，波兰的贵族乃是拥有“自有地”(Allod)的庄园领主。由此出现的“贵族共和国”，恰与诺曼人的中央集权的封建制形成强烈的对比。

前古典时代、或甚至民主制初期——即克莱斯提尼(Cleisthenes[1]）时代——的希腊城邦，亦可被称为“封建制”，因为市民权一直是与武装的权利与义务相互一致的，市民通常皆为庄园领主，望族阶层的支配权力则奠基于各式各样的、“客”(Klienten)的恭顺关系之上。共和时期的罗马（直至其最后阶段为止），亦可说是如此。贯通整个西洋上古时期，土地之授予与军事义务——对于个人支配者、家产制君主或市民团体的军事义务——的结合，实有其基本的重要性。

如果我们将“采邑制”界定为，用来交换军事或行政服务的、任何权利——特别是土地使用权或政治领域的支配权——的授予，那么，西方中世纪的家士服务采邑，早期罗马的 precarium，马克

1 Kleisthenes，公元前六世纪的雅典政治家。他废除雅典原有的四个氏族制部族的制度，从而破坏名门贵族之政治势力的基础，重新建立起以区（demos）为单位，亦即以全新的纯粹地区性共同体为单位的十个地域制部族制，以此，奠定了雅典民主制的基础。此外，陶片放逐制（Ostracism）亦为其所制定。——日注

曼尼克（Marcomannic[1]）战争后、罗马帝国授予屯田兵（laeti[2]）的土地，以及稍后直接授予外族部落、以交换军事服务的土地[3]，都可以划入此一类型。我们甚至还可加上俄国哥萨克骑兵的土地，见之于所有古代近东与埃及托勒密王朝的、授予士兵的土地，以及通贯全世界各个时期的类似现象。

大多数上述措施的目的皆在于（尽管并非必然）：通过一种世袭性生计之赐予，建立直接的家产制的隶属关系，或至少是一种赋役制的义务约束——以此而被束缚于土地上。此外，专制的掌权者同时赐予这些人——有别于其他“自由”人的——租税豁免与特殊土地权利等特权，其代价则为：这些人必须接受军事训练，并——无限制或有明确限定的——接受支配者交付给他的军事或行政任务。授予战士土地使之定居，具体而言，乃是在无法维持一支雇佣兵的自然经济的状态下，用以确保一支有经济余暇、且又能随时应命的武力之典型的方式。这种武力之所以出现，乃是因为生活水准之提高，农业与工业营利活动集约性的加强，以及战争技术的发展，使得一般民既无余暇、亦不太具有军事利用价值的结果。许多类型的政治团体都曾诉诸此一手段。希腊重装步兵城邦之不能转让的份地（kléros[4]）——这些军事份地持有者对市

1 Markomannen（拉丁文为 Marcomanni），日耳曼人中苏艾维（Suevi）部族的一个支族，于169—180 年间侵入罗马领地庞诺尼亚，此一战争即称为 Markomannen 战争。——日注

2 自前注所述的战争以后，罗马帝国授予日耳曼人土地，让他们移住到帝国境内，以屯田兵的方式来守卫帝国边境及其他要地。此种日耳曼人即被称为 laeti。——日注

3 相异于 laeti 之个人性的负担兵役义务，在罗马帝国晚期，帝国周边的蛮人部族在部族王带领下集团地进入帝国境内，大多以同盟部族（foederati）的方式来担任守卫边境的任务。——日注

4 kléros 在希腊文原意为“签”，一般说法认为最初的共同体系以抽签来分配土地，引申而为“份地”，拥有份地乃是成为完全公民的重要资格。罗马人则称之为 fundus。——中注

民团体负有军事义务——即为一例。埃及的“武士阶级”亦为一例，他们负有对家产君主的义务。第三个例子则为授予“客”的土地，这些客对其个人的支配者负有义务。所有古代近东的专制政权以及希腊时代的 Kléros 制度（Kleruchien[1]），都曾——不管以哪种方式——利用过此种类型的兵源。稍后，罗马的贵族亦曾偶尔行之。

上述的例子，不管在功能上或法律上，都类似于采邑制，不过却不能等同视之。因为那些接受份地的农民虽然拥有特权，就社会角度而言，却还是农民，或至少还是“平民”；因此，这可以说是一种在平民权层次上的采邑关系。反之，家士与支配者的关系，最初乃是建立在一种家产制的基础上，因此而与采邑持有者的身份有所区别。

就其纯技术意义而言，真正的采邑制关系乃是存在于（1）具有层级划分的、同一阶层的成员之间，此一阶层踞于自由的人民大众之上、且形成一个与之对抗的统一体；（2）由于采邑关系之发展，个人彼此间乃以一种自由契约的关系——而非家产制的隶属关系——联系起来。封建的主从关系并不会降低封臣的荣誉与身份，相反的，它反而可以提高其荣誉，“托身”（commendatio[2]）并不能等同于服属于家权力，虽然其形式的确转借自此。

1　约自公元前五世纪以来，雅典让其贫民移居海外，发给他们在当地一块份地，以此课以军役义务，使其作为一种屯田兵的市民，以建设殖民市，一方面确保军事上及商业上的要地，另一方面则试图解决雅典本身的社会问题。一般即称此种殖民市的制度（典型的就是撒拉密斯殖民市）为 Kleruchien。——日注

2　采邑制的主从关系（即封主与封臣的关系）是依“托身”与忠诚的宣誓（Treueid）而设定的。所谓托身，是指封臣自己将两手合掌伸出，封主则以其两手合包住封臣合掌的外侧，完成以手的动作为核心的托身礼仪。这本来是罗马末期贵族社会里所行的家产制隶属关系的设定方式，后来转用为封建的主从关系的设定行为要素之一，并逐渐地去除了前者的隶属关系。——日注

就其广义而言，“封建”关系可以界定如下：(1)“赋役式”封建制，例如屯田兵、边军、负有特殊军事义务的农民（军事份地持有者、laeti、limitanei[1]、哥萨克骑兵）；(2)“家产式”封建制，可再细分为，(a)“庄园领主”封建制，部曲军（例如，罗马贵族直至内战时期仍习惯利用此种军队；此外，尚可见之于古埃及法老的军队）；(b)“人身领主”封建制，奴军（古巴比伦与埃及的军队，中世纪时阿拉伯的私人军队，马木路克）；(c) 氏族封建制，充当私人军队的、世袭性的客（罗马的贵族）；(3)“自由的”封建制，细分如下，(a)“扈从式”封建制，仅基于个人性的忠诚关系，而不附带有庄园领主权的授予（大部分日本的武士，梅罗琳王朝的侍从[2]）；(b)“俸禄式”封建制，仅基于庄园领主权与征税权之授予，而非个人性的忠诚关系（近东诸国，包括土耳其的采邑制）；(c)“采邑”封建制，基于个人性忠诚关系与采邑制的结合（西欧）；(d)“城市支配的”（stadtherrschaftlich）封建制，基于——持有份地之——战士的伙伴团体（以斯巴达类型为代表的希腊城邦[3]）。目前我们想讨论的主要是“自由的”封建制，特别是其中最为重要的、西欧的采邑封建制，至于其他类型则只有在比较时才会涉及。

完整的采邑制经常是一种**产生收益的**、各种权利的复合体，这些权利的拥有，可以（而且也应该）使一个支配者能维持符合

1　limitanei 为罗马帝国边境守备兵。据说创设于戴克里先（Diocletian，284—305 年在位）及君士坦丁修斯（Constantius Ⅰ，305—306 年在位）时代。他们原来是定住于边境地带所被授予的土地上，后来转变成一种世袭的屯田农民。——日注

2　Trustis 是梅罗琳王朝时代用以指称侍从（特别是国王的侍从）的中古拉丁文。——日注

3　韦伯在此用“城市支配的”封建制（“stadtherrschaftlicher”Feudalismus）来指称：城市（或作为战士团体的市民团体）握有支配权的封建制。不过，在别处，韦伯则单只用“城市封建制”（Stadtfeudalismus）或“城邦封建制”（Polisfeudalismus）来指称。——日注

其身份的生活样式。基本上，庄园领主权与可以取得收入的政治权力——换言之，即产生收益的权利——乃是授予战士的。在中世纪封建时期，一块土地的“gewere”乃是属于其地租所有者的[1]。在采邑层级制已发展成一套严密组织的地方，封建的地租收益源是根据其获得数额登记的。例如，以萨珊王朝（Sassanids[2]）与塞尔柱王朝为典范的、土耳其的“采邑”，就是根据其 Asper 收入的多寡来登记[3]；日本封臣（武士）的供养，也是根据“年贡米额”（Kokudaka）的登记。英国“土地清丈册”（Doomsday Book[4]）——这是后来的称法——中所登载的，并不具有封建采邑登录的性格，

1 日耳曼自古代以至中古，所谓物权，并不只是必须由双眼可见的具象的外形（对于物的事实的支配）来表现，相反的，被这种外形所表现出来的权利，即为物权。此种被外形所表现的、对物的事实的支配，即称为 gewere。因此，gewere 是“权利”之“表现”的意思，以现行的用语来说，即“本权”与“占有”不相分离。在此意义上的事实的支配（gewere），若就动产而言，是指物的“携持”。就不动产而言，是指物的“使用与收益”。例如领主将土地贷给农民时，就这块土地而言，农民依耕作与收获，领主依地租的收取，一起构成这块土地的“使用与收益”，因而也就是共同握有 gewere 的意思。由于采邑也是一种物权，因而必得以 gewere 之形来表现，作为采邑的庄园领主权利，也是以此方式，由 gewere 表现出来。——日注

2 萨珊王朝为波斯人所建的王朝（226—651），始祖为阿尔达西尔一世，建都于底格里斯河畔，与罗马、东罗马抗争。六世纪的赫斯洛一世时为其全盛时期，以其东西文化之交会点的优势，夸耀本身独特的文化，后灭亡于阿拉伯的伊斯兰教势力。——中注

3 在奥斯曼土耳其帝国的制度里，采邑受封者——一般称为“希帕士”（Sipāhi）——被授予在其受封地上征收租税与地租的权力，以作为其对苏丹之军事职务的报偿。在受封地中，年收入在二万 Asper 以下的，称 timar，二万至十万 Asper 之间的称 ziamet，超过十万 Asper 的称 Khass。以此，这些受封者以 Beglerbeg（或 Bejlerbej 大省的省长兼将军）为首，依次为 Sanjakbey、Alai-Bey、Subbassi，构成军事性的官僚机构。封地的继承权约自十四世纪以来即有明文规定，但仅限于父系的男性属员，若无具有资格的继承人时，封地即复归帝国所有，而 Beglerbeg 可以将封地授封给其他的“希帕士”。不过，Beglerbeg 的授封权未必能被正当地行使，慢慢地也发生了买卖的弊端，故而自十六世纪起，Beglerbeg 只被认可有对较小封地的授封权，而较大的封地则改由苏丹的中央官府来直接授封。——日注

4 这是征服者威廉自 1085 年开始至 1086 年末对整个英格兰进行土地清查后所得的报告书。其中关于国王的直辖地与封建家臣的领地皆有详细的记录。——日注

不过，英国封建行政之所以特别严格集权化，却由此而来。

由于庄园通常乃是采邑的标的物，所有纯正的封建结构以此具有家产制的基础。再者，只要是官职本身尚未被视为可以授封的采邑之处，家产制的秩序通常即能继续存在——至少在采邑制被纳入一个家产制或俸禄国家内、成为其行政的一部分之处（这倒是常见的），的确是如此。土耳其的骑兵（他们持有类似采邑的俸禄），与家产制的“新军”（Janitscharentruppe）以及半俸禄制的官职组织并肩而存，因此本身也还维持着半俸禄制的性格。

除了中国的法律外，源自国王财产的、支配者权利（Herrenrecht[1]）的授封，可见之于各式各样的法律领域。例如拉吉普特族（Radschputten）支配下的印度，特别是乌代普（Udaipur）一地，一直到最近为止，统治者仍将庄园领主权与司法权授予此一部族的成员，以交换军事服务[2]。这些受封者必须对其封君

1 “支配者权利”（Herrenrecht）是包含作为“支配者”（Herr）之地位的权利。就本文所及者而言，当国王在授封庄园领主权与司法权时，这些权利包含着作为Herr（庄园领主、司法领主）的地位，是为典型的“支配者权利”的授封。反之，不证自明的是，当作为一名“官吏”而行使司法权时，此一司法权并非这名官吏本身固有的权利，因而也就不是支配者权利。——日注

2 拉吉普特族是哈夏瓦达纳王死后（约七世纪中叶），自北方侵入印度的各外来部族与土著的诸部族混合而成的部族。拉吉普特族的族人被教育成战士阶级，即使是居于最下位者也因其具有骑士任务而高于他人。在此种族中，特别长期维持着古老制度者，是以乌代普为首都的麦瓦（Mewar）王国。在此王国里，除了若干自由的所有地（bhumia）之外，土地是由部族长来授予而成为类似采邑的保有地。氏族长被授予包括数十个村落的广大保有地，而下级骑士也受有一“丘萨”（chursa，足够维持骑士一人之生计的）保有地。他们则负有（如本文所说的）军事义务，必须支付援助金（aid）与服从君主的监护权，当违反义务时则被没收保有地等等，类似西方封建制的关系。不过，从另一方面来说，自部族长以至于全体族人皆为同一祖先的子孙且彼此间具有血缘关系的这种意识很强烈，故而许多学者并不认为这样一个社会是真正的封建社会，而毋宁是奠基于血缘纽带上的社会。参见D.Thorner，“Feudalism in India”（Feudalism in History，ed.by R.Coulborn，p.133 sq.）。——日注

行臣服礼，在封君死亡（Herrenfall[1]）的情况下，必须付规费（Laudemienzahlung[2]）给新封君，如果违反封建义务即有可能被剥夺授予的权利。相同地，处理土地与政治权利的方式——此一方式乃源自支配的战士阶层对征服地区的共同占有——亦常见于他处，或许也曾经是日本政治体制的基础。另一方面，我们也可以从梅罗琳诸君的土地赠与以及各式各样的“俸禄”里，找到无数典型的现象：所有这些赠与及俸禄几乎都以交换军事援助为前提，而且当封臣拒绝履行义务时，可以被撤销，只是其范围的界定通常都模糊不清。许多近东国家土地的授予——类似世袭的租赁权——也有实际上的政治目的，不过，由于此种土地授予并没有结合于采邑制所特有的、封臣的忠诚义务，因此无法适用“采邑”的概念。

1 封建的主从关系，乃是存在于特定的个人与个人间，而具有高度的个人专属性的关系。因此，当封君或封臣死亡时，此种关系即随之消失，采邑又回到封君或其继承人的手中。因封君（Herr）之死而导致采邑的归还，称为 Herrenfall；因封臣（Mann）之死而导致者则称为 Mannfall。将财产归还原出处（如因妻之死而还嫁妆于娘家）之事，一般称为（heim-）fallen；Herrenfall 与 Mannfall 即源出于此。西欧封建制下，封君对归还的采邑原本可以自由处理，后来逐渐转变为只要封臣对新封君（在 Herrenfall 的场合），或封臣的继承人对原封君（在 Mannfall 的场合），于一定期限内举行正式的臣属礼——包括受封（homage，Mannschaft）及宣誓效忠（fealty，Hulde）两种仪式——后，封君必须承认新主从关系的成立而再封授采邑，此即所谓“强制授封”。即此意味着：在 Herrenfall 的情况下，是封臣对新封君之“随从权”（Lehensfolge）的成立。在 Mannfall 的情况下，是采邑之“继承权”的成立。因此，采邑的继承，并不是采取单纯由被继承人转移给继承人的方式，而是根据被继承人之死亡而采邑复归原封君，再重新授封给封臣之继承人的方式。——日注

2 laudemium 狭义而言，是指当农民保有地转让给第三者时，支付给领主的“保有地转移金”。不过，在继承的情况下，也发生保有者转换的情形，所以广义而言，laudemium 也指继承时支付给领主的“继承金”或“死亡金”（mortuarium）。在此，很明显的是指广义而言。然而，在采邑法中，当 Herrenfall 或 Mannfall 时，采邑的重新授封之际，支付给封君的财产一般并不称做 laudemium，而是称为 relevium。——日注

二、采邑与俸禄

采邑也可以从法律的角度与“俸禄”（Pfründe）区分开来，只是其界线全然变动不拘。俸禄是一种终身的——而非世袭性的——报酬，以交换其持有者之真正（或虚拟）的服务；报酬是基于官职，而非在职者之故。因此，在西欧中古初期，俸禄并不像采邑一样（如史图兹所强调的[1]），必须在封君死亡时归还，而是在俸禄持有者死亡时（Mannfall）归还。在西欧中古盛期，非世袭的采邑并不被视为真正的采邑。俸禄所得属于“职务”，而非个人，可以“使用”，而不能被占有；中世纪的教会即从这点归纳出一些原则来[2]。至于采邑，在采邑关系尚存期间，则是封臣个人的财产；然而，这份财产是不能转让的，因为它是紧密联系于一种高度个人性的关系，也不能被分割，因为它是用来维持封臣负担服务的能力[3]。俸禄持有者通常（有时则是普遍地）可以不必负担职务的费用，或者由其

1　Ulrich Stutz（1868—1934），瑞士的教会法史学者尤以“私有教会”的研究著名。与本文相关者，参见其所著 Die Eigenkirche als Element des Mittelalterlichen Kirchenrechts S.29 ff；“Lehen und Pfründe，” *Zeitschrift der Savigny-Stiftung für Rechtsgeschichte*，Bd.33，S.213 ff.。——日注

2　所能归纳出的原则，特别是诸如：圣职买卖的禁止和圣职者独身制的厉行等。至十一世纪中叶左右为止，取得教会的高等官职乃是地方豪族扩张家门势力的绝好策略，原则上只要付给握有任命权的国王巨额代价即可获得此等地位。并且，一旦将得手的教会官职转手给另一家族的人时，当然是可以要求相当的价格。为了有效地去除这种圣职买卖的惯行，就有必要将圣职者从家族的利害关系中解放出来，因而圣职者被要求厉行独身制。圣职买卖与圣职者娶妻的禁止，特别是教皇格列高利七世所激烈要求的，这其中另外合带着除去俗人对教会及修道院之支配权的意味，以至于发展成教会整体的改革运动。——日注

3　采邑的分割，特别是准许因继承而分割的情况，结果会导致封臣难以负担其义务（特别是须自备武装的军事勤务义务）。为了避免此种致使封臣供给能力低下的后果，关于采邑，很早以来便显著地具有单一继承（严格地说，便是数个继承人中只有一个人得以重新授封）的倾向，结果是形成典型形态的长子单独继承制（Primogenitur）。——日注

俸禄的部分所得来支出。至于（采邑）封臣则往往得自行负担（授予）其职务所需的费用。

然而，此种差异并非真正决定性的。例如，在土耳其及日本的法律里，采邑与俸禄即无此等差异；不过，我们下面就会提到，这两个地区的法律本来就不是纯正的采邑法。另一方面，我们也晓得，所谓俸禄之非世袭性的特征，经常也只是虚构的；俸禄——特别是许多法国的俸禄——的占有曾经发展到此一程度：俸禄的继承人可以因俸禄所得的丧失而得到补偿。因此，决定性的差异还得寻之于他处。

凡是俸禄已失却其所有家产制的痕迹之处，俸禄持有者即转化为单纯的用益权所有者或坐食者，负担某种即事化的官职义务，就此而言，其性格乃接近官僚制的官吏。反之，立于一切家产制隶属关系之外的自由封臣，乃遵从于一个要求极高的、义务与荣誉的法典。在其发展最为成熟的阶段，采邑关系以一种独特的方式结合了看来最为矛盾的一些要素：一方面是严格的个人忠诚义务，另一方面却又是确定的权利与义务的契约，以及由于与收益源泉结合而出现的、此等权利义务之非人格化（Versachlichung[1]），最后则为采邑保有状态之世袭的保障。只要是采邑关系的原始意义尚能维持之处，“世袭性”即非普通的“继承”。首先，期望继承者在要求此份采邑之前，必须先具备符合采邑服务（封

1　在采邑制里，原来采邑的授予之根本，在于封君与封臣之间的“人的关系”之存在。因此，当此种人的关系因封君或封臣的死亡而解消时，采邑也就失去其存在根据而复归于封君之下。然而，另一方面，在成熟的采邑法中，对于封臣之违反义务的唯一最高制裁手段仅只于没收采邑（在西方的采邑制里，没有像日本的封建制里那种切腹、改封、减封、绝门等制裁手段），因此，封臣在警觉到采邑会被没收或打算放弃采邑的情况下，尽可不履行其义务，最终遂达成：人的权利义务乃是基于接受具体采邑这个事实的想法。换

臣）的资格。再者，他必须纳入（与封君的）个人性的忠诚义务关系中。正如土耳其的封臣之子必须在适当时机向“地方长官”（Beglerbeg）——或者（如果必要的话），通过他向中央主管机关（Hohe Pforte）——申请一份新的“认可状”（Bérat）[1]，西欧的采邑继承人也必须重新办理采邑的“授封申请”(muten)，在行过“托身”与臣服礼宣誓之后，再由封君授封给他。在继承人的资格确定的情况下，封君的确有义务要将此人纳入忠诚义务的关系中，只是忠诚关系本身具有一种契约的性格，而且可以随时由封臣（在放弃采邑的条件下）宣告终止。此外，封君也不能独断地将义务加之于封臣，义务的固定范围毋宁说是基于契约[2]。此种契约性的忠诚与恭顺的义务，则由对当事者双方皆有约束力的荣誉法典形塑而成。以此之故，定型化的义务、封臣地位的实质保障，乃与一种对个别封君之高度个人性的关系结合起来。西欧封建制即为此种

（接上页注）言之，在初期的采邑制里，是从“人的关系”来形成法的原因（causa），或说是在“人的关系”之基础上，成立“物的”采邑之授受关系。然而在成熟的采邑法里，物的关系反倒变成原因，或说是由物的关系当中产生人的义务。以此，权利义务乃固着于特定财产对象上的现象，广见于西方中世纪。为了指称这种现象，普通是用 Versächlichung，Verdinglichung，Radizierung 等语词，反之，Versachlichung 一语——亦即“非人格化”（Entpersönlichung）——多多少少是用来指“即事性的合理性化”之意。在本文里，用的虽是后者（Versachlichung），但在内容上恐怕应该要理解为前者的意思。——日注

1　关于这点，详见本章 p.202 注 3。——中注

2　西方的封臣义务，除了军役义务外，大致上只有赴封君之廷（Hoffahrt）的义务与提供一定的财政援助的义务。前者为：应封君的召集赴封君之廷参加由封君召开的采邑法庭，以及因应其他一般性的封君咨询；后者为：当封君被俘虏时，提供赎身金，或分担封君的长男举行骑士叙任仪式时的费用及封君长女出嫁时的陪嫁财产费用。至于最重要的军役义务，也有种种限制。例如在神圣罗马帝国，本国内的封臣，并不负出兵意大利的义务，除非是为了皇帝加冕而征行罗马。并且，在日耳曼本国内，凡被授封萨列河（Saale）以东之采邑者，负有服东部国境地方军役的义务。除此，在法兰西（尤以诺曼底为典型），军役渐次被限定为每年四十天。——日注

结构之最成熟的发展，至于土耳其的封建制，若就继承权之要求这一点来看，比起西欧的封建制显然具有更强烈的俸禄性格，因为在继承权的问题上，尽管有各式各样的规则与规定，苏丹与地方长官还是拥有极其广泛的独断权力。

日本的封建制也不是一种完整的采邑制。日本的大名（诸侯）并非采邑制的封臣，而是个负有提供定额兵员、卫队与定额贡纳的封臣；在其封国（藩）之内，他就像个领土君侯一样，实际上以自己名义行使行政、司法与军事权力；若是违反封建义务，也可以被贬到另一封国。大名之所以不能算是真正的封臣乃在于，幕府将军的真正封臣（“谱代”），如果受有大名领主权的话，基于个人隶属关系，可以为了政治合目的性的因素（而非任何个人的“过错”），接受转封（“国替”）。此一事实也说明，授予他们的乃是一个官职，而非采邑。这些大名被禁止互结同盟、彼此建立封臣关系、与外国缔结条约、械斗与筑城。至于他们的忠诚问题，则由参勤交代制——要求大名定期居住在京城——来保证。

另一方面，武士则是在个别大名（或幕府将军）之下的、人身自由的私兵；他们领取禄米俸禄（土地授予则极罕见）。这些人部分来自志愿性的武士扈从，部分则是有宫廷服务资格的家士。他们就像日耳曼中世纪时代的家士一样，发展出一种实际上自由契约式的关系。他们的社会身份差异极大，从小小的坐食者（服务于主君城堡，领取禄米，五人一间寝室），到实际上世袭性地持有封君之家职者等等。武士乃是个自由的扈从阶级（部分为平民，部分则为廷臣），是俸禄持有者，而非采邑制封臣；他们的地位与其说类似西欧中世纪封建制的受封者，毋宁说更接近法兰克（梅罗琳）王国的“侍从”（Antrustiones[1]）。他们与主君的关系常带有一种骑士之恭顺的感情，类似西洋采邑制下的忠诚，只是更为强烈；这种强烈的忠诚关系源自于从士的忠诚观念之被转化为一种荣誉的、自由封臣的关系，以及武士的身份荣誉观念。

最后，伊斯兰教战士采邑的特殊现象，正如贝克（C.H.Becker[2]）最近所提出的，可以从其之原为雇佣兵，以及其之与包税制的关系等因素来解释。由于无法支付其雇佣兵薪俸，家产制君主只好让佣兵直接收取其人民的租税。他同时也得将财税官（’Amil）的位置——负责缴纳定额的货币——交给军事指挥官（Emir）；根据我们所熟知的、典型的家产制权力分划的原则，财税官员原先是独立于军事指挥官之外的。在“恩俸”（iktàh，beneficium）的观念里融有三种不同的成分：(1) Takbil，将一个村落或地区的租税包给一个“包税者”（muktah）；(2) Kata’i，亦即采邑（美索不达米亚称之为 sawafi），将庄园领主权授予立有功劳或不可或缺的支持者；(3) 人民租税的被占有，军事指挥官及士兵——特别是马木路克——为了弥补其薪饷的缺额，占取了人民的租税以为担保，或者索性由君主指定分配给他们。

恩俸（iktàh）的持有者必须负担兵役，而且在理论上必须将其所收租税超过薪饷的余额上缴中央——只是他很少照办。基于

1　梅罗琳王朝时代的国王侍从，被认可为一般人命金的三倍（参见第三章 p.135 注 1）。由于他们并未转变成采邑制的封臣，所以并不必然与采邑相联结，倒毋宁说是以“个人性的”义务之观念为主轴。——日注

2　Carl Heinrich Becker（1876—1933），德国东方学学者。历经海德堡大学讲师、汉瓦克殖民研究所教授、柏林大学教授，后为普鲁士教育部长。主要著作为：*Beiträge Zur Geschichte Aegyptens unter dem Islam*，2 Bd.，1902 / 1903；*Islam studien*，2 Bd.，1924/1932。——日注

这种类型的控制里、士兵对其所掌握人民的恣意诛求，早在美索不达米亚（一直到十一世纪末），塞尔柱王朝的宰相尼撒阿马克（Nizamal-Mulk[1]）即已决定将土地以俸禄的形式授予士兵及军事指挥官，并放弃对租税余额的要求，以交换他们的军事服务。十四世纪时，埃及的马木路克王朝亦采行此一制度。从包税者或承受抵押者转变成庄园领主的士兵，为了自身的利益而致力于改善其人民的田地状态，这也消除了军事与财政当局间的摩擦。奥图曼土耳其的希帕士俸禄（Sipāhi-Pfründe），即为此种军事俸禄制的一种变形。这种军事俸禄制与西方采邑封建制的根本区别乃在于：前者乃是一个基于货币经济、却又以古代模式组织起来的国家、由于税制崩坏与实行佣兵制的结果，后者则来自自然经济与扈从制。近东的封建制缺乏所有这些源自于扈从制之恭顺关系的要素，尤其是欠缺特殊性以及人格性的、封臣之忠诚的诸规范；反之，纯然基于人格性扈从制之恭顺关系的日本封建制，则又缺乏了恩俸制（Benefizialwesen）之庄园领主的结构。西欧的采邑封建制，由于本质上结合了源自扈从制之恭顺而来的人格性的忠诚关系以及恩俸制，而与上述的近东封建制与日本的封建制，形成尖锐的对比。

---

1 Nizamal-Mulk（c.1017—1092），伊朗政治家。出仕于大塞尔柱王朝第二、三代哈里发的著名宰相。除了政治上的功绩外，其保护学术的作为，促成了第三代哈里发晚年治世的最隆盛时期，并著有《政治之书》（*Siyāsat nāmah*，1091 / 1092）。就本文所论及者，其为恩俸制（iktàh）的最终完成者。换言之，在前此的制度里，战士并未领受一时的恩俸以作为给养，因此在他们的苛敛诛求之下，容易造成国土的荒废，尼撒阿马克则采取放弃要求租税余额纳入国库的政策，将恩俸（iktàh）决定性地赋予战士，事实上即认可他们对 iktàh 的世袭。此外，在《政治之书》里，他提出：iktàh 保有者的权限并不及于住民之人身、财产与妻子，而住民仍为自由人的论说。在此方针被严格贯彻之下，虽未衍生出庄园领主权，然而实际上，iktàh 保有者则取得对住民的支配权力，转化而成庄园领主。——日注

三、采邑制的军事起源与正当性基础

采邑的广泛蔓延，主要乃是基于军事缘由。土耳其的采邑俸禄要求其持有者居于采邑，在帝国大扩张时期，如果其持有者连续七年未曾服役于军中，即会丧失拥有权；其继承人的采邑授封申请，部分也得视其是否曾积极地服务于军中而定。在近东以及西方，采邑俸禄通常都是用来建立一支骑兵，以取代征集自由民组成的军队，以及（有时）国王之卡理斯玛的侍从（trustis）；这支军队配备同样的武器、并接受不断的训练；他们个人性地效忠于其支配者，高度的荣誉观念则是其之所以骁勇善战的缘故。法兰克的采邑制乃是为了对抗阿拉伯的骑兵，以还俗的教会土地为基础而成立的[1]。土耳其的采邑俸禄基本上也不集中在奥图曼人原有的农村落（安那托利亚），而是在后来征服的地区（特别是罗美利亚[2]）；这些采邑大半是庄园，由拉亚人（Raya[3]）负责耕作。

1　法兰克人的军队至七世纪为止是步兵，自八世纪以来，为了对抗入侵的阿拉伯骑兵，从宫宰“铁锤”查理（Charles Martel，714—741）时代开始转变成以骑兵为主力。然而，骑兵的勤务，无论在装备上或训练上，非一般农民所能负担，所以有必要组成专门的骑兵队。温那（H.Werner）认为这种情况就是导致法兰克的采邑制的主因，此说在学术界一时成为定论，不过现在一般倒不那么重视阿拉伯军制的影响。因为，在“铁锤”查理之前，国王即有侍从围绕，他们若非受赠国王领地，即受领没收来的教会领地，然而到了八世纪时，由于国王领地已几近枯竭，且教会财产之不可让渡的原则——一旦成为教会的财产，即不得在无偿的情况下丧失的原则——已被确立，因此很难再采取素来的手段。在此情况下，“铁锤”查理及其子“矮子”丕平（卡罗琳王朝创建者）且不对教会的土地所有权动手，而采取命令教会将教会领地“贷给”侍从的办法。所谓“根据国王命令的借地权”（precaria verbo regis）即此。其后，此种“借地权”的设定方式，并不单只用于利用教会领地的情况下，最后连封君将自己的土地授予封臣时，也普遍地运用这种方式。其实这无非就是“恩俸”（beneficium）或“采邑”（Lehen）的形式。除此，另参考 M.Weber，*Wirtschaftsgeschichte*，S.70。——日注

2　安那托利亚（Anatolia），小亚细亚之旧称，土耳其的亚洲部分；罗美利亚（Rumelia），古土耳其帝国欧洲部分，包括 Macedonia、Thrace 与 Albania。——中注

3　Raya 一字源于土耳其语 reājā，为土耳其帝国内的非伊斯兰教徒住民。——日注

在一个内陆而又处于自然经济状态的国家里，采邑制军队若取代了征集自由民组成的国民军，其作用正如已进入货币经济的沿岸国家（或内陆国家）之采用佣兵制一样：一方面是由于一般人日益忙于经济活动，另一方面则是由于国家的势力范围日益扩张。对土地持有者大众而言，日渐的和平化与农业劳动的日趋剧烈，使得他们愈来愈疏远军事事务，也没什么机会接受军事训练；特别是小土地所有者，经济上再也没有余暇从事战争。原先由女人负担的工作，现在逐渐由男人担负起来，且将男人“紧缚于土地”上；由于土地分割或积累所导致的、财富的日益分化，摧毁了武器配备的齐一性：日益增多的小土地所有者再也无力武装自己，而自行武装却又是成立任何自由国民军的先决条件。大帝国遥远边境的战争尤其是无法以农民征集军来承担，正如市民军无法控制广大的海外殖民地一样。佣兵取代市民军的结果是训练有素的职业士兵取代了民兵，同样地，往采邑制军队的转化则立即导致高度的武器的划一。采邑制军队初见于西欧时，马与武器亦为授封物之一，要等到此一制度普及化之后，才转变成自行武装。

在发展成熟的采邑制里，决定封臣行为的特殊因素，并不仅在诉之于其恭顺义务，同时也诉诸其基于高度社会**荣誉**而来的、身份的品位尊严。武士般的荣誉感与仆人式的忠诚，与支配阶层的品位尊严及其习律密切联系在一起，并以后者为其支柱。采邑制之为构成一支骑兵部队的基础，此一事实决定了西欧发展成熟的采邑制之特征，而与客、军事份地持有者、武士阶级（machimoi）、古代近东持有采邑的士兵等等平民的“步兵采邑”，形成强烈对比。下面我们还会不断接触到此一问题。

采邑制培植出来的人能自行武装并受过职业军训，在战争时视支配者的荣誉为自己的荣誉，视支配者势力的扩张为替自己子孙获得采邑的机会，以及（尤其是）认定**自己采邑之正当性的唯一基础**、乃在维持**支配者**之纯粹人格性的支配。不管哪儿，最后这个因素对于往封建制发展，以及特别是封建制从其原有的领域（军事服务）扩展至公共官职，具有决定性的意义。

例如在日本，支配者即企图利用此一因素、将自己从氏族卡理斯玛的门阀国家之约制下解放出来。在法兰克帝国，家产制国家企图利用限制官职任期与巡察使制度来维持支配者的权力，只是此一企图屡遭挫折。贵族党派在梅罗琳王朝权力斗争里的急遽浮沉，终于在一个中央官吏（宫宰）的强力控制下画上休止符，只是其结果则为原有正统王朝被此一官吏所篡夺。卡罗琳王朝统治下，官职被作为采邑来授封，此一方式带来某种相对的稳定性。卡罗琳诸君首先利用封臣来对抗梅罗琳王朝的“侍从队”，接着他们又发现，在帝国分裂后诸王斗争的情况下，具有封臣之忠诚义务的官职持有者与支配者之间、严格的人格性的结合关系，乃是唯一可靠的支持力量，因此，自九世纪开始，此一政策即固定下来。

反之，中国的封建制度则遭到废弃的命运，尽管在一段很长的时间里封建制度还一直被怀想为列祖列宗所传下来的、真正的神圣秩序；代之而起的是、首尾一贯遵循自己方向发展的、俸禄官僚制的秩序，其目的在消灭封建官职，动机则相当典型——所有权力皆回归到支配者手中。通过封臣之人格性的骑士荣誉，固然可以相当程度地保障支配者的地位，其代价则是支配者对其封臣支配力量的大大削弱，发展成熟的封建制可说是，最彻底形式的、支配之体系性的分权化。

首先，支配者对封臣只拥有有限的“惩戒权”。唯一可以剥夺封臣采邑的根据是“Felonie”：由于不履行采邑制的义务，因此而违反了对支配者的忠诚义务。然而，Felonie 的概念相当含混不清，而且一般而言，对封臣的地位——而非支配者的恣意而行——反而比较有利。因为，就算没有一个由封臣所构成的封建法庭（因此封臣即无法如见之于西欧一样的、形成一个采邑利害关系者的法人团体），下述的论断还是完全妥当的：支配者在面对个别封臣时强而有力，在面对封臣整体之利益时则无力可言，当他要对付某个封臣之前，他得先确定能得到其他封臣的支持，或至少是不反对。由于采邑制关系乃是奠基于一种相互忠诚的基础上，支配者的恣意而行在此就像一种“违反忠诚义务”，对其与所有封臣的关系会带来一种特殊的、根本性的破坏力[1]。支配者对自己封臣的惩戒权实际上受到相当严格的制约，这一点只要对照下列事实——对于封臣的封臣，他通常没有任何直接的惩戒权——就更为清楚[2]。

在发展成熟的封建制里，存在着一种双重的“层级制”。第一，只有领主权，特别是土地采邑——土地采邑的拥有可以上溯至最高统治者（国王），因此可视为一切权力的源泉——才能作为一个

1 在西方的采邑制里，这点特别显著，不只要求遵守所谓的 Mannentreue（封臣对封君的诚信义务），尚且要求遵守 Herrentreue（封君对封臣的诚信义务）。例如：沙特尔圣堂（Cathédrale de Chartres）的主教福贝特于 1020 年的著名书简中即列举封臣对封君的种种义务，其后说道：“封君也必须对封臣信守以上诸点，若不如此，则封君也当然被认为破弃了他的诚实。”十三世纪的法国法律家波玛诺乌尔也说道：“封臣对其封君，以其臣服之故，负有诚信与忠诚的义务，同样地，封君对其封臣也负有如是义务。”因此，当封君不信守其诚信义务时，封臣得以采取一切手段反抗封君（此即采邑制的反抗权）。日耳曼中世纪时的谚语，“君君，臣臣”（Getreuer Herr，getreuer Mann），可表现出同样的关系。——日注

2 十三世纪的法国法律家杜兰（Durand，Durandus）在其著作中所谓“我的封臣的封臣并非我的封臣”（Homo vassali mei non est homo meus.），即为此事实之有名的定式。——日注

完整的采邑来授封[1]。其次，存在着一种社会品位秩序，例如《萨克森律鉴》里的“授封权制度（Heerschildordnung）”[2]，此一品位秩序乃取决于各个采邑持有者所占据的、相对于最高统治者（国王）而言的、再授封的地位。不过，支配者对其封臣之封臣（陪臣）的直接控制力，还是很成问题的，因为，封臣与下级封臣之间的采邑关系，同其他所有的采邑关系一样，乃是一种非常严格的人格性的关系，因此也不会轻易因此一封臣违反对其封君的忠诚义务而告解消。古典时期的土耳其封建制，曾经以拟俸禄制的方式来界定采邑以及“地方长官”（相对于中央主管机关）的地位，从而达到较强有力的中央集权。尽管在西欧采邑制里、下级封臣的臣服礼誓辞中有所谓“忠诚义务保留”：“保留对国王陛下的忠

1　自由所有地（Allod）被授封为采邑的话，这种采邑也不被原本的采邑法认定为采邑。以此，比方说：这种采邑不但没有“底从权”（Folge）与“继承权”，并且封主（Allod 所有者）可以随时以授予同价值之其他封地的方式来取回这种采邑。此一理论贯彻之下，结果是：唯有原来是由国王所授封的采邑，才是依据完全的采邑法的授封。参照 Schröder-Künssberg，*Lehrbuch der deutschen Rechtsgeschichte*，7.Aufl.，S.430。——日注

关于 Allod 参照第三章 p.193 注 1。——中注

2　*Sachsenspiegel* 乃 Eike von Repgow 私人编纂成的日耳曼法律文书，著成于公元 1215—1235 年间。内容是有关 Ostfalen 一地法律记录，包括土地法与采邑法二卷。此书虽成于私人之手，但一般公认具有甚高权威，几乎被视为法典。此外，它也以其为用德语散文所写成的最初著作而闻名。

根据 *Sachsenspiegel*，国王有第一授封权（Heerschild），教会诸侯第二，俗世诸侯第三，自由贵绅（Freie Herren）第四，参审自由人（Schoffenbarfreie）与自由贵绅的家臣第五，第五者的家臣为第六。至于是否有第七授封权，《萨克森律鉴》表示存疑。奥古斯堡（Augsburg）一位修道士于 1275 年左右所著的 *Schwabenspiegel* 对授封权的界定，与此稍有不同。Heerschild 一方面固然如正文所言，用以表现采邑制下的身份秩序。另一方面，更意味着采邑制下，有资格受封者的一览表，除表列诸人外，其他人没有受封的资格。因此，在计算对封臣授封采邑的次数时，将得自国王的授封算作第一次，最多不得超过四次或五次。最后，需要说明的是，授封权制度也是用以界定“相对授封资格”的制度。换言之，领主必须具有较自己的封臣为高的 Heerschild。——日注

诚”(salvä fide debita domino regi)[1],然而就算是在其封主明显违反对国王之忠诚义务的情况下，也无法避免下级封臣陷入（至少是）良心的冲突中，因为他所面临的是双重的忠诚义务；不管怎么说，此一下级封臣经常会认为自己有权力来衡量、其封主的上级封主是否还信守对其封主的义务[2]。

英格兰在往中央集权发展的过程里，征服者威廉从诺曼底带来的制度是最具关键性的[3]。所有的下级封臣都得直接向国王宣誓效忠，因此亦被视为国王的家臣[4];任何一个下级封臣如果对其封主的判决不满意，即可向国王的法庭直接提起上诉，而不必一定要（像法国那样）循采邑制的层级审判顺序逐步而来；因此，英格兰的“采邑层级制”，在涉及有关封建法的事务时，并不像其他大多数的国家那样，是与司法审判的层级制相互一致的。诺曼底与英

1 封臣在其臣服礼誓词中，是以对封主负有“用进言与助力以对抗万人”(consilium et auxilium contra omnes）为原则，因此即使敌方是封主的封主，封臣亦应援助自己的封主。但有时有所谓“忠诚义务的保留”，特别当大封主是国王时。誓言中常插入类似“保留对国王陛下的忠诚”或“国王除外”等字句。在这种忠诚义务保留的情况下，国王变成具有最优先的忠诚义务要求权。此种为国王之故的忠诚保留习惯，特别是行之于十三世纪初以来的法国。——日注

2 在上述保留的情况下，封臣即不会冒直接对抗国王的危险，而且照理说，他还应该支持国王。可是如果国王与其封臣间的争执，是因为国王自己破坏了对封臣的契约义务，则封臣之反抗成为正当，felonie 不成立，下级封臣自应援助自己的封主。究竟如何取舍，还得看下级封臣自己的判断。——日注

3 William Ⅰ（1027—1087)，诺曼底公爵，1066 年征服英格兰，以诺曼王朝第一代国王的身份君临英格兰，而将诺曼底严格的采邑封建制导入英格兰，确立英国封建制的基础。——日注

4 “征服者”威廉于 1086 年，下令召集英格兰重要地主于索尔斯堡（Salisburg)，逼使他们一致臣属于国王，成为他的“人”，向他宣誓效忠。宣誓的目的是使每一个地主都尊国王为“主君”，而不得毫无条件地服从自己的领主，并且，对国王的忠诚义务优先于对自己的直属封主。其后，历代诸王皆向一般臣民要求效忠宣誓。此种“一般的臣民宣誓”(allgemeiner Untertaneneid）其实自盎格鲁—撒克逊王朝时代以来便行之有素，威廉一世只不过是将此一前封建时期的制度加以巧妙应用罢了。——中注

格兰地区的支配者与封臣之间、之所以会形成严密的组织与强固的结合，乃是因为其封建政体是建立在征服地区，就像土耳其的采邑制一样——正如教会最严密的层级组织出现在传教地区一样。不过，就算在这些地区，也无法完全避免上述之下级封臣良心冲突的问题。因此，封君经常企图限制再分封，或至少是再分封的次数；相反的，在日耳曼，对授封权制度的限制则来自官职层级制的一般性原则[1]。

另一方面，发展成熟的采邑法规定，所有曾经被列为采邑的对象在复归原封主（Lehensru ckfall）之后，必须再分封出去（强制授封[2]），亦即“没有无领主的土地”此一原则的确立。国王必须将所有传统的采邑单位皆授予封臣，乍见之下，此一规定似乎颇为符合官僚制原则，然而其意图却截然有别。在官僚体制下，所有职位必须补满，乃是对被支配者一种法律的保障；反之，采邑的强制授封则使得大多数封臣（持有官职或采邑者）的属民、脱离了与最高封主（国王）的直接联系。再者，此一封建习惯的

1　参照 p.215 注 2。此外，对于包含了“枭首与断臂之司法权”（死刑、肉刑司法权）的采邑，则有更严格的限制。原则上，不授封与第四授封权以下者（《萨克森律鉴》第 3:52.3，3:54.1 条）。因此，此种采邑的下封次数，仅限于两次或三次。——日注

2　“强制投封”（Leihezwang）有两种情况：(1) 在 Herrenfall 及 Mannfall 的场合。(2) 在采邑因没收或封臣家之灭绝而归还领主时，领主必须在一定期间内，将此采邑再授封给具有相同身份的封臣，而不得收归己有。此处正文所说当指第二种情况。值得注意的是，第二种情况的强制授封只存在于日耳曼帝国，且只限于帝国皇帝与帝国诸侯（Reichsfürsten）——即与皇帝有直接主从关系的封臣——之间。日耳曼皇帝对归还到自己手中的诸侯采邑（即所谓 Fahnlehen）必须在一年又一日之内，再授封给另一诸侯。此一制度大约出现于十二世纪末，不过，如前所述，除日耳曼外，其他君主并不受此一规则限制，即使在日耳曼境内，诸侯与其自己的封臣之间亦不受此一限制。此外，也因此之故，日耳曼帝国里的诸侯所拥有的采邑总量，在国王之新授封之下增加，而不因没收或归还之故减少，所以帝国直辖领地的扩大，大大地受此强制原则的制约。——日注

确立，成为全体封臣的集体权利：此即支配者不能为了自己个人的利益把权力再收回手中，从而破坏了封建的权力分配体系，毋宁说，他必须在扶持封臣之子孙此一目的下，不断地利用所有既存的采邑。根据所周知的模式，一旦封臣组织成一个权利伙伴团体，特别是当他们成为一个封建法庭的成员、处理有关采邑之继承、复归、再授封等争执的诉讼过程，即格外能坚持他们的要求。在此情况下，除了上述确保采邑之供给的各种手段外，采邑之需求亦形成独占。

由于对封建团体中候补者个人之采邑受封资格的要求不断增加，独占化亦持续下去，就像在官僚制国家里，官职候补者被要求通过更多的专门考试与拥有更多的毕业证书、以获取任官资格一样。只不过封建制下的采邑受封资格恰与基于专门知识的官僚制职位的任官资格，形成尖锐的对比。官僚制与家产官吏制、就某个意义而言——亦即在其纯粹类型里，两者皆着眼于个人的资格，只是前者要求的是切事性而专门的资格，后者则为纯粹的个人资格——都是基于社会之“齐平化”；两者皆无视于身份的差异，事实上，这正是它们利用来打破身份差异的特殊手段。尽管先前我们曾提到过，官僚制与家产制的官吏阶层很容易转变成某种特定的、身份与社会“荣誉”（以及伴随此一荣誉而来的各种现象）的担纲者，此一论断仍然无误；此处所谈的“荣誉”乃是来自这些官吏阶层所拥有的权力地位。

至于封建制的最根本要素则为身份意识，而且此一特质还不断被强化。不论何处，封臣（就此字之特殊意义而言）都得是个自由人，不服属于任何一个支配者的家产制权力之下。日本的武士亦可自由选择其支配者。原初封臣的特殊资格，在大多数情况下当然只是其“专业”能力——高强的武艺。在土耳其的封建制里，依然是如此，就算出身拉亚（Raja），只要能提供必要的军事服务，即可获得采邑。然而，采邑关系一旦发展成熟，就只能存在于支配阶层内部，因为它乃是基于被刻意强调的身份荣誉的基础上——身份荣誉被视为忠诚关系与善战与否的关键所在。准此，不论何处都附带要求过一种贵族（亦即“骑士”）的生活，特别是禁止从事任何营利的活动，因为这种行为有碍武技训练，对骑士的荣誉不免有损。

当封臣的子孙获得采邑的机会开始减少之际，采邑与官职——稍后尤其是用来支持没有适当生计之亲族的圣职者俸禄（Stifts Pfründe）[1]——的独占即步入最激烈的阶段。在日渐增加的身份习律主义的影响下，原有的受封要件再度扩充，采邑或圣职俸禄的候补者，不但必须“生活得像个骑士”，而且也必须“为骑士所生”；换言之，他的祖先中最少得有几个骑士，最初规定为双亲，接着是祖父母，亦即“四个祖先”；最后，在中古末期的骑士比武规则与教堂委员会规则中，则要求能提出十六个骑士祖先的证明，城市贵族被排除于外，因为他们与行会共同分享支配者权力、且与行会成员共同参与城市议会。这种身份之独占化的进展，自然意味着社会阶层结构之渐增的凝固化。此外，尚得加上其他同样性质的因素。

1　关于教会圣职者组织及其俸禄制的形成，参见第三章 p.142 注 1。——中注

四、封建的权力分配及其定型化

所有够格的采邑候补者皆要求对采邑持有集体的占有权，此一要求虽非普遍得到承认，不过也有某种程度的进展，而且与个别采邑持有者之严密的、固有的权利性格（eigenrechtlichercharakter）亦息息相关。

在封建制的发源地区，封臣的权利是根据**契约**而来，且可以重新缔结，然而，根据已经确立了的规则，契约上的权利也是可以继承的，权力分配以此定型化，远超过俸禄结构下所能达到的程度，同时也使之极端缺乏弹性。采邑持有者的地位通过一种存在于封主与封臣间的双边契约而得保障，此种契约精神贯穿整个制度，对封建制的发展极具关键性；这种保障已超越单纯的、支配者的授予特权，与俸禄的占有形成强烈对比的是，它并非仅只是个纯粹经济性的问题。它使得封建制近似于一种相对而言的“法治国的”构成体（rechtsstaatliches Gebilde），至少跟纯粹的家产制比起来是如此：纯粹的家产制支配奠基于两个并行的现象，一方面是传统与占有的权利之受约束，另一方面则又是专擅与恣意而行的自由。

封建制可说是一种“权力划分”，然而并非孟德斯鸠所说的权力划分[1]，孟氏的权力划分指的是一种支配权力之质的划分，而封建制则仅是量的划分。政治权力的分配乃基于“社会契约”，此一思想曾导致立宪政体，其素朴形式则可见之于封建制。当然，

---

1 Montesguieu（1689—1755），著《法意》（*De l'esprit des lois*，1748）一书，强调三权分立（立法、司法、行政）的原则。——中注

这种形式并非一种存在于支配者与被支配者（或其代表）之间的协定——在此协定下，被支配者的服从被视为支配者之权利的根源——而是一种本质上截然有异、存在于支配者与某些（源自支配者之）权力持有者之间的契约。支配权力的类型与分配，经此契约固定下来，然而并没有一般性的规制，也没有合理分工的、个别的管辖权。因为在封建制里，所谓职权乃是官吏个人自身的权利，恰与官僚制国家形成对比；职权的范围则取决于两个**相互作用的**因素：其一为官吏具体的、个人的授封权力，另一则为被支配者之复免权（Exemtionen）、豁免权（Immunitäten）以及其他的特权（不管是授予的抑或由传统所圣化了的）。只有这种存在于**一个**权力拥有者之主观权利与**其他**权力拥有者（极为类似定型化且被占有的家产制官职）之**对立**权利之间的、并存与相互制约的现象，就权力分配而言，在某个程度上才相应于官僚制下官吏“权限”的概念。因此，这种概念就其原本意义而言不存在于封建制，所谓“官府”（Behörde）的概念因之亦告阙如。

最初只有部分的封臣被授予政治权力——基本上乃是司法权力[1]。在法国，此即所谓“司法领主”[2]。支配者可以将自己所拥有的司法权力分割开来，一部分授予此封臣，另一部分则授予彼封臣。最典型的方式为“高级”司法权（包括流血禁制权，Blutbann）与

1　在封建社会里，权力一般特别是以“司法”权力（iuris dictio）来展现。参见世良晃志郎，《封建社会の法思想》（尾高潮雄外编，《法哲学讲座》第二卷）。——日注

2　具有司法权（justice）的领主（采邑保有者）称为司法领主（seigneur justicier）。除此之外的采邑保有者，仅为土地领主而非司法领主。在日耳曼亦可见到如此的区别。另参见第三章 p.119 注 1。——日注

“下级”司法权的划分，并分别授予不同的封臣[1]。

这点绝非意味着，被授封（在原初官职层级制中）较“高级”支配权力的封臣，在采邑层级制里亦会据有较高的位阶，因为采邑层级制的位阶是根据与最高支配者的距离来决定的。至少在原则上，采邑层级制乃是个与最高支配者之距离远近关系的问题，而与支配权力的阶序全然无涉。然而实际上，拥有最高司法权，特别是拥有流血禁制权，不管何处都会导致其持有者形成一个特殊的“诸侯身份”（Fürstenstand）的团体，至少有此倾向。然而此一倾向与另一倾向——是否属于最高的身份团体，乃取决于其是否与国王有直接的采邑关系（亦即是否为国王的直接封臣）——之间，亦存在着相互交错与抗衡的关系。此一发展在日耳曼特别地起伏不定，可惜我们此处无暇细谈[2]。

---

1 “高级司法权”是掌理有关不动产所有权、自由身份、重大刑事案件等诉讼的司法权。“下级司法权”则掌理此外的其他事件。然而，关于高级司法庭所审理重大刑事案件，直至十二世纪左右为止，原则上都只课以人命金、赎罪金（参见第三章 p.135 注 1）而已——虽然判以死刑或肉刑的案例并非全无（见本章 p.217 注 1）。换言之，直到此时，司法权在原则上为“赎罪司法权”（Sühnegerichtsbarkeit），而非“实刑司法权”。即此，司法官（司法权保有者）是将被告支付给原告的人命金或赎罪金至少保留一部分作为自己的收入，因此，这个时代的司法权便意味着一种收入的来源。然而自十一世纪起，伴随着“境内和平运动”的发展（参见第三章 p.118 注 1），刑罚体系渐渐转化为实刑主义，“高级司法权”的概念也转变成判决与执行死刑的司法权（所谓“流血司法权”Blutgerichtsbarkeit）的意思，此外，本文里所说的“流血禁制权”即是如此的流血司法权、或成为其基础而由国王所授予的“禁制权”（参见第三章 p.105 注 1）。——日注

2 诸侯身份指的是授封权制度里第二与第三授封权者。具有法律上明确限定意义的诸侯身份，仅见于日耳曼帝国内，此种身份之形成，源于 1180 年日耳曼皇帝腓特列一世，他根据帝国封建法庭的判决，将萨克森公爵“狮子”亨利的一切帝国采邑没收。由于封建法庭是“同僚法庭”（译按：由封君为庭长，被告的同僚封臣为判决发现人），所以皇帝便将很大的政治特权授予当判决发现人的被告同僚，以换取他原先期望的判决能够成立。由于有了皇帝所授予的政治特权，此等封臣便升格为特别的诸侯身份。本来所谓贵族只不过是一种单一的特权身份，但在此机缘之后，被皇帝授予政治特权的这些封巨变成贵族中的贵族，就物质而言，他们也在强制授封的制度里取得巨大的利益。——日注

其结果则为到处出现一种极为错综复杂的、支配权力的复合体，此一支配权力由于授予各式各样的持有者，已变得极端分散。原则上，西方支配者的“领土”司法权（基于政治权利的授封），一者是与其对封臣的采邑司法权分开，再者也与其家产制的（庄园法的）司法权力有所区分[1]。结果则为权力分散为无数个别持有的、传统上互相约制的、并且依据不同的法理基础被占有的支配权。至于所有官僚制皆具备的、在俸禄制之下依然存在的特征，亦即人与职业、私人财产与公职经营工具的分离，在此则付之阙如。由于采邑收入并非一种官职收入，见之于采邑复归与继承等个案中，自有财产与采邑财产的区别，只不过意味着继承财产之分离，不管其在外表上看来有多么类似俸禄制情况下财产的区别[2]。

此外，封臣所有的一切职权与收入都可算是其个人权利及其家计的一部分，而且（更重要的），所有的职务**费用**完全由其个人来支付，与其家计支出无丝毫区别。各人（不管是支配者还是持有采邑的官员）在自己权利的基础上、追求其（本质上为）个人的利益，因此，所有的行政费用也得由个人所收取的服务规费与其他资源来支付，或者（特别是）由家产制的属民、（由于授封政

---

1 日耳曼在中世纪时，并置着诸如领土法、采邑法、家人服勤法、庄园法等性质互异的法律，与此相应的，是应用这些不同法律的各种不同的法庭。此时，并不是因人之身份的不同而有法律的差别，而是因应法律关系的性质而形成法的分裂（根据所谓“法圈”〔Rechtskreis〕的法分裂）。例如：某人拥有（1）自由所有地（Allod）、（2）采邑、（3）家人领地（Dienstland）时，则分别由（1）领土法（领土法庭）、（2）采邑法（封建法庭）、（3）家人法（家人法庭）所规范。法国在理论上有领土法司法权（justice seigneuriale）与采邑法司法权（justice féodale）之区别，但实际上并没有像日耳曼的那样明确区分。——日注

2 因封臣之死而复归封主的，当然只限于采邑而不及于自有财产（Allod）。并且，采邑的继承原则上是单一继承，而自有财产则是平等地分割给各个具相同顺位的继承人。采邑与自有财产的区别实际上主要是带有这种继承法上的意义。此外，因 Herrenfall 而归还或因 felonie 而没收者，仅限于采邑，自有财产并不包括在内。——日注

治权利而掌握的）“子民”的服务来支付；以此，行政的支出并非如官僚制那样通过一套合理的赋税制度来解决，也不像家产制那样由支配者的家计、或特别的俸禄资源来支付。由于“子民”所需负担的贡纳与服务，通常是由传统所约定的，封建制的机器在财政上实无弹性可言，而且由于下述发展更加恶化：亦即利用采邑制的结合关系团体作为行政的担纲者（此一发展就算不是典型的，至少也是个普遍性的倾向），从而严重限制了最高支配者及其他领主之人与物的权力手段。

首先，不管哪儿，封臣都企图通过明确的规范将他们最基本的义务——军事服务，采邑制结合关系即为此目的而创出的——每年应负担的期限固定下来。此一企图多半亦能达成。再者，即使是同属一个支配者之下的封臣，亦有遂行械斗的权利。支配者的权力仅能保障其所授予封臣的采邑，而不及于其他。封臣间的私战，对封主的权力利益当然是个重大打击，然而除了下述规定——至少在封主发动战争期间，封臣之间不得有私战——外，在欧陆一直到教会、城市与国王联合推动“境内和平”运动为止，没有任何禁止私战的约束真正被遵行。

对支配者财政权利的制约是特别地严格。除了封主对采邑的监护利用权外[1]，这些财政权利主要即为，当封主（在一定情况下）有急需时，封臣有提供财政援助的义务。支配者当然希望能将这些援助义务转变成一种具有广泛内涵的征税权，然而封臣则努力要将这些义务转变成明确限定的临时性贡纳，通常封臣总是能成

1　在古代，一般而言，监护人对于被监护人的财产具有收益权。在采邑法中也一样，采邑继承人在未成年期间，封主作为其监护人而拥有对其采邑的收益权。——日注

功的。为了补偿日渐增加的、虚拟的军事义务，骑士的采邑可以特别地免除赋税，此一措施逐渐成为通行的模式，直至近古时期为止。一般说来，至少在支配者还得依赖采邑制军队的情况下，封臣通常总是可以成功地为其属民争取到免除对支配者的赋税负担，尽管他们自己仅在极例外的场合里才会免除这些属民对自己的负担。结果是，支配者原则上只能向其庄园领主制与人身领主制支配下的属民直接征取 tallagia 税（如意税）[1]。

复归权也变得愈来愈不可行。采邑继承权普遍地延伸至包括旁系亲属在内[2]。采邑的转让当然得要封主同意接受其新封臣，不过，此事愈来愈成为惯例，购买封主的同意也成为最为重要的封建财源之一。不管怎么说，由于采邑转让的规费逐渐在传统或法律上固定下来，实际上即意味着封臣对采邑的完全占有[3]。

准此，随着忠诚关系之实质内容的渐次定型化与商业化，此种忠诚关系亦丧失其之作为一种权力手段的清晰性与实用的价值。作为一个自由人，封臣在后来甚至可以从几个不同的封主手中接

1　tallagia 主要为英格兰中古时期的用语，不过，法国的 taille、demande、exactio，日耳曼的 Bede、exactio 等词，亦具同样性质。当有必要临时支出时，领主则对其隶属民提出分担费用的要求，此为 tallagia 的由来。由于此种临时性格，故而其征收额与征收次数不定，也由于此一特色，或译 tallagia 为“如意税”。国王征收如意税的范围，原则上仅限于王领地或城市。其后 tallagia 渐次定额化，甚至转化成全国性的租税，当然这也就意味着封建制的解体。——日注

2　采邑继承权确立之后，采邑之如实地复归封主，仅限于没有继承人存在的情况下。最初，具有采邑继承权者，仅限于子息，后来（特别是在英国与法国）女儿与旁系亲属也取得继承权（在日耳曼，他的继承权多少是不稳定的）。在继承人的范围加大的情况下，采邑之实质复归封主的机会当然是减少了。——日注

3　例如法国，采邑转让的规费固定为采邑转让价格的五分之一（quint），后来再追加 quint 的五分之一（即总价的二十五分之一）的加额。然而，此种转让规费一旦固定下来，封主的同意只不过徒具名目上的意义，事实上只要支付得起所定的转让金，采邑等同于得以自由处分。——日注

受采邑，如此一来，当这些封主彼此发生冲突时，没有一个能完全信任此一封臣的支持[1]。法国的采邑法即将 homagium simplex 与 homagium ligium 两种臣属誓言分开：前者指的是对于其他采邑制的忠诚义务有所保留的封建誓言，后者则是无条件的宣誓[2]；换言之，后者具有采邑忠诚关系的最优先抵押权，领先其他一切采邑制的忠诚义务，因此只能对一个支配者宣誓。法国王权之兴，与其能成功地迫使境内大封建诸侯向其行 homagium ligium 此种臣属誓言，有莫大的关系。不管怎么说，由于封臣可以同时承诺各个封主多项义务，自然导致这些义务的显著贬值。因此，几乎不可能依赖封臣之力来运转一种持续性的行政功能。就理论上而言，封臣不但有义务以行动来援助其支配者，同时也有进言的义务，有力量的封臣即常由此导出一种“权利”：此即，支配者在做任何重要决定之前，得先听听他们的意见。此一权利也经常被承认，因为支配者还得依赖采邑制军队的支持。不过，就一项义务而言，封臣的进言活动还是逐渐失去其重要性，就像其军事义务一样；

1 在成熟的西方采邑制里，根本没有“不事二主”的观念，一个封臣同时出仕数十名封主的例子不是没有。此外，这种“复主从关系”（Doppelvasallität）慢慢地也超越于国境。例如：莱茵河沿岸的诸侯同时为日耳曼与法国两国君主之封臣，是很普通的事，法国北部（特别是诺曼底）与英格兰的贵族之中，同时仕于法王与英王者尤其多。当封主间互相争斗时，此一关系即常被封臣利用来作为“中立”的借口。——日注

2 homagium 意指在设定采邑关系时的臣服行为。至于 ligius 的语源，学者间犹有争议，对于其语义也未有一致的见解。无论如何，homagium ligium 是指优先于对其他一切封主的义务之严格的忠诚义务宣誓，因此，本来只发生于对唯一的封主的臣服行为，这是毫无疑义的。只不过，后来 homagium ligium 也发生在多位封主的情况下。然而，此时，在第一、第三个臣服式里，仍保留对第一、第二封主的忠诚义务，对于多位封主的忠诚义务间存在着明确的顺位，从而防止了来自复主从关系上的混乱。相反的，homagium simplex 则在复主从关系上没有这种忠诚义务间的明确顺位。homagium ligium 形成于法国，也行之于英国，但并不存在于日耳曼的采邑制里。——日注

因为这一类的进言缺乏持续性，因此无法适用于一个具体的官府组织（Behörde）。

以此，采邑制的结合关系为地方上官职持有者的支配权提供了一种世袭性的占有与保障，然而，就中央行政而言，它并无法为支配者提供可以持续利用的人员，因此，此种关系极易迫使支配者遵从其封臣中最强有力者的“进言”，而非帮助支配者来控制封臣。在此情况下，所有强大的封臣都不免受到完全废弃采邑制结合关系的强烈诱惑，问题是，为何此一现象实际发生的次数远比想象中该有的来得少。其缘由乃在于上述之正当性的保障，封臣可从采邑制结合关系中找到对自己土地及其支配权之正当性的保障，封主也认为这种正当性的保障对己有利：封主的权利——就算仅只是虚拟的——至少可为他提供若干机会，不管此一机会是多么的渺茫[1]。

五、从采邑团体至官僚制的过渡形态，“身份制国家”，家产官僚制

家产制之俸禄式与封建式的变形，从表面上看来，可说是个由支配者、官职持有者与被支配者之具体的、主观的权利与义务所构成的、井然有序的体系，实际上，却也可说是一团混沌，恰

1　封主所握有的权利，诸如：司法权（就国王而言则为最高司法权）、采邑复归权与没收权、财政上的权利（援助金 aides 要求权）等等，虽然一时看来确实没有多大的现实效用而仅为名目上的权利，然而，若利用方法得当、所处环境又得宜的话，这些权利对于封主权的强化（就作为最高封主的国王而言则为全国性的权力集中）至少有其一定分量。今天看来，法国在十三世纪以后国王的权力集中过程，即是基于巧妙地利用这些采邑法的权利而大为增进。——日注

与遵照客观制定的规则运行、且拥有以同样客观方式制定的职权范围的“官府”形成尖锐对比。（封建制下）各人的权利与义务相互重叠且相互制约，其互动下所出现的共同体行动，也无法以近代政治学概念范畴来进行理论建构；对于这样的一种共同体行动，较之纯粹家产制的政体而言，近代意义上的“国家”一词，实更难适用。封建制乃是一种“身份制的”家产制，可说是相对于“家父长的”家产制的一个极端性的例子。

（封建制下）共同体行动的秩序，并非纯然以家产制的一般性特征，例如传统、特权、睿智（Weistum）与先例，为其导向，同时也以各个权力持有者相互间的**协定**为基础；此种协定的典型可见之于西方的**“身份制国家”**（Ständestaat），实际上也可说是这种国家的基本性格。个别的采邑与俸禄持有者以及其他的占有权力的持有者，在君主保障的“特权”下、行使其权力，同样地，君主的权力亦被视为一种必须由采邑持有者与其他权力持有者所承认与保证的、个人的“特权”——亦即君主之“大权”。这些特权的持有者彼此合作，以便采取具体的行动，缺乏此种结合体关系（Vergesellschaftung），即不可能有具体的合作行动。

“身份制国家”的存在，只不过意味着上述的协定——这种协定由于一切权利与义务皆有契约保证，以及由此所导致的缺乏弹性而无可避免——已发展成一种痼疾，此种状态在某些情况下，会通过一种明示的“结合体关系”而转化为一个制定的秩序。采邑持有者一旦形成为一个权利共同体，身份制国家即告成立，其缘故则各种各样，不过，基本上说来还是由于定型化，以及由此而导致的、缺乏弹性的采邑与特权结构、必须设法适应额外的或新增加的行政需求。

这些需求有相当程度是由经济而起，虽然从表面上看来大半皆非如此，在大多数情况里，经济的影响仅是间接的：额外的需求皆集中在政治、特别是军事行政方面。经济结构的改变，特别是货币经济的发展，亦发挥其影响力：从此即有可能以一种远较定型化之封建一家产制行政一般所采取的、更为优越的手段——特别是如果要一次筹措大笔款项的话——来满足上述之需求；当虑及与其他政治体之斗争与竞争时，此等手段之采行更属势在必然。封建一家产制行政一般所采取的手段，在大多数情况下之所以无法适用，其原因乃在于此种支配结构所附带的原则：每个人——不管是支配者，还是其他的权力持有者——都得以自己财产来支付自己（而且也只限于自己）的行政费用。以此，上述所需之额外资金即无从调达；因此，经常必须要取得新的谅解，这自然会导致个别的权力持有者、以结合体关系的形式组成一个团体。此一团体有可能将君主包含在内，也有可能将掌有特权的人转变为“身份团体”（Stände），从而将原先仅只是奠基于各个权力持有者之谅解行为的、暂时性的组织，转化成一个永续性的政治结构（身份制国家）。

然而，在此结构里，不断更新且迫切的行政任务导致了君主官僚制的出现，而此一官僚制则注定要瓦解“身份制国家”。我们切不可太过机械式地来了解此一过程，例如将其视为支配者为了扩张自己的权力，因此尽力推动官僚制以摧毁身份团体与其相竞争的力量。的确，此一动机无疑经常是个决定性的因素，但绝非总是唯一真正关键性的。身份团体经常会要求支配者提供新的行政服务，以满足某些利害关系者的需要，支配者经常只得另创适当的官府来提供这些服务；这种持续出现的新需求乃是一般性经济与文化发展的结果，因此可算是客观性的发展因素。

支配者的承诺提供新服务，相对而言即为官僚制的普及；通常也意味着其权力的扩大；最初，此一发展导致家产制的复兴，一直到法国大革命为止，仍然是欧陆的主要支配形态；只是，家产制持续愈久，就愈是接近纯粹的官僚制。因为，不管哪儿，新生的行政任务的特质都会带来下述的压力：要求创立永续性的官府、明确的权限、行政规则以及专业的资格。

采邑团体与“身份制国家”，绝非从家产制到官僚制的发展中、一个不可或缺的链接；相反的，在某些情况下，它们反而对官僚制的发展形成相当的阻碍。纯正的官僚制之萌芽，可见之于各处的家产制行政，其形式大致说来也不算复杂。从家产制官职到官僚制官职，其间的转换是流动不居的，且其分别主要乃在于官职是如何设定与管理，而不在个别官职的性质如何。不管怎么说，成熟发展的身份制国家与官僚制皆仅见诸欧洲土壤，其缘由容后再述。目前我们先得处理封建制与家产制的结构内，某些介于纯粹官僚制之前的、中间与过渡的形态。

为了简化起见，截至目前，我们皆假定在中央行政里，政治支配者处理事务皆是通过（我们稍前提到过的）家臣与廷臣、以纯家产制的方式来进行，要不就通过采邑持有者，而这些人也有他们自个儿的家产制行政。实际上，家产制与封建制的支配结构当然不会这么简单。一旦家内行政超越了仅只通过支配者之共餐伙伴与心腹来运行的“随机式行政”（Gelegenheitsverwaltung）的阶段，纯政治性事务的增加通常即会导致某些中央官职的出现，大多数情况下则为某个中央政治官吏的崛起。此一官吏的性格有多种可能。

由于本质使然，家产制通常都是“宠幸”政治生长的温床，支配者侧近的人往往可以掌握庞大权力，但也往往会因纯粹个人的因素——非任何客观的理由——而招致突然丧失权力的下场。如果循特定结构而发展，那么，最典型的、家产制下会出现的情况即为：居于最接近支配者、且纯为个人性心腹地位的宫廷官吏，同时也掌握中央的政治行政（不管仅是形式上、抑或实际上的）。他可能是个后宫的总管，或者是个类似的、掌理支配者个人事务的人员。

为了此一（负责中央行政的）目的，也可能出现某种特殊的、政治性的心腹位置。某些非洲王国在自然主义的影响下，刽子手——流血禁制权之有目共睹的执行者——最常成为君主之最有影响的扈从。相类似的，君主的司法功能随着禁制权（Banngewalt）的发展而日趋重要，结果是相当于法兰克王国之宫伯（Pfalzgraf[1]）身份的官吏、往往能掌握大权。军事活动频繁的国家里，直属国王的指挥官亦能掌握大权；在封建国家里，也同样是军事指挥官，只是他还控制了采邑的分配（例如日本的幕府将军、法兰克王国的宫宰[2]）。在近东，则有“宰相”（Grossvezir），稍后我们将会说明，为何此一“宰相”——就像近代国家里的责任内阁总理一样——乃是一个“宪法上的”必要产物。

概而言之，我们只能说，一方面，如此一个一元化、统一性

1　Pfalzgraf原来是王宫区的警卫长官，后来成为国王法庭的必要陪审者，再则可能是变成常任的判决发现人，因此统辖了国王法庭的书记处。——日注

2　“宫宰”一职在卡罗琳王朝后即不设置，但在语意上，“宫宰”之称逐渐转变成对于弱君之下的强势——特别是军事力量强大——的支配者的称呼。本文中所谓的封建时代的宫宰，当指后意而言。——日注

的官吏之存在，对君主的权威可能形成相当严重的威胁——如果此一官吏控制了封臣与下级官吏的经济资源、并将他们结合于自己麾下以共抗君主的话（日本的幕府与梅罗琳王朝的宫宰，可说是大家耳熟能详的例子）；另一方面，完全缺乏如此一个中心的角色，往往也会导致帝国的瓦解——卡罗琳王朝的下场即为一例，他们有鉴于已身经验，因此不敢设置一个中央集权化的官职[1]。此一问题的解决方式，我们稍后再论及。

此处我们感兴趣的是下列现象：由于行政工作之持续性与复杂性的日益增强，特别是由于家产制与封建结构所特有的、授封与特权制度之发展，以及（最后）由于财政的日益理性化，导致**书记**与**会计官员**的角色日趋重要。没有这些书记与会计人员，支配者的家计即难逃不稳定与无力化的命运。书记与会计制度愈是发展，中央权力即愈强大，就算在纯粹封建制国家亦如此，诺曼人时期的英格兰以及奥图曼帝国的盛世即为其例[2]。在古埃及，行政是掌握在书记手中。在近代波斯帝国，会计官吏——由于拥有经传统所圣化了的“秘术”——曾扮演相当重要的角色。西方的Kanzler——秘书长——在大多数情况下，皆为政治行政的中心人物。中央行政也有可能是源自会计单位的，诺曼底以及稍后英格兰的财政部（exchequer）即为其例。这些官职同时通常也是官僚

1　卡罗琳王朝虽不置宫宰，但当国王逝世，众子则分割继承帝国的统治，如此则进一步导致帝国本身的分裂。——日注

2　Kanzler 为法兰克帝国的宫廷官吏之一。原为负责起草、发布、保存国王文书的书记处（kanzlei）之长，在帝国行政里占有重要地位。至十四、十五世纪时，已成为日耳曼帝国的最高官位，其后也是曾在宫廷官职中占有重要地位者唯一留存下来的一个。英国的 lard chancellor，法国的 garde des sceaux（国玺尚书），也具有同样的性格。——日注

exchequer，见第二章 p.42 注 2。——中注

制化的起源，因为实际执行的官员（在中古时期多半为教士）会取代表面上据有这些职位的宫廷要人、而掌握了实权。

稍前我们曾讨论到大规模合议制之中央官府的兴起，并视之为行政任务之质的扩充的附随现象；我们在前面讨论到专门知识的日渐重要及其对官僚制化的促进作用时，曾将合议制中央官府之出现视为官僚制的前身。只是，并非所有前官僚制国家里、备支配者咨询的合议式顾问团，皆为近代官僚制的前身。由中央官吏组成的顾问会议可见之于世界各地、各式各样的家产制与封建制结构里。它们经常构成对支配者的一种制衡力量，依靠的并非——如早期官僚制的结构一样——专门知识的力量，而是依靠个别显宦的权势，再者，它们也是建立持续之行政的一种手段。就此而言，它们可说都是行政任务之质的发展中、某一阶段的产物。然而，随着此一发展往前推进，这些顾问会议即因带有一种合议制“官府”——根据固定的程序运作——的性格，而愈近似早期官僚制的现象；家产制国家的官职组织与行政程序愈是接近官僚制的模式，这些顾问会议的形式就愈是如此；只是其间的转换过程是流动不拘的，正如中国与埃及的例子所显示的。

从“类型”上而言，尽管在转换过程中有其自然的传承性，上述这些中央官府还是得与其他一些合议体——它们虽然也同样分享支配权，但这并非基于君主的委托，而是基于他们原本固有的权利，有点类似“长老会议”或望族代表之类的团体——区分开来。有关这类合议体，我们得稍作讨论，因为它们并不涉及从家产制到官僚制的转换过程，而只能视为支配者与其他权力持有者——不管是“卡理斯玛型”、还是身份制性格的——之间权力“划分”的一个阶段。

有关家产制或封建制政体对一般性**文化**发展之影响的问题，我们无法在此详论。家产制（特别是非定型化的或专断型的）与封建制在**教育**的领域——不管何处都是支配结构对文化的影响中、最具冲击性的一个层面——里，其**区别**是截然分明的。此处我们只想对稍前若干有关教育与支配结构之关系的陈述，略作概括性的补充。

一旦封建制发展到出现一个以身份为取向的“骑士的”阶层时，以培养一种相应的、骑士的生活态度为宗旨的教育（及其所导致的种种结果）便会出现。概而言之，在文学、音乐与造型艺术的领域里，某些**艺术的**创制（此处我们无法详论），乃成为一种支配阶层用以君临被支配者、神圣化自己、伸张并维持此一神圣光环的手段。换言之，即在最初纯粹只是军事与体能的训练上，再加上“艺术的”教育；结果可说是一种“教养式”的教育（其形态相当复杂），恰与纯粹官僚制政体下的“专门教育”形成尖锐的对比。

一旦支配结构采取的是俸禄式的组织，教育即会倾向知性主义——文学的“教养”性格，而在本质上会较近似官僚制理想下的“专门知识”之授予；就某种特殊纯粹的形式而言，中国可视为一个典型，如果教育是控制在教权制之下，情况亦如此（有关这点稍后再论）。最后一种发展的极端典型可见之于世俗性的、专断型的家产制国家——完全没有发展出任何一套属于自己的教育制度。

六、与经济的关系，商业对家产制发展的意义

家产制结构与封建制结构的兴起，其纯粹经济性的条件为何，实难断言。君主与贵族之庄园领主制的存在及其压倒性的优势，诚然是一切形态之封建式“组织”——不管其发展成熟与否——的普遍性基础。中国的官僚国家，就其本身而言乃是最为彻底的**家产制**的政治形态，然而并非立基于庄园领主制，而且，就我们前面所言，其之所以具有完整的、家产制的性格，正是由于庄园领主制之阙如。

家产制可与自给自足式的经济、市场经济、小市民农业与庄园农业共存，资本主义经济之存在与否，对其亦无关紧要。手推磨促成了封建制度，正如蒸汽磨坊促成了资本主义一样，马克思此一家喻户晓的论断，充其量只有后半段还算正确，而且也只是部分的[1]。蒸汽磨坊在国家社会主义的经济体制里，也没有任何适合与否的问题。不管怎么说，马克思的前半段论断是完全错误的：手推磨曾存在于所有我们可以想象得到的经济结构与任何的政治“上层结构”里。总之，其与资本主义的关系我们大致上只能如是说：由于在封建制与家产制的支配结构里，资本主义扩展的机会有限，其拥护者通常会企图以官僚制化或是望族支配下的金权政治来取代上述的支配形态。不过，此一说法亦仅适用于以生产为取向的近代资本主义（奠基于合理的经营、分工与固定资本的资本主义），至于寄生于政治的资本主义，正如资本主义式的大规模商业，与

1　参见 Karl Marx,“Das Elend der Philosophie”,in Marx / Engels,*Werke*（Berlin,1959）,Ⅳ,130。——日注

家产制则可相合无间。实际上，近东苏丹制兴起的前提条件，就我们所知，正是一个显著发展的市场经济，它提供给君主足够的货币税收以购买奴士兵或招募佣兵；而苏丹制可说是家产制支配里一种纯然的家父长制的变形，若以西方的“法治国家”为一基准，则此一类型可说离近代国家形态最为遥远。

封建制与市场经济的关系则截然不同。不管怎么说，想替家产制结构**或者**封建制结构找出一个经济决定因素的普遍性公式，似乎不太可能，唯一的例外是，庄园领主制对各种形态的封建制之发展，的确有显著的促进作用。

就我们所知，古代近东水利事业的合理化——利用有组织的、征发的劳动力，有计划地将荒地开垦出来——促成了半官僚制的家产制政体，中国的大规模土木工程亦造成同样的结果。不过，在上述这两个例子里，得先有个家产制政体，才谈得上这些土木工程。反之，在北欧，借着开垦森林以获取新土地的办法，则有利于庄园领主制——亦即封建制——的发展。不管怎么说，封建制亦曾存在于近东，只是其发展远为不成熟罢了。

总之，我们只能概括地说，由于交通手段的不发达、政治控制力的薄弱，以及自然经济的支配，助长了分权化的家产制政体——一种朝贡性质的总督制；因为在上述条件下，无从产生一套合理的租税制度，以作为集权化的家产制官僚行政的基础；在此情况下，只要有可能——换言之，只要庄园领主制构成社会阶层化的决定性因素——个人的忠诚以及封建的荣誉法典，即会被利用来作为政治凝聚的手段。

学者们经常忽视了**一个**因素——**商业**——在强有力的、中央集权的家产官僚制的发展中，所具有的重要历史意义。前面我们曾提到，任何支配者其权力地位之所以能超越素朴的、村落首长的层次，乃是由于他们拥有贵金属财宝——不管这些贵重金属是否已经过加工。他们需要这些“财宝”，最主要是用来维持他们的侍从、卫队、家产制军队、佣兵以及（尤其是）官吏。这些财宝的获得则通过下列几种方式：与其他支配者交换礼物——其实也带有交易的性质；支配者直营的规则化的商业（特别是沿岸地区的转口贸易，这可能导致对国外贸易的直接独占）；最后则为其他方式的、对国外贸易的利用。利用国外贸易以取得贵金属，直接的手段可以采取关税、护送费或其他贡金等等课税的形式，间接手段则有开设市场与建设城市的认可权[1]。这些都是君主的权利，提供给那些能付得起高地租与有能力负担高税额的子民。最后这种利用商业的方法，在人类历史上不断地有计划地被采行过；迟至近世初期，波兰的庄园领主还曾经建设过许多的城镇，并从西方移入犹太人。

基本上，即使家产制政治结构持续存在、领土也不断扩大，就其面积与人口而言，商业还是不够发达或根本就十分微弱（中国与卡罗琳帝国即为一例），这种现象可说相当普遍。家产制政治支配的成立，也不一定得依赖商业（例如蒙古人的帝国、条顿民族迁徙时期出现的国家），不过，照例通常是居住在拥有高度发展之货币经济地区邻近的部族、会入侵这些地区，掠夺贵重金属并树立新的支配体系。

君主垄断商业的事例，可见之于世界各地，不管是波利尼西

1　开设市场的认可权（Marktregal）是属于君主的大权。市场经其认可而开设，并保证那儿的和平，其代价则为：君主得以征收市场保护金、市场关税、店铺税及被市场法庭宣告的罚令违反金。至于城市的建设，自然是以市场开设权为其前提。——日注

亚（Polynesia[1]）、非洲还是古代近东。例如，仅在不久之前，西非沿岸比较大的政治体皆纷纷瓦解，原因是欧洲人摧毁了各个酋长对转口贸易的独占。就我们所知，大多数早期大家产制政体的所在地，皆与此种商业功能密切相关。

通常，支配者之身为庄园领主的特殊权力地位，仅具有次要的意义。当然，在大多数的情况下，“庄园领主的”身份的确是君主与贵族权力的起源；不过，如果我们考虑到尚有剩余土地的地区，例如介于刚果河（Congo）与尚比西河（Zambesi[2]）之间的地区，则更精确的说法应该是，这种权力地位乃是结合于对人与牲口的占有，以此占有为基础而发展出可以征收地租的农耕事业[3]。对于君主与贵族的生活样式——他们的社会地位乃靠此种生活样式来确立——而言，这种不劳而获的收入乃是不可或缺的。

不过，接下来朝向独占“地租”之地位的发展，则通常与商业利得的条件有互动的关系。当君主拥有全国性庄园领主的身份——而不仅只是个最高封主——时（这种状态经常出现在极为不同的文化发展的阶段），通常不能视之为其政治地位的一个起点，毋宁说乃是个结果，因为他有优先获得动产——在卡佛（Kaffir）

1　波利尼西亚为中太平洋上的一个群岛，位于北纬 30° 与南纬 47° 间。波利尼西亚语则包括毛利语（Maori）与夏威夷语等。——中注

2　刚果河为非洲中部一大河，流经两刚果共和国之间，注入大西洋。尚比西河位于非洲南部，流经北罗得西亚注入印度洋，全长 1600 英里。——中注

3　在土地尚有剩余的条件下，实质上支配与利用多少土地当然连带地就支配着多少的劳动力与劳动手段。然而，在此条件下，与其说是对**土地**的支配权，倒不如说是对人的支配权更来得重要。另参见 M.Weber，*Gesammelte Aufzätge zur Sozial-und Wirtschaftsgeschichte*，S.508 ff.。——日注

族而言，即指对（女）人与牲口的占有[1]——的机会，以及一般而言特别是基于拥有贵重金属而来的、维持家产制军队或佣兵的经济能力。

这种情况跟沿海国家的贵族之据有独占性的庄园领主地位比起来，大致上亦无甚差异：就古希腊时代（古代近东或许亦如此）而言，债务奴实为农业劳动力重要来源。他们为城市贵族耕种土地，分享部分收成；直接与间接的商业利得，则不断为城市贵族提供累积土地与人力的手段。

在一个自然经济的环境下，只要拥有少许贵重金属，对国家的兴起及其权力地位，已构成极端重要的影响。当然，这并不足以改变下述事实：此即主要的需求还是可以——而且多半也是——以自然经济的方式来满足。两者不该混为一谈，虽然有些人谈到商业在原始时代的“意义”时，经常会犯这个毛病。

商业与政治团体之形成的因果关系，绝非显而易见。我们已说过，并非所有家产制的支配权力皆源自商业，有商业的地方也不见得就会出现家产制政体。望族支配经常也是商业的主要产物。不过，从一个酋长转化为君主的过程中，通常倒都是与商业有关联。相反的，商业与严密的采邑制，以及严格的封建层级制，整体而言是处于极端敌对的状态。商业的确促成了——特别是在地中海沿岸——兼具庄园领主之身份的城市贵族的“城市封建制”。然而，在日本、印度、西方与伊斯兰教近东，政治团体的封建化与市场经济之缓慢成长——甚至衰退——的确是并肩而行的，不过，这两个现象（封

1　卡佛族为居住在南非联邦与莫桑比克地方的东南班图族（Bantu）。在人种上及文化上受到哈姆族人（Hamite，非洲东部及北部若干黑种民族之族人）的强烈影响。——日注

建化与市场经济之衰退）经常是互为因果的。在西方，封建制乃是自然经济的一个结果，也是唯一可能建立一支军队的方式；然而，在日本以及中古时期的近东，情况则恰好相反，何以如此？

七、家产制与封建制对经济稳定化的影响

这两种支配的形态对经济的**稳定化**都可能会有强烈的影响，只是封建制比起家产制要来得更严重。在家产制支配下，一般说来只有达官贵人——支配者无法持续不断地监视他们如何执行职务——才有迅速致富的机会，例如中国的官员。累积财富的源泉，并非来自交易的营利所得，而是来自对子民租税能力的榨取，为了让支配者及其官吏执行职务，子民必须行使贿赂，因为支配者与其官吏拥有广大的、自由施予恩惠及专断而行的活动空间。此外，家产制官吏的权力，基本上也只受到传统的限制；违反传统即可能危及官吏的地位，即使是最有权势的官吏。以此，物质或人的革新，例如未经传统圣化的新阶级、违背传统的新营利与经营方式，皆处于十分不稳定的状态，至少可说是置于支配者及其官吏之任凭己意而行的支配下。

传统的拘束与恣意而行，对资本主义的发展机会皆有深刻影响。支配者及其官吏或许会抓住新的营利机会，垄断这些机会，从而剥夺了私人经济赖以形成资本累积的养分；要不然就是传统主义普遍存在的抵抗，受到支配者及其官吏的支持，有可能动摇社会稳定、引发宗教与伦理疑虑、从而危及家产制支配者之自身权威——他的支配、引发宗教与伦理疑虑、从而危及家产制支配者之自身权威——他的支配权力乃是奠基于传统的神圣性——的

经济革新，即以此受到阻挠。

另一方面，支配者所拥有的、广大且不受限制的独断而行的空间，在某些情况下，也可能有助于资本主义反传统的力量，例如近古绝对君权时期的欧洲。不过我们得注意——撇开此种以特权为基础的资本主义的其他特色不论——这些君主权力的结构已是官僚制一理性的。通常，这种恣意而行的负面作用还是远为显著，因为（最重要的）家产制国家缺乏功能作用之**可计算性**（Berechenbarkeit）——对资本主义的发展乃是不可或缺的，只有近代官僚制行政的合理性规则才能提供此种可计算性。相反的，在家产制里，我们发现廷臣与地方官吏行为之不可计算与不确定，支配者与其仆人之间经常变幻莫测的、得宠与否的问题。一个私人，如果能熟练利用既存的环境与人际关系，那么是很有可能取得一个拥有无穷尽获利机会的特权地位的。

只是在这些因素下，资本主义的经济**体制**显然会受到极大妨碍，因为资本主义发展的各个方向，对上述的不可计算性有其不同的接受程度。相对而言，大批发商业是最能容忍此种不可计算性的，并能适应所有变动无常的条件。再者，只要支配者并非明目张胆地自己去垄断商业，那么，为了自己的利益，他会容许私人累积财富，以便从这些人之中寻找包税者、官方物资供应承包商以及贷款的来源。“金融家”一词早在汉摩拉比时期即已出现[1]，商业资本几乎在任何类型的支配结构下，皆有可能形成，尤其是在家产制的支配下。

1　Hammurapi，巴比伦第一王朝第六代王（前1729—前1686年在位），统一巴比伦并建设为强大的中央集权国家，以汉摩拉比法典的制定者闻名。——日注

工业资本主义的情况则有所不同。如果它想成为一个典型的、工业经营的形式，它即需要一种着眼于大规模市场、并依赖正确计算之可能性的劳动组织。资本愈是密集、特别是固定资本比重愈高的工业资本主义，情况愈是如此。工业资本主义必须以具有恒常性、确实性与客观性的法律秩序，以及合理的、可计算性的司法与行政为其基础。否则，对大规模工业经营而言不可或缺的可计算性，即无从得到保障。这种保障在定型化程度较低的家产制国家尤其欠缺；反之，在近代官僚制之下，这种保障则有最适宜的存在条件。作为一种个人的信仰，伊斯兰教并不会妨碍工业化的发展，苏俄高加索地区的鞑靼人（Tartars）经常是非常“近代的”企业家，然而若就一种宗教的制约性结构而言，工业化的确受阻于伊斯兰教国家的**国家**组织、官吏制度及其司法制度。

家产制之专断独行所产生的这种有碍资本主义的副作用，可能会因为一种正面的结果——在发达的货币经济体系下（如果其他条件皆能配合），专断型的家产制即可能导致此种结果，只是过去几乎完全为我们所忽视——而更加恶化。此即在家产制之司法与行政的基础上，由于一切法律保障的不确定，而导致一种特别的、财富之人为的固定化的现象。截至目前，此种固定化最重要的例子可见之于某种特定类型的、拜占庭的修道院基金，以及中世纪伊斯兰教的宗教性基金（Wakuf）——显然也是基于此种法律形式而产生的。拜占庭的此种基金或许可以描绘如下：例如捐赠土地，捐的都是君士坦丁堡的建筑用地，其价值与收益可因筑港计划的开展而大大增加。接受此种捐赠的修道院必须要维持一定数目的修道士，给予固定的俸禄，同时也得维持一定数目的、接受施舍的贫民。除此之外，当然还得加上管理费用。然而，只要修道院还有盈余，则这些盈余全归捐赠者的家族所有。最后的这个规定清楚说明了捐赠的原本目的所在：借着修道院的设立，捐赠的基金实际上仍为**家族的世袭财产**（还可预期增值），而且又可得到宗教的保护，**特别是**防止**世俗权力**——亦即家产官僚制的权力——的掠夺。除此之外，捐赠者同时也达到取悦于神与人的目的，在某些情况下，尚可确保其家族对于修道士俸禄之授予的影响力，因此，即可示惠于有权势的家族——有些修道士俸禄实际上只不过是给君士坦丁堡年轻人挂名用的，他们甚至须履行禁制区与居住在修道院内的义务[1]。另外一个目的则是，确保对家族礼拜堂管理的影响力。整个制度可说是在货币经济体系下，一种用来取代封建西方之“私有教会制”（Eigenkirchenwesen）的办法。

极为类似的捐赠方式，似乎早已存在于古埃及的家产制之下。不管怎么说，根据文献所述，同样现象的确可见之于中世纪的伊斯兰教世界——“Wakuf”，对清真寺的捐献或类似的献金。在当时，具有（货币）增值潜力的标的物——建筑用地、有租贷潜力的作坊（Ergasterien）——都是捐赠的物品，无疑也是基于同样的目的与同样的理由。财产的神圣化，虽然并非绝对的安全，却也为排除世俗官吏层之任意干涉提供了最佳的保障。

准此，家产制支配下的专断与不可计算性，确有强化宗教法之控制领域的作用。另一方面，伊斯兰教圣法（Schari'ah）之理论的固定性与不可变更性，只有法官能依据其主观判断与（经常）无从预测的解释、来加以“订正”，家产制有碍资本主义之

1　就天主教教会法而言，修道院内设有一定地区（禁区，clausura）为修道士的居住区域，此一地区原则上断绝与外部的交通，修道士未经许可不得踏出禁区，外面的人未经许可也不得进入禁区内。——日注

发展的两个要素（固定性与恣意性），更因此而相互强化。贝克（C.H.Becker）认为以“Wakuf”的形式来累积财产、所导致持续性的固定化，对近东经济发展极具重要性，此一说法可能是正确的。这种固定化完全吻合古代经济的精神——累积起来的财富是利用来作为收取定期金收益的资本，而非营利资本。稍后，世俗的“家族世袭财产”（Fideikommiss）制度——可能是Wakuf之世俗化的模仿物——首先出现在西班牙，而在十七世纪时由西班牙传入日耳曼[1]。

八、家产制的经济独占，“重商主义”

最后，家产制——具有比较发达的货币经济、且有极近似理性官僚体系的家产制——对经济的发展会有另外一种影响，此一影响乃因其满足需求的方式而来。正如“家产制国家”很容易解消成一种特权的集体，因此以独占营利经济的手段，以及通过优势与劣势特权负担——其意义如上所述[2]——的方式来满足需求，乃特别常见。

借着运作良好的家产制官吏层之助，家产制国家很容易建立各式各样的国营企业与独占企业。国营企业与独占企业的范围有时非常广泛，例如埃及、晚期罗马帝国、近东与远东所曾出现的；

1　“家族世袭财产”是不可分割地把持于特定家族手中的一定财产（特别是土地），用以维持家族之经济与社会势力。凡为世袭财产即被禁止随意处分与承袭，必须依一定的继承顺位来单一相承。起源于西班牙，十六世纪传入意大利与奥地利，三十年战争后传入日耳曼。下级贵族间特别善于利用此制。另见M.Weber，*Wirtschaftsgeschichte*，S.107f.。——日注

2　详见康乐编译，《经济与历史》。——中注

近代初期君主的直营企业也极为类似。以营利经济来满足财政需求的方式，绝非仅限于家产制。在中世纪以及近代初期，自治城市也同样参与具有纯粹营利性格的企业（有些是风险颇大的工业与商业经营），而且经常亏损甚大，例如法兰克福。不过，国家营利经济之独占，其有效的运作范围，一般说来还是以家产制的国家较为显著；因此，整体言之，公共的独占在这些国家较为常见、也较为深入。

然而，通过特权负担方式来满足需求，通常对经济会有更强烈的影响。通过**劣势**特权以满足财政需求的方式，即所谓的赋役制，曾最广泛地行之于上古时期最为合理的、大家产官僚制国家：埃及以及以其为范本的晚期罗马帝国、拜占庭帝国。法老时期的埃及经济，因此具有一种独特的"国家社会主义"的特质——联系于一种定期性的、相当广泛的、行会性质的（有时则为庄园领主的）世袭性地职业与土地束缚；这个特质也为晚期罗马帝国经济所承继；对私人资本的形成与资本主义营利活动的空间，显然有相当程度的限制。

除了利用上述这种会窒息资本形成与私人资本主义的方式来满足财政需求外，家产制也采取**优势**的特权负担方式以满足需求，此即将商业与工业的独占特权授予私人，以交换巨额的规费、分享利润或定额的年金。这种满足需求的方式，可见之于历史上许多家产制国家；不过，其最后，也是最重要的表现，则出现在"重商主义"时代，也就是欧洲各国由于工业资本主义之萌芽、家产制支配下官僚制的理性化，以及军事、外交与内政上货币需要量的扩大，而出现财政营运革命性变化的时代。不论何处（而其手段也各不相同），君主权力——不管是英国的斯图亚特王朝、法国的波旁王朝、奥地利的德蕾莎女皇（Maria Theresia）、俄国的叶卡捷琳娜大帝、还是普鲁士的腓特烈大帝——皆企图利用产业独占政策，来筹措所需货币；这种货币收入不需得到境内身份团体的准许，而且在身份制国家与议会制国家里，君主还时常可以直接利用它们作为对付身份团体的斗争手段。

家产制资本主义的特色于此浮现无遗，而所谓“开明专制”的官僚制，还是极度家产制的，正如其所立足的“国家”的基本概念一样。最近，李维（H.Levy）以斯图亚特王朝治下的英国为题——最有代表性的例子——清楚地说明了这点[1]。在书中，“独占”的问题乃是王权与新兴市民阶级斗争过程中的主要问题之一；王权奋力想从议会手中争得财政的独立，想以政教合一的“福利国家”为蓝图、为整个国家及国民经济建立一个理性的-官僚制的组织，然而在议会里，市民阶级的利益却愈来愈占有举足轻重的地位。王室的成员与宠幸、宫臣、致富的军人与官吏、类似罗（John Law[2]）那样的国民经济“体系”的冒险发明家以及大

1 Hermann Levy, *Die Grundlagen des ökonomischen Liberalismus in der Geschichte der englischen Volkswirtschaft*, Jena, 1912。韦伯本身将李维的见解概略陈述如下：“在英国，国王与国教会的政策，由于长期国会中清教徒的反对，终告失败。他们同英王的斗争，在‘反对独占’的口号下进行了数十年，因为独占权多半给予外国人或朝臣，而殖民地又掌握在国王宠幸手中。当时逐渐成长的小企业者阶级——大部分属于行会，虽然也有一些不属行会——起而反对国王的独占经济，长期国会并且剥夺了独占者的选举权。英国人民极端顽固地反‘卡特尔’及独占权的精神，充分显示在清教徒的这些斗争中（*Wirtschaftsgeschichte*, S.298 f.）。”——中注

2 John Law（1671—1729），英籍财政专家。他于1694年因在决斗中杀人而被判死刑，嗣后逃往欧陆。1716—1720年间在法国建立新式的银行体系，发行纸钞，并曾被法王任命为财政总长。他的银行系统在1720年崩溃，他随即被法国政府驱逐出境。但同年底又被俄皇彼得大帝邀往主持俄国财政。韦伯称他是“膨胀通货，即尽量增加支付手段以助长生产”之理论的拥护者。他在法国建立银行即以此一理论为基准，虽然给法国带来一时的景气，但数年后即招来大恐慌。参见 M.Weber, *Wirtschaftsgeschichte*, S.247f.。——中注

投机者、还有（英国之外的）犹太人，都成为当时王室独占政策下——在此基础上输入、建立或接受保护的工业——的经济“利益团体”。

这种做法是想将家产制资本主义带入近代产业领域中，此种资本主义，不管是东方还是西方，也不问是古代还是中世，都曾普遍存在（除了少数中断外）。这种方式通常的确可以——至少是一时性的——促进或唤醒“企业精神”。不过，整体而言此一尝试却是失败的：斯图亚特王朝、波旁王朝、彼得大帝与腓特烈大帝时代的制造业，除了极少数特殊部门外，没有能存活过其保护期的。在英国，斯图亚特王室的强制性独占工业，与其专制的福利国家政策同告崩溃。法国虽历经了科尔伯特的时代[1]，普鲁士与俄国虽有腓特烈与彼得的努力，仍未能成功地转化为一个工业国。

此一失败的**经济性**因素如下：忽视了地理位置的经济因素，在英国（其他各国也一样）受保护的产品经常品质不佳，根据市场状况以决定资本利用的途径受到阻挠；至于**政治的**因素则为：缺乏法律的保障——由于随时可能会出现新的独占特权，从而导致原有特权经常处于不稳定的状态。就此而言，家产制支配下恣意而行的性格，仍然是阻挠私人工业资本主义发展的主要因素。

1　Jean Baptiste Colbert（1619—1683），路易十四时代的法国财相，在任期间（1662—1683）提倡工商业，采取以独占方式培植产业、设定关税保护、扩张海军等，典型的重商主义政策，并致力于农业技术改善、交通建设及税捐征收，使法国成为当时欧洲最富强国家。——中注

九、封建支配下财富的形成与分配

家产制对近代资本主义的发展兼具有促进与扭曲的作用，封建的秩序则不然。

家产制国家通过支配者之恣意，提供了整个可以自由利用的、作为累积财富之狩猎园地的空间。只要是传统的或定型化的约束没有明确设限的地方，家产制即赋予下列这等人致富的自由空间：支配者、廷臣、宠幸、地方长官、官员、收税者、各式各类的恩宠中介者与拍卖者、兼具包税者、御用商人与贷款者身份的大商人与金融家。支配者的恩宠或冷落、特权的授予或收回，不断地创造出新的财富、同时也将之摧毁。相反的，具有明确划定之权利与义务的**封建**支配结构，不只对经济整体有稳定化的作用，对个人财富的分配亦有同样的作用[1]。

首先，此一作用是来自其法律秩序的基本性格。封建的团体（以及相关的、具有定型化身份制结构的家产制构成体）、乃是一个由纯粹具体的权利与义务所形成的综合体。这种团体，如我们前面

1　对这点有所批评者，见 Alfons Dopsch，*Herrschaft und Bauer in der deutschen Kaiserzeit*（Stuttgart：Fischer，1964；1st publ.in 1939），199 ff.。Dopsch 是韦伯当代人，他批评韦伯之主张个人财富的分配被封建制度（feudalism）所稳定化的论点，并指出十二三世纪时贵族与修道院之间在采邑领地里的繁忙交易。然而，他忽略了韦伯论点的比较性格，因为韦伯是以此来与家产制结构作比较，同时他也忽略了韦伯试图找出抑制与促进资本主义发展的诸种抗衡力量的用意。Dopsch 争论道：采邑的转让——这点韦伯或许是低估了——促进了经济成长，并且，封建领主并非基于传统主义式经济水平的动机（p.210），而是被一股“理性计算的经济精神”所驱动（p.207）。然而，韦伯一贯地指出，封建束缚并不必然有碍于货币经济。Dopsch 一直弄混了韦伯对于普遍性的营利欲和促成近代资本主义的特殊动机与行为这两者间的区分。在韦伯撰写《经济与社会》期间，Dopsch 试图证明资本主义企业与市场生产早在卡罗琳王朝时代即已存在（*Die Wirtschaftsentwicklung der Karolingerzeit*，1912）。——英注

所指出的，等同于一个“法治国家”（Rechtsstaat），只是其基础乃是“主观的”权利,而非“客观的”法律。取代一套抽象的规则（在此规则下每人皆可自由运用其经济资源）的，乃是在封建的支配结构下、各个人之既得权利的一个集合体，此一既得权利集合体阻挠了营利的自由，只有通过进一步的具体特权的授予（最古老的制造业大抵皆以此为基础），才能提供资本主义的营利机会。通过这种特权授予，资本主义的营利的确取得——较之家父长家产制之下经常转变的个人恩宠而言——更为稳定的基础，然而，由于原有既得权利的继续存在，新授予的特权不免仍有引发争端的危险。

封建制的特殊经济基础及其影响，对资本主义的发展阻挠更大。土地一旦成为采邑，即固定化下来，因为采邑通常是不能转让，也不能分割。封臣履行义务、过着骑士的生活以及给予子女合适的教育的能力，有赖于其财产结为一体的产业。除了禁止转让采邑外，有时甚至连封臣自己的私有土地也禁止转让，或者加上严格的限制，例如只能转让给具有同样身份的人，日本幕府将军的封臣（御家人）即受制于此一禁令。

由于授封土地的收入——封臣自己通常不会直接经营，至少不是采取资本主义式的经营法——得看实际耕作土地的农民的给付能力而定，因此，对财产及产业经营的限制，在庄园制度里，会延伸到更低的阶层。封建制在日本贯彻实施后，即禁止土地的再分割、土地买卖（防止大土地所有的形成）与抛弃农地。所有这些政策都是为了保护农民既存的“生计”，以确保农民的给付能力。如所知，完全同样的发展也出现在近东。这些限制以及（一般而言）封建结构，不一定就如某些人所认为的，与货币经济无法相容。关税、规费以及货币收入等等相关的领土权利——尤其是司法权——同样也被视为采邑授予。只要农民的经济能力许可，庄园领主都强烈倾向于将他们的赋役转换成货币租税；此一现象早就出现于英国。要是农民无力负担货币租税，则庄园领主会设法采取强制劳役的农场经营，就此直接走上资本主义营利经济。只要情况许可，封建的庄园领主或政治支配者都会设法卖出他们的剩余物资以交换货币。据拉特根（Rathgen）所云，日本的大名在大阪皆设有代理人，主要目的即在销售他们剩余的稻米。

条顿骑士团（Teutonic Order[1]）则以更大的规模、通过其在布鲁日（Bruges[2]）的代理人介入贸易，此一团体可说是个由营集体生活的修道骑士所组成的、经济经营合理化的共同体，其封臣皆为农村骑士领主。此一团体之所以会与普鲁士诸城市——特别是但

1 条顿骑士团是第三次十字军的副产品，在十字军围攻圣亚克（Acre）期间，卢比克（Lübeck）与布来梅的市民在一些日耳曼骑士将船只修整成的医院里照料伤兵。此一事业最初(1190年左右）是在约翰骑士团的监督之下，于 1198 年被日耳曼的诸侯改组为独立的修道骑士团。其后，自十三世纪起，受匈牙利国王之托担当起教化异教徒的事业，并被授予吉本布根地方而进出匈牙利。在与匈牙利王不和之后，于 1226 年接受波兰的玛索维亚公爵的邀请并被授予库姆地方而担当起教化波罗的海沿岸地方之异教徒的工作，事业有成。其后，日耳曼皇帝把将来要占领的普鲁士上地当作帝国采邑授予他们，同时与在波罗的海沿岸担当教化原住民工作的刀剑兄弟团（Schwertbrüder Orden）合而为一。以此，日耳曼骑士团支配领域，占有自魏克塞河以东远至梅麦尔河的广大地区。在此日耳曼骑士团国家里，骑士团本身占有土地领主的地位，自日耳曼本国移居此处的骑士则被骑士团封授骑士领地，等于其封臣。此外，日耳曼骑士团早具强烈的商业意图，独占了谷物贸易权，将此地的谷物输出到西欧而享有极大的利益。因此，如本文所述，与谷物贸易有直接关联的贵族与城市便和骑士团产生对立，以至于前二者遂投入与骑士团有对立关系的波兰王的阵营，因而导致骑士团国家于十五世纪起急速地衰退。——日注

2 布鲁日为中世纪时法兰德斯的重要纺织中心，今属比利时，有“北方威尼斯”之称。——中注

泽（Danzig）与图隆（Thorn）[1]——发生冲突，实肇因于市民阶层与骑士团之共同体经济的竞争：在内地经营谷物贸易的波兰贵族，与在城市从事转手贸易的贵族，基于共同的商业利害关系，乃联手对抗骑士团的独占要求。其结果则为图隆等城落入波兰人手中，西普鲁士则进入日耳曼人势力圈。

庄园的对外贸易当然并不仅只于出售实物地租，其他产品亦在出售之列。封建的庄园领主或政治支配者可以是个营利经济的生产者，也可以是个放款者，大名就是个例子。借助隶属的劳动力，封建庄园领主通常也会建立工业经营、庄园的家内工业，以及特别是劳役作坊（例如俄国）。准此，以家产制为基础的封建制，绝非就意味着一定处于自然经济的阶段。然而部分也正是由于此一家产制基础的缘故，对近代形式资本主义的发展形成障碍，因为近代资本主义乃是奠基于大众对工业产品之购买力的扩大。只是，庄园领主或封建司法领主对农民的无餍诛求（包括贡纳与劳役），吞吃了他们大半的购买力，这些购买力本来是会有助于创造出一个工业产品之市场的。庄园领主靠征敛所得而拥有的购买力，所创造出来的是奢侈性的需求（尤其是维持一群纯供消费利用的个人仆婢），而非大量生产品的市场，然而近代工业资本主义却是以大量生产为主要基础的。再者，由于庄园领主的营利企业是以强制劳力为基础，而且（一般而言）庄园领主的家计与其工业经营利用的是无偿的劳力（无可避免会导致人力的浪费），从而夺取了自由市场的劳动力，而且他们利用这种劳力的方式（大致说来）

1　但泽为波兰北部城市，位于威斯拉河（Wisla）出海口；图隆亦滨威斯拉河，位于华沙与但泽之间。——中注不但谈不上资本形成，有时根本就是一种消耗。这种企业之所以还能与城市工业竞争，乃是因为它们的劳动力极为低廉或根本就是无偿性的——这种工资根本就无法形成大购买力；尽管占有此一优势，这种企业还是没什么竞争力，因为技术上过于“落伍”，因此，通常庄园领主会设法利用政治的压力来阻挠城市工业之资本主义的发展。

一般说来，封建阶层会设法限制财富集中于市民手中，或至少设法贬低新富的社会地位。此一现象在封建时代的日本特别显著，为了达成社会秩序稳定化的目的，最后连整个对外贸易都受到极大压抑。类似现象亦可见之于其他各地，只是程度各有不同。另一方面，庄园领主所拥有的社会威望也刺激这些新富，将他们获得的财富投资于土地，以便跻身于贵族阶级（如果有可能的话），而不用之于资本主义的营利事业。所有这些都阻碍了营利资本的形成。这是中世纪极为典型的现象，尤其是在日耳曼。

准此，封建制度对近代资本主义的发展，或多或少都会产生阻挠或扭曲的作用。再者，其所具有的强烈传统主义的倾向，通常也会强化权威主义的力量，而权威主义对任何社会新生事物，一般皆抱持猜疑的态度。不过，封建社会里法律秩序的持续性——比起尚未定型化的家产制国家而言，无论如何都要大得多——或许会有利于资本主义的发展，尽管程度各有不同。封建制对市民财富的累积的确有缓慢化的作用。不过，只要不是极端到像日本那样完全阻碍了市民财富的累积，则缓慢化所失于此者——尤其是较之家产制国家里个人营利机会之暴得暴失的情况——最终却可能有利于一个合理的、资本主义**体制**的形成，只不过其发展过程是更为渐进与持续性的，而且也可能有助于资本主义之渗透入封建体制的间隙中。西方中世纪时阿尔卑斯山以北诸国里，个人发意外之财的机会，比起亚述帝国、伊斯兰教哈里发帝国或奥斯曼土耳其的官吏与御用商人、中国的官大人、西班牙及俄国的御用商人与国家债权人而言，的确是要小得多。不过，正是由于此种机会之欠缺，资金才会通过代工制与制造厂流入纯粹市民营利事业的管道。而且，封建阶层愈是成功地防阻新富者挤入自己的行列，排除他们出任官职与分享政治权力，贬低他们的社会地位，并禁止他们获得贵族领地，则新富者的财产就愈被导向纯粹市民资本主义的利用。

十、家产制独占政策的经济影响

家父长家产制对社会流动与累积财富，比起封建制的确要宽容得多。家产制君主的确不喜欢有独立的经济与社会势力的存在，因此对于基于分工原则——亦即工商业——的合理经营并无好感。不过君主也不支持在自由营利与自由贸易的领域里、身份制的障碍，因为他认为这对于他自己的力量、在“子民”间的相互关系里，会是个麻烦的障碍，除非其中涉及赋役制的束缚。因此，在托勒密王朝统治下，埃及一直享有完全的贸易自由与高度发展的货币经济，而且深入任何家计之内，虽然君主仍拥有完整的家产制支配权力，其个人的神圣性也仍如法老统治下、国家社会主义时期一样的存在、并发挥广泛而深入的影响力。

至于其他方面，家产制较倾向实施自己独占的政策，因此带有强烈地反私人资本的色彩、或更倾向直接赋予资本以特权，至于其程度，则视各种外在情况而定。最重要的两个因素是政治性的：

（1）取决于家产制支配——不管是身份制还是家父长制——的基本结构。在身份制的支配里，其他条件不变的情况下，君主想要自由发展自己独占事业的机会，自然会受到更多的限制。虽说在近代西方，我们看到许多由家产制君主所支持的独占事业（至少比同一时期的中国要多得多）；然而，这些独占事业大部分都是以租借、或颁发特许给资本家——换言之，即以私人资本主义——的方式来经营。再者，君主的独占事业也激起被支配者一方强烈的反应。这样的一种强烈反应，在严密的家父长制支配下，几乎不可能出现。国家独占政策的确在各处皆招致人民憎恨，中国的文献似乎也可证明这一点，然而，在大多数情况下，国家独占政策主要是受到消费者憎恨，而不像在西方一样，受到（市民）生产者的憎恨。

（2）这个因素在其他地方已经提过：凡是有**几个**国家相互竞逐权力之处，这些国家即愈有需要追逐自由流动的货币资金，私人资本之赋予特权在家产制国家通常也因此更为发达。政治特权的资本主义在西洋上古时期极为繁荣，因为彼时数个国家正相互争战以求取权或生存；在同一时代的中国，此种资本主义似乎也有同样的发展。"重商主义"时期的西方，此种资本主义又再度盛行，因为近代的权力国家正进行政治斗争。在罗马成为一个"世界帝国"后，由于仅须防卫边疆，此种资本主义即告消失；在中国几乎完全无迹可寻，近东与希腊化时代的国家则相当微弱（而且这些国家愈是接近"世界帝国"，则其发展也愈微弱），伊斯兰教哈里发帝国亦如此。当然，并非任何一个权力斗争都会导致赋予资本以特权的结果——只有资本已在形成的地区才会出现此等现象。反过来说，境内的和平化以及随之而来的对资本之政治需求的衰退，使得庞大的世界帝国可以铲除资本之特权地位。

政府独占事业中，最重要的一个就是**货币的铸造**。家产制君主独占此项事业的主要目的纯粹是财政的。在西洋中世纪，通常操作财政的手段是贬低生金银的价值，提高自己货币的价值，从而确立自己货币的通货独占，滥铸劣币倒是个异常的手段。不过，此种手法实际上已意味着货币的普遍使用。货币不见于古代埃及与巴比伦，亦不见于腓尼基人与前希腊化时代的印度文化；在波斯帝国与迦太基，货币则出之以贵金属形式，且仅用来支付给士兵与习惯接受此种报酬的外国佣兵（迦太基的佣兵主要是希腊人）；货币还不是一种经济交换的手段，要成为一种交换的手段，就必须解决——在大批贸易时——衡量的问题，同时也必须成为一种习律上所接受的货币形式（在小规模交易时）。以此之故，波斯的货币即只限于金币。相反的，在中国，截至目前，君主所铸造的货币都只能算是一种适合小规模交易的交换手段，至于商业上的大量往来则须依赖衡量。最后所举的这两个现象看来似乎有些矛盾，不过刚好可以提醒我们，不要将货币发展的程度与货币经济发展的程度混为一谈——特别是早已知道使用“纸币”的中国。其实，上述两个现象都指向同一事实：家产制行政的疏放性，及由此疏放性所导致的、国家无力强制商人使用其所铸造的货币。

尽管如此，国家将货币的发行合理化，以及货币的扩大使用，无疑还是极有助于商业技术的发展。希腊人在商业技术上拥有的优越性（其优势从公元前六世纪开始、持续了约一千七百五十年），威尼斯与热那亚的霸权，以及伊斯兰教阿拉伯人在商业上的优势，部分即因他们乃是最早善用此一发明的民族。亚历山大东征后，在近东所出现的强烈货币经济的发展（一直延伸到印度），至少在技术上也是基于此一因素。只是，从此时开始，经济的命运就愈发与发行货币的权力之财政状况的良窳不可分离。由于军队赏金的日增，导致罗马帝国在第三世纪时的财政困窘，以及最终的货币制度之瓦解，虽然不能视之为导致当时（晚古时期）经济退化至自然经济状态的原因，不过的确也有促进作用。

只是整体而言，政府之如何规划货币制度，终究还是取决于经济对公权力既存的各种要求，这些要求来自长久确立的、商业交易的习惯,而非仅只是经济发展的条件。在西洋上古以及中世纪，城市乃是要求一个合理货币制度的担纲者；货币制度之合理化所反映出来的，乃是（西方意义上的）城市之发展，特别是自由手工业与定着小商业之兴起，而非大规模贸易的发展。

十一、支配的结构，“心态”与生活态度

然而，支配结构的影响，对于整体人民习性之塑成，与其说是靠着上述各种商业技术性手段的创出，毋宁说更依赖其所树立的“心态”。就此而言，封建制与家父长家产制大相径庭。两者皆塑造出显著不同的、政治与社会的意识形态，并由此导出极为不同的生活态度。

封建制，特别是自由封臣制与采邑制形式的封建制，将行为的构成动机诉之于自发性与自愿保有的、“荣誉”与个人“忠诚”的观念。“恭顺”与个人的“忠诚”，当然也是家产封建制或赋役封建制之许多低层组织——奴军、持有军事份地的士兵、屯田兵与边军以及（尤其是）征发客与部曲所组成的军队——的基础。然而，他们缺少一种身份“荣誉”的观念，以作为结合的要

素。另一方面，身份荣誉的观念则在“城市封建制”的军队组织里，扮演着重要的角色：斯巴达人的身份荣誉乃是奠基于武士之骑士的荣誉与礼仪；他们采取“雪冤决斗”的方式来解决临战“怯懦”或破坏礼仪的问题[1]；这其实也可说是早期希腊重装步兵的一般性特征，只是没有那么强烈罢了。不过，城市封建制里所欠缺的却是个人的忠诚关系。十字军时代，近东的俸禄封建制也维持着一种骑士的身份意识，不过整体而言，它还是受到支配之家父长制性格的制约。

“荣誉”与“忠诚”的相结合，就我们所知，仅见于西方的采邑封建制与日本的“从士封建制”。两者与希腊的城市封建制共同之处在于一种特殊的身份教育，其目的乃在培养一种基于身份“荣誉”的特殊**心态**。与希腊封建制有异的是，上述两种封建制皆将“封臣的忠诚”视为整个人生观的核心，而从此一角度来掌握一切形形色色的社会关系——对救世主的关系、对情人的关系等等。以此，封建的社会关系即将严格的纯个人性的联结、渗透至生活里各种最重要的关系上。这种强调个人性联系的特质，也会导致将骑士的品位意识集中于个人的崇拜之中。这样一种关系，恰与所有切事化的、业务性的关系正相对反。所谓切事化的、业务性的关系，从封建伦理的观点看来，只能说是无尊严可言与下贱的。

然而，此种对业务性理性的敌意仍有其他根源。第一，封建体制具有特殊的军事性格，此一性格自然会转移到政治支配的结构上。典型的采邑制军队乃是个骑士的军队，这点意味着个别英

1　一般而言，被控诉犯有罪行者，要澄清自己的清白，故称为 Reinigung（洗雪）。普通是被告在数名宣誓辅助者之下采取宣誓自己无辜的方式（“雪冤宣誓”）后，再用和原告决斗的手段来证明他的无辜。——日注

雄式的战斗——而非整个大军队的纪律性——才是关键性的。军事教育的目标乃是在熟娴个人的武技，而非如大军队一样，以适应有组织的运作为其训练的目的。以此，在教育与生活态度的领域里，一个要素据有永久性的地位：就培养生活所需具备之资质的一种形式而言，此一要素乃是人类之原始力经济的一部分（动物亦然），只是，随着生活各层面的渐趋理性化，此一要素即逐渐被排除——换言之，**游戏**。在封建社会的条件下，游戏就像对有机体的生命一样，是一种用来维持有机体之身心活力充沛的自然形式，而非“消磨时间”的方式。游戏是一种“训练”的形式，尽管仍具有其自发性与蒙昧状态的动物性冲动，却超越了任何介于“精神的”与“物质的”、“灵魂的”与“肉体的”之间的鸿沟，不管其升华的形式是多么习律性的。在其历史发展过程中，游戏只有一度曾达到一种带有自由阔达之气质的特殊艺术的精致性——此即封建或半封建的希腊武士社会，其中又以斯巴达为最早。至于西方采邑制下的骑士与日本的封臣，则是一种带有严格距离感与品位意识的、贵族制的身份习律，这种习律对上述的自由，比起希腊重装步兵之市民层的（相对的）民主制而言，显然会有更大的限制。然而“游戏”在这些骑士阶层的生活里，仍然无可避免地占有一个最为严肃与最重要的地位；而形成一切经济理性行为的对反物，从而阻碍了往此途径的发展。

不过，源自游戏此一层面的、与一种艺术性生活态度之间的、上述的亲和力，乃是直接孕育自封建支配阶层之“贵族主义的”心态。对“虚饰”、目眩神摇之美与壮丽堂皇的追求，将个人周遭生活饰之以各种器物——这些器物的存在并非因其“实用”，而是如王尔德（Oscar Wilde）所说的，因其为具有“美”之意义的无用之物——的追求，主要乃是基于一种封建身份的威信欲，同时也是个重要的权力手段——通过对大的暗示以维持自己的支配地位。“奢侈”——拒斥目的理性式的控制消费、此一意义上的奢侈——对封建支配阶层而言，绝非“多余的”，它是社会性自我肯定的一个手段。

最后，拥有优势特权的封建身份阶层，并没有将其自身的存在、功能性地诠释为乃是为一个“使命”——亦即一个必须有计划地予以实现的“理念”——而服务的工具。他们特有的迷思即是他们“存在”的价值。只有为信仰而战的骑士会有不同的取向，当他的永生是受此支配时（最显著的例子可见诸伊斯兰教），自由且艺术性的游戏通常重要性有限。

不管怎么说，封建制打从骨子里即瞧不起市民的—业务性的切事性格，视之为下贱的贪欲，且是一种与封建制特别敌对的生活力量。封建制的生活态度所引发的是一种反对理性之经济意识的态度，同时也发展出一种对业务性问题无所用心的态度；这种无所用心的态度乃是一切封建支配阶层所特有的，不但截然有异于一般市民的心态，与所谓的“农民的狡猾”也大相径庭。封建社会的这种共同体感情，乃是源自一种共同的教育，包括有骑士的习律、身份的尊严与“荣誉感”。这种教育，因其此世的取向而与先知及英雄的巫术式禁欲有别，因其战士的英雄意识的取向而与文献的“教养”有别，因其游戏的与艺术性的特质而与合理的专门训练有别。

在所有上述这些地方，家父长家产制对生活态度的影响，几乎都与封建制有异。不管哪种形态的封建制，一向都是少数拥有武装能力者的支配；家父长家产制则是一人之下的大支配，这种支配须要“官吏”；反之，封建制则尽量减低官吏的必要性。家父长家产制除非有由外族所组成的家产制军队的支持，否则无法摆脱对子民之“好感”的依赖，封建制基本上则可不管这些。家父长制在对抗特权身份团体之危险野心时，常动员群众，而群众经常是家父长制的自然追随者。民间神话所理想化了的，不是英雄，而是“明君”。以此，家父长家产制不论对自己或对子民，都必须正当化其自己为子民之“福祉”的监护者。“福利国家”是家产制的迷思；它并非源自那种宣誓互相忠诚的自由的同志关系，而系根基于父子之间权威主义的关系。“君父”（Landesvater）乃家产制国家的理想。因此，家父长制乃成为特殊的“社会政策”的担纲者，而当它有充分理由必须要确保子民大对其保有好感时，它实际上也经常推行社会福利政策。例如在近代英国，当斯图亚特王朝（1603—1649）与清教徒市民阶层及半封建的名门望族进行斗争时，劳德（Laud）的基督教社会福利政策即带有半教会与半家产制的动机。

封建制之下行政机能的极小化（属民的生计，只有在已形成支配者自身经济存活之下不可或缺的因素时，才会受到照应），恰与家父长制下行政功能的极大化形成对比。因为任何新的行政机能的出现（只要是在家产制君主的掌控下），即意味着其权力与其理念的强化，同时也为其官吏创造出新的俸禄。另一方面，家产制君主对财产分配——特别是土地财产——的定型化，毫无兴趣。他对经济的制限，原则上也只着眼于他的需求是否能以赋役制的方式来满足；为了达成此一目的，他设立负有连带责任的团体，在此团体内部则可能尚有分散财产的自由。如果他是通过货币经济的形式来满足需求，那么，小土地所有、集约式的农业经营，以及土地所有权的自由转让，显然是比较符合其利益的。家产制君主对于通过理性的营利所形成的新财富，可说是毫不忌恨；实际上，他还奖励此种营利——前提是，此种营利不会形成一个新的权力，从而取得独立于君主恩宠之外的权威。

从卑微的细民、奴隶以及支配者的下级仆人，一跃而为虽然地位朝不保夕、但却拥有所有权势的宠幸，可说是家产制下司空见惯的现象。为了维持其支配，家产制君主必须打倒独立于支配者恩宠之外的、封建贵族的身份自主性，以及市民阶层的经济独立性。归根究底，“子民”这一方的任何自主性的尊严、甚至单纯的荣誉感，都会被猜疑为敌视权威的表现；对于君父权威的内在的归依，不论何处，实际上也都促成同样方向的发展。在英国，由于望族支配而导致实际行政的极小化，以及支配者的权力必须依赖望族的自愿合作等现象；在法国以及其他拉丁语系国家的革命成功；在俄国，一视同仁的社会革命意识；所有这些都妨碍或甚至摧毁了上述对权威的内在归依。然而，在德国，这种对权威的内在归依却仍是不受制约的家产制支配里、一份几乎无从根绝的遗产，对局外观察者而言，也是种无尊严的象征。从政治的观点而言，德国人确实是最典型的“子民”(Untertan，就此字最深沉的含意而言)，路德派因此也就是最适合德国人的宗教信仰。

家父长家产制所知的唯一特殊的教育制度，就是以训练官吏行政为目的的“教养”；这种“教养”提供了一个身份阶层之形成的唯一基础，就其最为首尾一贯的形式而言，这个身份阶层乃是个有教养的身份团体，就此而言，中国的教养阶层可说是个最为人所熟知的典型。然而，教育也可能仍掌握在圣职者手中，他们拥有可以在家产制行政里派上用场的技术，例如计算与文书工作，封建制则无此需要。此一现象可见之于近东与西方中世。在此情况下，教育带有一种特殊的、文献的性格。教育也可以是一种世俗的、法学的专门训练，例如见之于中古大学的，而且即使在当时，教育也仍维持着一种文献的性质，其逐渐的理性化则导引出一种见之于近代官僚制的、专业人与“职业”理想的观念。

家产制的教育一向缺乏游戏的倾向与艺术的亲和性，以及英雄式禁欲、英雄崇拜与英雄荣誉的倾向，也缺乏对“业务性”与“经营”之“功利性格”的、英雄式的敌意，而这些都是封建制教育的特色。实际上，官职之“经营”（amtlicher Betrieb）乃是一种切事化的“业务”：家产制官吏的荣誉乃来自其之“执行职务”，而非其之“存在”。他冀望因其“业绩”而得到利益与升迁；骑士的无所作用、游戏的态度以及对业务的无所用心，在他看来，简直就是懒惰与无能。家产制官吏所接受的身份伦理，（原则上）在此倒是通往市民的企业伦理之道。从书记与官吏对其儿子的训诫中，我们知道古埃及的官吏哲学里，早已有强烈的功利主义的市民性格。此后，除了家产制官吏往近代“官僚制”的转化过程间、逐渐的理性化与专业分工外，基本上并没有任何改变。

官吏的功利主义与特殊的市民伦理间的主要区别在于，前者对“营利”的冲动一直存有憎恶之感，对于一个领取固定薪俸或固定规费、理想上必须保持清廉无瑕的人而言，这样的感觉毋宁是再自然也不过的了。特别是他的职务，其尊严正在于他不将执行职务当作商业性致富的一个源泉。就此而言，家产制行政的“精神”对资本主义的发展是抱持疏离与不信任的态度，因为它着重的是维持稳定与传统的“生业”，以及满足子民的需求，而资本主义却是要变革既存的社会条件的。就我们所知，这点在儒教的官吏伦理里表现得最强烈，其他各处也有，只是程度弱一些。这个现象，由于加上对新兴的自主性经济力量的猜忌此一因素，而更加恶化。

以此，特殊的近代资本主义的发展首见之于英国，绝非偶然，因为英国的官吏支配正好是极小化的，在类似的条件下，古代的资本主义亦曾达到其巅峰期。官僚制对理性经济利得的这种猜忌与身份取向的态度，自然成为近代国家推动社会福利政策时，可以援引的动机，而且也有助于打开（特别是）官僚制国家走上社会福利之道；只是，这些动机同时也决定了近代国家社会福利政策限制及其特质。

第五章

卡理斯玛支配及其变形

一、卡理斯玛的本质与作用

1. 卡理斯玛权威的社会学本质

官僚制结构虽然在许多方面都与家父长制结构相对立，但两者却全都是以**恒常性**(Stetigkeit)作为其最重要的特质。就此而言，他们皆属"日常性的结构体"(Alltagsgebilde)。特别是家父长制的权力，乃是扎根于必须满足那往往接踵而来的、一般的日常需求；因而，在**经济**里，或更确切一点，在以一般日常手段来满足需求的经济部门里，家父长制的权力找到它的自然根据地。家父长即日常生活的"自然领导者"(natürliche Leiter)。准此，官僚制结构不过是家父长制之理性转化的对照版。它同样也是个恒常的建构，是基于其理性律则的体系，致力于以通常的手段来满足可预算的持续性需求的一个结构体。

一切**超**日常的需求，换言之，超出日常经济范围的诸多要求，则往往于一个原理上完全异质的基础上被满足，特别是**卡理斯玛的**(charismatisch)基础上。我们越是往历史回溯，此理就越是真切。

道理在于：当**危机**（Not）出现时，不管是心理的、生理的、经济的、伦理的、宗教的或是政治的，此时，“自然的”领导者就再也不是被任命的官职人员，也不是现今我们所谓的“职业人”（Inhaber eines “Berufs”，意指娴熟专业知识并以此赚取酬金者），而是肉体与精神皆具特殊的、**被认为是**“超自然的”（意思是说并非每个人都能获得的）禀赋的人。

即此，“卡理斯玛”概念的应用，在本文里是完全“价值中立”的（Wertfrei）。进入英雄性忘我（Heldenekstase）状态的能力，像是北欧的“勇猛战士”（Berserker）[1]——有如一条狂犬般咬进自己的楯、咬向所有周遭的事物、直到跃入嗜血冲天的狂气中——，像是爱尔兰英雄库·丘林（Cuchulainn）[2]、或者荷马的阿基里斯（Achilles），无非是一种狂躁性的发作，人们长久以来即认为上述勇猛战士的发作是借用烈毒而人为产生的；在拜占庭即豢养着许多具有这种发作素质的“金黄兽”（blone Bestien）[3]，就像古代被养着的那种战斗用大象一样。萨满的忘我（Schamanenekstase）是和体质性的癫痫症联结在一起的，拥有这种症状和验证这种症状，及是卡理斯玛资格的证明。以上这两种忘我，对我们而言，一点

1 Berserker 是北欧神话中的勇士。原意为可变幻为熊的人（Berserker=Bärenhaut），后转为具有异常力量、发怒之时常常不着铠甲即迎向战斗的勇士。——中注

2 Cuchulainn 为爱尔兰英雄故事“Táin Bó Cúailgne”里的主角。库·丘林服务于乌尔斯达王柯诺，独立对抗其他爱尔兰部族而守住乌尔斯达。——日注

3 此指金发的北欧日耳曼人。此语为尼采所用。根据韦伯的说法：“中古拜占庭时期，统治者经常维持一支由具有此种格斗之勇的卡理斯玛的人所组成的队伍，作为统治的武器。”——中注

也算不上什么“崇高”，连摩门教[1]圣经里所含的那种“启示”，也搭不上“崇高”一字，若真要从价值观点来看的话，我们或许还迫不得已要说它是个拙劣的“骗局”。

不过，〔价值判断〕这点并不是社会学的问题所在，重要的是：摩门教的教主，和上述那些“英雄”与“巫师”，在其信从者眼中，证明了自己乃是具有卡理斯玛禀赋的人。根据此种禀赋（“卡理斯玛”），以及根据——在神的观念已清楚形成之处——存在于此种禀赋之中的神之使命（göttliche Sendung），他们行使其技艺与支配。诸如医生与先知，以及法官、军队领袖、大规模狩猎远征军的指挥者等，莫不是如此。佐姆（Rudolph Sohm）在其对于一个具有历史重要性的特殊案例——早期基督教教会权力的发展史——的研究上[2]，使权力结构的这个范畴〔卡理斯玛〕的社会学特质，在概念上首尾一贯起来，这可说是他的贡献（不过，无可避免的，若纯就历史的观点而言，这却是片面的）。在原理上相同的这些事态，是非常普遍发生的现象——虽然在宗教的领域里往往最纯粹地显露出来。

与任何官僚制官职组织类型相反的，卡理斯玛结构并不知何谓卡理斯玛之担纲者及其辅佐者的任命与罢免、“资历”与“晋升”

---

1 约瑟夫·史密斯（Joseph Smith）于 1830 年创摩门教于美国纽约州。稍后，杨格（Brigham Young）重新组织该教派，并创立盐湖城于犹他州，以为该教大本营。摩门教最引人注意的是赞成一夫多妻制，因此引起当时社会一般的反感，1890 年以后，终于放弃此一制度。

史密斯宣称他获得天使的通知：在他住处附近山丘上藏有数枚黄金叶，上面以象形文字记载了救世福音全文。数年后，他寻得这些金叶，以及记有解读方法的石块，因此得以翻译出所谓《摩门经》（*Book of Mormon*）。——中注

2 Rudolph Sohm（1841—1917），德国的法学史家。此处参照其 *Kirchenercht* Ⅰ（1892），p.6, 26；Ⅱ（1923），p.176 ff.。——日注

的任何形式与规律程序，他们既没有“俸给”，也没有规律性的专门教育；卡理斯玛结构亦不知何谓监督部门与上诉法庭，以及这类机关之地方性管辖区及其自主的、切事的权限之规划；最后，在卡理斯玛结构里，也没有独立于卡理斯玛把持者个人（Person）以及独立于其纯粹个人性卡理斯玛之存在（Bestande）的、常设性体制存在——如官僚制之“官府”（Behörde）。卡理斯玛所知者，唯独其自身之内在的确实与限度。

卡理斯玛担纲者攫取赋予他的任务，并据其使命要求服从与归顺。是否有服从与归顺，要看**效验**（Erfolg）而定。如果人们——那些他感觉自己是受命降临其间的人们——不承认他的使命，他的要求就瓦解；若是他们承认他，那么他就是他们的支配者——只要他晓得通过“证明”来获得承认。然而，他之后到“权利”，并非源自于他们的意愿——用选举的方式；相反的，承认卡理斯玛资格，乃是那些人——他的使命所向的那些人——的**义务**。中国的理论是让皇帝的支配权力从属于人民的承认之下，这和古基督教团里先知有必要被信徒所“承认”一样，绝少有承认人民主权的意思，而是标示出**君主地位**之必须具备**个人的**资格与**确证**（Bewährung）的卡理斯玛性格。

卡理斯玛自然是种原则上相当个别化的特质，因此，其把持者的使命与力量，并非通过外在秩序，而是从自己内部发生实质的限制。换言之，使命（就其意涵与内容而言）可以针对限定于地域的、种族的、社会的、政治的、职业的、或任何方式的团体，并且通常也是如此；而以此，使命所针对的团体之范围，便为此一使命划下界限。

卡理斯玛支配无论在哪一方面——当然也包括经济的基础这

方面——都与官僚制支配正好相反。官僚制支配要靠恒常性的收入，特别是货币经济与货币租税来维持，而卡理斯玛则虽生存于此世，但却不赖此世之粮维生。不过，这有必要加以正确地理解。卡理斯玛有时确实是有意识地避忌拥有及赚取钱财，就像圣方济[1]和其他抱有同样思想的许多人。只是，这当然并非定则。如此，在我们价值中立的用法下，一个天才型的海盗可以是个“卡理斯玛”的支配者，而卡理斯玛的政治英雄则去追求战利品——特别是钱财。关键性的要点在于：卡理所玛对于有计划的、理性的赢取钱财——事实上，一切理性的经济——总是觉得有损品格而加以拒斥。就这点而言，卡理斯玛显示出它与一切“家父长制的”结构——奠立于秩序井然的“家计”的基础上——尖锐的对立。

卡理斯玛，在其“纯粹”型中，从来不是其担纲者之私人的营利来源：在经济性的利用之意义上，它既不被利用来交换服务，也不为了报酬而运使；它更不知以租税制度来供给其使命的物质需求。相反的，若其使命乃是个和平的使命，那么，其经济上所必要的手段，要不是靠着个人的赞助者来供给，就是来自于使命之对象表达敬意的赠礼、献金或其他自愿性的给付。在卡理斯玛的战斗英雄的情况里，战利品则同时是使命的手段与目的。与所有“家父长制的”支配（就我们此处对此字的用法而言）相反，“纯粹的”卡理斯玛与一切有秩序的经济相对立。它毋宁正是

1 St. Francesco d'Assisi（1181—1226），本为阿西西地方的富商之子，原名 Giovanni Francesco Bernardone，后被尊为阿西西的圣方济。他为了贯彻清贫的理想，而抛弃一切财产，过着托钵的生活，献身于祈祷与服务贫者，与少数弟子创立最初的托钵修道会（圣方济会）。根据此一修道会的原始会规，不论是修道士个人或是修道会本身的财产所有，皆被否定。不过，随着修道会的发展，产生严格派与缓和派的对立；罗马教皇于 1317—1318 年以两道勅令承认修道会的财产所有，其后，两派对立仍以各种形式存在。——中注

那非经济性（Unwirtschaftlichkeit）的力量，即使是以占有财货为目标（就像那些卡理斯玛的战斗英雄）的情况下，亦是如此。其原因在于，卡理斯玛在本质上根本就不是一种恒常性的“制度性的”（institutionell）组织，在其“纯粹的”类型中更是正好相反。卡理斯玛担纲者（即支配者）及其使徒与扈从[1]，为了完成使命，必须摆脱此世的牵绊，必须自外于日常的职业以及日常的家庭义务。耶稣会[2]的修道会章程之禁止〔会士〕就任教会官职，修道会之成员之被禁止拥有财产，或根据圣芳济会原本的会规，修道会本身也不许拥有财产，以及神父与修道会骑士的独身制，许多具有预言或艺术之卡理斯玛资质的人在事实上之保持独身，这些都是于卡理斯玛有份（Klēros）者之不可避免的“脱离现世性”（Weltabgewandtheit）的表现。

不过，若就卡理斯玛的种类及实现卡理斯玛的生活样式之种类（例如宗教的或艺术的）而言，卡理斯玛参与者的经济条件在外观上，会呈现出完全正对反的光景。源自艺术领域的近代卡理斯玛运动，认为“独立的无职者”（selbstständige Berufslos）——

1　Gefolgschaft 一词并不限于法学史上严密的界定，而是指皈依于卡理斯玛的支配者、成为其左右手的战士或政党党工，亦即卡理斯玛的行政干部。在韦伯的用法里，当所涉及的是卡理斯玛的世俗的内容时，则用 Gefolgschaft 及 Gefolgsleute，而就宗教的精神内容而言时，则为 Jünger，Jüngertum（使徒、门徒）。以此，Jüngertum 一词，广义而言，指一般包括被支配者在内的卡理斯玛的皈依者，狭义而言，则特指属于支配者团的卡理斯玛行政干部。——日注

2　耶稣会为天主教修道会，1534 年——即宗教革命后——由西班牙教士罗耀拉（Ignatius de Loyola）所创，1540 年获教廷认可。他们认为，如要光耀上帝荣光，会士应成为耶稣基督旗下勇猛善战的士兵。他们对基督新教诸派、自由主义、启蒙主义等皆采猛烈攻击的态度，是天主教诸修会中最具战斗性格者。其活动主要是对异教徒布教及学问传播，明末天主教之传入中国即由耶稣会士首开其端。耶稣会禁止会士担任教职及拥有财产。——中注

即我们一般所称的坐食者（Rentiers）——是领受卡理斯玛召命者之最具资格的扈从[1]，此种态度在首尾一贯性上，和中世纪的修道士在经济方面正好相反的守贫要求，其实是一样的。

2. 卡理斯玛权威的基础及其不稳定性

卡理斯玛权威在本质上是特别**不稳定的**。其担纲者可能会丧失卡理斯玛，可能会像十字架上的耶稣那样，觉得“被自己的神离弃了”[2]，会向其信奉者证示“其力量已被剥夺”。如此一来，他的使命即告终止，而希望则在于期待与寻求一个新的担纲者。〔事实是〕他的追随者离弃了他，因为，纯粹的卡理斯玛除了那种源自于个人、经常不断重新被确证的力量之外，不知有其他任何的“正当性”存在。卡理斯玛英雄之拥有权威，并不像一个官职“权限”那样，来自于秩序与制定规则，也不像家产制的权力那般，出自于因袭的习惯与封建的忠诚信誓；他之赢得与握有权威，完全是通过在生活上**确证**其力量。如果他是个先知，他必须做出奇迹；如果他想当战争领袖，他必须展示英雄行为。特别是，他的神圣使命必须“证实”自己为其信奉者**带来幸福**。如果没有，那么他显然不是神所派遣来的支配者。纯正的卡理斯玛的这层相当严肃的意涵，很明显的与今日之“君权神授”的便宜诉求恰好相反。现今的君权神授说主张：〔君主的地位〕乃基于“不可测知的”神意，

1 “……基本上，就艺术型的卡理斯玛门徒而言，可以如此地认为，亦即，原意下的召命，只限于‘经济的独立者’（因此也就是坐食者），因而，超越于经济斗争被视为正常的。(Stefan George 那帮朋友间，就是如此，至少其主要意图确系如此。)”——中注

2 “约在申初，耶稣大声喊着说，以利，以利，拉马撒巴各大尼，就是说，我的上帝，我的上帝，为什么离弃我。”（《圣经・马太福音》，27：46。另见《马可福音》，15：34。）——中注

而“君主只对神负责”[1]。然而，真正的卡理斯玛支配者却正好相反，要对被支配者负责；所谓负责，就是去证明他自己本身确实是神所意指的支配者。

就此而言，一个在权力上仍然含有重要的卡理斯玛痕迹的担纲者，例如中国的皇帝（至少在理论上），是会公开的向全体民众责备自己的罪过与无能——如果他的行政无法使被支配者免于不幸，无论此种不幸是由洪水或由于战败所引起。我们在最近数十年间所看到的中国仍是如此[2]。假使这样的告罪仍然得不到神的谅解，那么支配者所面对的就是罢黜与死亡，而且往往就被当作赎罪的牺牲来执行。如孟子所说的：人民的声音就是“神的声音”（按其意：即神**唯一的**说话方式）。其所包含的正是这层相当特殊的〔卡理斯玛的〕意涵：当人民停止他们的承认，支配者只不过是个匹夫，如果他还想要更多的，他就是个该受惩罚的篡夺者[3]。同样的社会实情也见于原始的状态中，不过没有这种高度革命性的响亮语句所带有的热情。除了最狭义的家父长权力外，几乎所有的原始权威都带有卡理斯玛的性格；只要成功不再，首领往往即被见弃。

卡理斯玛支配者的权力基础在于被支配者对其个人使命之纯

---

1 “在世袭性卡理斯玛支配中，追随者所承认的，不再是领导者个人的卡理斯玛特质，而是他由世袭继承所获得的该职位的正当性。这可能导致传统化或理性化之方向。君权神授的观念乃从基本上被改变，而成为个人对支配的权利。这项权利之取得，毋须仰赖服从支配者之认可。个人卡理斯玛可能因之而荡然无存。”——中注

2 这是在1914年之前所写。——德注

3 “泰誓曰：天视自我民视，天听自我民听。”（《孟子・万章上》）“曰：臣杀其君可乎？曰：贼仁者谓之贼，贼义者谓之残。残贼之人谓之一夫。闻诛一夫纣矣，未闻杀君也。”（《孟子・梁惠王下》）“君之视如手足，则臣视君如腹心。君之视臣如犬马，则臣视君如国人。君之视臣如土芥，则臣视君如寇仇。”（《孟子・离娄下》）——中注

事实上的“承认”。此种承认，不管是较为积极的或较为被动的，乃是源自于信仰的归依，归依于那不寻常的、前所未闻的、异于一切规则与传统的——因此也就被视为神圣的——换言之，那产生于危机与狂热的。因此，纯正的卡理斯玛支配不知有所谓抽象的法规、行政规则及“形式的”司法。其“客观的”法乃是高度个人体验——个人对天赐恩宠与神殿的英雄力量的体验——的具体流露，并且特别是为了神圣化纯正的先知与英雄信念（Gesinnung）而拒斥一切外在秩序的束缚。以此，卡理斯玛支配所抱持的是一种转化一切价值，与一切传统的、理性的规范决裂的、自主的革命态度：“法书上如是说……可是我告诉你们……”

卡理斯玛之平息争讼的特殊形式，是先知的启示、或神谕、或具有卡理斯玛资格的贤哲之“所罗门式的”仲裁判决——奠基于相当具体的、个人的、但要求具有绝对妥当效力的价值考量（Wertabwägung）。此即常人所道的（而非历史意谓的）“卡地裁判”的祖籍所在。因为作为实际历史现象的伊斯兰教卡地裁判，正是被神圣的传统及其往往极形式主义的解释所系缚住，而唯有在此种识别手段失效时，才视个别情况采取不循规则的个人评断[1]。但真正的卡理斯玛裁判却总是如此，〔指个人评断〕；在其纯粹型中，恰与形式的、传统的规矩极端对立，并且独立自主于传统的神圣性，以及从抽象概念而来的理性主义演绎之外。

至于罗马法裁判中所指示的“平衡与善”（aequum et bonum）[2]，

---

1 参照前一章第 7 节末。——日注

2 aequum et bonum 一语，表示裁判时的“平衡”之意，为罗马法源里常用之语。例如“quantum *bonum et aequum* iudici videbitur”（只是在审判人认为善与平衡下的总额），“non esse *bonum et aequum* ob eam remcondemnari”（此事故被认为有罪，是不合于善与平衡的）等等。

以及英国“平衡法”（equity）之原始的意义，与卡理斯玛裁判（一般而言）及伊斯兰教之神权政治的卡地裁判（具体而言），到底有何关系，我们在此不予讨论[1]。不过，前两者部分是已强烈合理化之司法裁判的产物，部分是抽象的自然法概念的产物。无论如何，在“根据信义诚实”（ex fide bona）一语中所指示的：商业交往上的善良“风俗”（Sitten）[2]，和我们所谓的“审判官的自由考量”一样，都不带有真正非理性裁判的意思。相反的，一切被用来当作证明手段的神谕，当然是卡理斯玛裁判的衍生物。只不过，此种裁判是将卡理斯玛担纲者个人的权威代之以一种为了形式地测知神意而被它束缚于规则的机制（Mechanismus）。这已属于卡理斯玛之“即事化”（Versachlichung）的领域，我们马上就要谈到。

（接上页注）在法官给予审判人的格式中，例如在因侵害而导致的诉讼里，有“quantum pecuniam *bonum aequum* videbitur，tantam pecuniam”（在善与平衡考量下的金额），又如在请求归还嫁资的诉讼里，有“quod eius *melius et anquius* erit”（较为善与平衡的数额）等判决的指示。在本来的法源史料之外，以“bonum et aequum”作为裁判基准的思考方式也经常见到。例如“ex aequo et bono，non ex callido versutoque iure rem iudicari oportet”（倘若无法根据精妙巧致的法律，不如就以平衡与善来仲裁事件），Cicero，Oratio pro Caecina，23。——日注

1　参照《经济与社会》，第七篇《法社会学》，第 2 节与第 5 节。——德注

2　在罗马法的诉讼权里，有严正诉讼权（actio stricti iuris）与诚意诉讼权（actio bonae fidei）。前者的诉讼里，只以当事者的意思表达为基础，并且对此意思表达加以非常严格的文字解释。反之，在后者的诉讼里，并不只当事者的意思表达，举凡在定契约当时的一般状况，交易上的惯例，反对债权的有无，等等，皆依照信义诚实的原则，一一被考虑进去而做出判决。在文书格式上，诚意诉讼时，对于审判人予判决权限的文字如下：“quidquid ob eam rem...dare facere oportet *ex filde bona*，eius，iudex，...condemnato.”——日注

3. 卡理斯玛的革命性格[1]

官僚制的理性化，如我们所见的[2]，可以是，而且事实上往往正是，对传统的最主要的革命力量。不过，这是以**技术的**手段来进行革命，原则上——正如特别是对经济变革的作用——是“从外部”：首先，先改变物质与社会秩序，然后再以此改变人，亦即改变人对外在世界的适应条件，可能的话，通过理性的目的——手段设定，提高人的适应能力。

相反的，卡理斯玛力量是奠基于对启示与英雄的信仰，对一种宣示（Manifestation）——无论其为宗教的、伦理的、艺术的、学问的、政治的或其他各式各样的宣示——之意义与价值的情绪性确信，也奠基于英雄性（Heldentum）——无论其为禁欲的英雄性、战争的英雄性、审判官之睿智的英雄性、巫术性施为的英雄性或其他各类的英雄性。此种信仰，是将人“从内部”革命起，再依据其革命的意愿来形塑外在事物与秩序。

当然，此种对立必须加以正确的理解。尽管各种“理念”（Idee）——无论其为宗教的、艺术、伦理的、学问的或其他一切的，特别是政治或社会组织的——所运作的领域，有其相当深刻的差别，但就心理学就观之，却都是源自于本质上相同的方式。至于有些理念被归为“悟性”（Verstande），另一些被归为“直观”

1 在《经济与社会》的第三版里，有关卡理斯玛的叙述散于第二部第五章（《正当性》）、第九章（《卡理斯玛制》）与第十章（《卡理斯玛的变形》）三处，以及《卡理斯玛君主制》一节里。当今版本（第五版）的编辑者已于第四版时，将《卡理斯玛君主制》往后挪动（见本书第 5 章第 2 节第 10 小节），而代之以《卡理斯玛的革命性格》一节（原为第三版第十章开头）。有关此种章节安排的变更。可参照 Johannes Winkelmann 于 *Wirtschaft und Gesellschaft* 第四版（1956），962 页以下的说明。——日注

2 见本书第二章第 8 节最后。——中注

(Intuition)，或者其他另外的归类法，乃是一种“与时推移的”、主观的“价值判断”。例如：一个魏尔斯特拉斯（Weyerstrass）[1]的数学“想象”（Phantasie）是“直观”，这和任何艺术家、先知或煽动家的“想象”是“直观”，在意义上完全相同。其差别并不在这点上[2]。

决定性的差别——这对于理解“理性主义”的意义而言，是特别要弄清楚的——根本不在于理念或“作品”的**创造者**本人或其心灵的“体验”，而是在于理念或作品是以何种方式被那些被支配者与被指导者加以“内化”和“体验”。我们先前已看到[3]，理性化是以如下的方式来进行的：广大的被指导者大众只不过是去接受或使自己适应于那些对他们的利益具有实际意义的外在的、技术的成果（就像我们之“学习”九九乘法，以及多如过江之鲫的法学家之“学习”法律技巧），然而，这些成果的创造者之“理念”内容却与他们不相干。所谓：理性化与“理性的”秩序是“从外部”革命起，正是这个意思。

然而，卡理斯玛，只要它能发挥其特有的影响力的话，反而是从内部，从被支配的意识之中心的“心神变化”（Metánoia），来展现其革命的力量。官僚制的秩序只不过是将人们对于传统规

1　K.Weyerstrass（1815—1897），德国数学家，1864年后任教于柏林大学。他与瑞曼（Riemann）同为奠定复素变数之解析函数论基础的最大功劳者。然而威尔史特拉斯反对瑞曼之根据几何学、物理学的直观，而着重于严密的解析表现。——日注

2　并且，顺带地，在此种“价值”领域里——虽然我们在此处尚未涉及——这些理念在下面这点上是完全一致的，亦即：所有这些理念（包括艺术的直观在内），为了使自己客观化，换言之，为了确证其现实性（Realität），皆意味着一种对“作品”之要求的“把握”（Ergreifen），或者也可以说，使“作品”的要求“成为被把握的”（Ergriffenwerden），而不是一种主观的“感情”或“体验”等等。——韦伯原注

3　参照 *Gesammelte Aufsätze zur Wissenschaftslehre*，3.Aufl.S.471ff。——德注

范之神圣性的信仰，代之以对于目的取向之规则的顺从，以及知识——亦即认知到：只要有人具备了必要的力量，便可将这些规则以另外的规则来取代，因此没什么神圣性可言[1]。相反的，卡理斯玛在其最强劲的形态下，会粉碎一切规则与传统，并以此倒转所有的神圣性概念。它将人们对于古来惯行的、因此被神圣化的诸事物之恭顺，代之以强制人们从内心服从那前所未有的、绝对独一无二的、因此也就是神圣的事物。在此种纯经验的、价值中立的意义上，卡理斯玛的确是历史的特殊"创造性的"、革命性的力量。

4. 卡理斯玛的妥当领域

卡理斯玛的权力和家父长制的权力虽然都是奠基于对"自然的领导者"——而不是像官僚制的秩序里对"被任命的"领导者——个人的归依及个人的权威，但这种恭顺（Pietät）与权威在二者的情况下是非常不一样的。家父长享有恭顺与权威，和官吏一样，是秩序的担纲者；但此种秩序和官僚制的法律与行政规则不一样，并不是人为地、以目的为取向地制定的，而是具有自太古以来即不可被侵犯的妥当的性格。卡理斯玛的担纲者享有恭顺与权威，是基于一种被相信要由他自身来体现的使命；此种使命并非必然也并非总是具有革命性格，但至少在其最为卡理斯玛的形式下，是带有翻转一切价值序列、倾覆习俗、法律与传统的革命性格。尽管家父长制的权力在其具体的担纲者手中并不是稳定的，但无论如何这权力本身，是为日常生活及其需求服务的一种社会的支配结构（这和由非常情况的危机与狂热中产生出来的卡理斯玛结

---

1 见前述，页 502、513〔按：即《法律社会学》部分〕。——德注

构正相反），并且，尽管有权力的担纲者及其范围的变化，权力本身就像日常生活一样，在其机能运作中恒常稳定下去。这两种构造形式本身，在所有的生活领域里都可发现到。许多古日耳曼的军队是采取家父长制的方式，在家族长（Familienhaupt）的指挥下，依氏族别编制作战。东方君主昔日的部曲军（Kolonenheer）及法兰克军队——在其“领主”（seniores）[1]率领下出阵的隶属民部队（Hintersassenkontingente）——是家产制方式的编制。家父长的宗教功能与家神的礼拜，一方面与官方的共同体崇拜（Gemeindekult）永久并存，另一方面则与卡理斯玛预言者的伟大运动——实质上几乎总是革命性的运动——一起长存。与平时的首长及民军——前者负责处理共同体之经济的日常业务，后者则在总体战时被召集起来——并列的，是卡理斯玛战争英雄，他率领自愿的扈从军出击（譬如日耳曼人和印第安人）。并且，在正式的人民战争时，正常的、平日的权威往往被一个武将所取代——基于他在此种军事冒险中证明自己是个英雄，因而临时被拥戴为“军事元首”（Herzog）[2]。

1　参见本书第三章第五节 p.107 注 1。——中注

2　关于日耳曼人，恺撒有如下的描述：“发生在各部落境外的掠夺，在他们看来并非不名誉的。反之，他们称此种掠夺是为了训练青年、不使其怠惰才发生的。在人民大会里，当论及首长当中由谁来担任将领并提出由谁扈从的时候，认同某人及其目的的人起立并答应给予援助，而获得众人的喝彩。在答应助力者当中，未从军者，即被当作反叛者，尔后在一切事上皆无信用可言……部落在防备战争或进行战争的时候，指挥战事者皆被选举出来，且被赋予生杀允夺的大权（Casear，*De bello Gallico*，Ⅵ，23）。”前半段所记的是关于私人的（但经人民大会所承认的）掠夺行为，后半段则是关于部落全体的公的战争。

塔西图斯（Tacitus，*Germania*，c.7，13.14）的记述，比起恺撒来，更让人想到制度化的进展。在他的记述里，我们已见到私的扈从制（Gefolgschaft）与公的将军制（dux，Herzog）的区别。其中，将军很明确的只有一人，在战争时，平时的一切机关皆停止活动，

相对于卡理斯玛的革命性角色，家父长制的结构奠基于习惯、对传统的尊敬、对父母与祖先的孝道，以及仆从的个人忠诚，其所照应的是政治及宗教领域中传统的、惯常的日常需求。在经济领域里，同样也是如此。经济，作为一种有秩序的、持续不断的行为过程——为的是有计划地照料物质的财货需求之供给——本是家父长制支配结构的特有故土；并且，经济，因其不断的理性化而走向“经营”（Betrieb）时，亦是官僚制支配结构的固有本土。虽然如此，卡理斯玛对于经济也绝非陌生。在原始的情况下，卡理斯玛的特质经常由一种对当时的需求满足而言相当重要的经济部门展现出来（虽然随着物质文化的进展，它的重要性渐减），亦即：狩猎。狩猎由类似于战争的方式组织起来，并且，直到很后来都还是被当作战争一般来处理（这我们在亚述国王的碑文里可以看到[1]）。

不过，在特殊资本主义的经济领域里，也可发现卡理斯玛与日常生活的对立，只是，这次不是卡理斯玛与“家”的对立，而是与“经营”的互相对立。诸如亨利·威拉德（Henry Villard）[2]的行径，即与大规模掠夺资本主义（Beutekapitalismus）及经济的掠夺扈从团（Beutefolgschaft）的现象相类。他〔于 1899 年〕为了对北太平洋铁路公司的股票持有者在交易所里进行突袭，而组织

（接上页注）将军握有绝对的权力。和平恢复时，将军之职被撤废，平时的组织复活。不过，譬如在民族移动时期里，由于准战争状态的半永久化，将军职遂转化为常置的官职；在民族移动期之后的日耳曼诸国里，即以此成为强大君主制的一个基础。——日注

1　参见 M.Weber，*Gesammelte Aufsätze zur Sozial-und Wirtschaftsgeschichte*，S.46。——日注

2　Henry Villard（1835—1900），德裔美籍实业家。由德赴美后，先为新闻记者，后与铁路公司搭上关系，而于 1881 年成为北太平洋铁路公司董事长，并购入经营《纽约晚报》（*New York Evening Post*）。——日注

了著名的“盲金”（blind pool）：他向大众邀集五千万镑的资金，而未告知目的何在，只是基于他的名声而未提供任何担保。诸如此类的掠夺资本主义，无论在“精神”上或是结构上，都与正规的大资本主义“经营”的理性管理完全不同。反之，这类现象和财政寄生的、殖民地剥削的巨大企业，以及自古以来即已存在的、杂有海盗行为与奴隶狩猎在内的“投机商业”（Gelegenheitshandel），极为类似。

想要理解那可称之为“资本主义精神”的双重性格，以及理解近代“职业地”（berufmässig）官僚化的、例行化的资本主义（Alltagskapitalismus），吾人必须学会在概念上区分这两种无处不相交错、本质却又不同的结构要素。

5. 卡理斯玛结构的社会特质

一个“纯粹”卡理斯玛的权威（就我们此处对此一语词的用法而言）之存在，意味着：它若是愈保持其纯粹性，它就愈不能被理解为一个一般所谓的“组织”，亦即：一种基于目的——手段原则的人群事物秩序。虽然如此，这绝非意指一种不成形的、无结构状态，而毋宁是指一种明确的社会结构形式：具备了人的组合，以及（切合于卡理斯玛担纲者之使命的）效用与物财的建置。〔卡理斯玛担纲者的〕个人助力者形成一个卡理斯玛的贵族层，这是由归依者当中被挑选出来的人所组成的一个小团体，其所根据的原则是：门徒关系、扈从的忠诚以及个人之卡理斯玛资格的有无。物财的供给，虽然是自愿性的、无规则可循的、非定期的，但其满足需求的程度，则被视为被支配者的良心义务，当然，亦视需求与给付能力而定。

卡理斯玛结构愈是具其纯粹性，扈从与门徒就愈少以俸禄、薪给或任何种类的报酬与赁贷的形式，以及头衔或位阶等级关系等，来获取其生计手段与社会地位。在物质上，只要是他们的生计别无其他方法加以保障，那么他们所依靠的是以权威主义的方式来加以管理的利用共同体，换言之，分享其首领所接收到的财货，无论其为表达敬意的赠品、掠夺品、或捐献，而分享的方式既无计算也无契约。以此，扈从们有权要求与首领同桌共食、得到他的扶持，以及从他那儿领取表彰名誉的赠礼。在精神上，他们可以分享那些被加在首领自己身上的社会的、宗教的、政治的尊荣与名誉。无论如何，只要是偏离了此种方式，卡理斯玛结构的"纯粹性"便会蒙上阴影，而步入另一种结构形式的管道。

6. 卡理斯玛共同体之"共产主义的"财货分配

因此，卡理斯玛与家共同体并列（但不同于家共同体）为共产主义在历史上第二个重要的代表[1]——此处，我们将共产主义理解为：在财货的**消费**上，缺乏"可计算性"；在财货的**生产**上，并不是为任何共同"账目"(Rechnung,就像在"社会主义"之下那样)而设的理性的生产组织。

---

1 "共产主义的、**无法**与计算**相容的**功效共同体关系或结合体关系（Leistungsvergemeinschaftung oder-vergesellschaftung)，并非以算出最善的生计（Versorgungsoptima）为其基础，而是奠基于直接**被感知**的连带性。因此，此种社会关系——直到现在——犹能显现为基于原则上采取**非**经济取向的意识态度（ausserökonomisch orientierte Gesinnungs-Einstellungen)。换言之，此即为（1）**家族**的家共产主义（Hauskommunismus）——在传统的或情爱的基础上，(2) **军队**的战友共产主义（Kameradschaftskommunismus)，(3)（宗教）**共同体**（Gemeinde）的爱的共产主义（Liebeskommunismus)。后二者原则上是奠定于特殊情绪的（卡理斯玛的）基础上。"(*Wirtschaft und Gesellschaft*，S.88)。——中注

此种意义上的共产主义，在历史上，要不是奠基于传统的，换言之，家父长制的基础上，就是奠定于卡理斯玛信念的非日常的基础上。前者为“家共产主义”，也唯有在这种情况下，共产主义是一种日常的现象；后者（若完全贯彻的话）要不是军事的掠夺共产主义（Lageund Beutkommunismus），就是修道院的爱的共产主义（有种种的变形及转为“慈善”或施舍的扭曲）。军事的掠夺共产主义，以其各种不同的贯彻纯度，在各时代的卡理斯玛战士组织里都可发现：从利古里亚海（Ligurian Sea）中的岛上的海盗国[1]，到哈里发·乌玛（Khalifen Omar）[2]统治下的伊斯兰教组织、基督教与日本佛教的军事教团。爱的共产主义以各种形式存在于所有宗教的精华里，延续于职业的神的信从者，换言之，修道士团的内部里，以及在许多虔敬主义的特殊团体（例如拉巴迪，Labadie）[3]和其他具有高涨宗教意识的特殊团体里都可发现到。

真正的英雄信念与神圣性的维持，在此种信念与神圣性的纯正代表看来，是和共产主义的基础之维持及对个人特别财产的欲

1　利古里亚海为包括热那亚湾（Gulf of Genoa）在内、被利未拉与科西嘉岛所包围的海域。——日注

2　Omar ibnúl-khāttab（c.581—644），第二代哈里发（634—644 年在位）。征服叙利亚、埃及、波斯，奠定伊斯兰教帝国的基础。占领地全被视为战利品，土地及其上一切皆属国家所有，禁止阿拉伯战士占有土地。战士只能根据名簿（含有兵员名簿兼市民名簿之意）分到来自被征服民的贡纳。——日注

3　Jean de Labadie（1610—1674），法兰西神学者。起初加入耶稣会，尔后走向奥古斯丁的神秘思想与詹森主义（Jansenismus）的内向性，而意图复活原始基督教的教团生活。虽然曾任天主教的俗世教士，但随着天主教的压迫之增强，他于 1650 年转到改革派教会，起先在日内瓦，后来到荷兰担任教师而相当活跃。然而，由于其神秘的、虔敬主义的倾向不为荷兰的国民教会所容，于 1669 年被免去牧师职，遂成立独立的教派（亦即拉巴迪派，Labadismus）。此派主张财产共有。对于史宾纳（Spener）及其他虔敬派有极大影响。——日注

求之消失联结在一起的。事实的确如此，因为，卡理斯玛是一种原则上非日常的、也因此必然是非经济的力量，一旦对于日常经济的关注占了优势，卡理斯玛的活动力便濒临危险，正如各处所发生的情况。其第一个步骤是："俸禄"，以被分派的"实物给予"来取代旧有的、从共同库存中提取的、共产主义的给养；此处〔卡理斯玛的日常化过〕正是俸禄的真正发源处。所有持具战士性格的国家——斯巴达即为典型——都保存着卡理斯玛的共产主义的残留，并试图防止英雄们免于因财产的顾虑、理性的营利和家族的考虑而来的"诱惑"——正和宗教和教团所做的一样。

古老的卡理斯玛原则的这种残留，与个人的经济关注——随着俸禄化而起，并持续不断地叩门而来——之间的调整，会采取各种非常不同的形式进行。不过，情形往往是：纯正的卡理斯玛支配无法抵挡住最终无止境地开放家庭的建立与经济营利的潮流，而于焉告终。唯有在战场的共同危难，或舍离世界的门徒团的爱的信念里，保持住这种共产主义，并且，也唯有这样的共产主义才能对抗日常的利害关怀，而保障卡理斯玛的纯粹性。

任何卡理斯玛都走在这条路上：从狂热的、感情性的、无经济关怀的生活，走向在物质关注的重压下慢慢窒息而死的道路——他存在的分分秒秒都不断加速地向死亡前进。

二、卡理斯玛权威的成立与变形

1. 卡理斯玛的日常化

卡理斯玛支配，在上述所谓"纯粹的"意味下，通常是产生于非常的状态下，包括外在的，特别是政治或经济的非常状态，或内在精神的，特别是宗教的非常状态；或者内在、外在一起的非常状态。它是由人群对于异常事态的集体兴奋，以及对英雄性（不问其内容为何）的归依而形成的。以此，我们便得到以下的结论：卡理斯玛——无论其为先知预言的或其他什么内容——的信仰，正如归依者——卡理斯玛担纲者感觉自己是为他们而被派遣来——对卡理斯玛担纲者本身及其使命的信仰性归依，是无可缨其锐的、首尾一贯的、强而有力的；然而，原则上只不过是在其初生期是如此。

在卡理斯玛式领导下的团体提起一股越出日常生活循环的运动潮流，当此潮流再度往日常的轨道消退时，至少原则上纯粹的卡理斯玛支配便会遭受破坏，而转变、扭曲为“制度性的”；然后，要不是直截了当地被机制化，就是不知不觉地被其他完全不同的结构原则所剔除取代，或者和它们以各式各样的形式相混合交融。如此一来，卡理斯玛支配，事实上已与其他结构原则密不可分地结合在一起，而变成只是经验的历史图像里的一个成分；这种往往已面目模糊、难以辨识的变形，也唯有在理论的观察下才能解析得出来。

据此，“纯粹的”卡理斯玛支配在某种极为特殊的意味下是不稳定的，并且，其**所有的**变形都源自于一个（而且就是这么一个）原因：不仅支配者本身通常这么希望，其门徒也经常如此，最重要的是被卡理斯玛式支配着的归依者是这样憧憬：他们都渴望将卡理斯玛及被支配的卡理斯玛福气从一种个例的、昙花一现的、随机在非常时刻降临于非凡个人身上的恩宠，转变为一种日常的持久性拥有。不过，如此一来，其内在的结构性格便无可避免地要发生变化。战斗英雄的卡理斯玛扈从团可能转而成立一个国家，先知、艺术家、哲学家、伦理或科学的创新者等等的卡理斯玛共同体可能转变为一个教会、教派、学院或学派，一个追求文化理念、接受卡理斯玛领导的追随团体也可能变成一个政党或只是个新闻杂志的从业干部。以此，卡理斯玛的存在形式往往即被引渡为日常的条件与支配日常生活的力量——特别是经济的利害关系。其转捩点通常在于：卡理斯玛的扈从与门徒，起先成为有特权和支配者同桌共食的伙伴（如法兰克国王的“从士”trustis），既而成为想要靠卡理斯玛运动维生的采邑保有者、祭司、国家官吏、政党党工、军官、秘书、编纂者、发生者、出版人等，或者变成雇员、教师或其他职业的利害关系人，或者俸禄保有者、家产制官职保有者等等。另一方面，卡理斯玛的被支配者则转化为规律地缴纳租税的“臣民”、有纳献义务的教会信徒、教派成员、政党党员、社团成员、依规则秩序而被强制服勤务且受选训练的士兵、或受法律约束的“国民”。尽管使徒警告说:“不得亵渎圣灵”[1]，但卡理斯玛的宣示依然无可避免地应其内容转化为教义、教条、理论、或行政规则、法条、或者僵化的传统。

在此过程中，根本上两相陌生且互相敌对的力量——换言之，卡理斯玛与传统——相互渗透的现象，尤其常见。就概念上而言，可以理解的是：这两者的力量都不是奠基于有计划的、目的取向的规则及对此种规则的认知上，而是奠基于对具体的个人权威之神圣性的信仰上，此一权威，无论其为特殊绝对的、或相对的，对被支配者——从小厮、客、到门徒、封臣——而言，却具有不

---

1 “我实在告诉你们，世人一切的罪和一切亵渎的话，都可得赦免；凡亵渎圣灵的，却不得赦免，乃要担当永远的罪。”（《圣经·马可福音》，3：28–29）“凡说话干犯人子的，还可得赦免，唯独亵渎圣灵的，总不得赦免。”（《圣经·路加福音》，12：10）——中注

容置疑的妥当性。此外，两者的力量也都奠基于对恭顺关系、恭顺义务的归依上，而此种关系义务总是带有某种宗教的神圣性。

同时，这两种支配结构的外在形式也往往神似到几乎被认同为一的地步。战将与其扈从的食桌共同体，到底为“家产制”性格的，或为“卡理斯玛”性格的，从共同体的外形上难以辨认；判定的依据惟在激起共同体之活力的“精神”上，换言之，要根据支配者的地位奠基于何处而定：是奠定于被传统所圣化的权威上，或奠定于对英雄个人的信仰上。

两者之间的管道是流通的。卡理斯玛支配一旦丧失其个人性的基础，丧失它足以与日常的传统约束性区分开来的急遽感情性的信仰之性格，那么，它与传统的结合，虽说并非唯一的可能，但确实是最可能如此，也多半不可避免的是如此，特别是在生活技术的理性化尚未发达的时代里。

由此种结合，卡理斯玛的本质似乎不免要被抛弃割舍；若就其非凡的革命性格而言，事实也正是如此。此种典型的、不断重复出现的发展之基本特征为：卡理斯玛被那些所有经济与社会权势的拥有者攫夺为利害关注的工具，用以**正当化**其本身的财产乃是源自于卡理斯玛的——因而即为神圣的——权威。以此，卡理斯玛，就其纯正的意味而言，已不再如其初生期时，与一切传统的或一切以“正当的”权利取得为基础的事物相对抗；和其革命的作用相反，卡理斯玛于此变成“既得权利”的法理根源。在此种与其本质不合的机能下，卡理斯玛现下成为日常（Alltag）的构成要素，因为，以此方式，它所满足的需求，正是普遍性的需求，特别是基于一种共同的理由（换言之，支配与继承的正当性）。

2. 领导者选拔（指定继承者）的问题

我们先前对官僚制、家父长制及封建制支配之日常权力的分析，只论及这些权力是以何种方式**运作**的问题。其中并未处理，在官僚制或家父长制的阶层等级中占有最高地位的权力拥有者本身，是根据何种标志而被选拔出来的问题。官僚制机构的首脑，照理说确实可以按照任何一种一般规范而晋升到他作为最高官员的地位。然而，毫不意外的，事情通常并非如此，至少，他并不是依照和位于他之下的官员同样的规范而晋升到最高位的。正是官僚制的纯粹类型，一个由被任命的官员所构成的层级组织，要求一种特别的**当局**(Instanz),此一当局的地位并非奠基于和其他官吏同样的“任命”（Anstellung）之上。家权力的拥有者，在父母亲子的小家庭里是自然而然产生的，在大家族里，一般而言是依据清楚分明的传统规矩而确定下来。不过,家父长制的国家及采邑制的层级组织里，由谁来担任首长，就并非如此了然了。

另一方面，卡理斯玛支配若想转化为一种持久的制度，其所面临的首要基本问题，也就是找寻先知、英雄、导师及政党首脑之**后继者**的问题。正是此一问题，无可避免地开始将卡理斯玛导入法理规则与传统的轨道。

首先，由于事关卡理斯玛，所以根本谈不上自由地“选举”后继者的问题，而唯有对要求继承的人之真正**具有**卡理斯玛的“承认”（Anerkennen）问题。因此，也就只能静待能够亲身证明自己的资格的后继者出现,或等候〔上天之〕地上代理人或先知的出现：

佛陀的化身[1]与马赫迪（Mahdi）[2]即为其特殊的例子。然而，这种新的化身往往没有，或者由于教义上的缘故，根本无从期待：就像基督、或者佛陀原来的情形。

从此种概念导出确实最为彻底结论的，唯有纯正的（南方的）佛教[3]：佛陀的弟子，在他死后，仍保持为托钵僧团，只具有最低程度的一种组织或社会关系团体之形，并且，可能的话，维持一种无定形的随机共同体关系（Gelegenheitsvergemeinschaftung）的性格。举凡巴利圣典（Pâli-Texte）[4]的古老规制被确实执行之处——常见之于印度与锡兰——不仅没有长老，也见不到个人与具体的僧院团体的固定联结。“教区”（Diözesen）只不过是为方便划分

1　佛陀释尊入灭之后，人们期待有取而代之的佛陀出现。换言之，即“未来佛”的意思。未来佛即“弥勒”，人们认为弥勒将来会出现于此世，并继承起释尊的行迹。不过，这就发生了弥勒到底将出现于怎样的一个世界里的问题。于是，兴起了“现在他方佛”的思想，亦即，佛陀虽然并不存在于现在的这个世界里，但是存在于另一个世界里。著名的现在他方佛为东方的阿閦佛与西方的阿弥陀佛。——日注

2　马哈地在阿拉伯语中为“被神所引导者”之意。为人们所期待的救世主，会在世界末日时，从法蒂玛（穆罕默德之女，第四代正统哈里发、阿里之妻）的氏族里出现。这是产生于对乌玛雅王朝抱持反感的虔敬派中的信仰。其后，此一信仰进入伊朗一系的什叶派之中而被保持下来。——日注

3　根据韦伯的说法，佛教的救赎，虽然在于自无常之业的世界中解脱出来，但为此之故，则有必要超克生的欲望，因为此乃生出无常业的根源。佛陀为此救赎，提出四圣谛（四个真理）与八正道（正见、正思、正语、正业、正命、正精进、正念、正定）。换言之，救赎之道在于：根据冥思而获得宗教的睿智。因此，“佛教的救赎，惟其为各个人自身的事务。没有为得救赎而求助于神或救世主的余地。佛陀自身并不知何谓祈祷，所谓宗教的恩宠根本不存在”。并且，“没有任何人，特别是没有任何社会共同体，能够〔在救赎一事上〕给予援助”。因此，“教会”或“教团”本来就没有存在的余地。只不过，极早以来，即有“出家”（僧）与“在家”（众）的区分，为达完全的救赎唯有出家，而在家俗众则能借着对出家僧施予物质上的援助而达到最大的功德……

以上有关原始佛教的叙述，详见 M.Weber，*Gesammelte Aufsätze zur Religionssoziologie*，Bd.2，S.217ff；亦即《印度的宗教》之佛教的部分。——中注

4　巴利圣典为以巴利语书写的南方佛教圣典。传说为公元前一世纪由赛隆编纂而成。现在的形式则为五世纪以来陆续整理而成，是佛教经典中最接近原形的一部。——日注

地区的地理区域，在其中，僧侣们为少许共同的仪式聚集在一起，但没有任何“礼拜”(Kultus)。僧院的“执事”只限定于照管衣物及类似功能的少数人；僧侣个人和僧团本身之一无所有，以及靠喜舍（捐献与托钵）来满足需求，都在日常条件下尽可能地被贯彻。在集会时，席次及发言顺序的“优位”，只根据（当僧侣的）年数及教师对新进者的关系（后者作为其助手）。退出是随时都可以的，入团许可也只有一些极简单的前提条件，包括：修业期、教师开列的品行证明及自由许可证明，以及最低限度的仪式。其中既没有真正的“教义”(Dogmatik)，也没有职业性的教学与布道。宗教集会则除了最初数百年间的两次半神话的“宗教会议”(Konzilien)之外，就再也没有了。

僧团这种高度不定型的性格，对于佛教在印度的消失确实大有影响。无论如何，此种性格也唯有在纯粹的僧侣共同体(僧团)里，特别是个人的救赎也只靠个人自己才能得到的僧团里，才能保持住。因为，在其他任何的共同体里，这种〔个人自力获取救赎的〕态度与单只被动地期待新的〔救世主〕之出现的态度，自然会危害到卡理斯玛共同体的凝聚——其成员渴望的是一个肉身的、现世的支配者与领导人。

希冀卡理斯玛担纲者一直待在自己生活当中的这种渴望，一旦获得满足，便意味着往卡理斯玛的日常化方向跨出了重要的一步。不断更新的肉体化身造成卡理斯玛的“即事化”(Versachlichung)。以此，其接受召唤的担纲者被寻获的方式，必须是有系统地依据某些显现出卡理斯玛特征的标志，无论如何至少是根据某些“规则”，例如探求新的达赖喇嘛的方式，原则上和寻找阿庇斯圣牛

(Apisstier)[1] 的方式完全相同;或者,利用其他一些同样是规则性的、确定的手段来找寻。

手段之一，首先，是以下这种最容易浮现的信仰：相信卡理斯玛担纲者本身有资格指定他的继承人，或者，当他，就卡理斯玛的精神而言，像基督那样，只为一次而不再的化身时，有资格指定其地上的代表。在所有原初的卡理斯玛组织里——不论其为先知的组织，或为战士的组织——经由支配者本身来指定继承人或代理人，对于支配的连续性之保持而言，是一种相当合适的方式。不过，这当然意味着：从基于卡理斯玛的、个人的固有权力之自由支配，往基于“元祖”（Quelle）的权威之“正当性”的方向，跨出一步。

除了众所周知的宗教例子之外，罗马的政务官的产生形式[2]，换言之，政务官从有资格者当中指定自己之命令权的继承者，然

1　阿庇斯圣牛在古埃及（特别是孟菲斯）被视为欧希里斯神（Osiris）的化身。这种牡牛必须是黑色的，前额有一三角形的白斑，在右侧有一弦月形的白斑，舌下还有一肿瘤。发现这样的黑牡牛后，首先在朝东建筑的屋中养四个月，然后趁新月之日运到 Helipolis，养四十天再送到孟菲斯神殿，奉之为神。活到 25 岁时即杀掉，尸体经防腐处理后埋葬，然后再重新寻找黑牡牛，其间往往需要数年的岁月。——日注

2　此种形式，韦伯已有如下的说明：“由原有的卡理斯玛领袖指定继承人，并由其追随者加以承认。这是一个很普通的形式。古罗马的政务官本来完全根据这个方式任命。这个制度后来出现在‘狄克推多’的任命及‘摄政王’的制度（《支配的类型》）。”“由卡理斯玛领袖指定自己的继承人的最显著史例是罗马时期。就‘国王’的继承而言，安排早由传统加以肯定。至于元首制中‘狄克推多’‘共君’及其继承者的任命而言，此项继承原则确曾存在。所有高级政务官被赋予统帅权的方式，也清楚显示他们是由军队司令官指定的继承者，并由具有公民权的军人认可。候选人则由在职的政务官来加以检定。他们可以根据任何独断的理由，拒绝某些候选人。这个事实清楚地说明了这项发展的性质。”——中注

在共和制前期，将成为政务官候补者的人，向执政官当中负责选举民会的那人提出候补的申请：接受申请的执政官单独来审查、决定此候补者是否具备担任政务官的资格(而不接受来自其他执政官之否定权的行使)。若他认定符合资格，则将之提案于民会，此时，民会只能决定赞成与否。只是，古代被提案的候补者往往只及于政务官之数，所以民会并未被赋予选择权。此种任命方式，在韦伯说来，明白地具有强烈的卡理斯玛性格。——日注

后军队再聚集予以欢呼赞同，此种仪式中仍保持着卡理斯玛的特色——尽管为了限制官职势力，有官职任期的设定，以及基于市民军之正规手续的**事前**同意（“选择”）作为任命的前提条件等等。此外，在战时、非常时期之狄克推多（Diktator）[1]的任命，由于所谓的是非凡的人物，因而长期以来即作为古老的、“纯粹的”任命类型之独特的遗制而留存下去。〔罗马的〕元首地位（Prinzipat），是由军队将战胜英雄欢呼赞同为“军司令官”（imperator）〔皇帝〕而产生的；他并非根据“主权法”（lex de imperio）[2]而被任命为支配者，而毋宁只是其支配要求权被承认为正当。因此，在元首制最为典型的时期里，唯一“正当的”帝位继承办法，惟其为指定同僚或继承者（Kollegen-und Nachfolgerdesignation）。此种指定，通常不消说都披以养子的形式[3]。此种命令权的习惯，反过来，当然影响到罗马的家权力，亦即，完全自由指定一名“继任者”——无论就家产（familia Pecuniaque）或就对神的关系而言，此一继任

1 “狄克推多”，古罗马在国家非常状态时（战争、内乱等）任命具有独裁权力的官员。他不由人民大会选举，其任命过程是由元老院（Senate）决定有设置之必要，然后由执政官（Consuls）提名，再由“部族议会”（curia）通过。产生后，所有政务官即在其治下，集军事、司法、行政大权于一身，但任期最长不得超过六个月。“狄克推多制”（dictatorschip）在罗马与迦太基之间的第二次布匿战争后（Punic Wars，前 216）已不再出现。等到苏拉（Sulla）、恺撒等人再出任“狄克推多”时，此一制度已有大幅度改变。引自 *The Oxford Classical Dictionary*（Oxford，1970），p.339。——中注

2 lex de imperio，盖指赋予元首广泛权力的法律（人民大会议决）。实际上，残留至今的唯有 69 年赋予韦帕芗以权力的 lex de imperio Vespasiani 的断片。只不过，是否真有民会议决，尚待考，而民会议决则逐渐转化为不定型的“人民欢呼”。——日注

3 指定共同统治者为后继者并将之收为养子以确定自己之地位的继承者，这种方式是众所周知的，在罗马的元首制时代特别是一般的习惯。例如奥古斯都为恺撒的养子，提比留（Tiberius）为奥古斯都的养子等等。尤其是自尼瓦（Nerva，96—98 年在位）之后，养子继承王位的办法制度化起来，使得帝国政府的继承人选之才能比遗传更具决定性，其后四位最能干的皇帝——图拉真（Trajan）、哈德良（Hadrian）、皮亚士（Antonius Pius）、奥理略（Marcus Aurelius）——即说明了这点。——中注

者都承袭了已故家长（Pater familias）的地位——的习惯。尽管养子的继承方式含带着卡理斯玛的世袭性之思想——再者，此一思想在真正的罗马军队王制（Heerkaisertum）里，并没有真正被承认为原理——元首制本身总是保持着官职的性格：只要在军队王制仍保持其罗马的性格的情况下，元首即为具有管辖权——有规制的、基于规章的、官僚制的管辖权——的官吏。使得元首制具有此种官职的性格的，是奥古斯都的功劳，他的改革，与或许曾出现在恺撒大帝[1]脑海里的希腊化王制思想正好相反，而被其当代的人视为罗马之传统与自由的保存与复兴[2]。

3. 卡理斯玛的欢呼赞同

假如卡理斯玛担纲者本人并未指定继承，而又没有任何明显的外在持续标志——像肉体化身那样容易指认的标志——存在时，

---

1 Gaius Iulius Caesar（前102—前44），自公元前46年成为终身统帅后，夺取军政大权，施行独裁制，亦称恺撒制（Caesarism），破坏了共和国的法制，特别是造成各种议会与各行政官员间之互相牵制与均衡制度的解体。他自己出任“狄克推多”，又集执政官、护民官与祭司等大权于一身，除了还没用到王或君主的称号、地位的世袭化未被确定下来之外，其地位与东方专制君主的地位实不相异。事实上，恺撒将自己的肖像陈列于古代诸王之旁，并获得穿着诸王所用衣饰的特权，意图令臣民崇拜如神。——中注

2 Augustus（前63—前14），本名 Julius Caesar Octavianus，于公元前27年接受元老院之 Augustus 的称号。他虽为元首制的树立者，但尽量避免给人独裁的印象，并谨守共和制的形式，借合法的程序而掌握权力。例如他重组元老院，并允许它保留所有从前的声望，但却以他的朋友和拥护者加入元老院。他给予元老院任命高级政府官员的权力，但剥夺了元老院对政治两大支柱的控制，亦即：军队与征税权。他允许“百人议会”与“部族议会”继续存在，但只是无权的机构。塔西图斯写道：“他以偿金安抚军队，以降低谷价安抚人民，以和平的乐事安抚世界……使他自己和元老院的职权合一，也即是行政权和立法权的结合……贵族现在拥护新秩序与安全，而不愿过旧秩序和冒险的日子。”比起前此的内战，罗马人为了得到安全，他们很愿意接受这似旧实新的体制，虽然牺牲许多旧共和政权机构的代价极昂，但这也正是奥古斯都的成就。他的统治造成了“罗马大一统”（Pax Romana）的开端，并延续了两个世纪之久。——中注

被支配者很容易就会抱着这样的想法：支配的参与者（clerici），即门徒与扈从，是最适合指认出有资格的继承者的人。况且，他们既然事实上全然握有权力手段，因此，将此一角色作为“权利”来扮演，对他们而言并不困难。当然，由于卡理斯玛的实效性及根源于被支配者的信仰，所以被支配者对于被指名的继承者的承认，是不可或缺的。事实上，被支配者的承认，才是真正具有决定性的。直到作为选举预备团体的选侯会议已确切限定其成员的时代[1]，一个实际重要的问题仍为：在选侯当中到底由谁来向聚集的军队提出选举提名；因为至少在原则上，他要有能力为其个人的候选者赢得欢呼赞同，而不管其他选侯的意思为何。

最亲切且最有力的扈从之指名，与被支配者的欢呼赞同，通常即为此继承者选任（Nachfolgerkreierung）模式的最终产物。在日常的家产制与封建制国家里，根源于卡理斯玛的这种扈从的指名权，表现为家产制显官与大封建家臣的“准选举权”（Vorwahlrecht）。就这点而言，日耳曼国王的选举是模仿教会的主教选举而来。新国王的“选举”，与教皇、主教、教士的选举完全相同，都是通过（1）门徒与扈从（选侯、枢机主教、教区教士、圣堂参事会、长老）指名，然后（2）人民的欢呼赞同，而进行完成的；因此，并非现代意味下的总统或议员“选举”，至少就其真正本质而言，两者是完全异质的；换言之，这是对于资格——并非因选举才产生的资格，而是前此已存在的资格，亦即卡理斯玛——之存在的认识与承认。

---

1 确定帝国选侯成员为麦滋（Maiz）大主教、科隆（Köln）大主教、特里尔（Trier）大主教、莱茵宫伯、萨克森公爵、布兰登堡伯爵及Böhmen（波西米亚地区）王等七名，大约是在十三世纪中叶。不过，正确说来，此时他们当未明确地组成选侯“会议”，只不过是发展为独占性的选举“预备”团体。——日注

因此，反过来，被选举的人，作为卡理斯玛的担纲者，有权**要求**卡理斯玛之被承认。以此，原则上，根本就不可能是个多数决选举，因为，再怎样小的少数，在认识真正的卡理斯玛这点上，可能完全是对的，就像绝大多数也可能犯错一样。仅有一人是正确的人选；其他异议的选举人则犯下了谬误。教皇选举的所有规范，即致力于全体一致的达成，而国王的双重选任就和教会的分裂完全一样：都模糊了对受召命者的正确认识。原则上，这只有靠神判才能澄清，换言之，运用各种物理的或巫术的手段来确证个人斗争中的受命者，这在黑人部落（和其他地方）的王位企图者（尤其是兄弟间）的斗争中，成为一种制度。

当多数决的原则被贯彻时，少数派就有道义上的“义务”，要去服从那经由投票的结果所确证的法则，并且在事后加入多数派的行列。

一旦多数决原则确立，卡理斯玛的支配结构及其决定继承者的方式、当然就开始步入真正选举制的轨道。并非任何近代的人、任何民主制的支配者的选任方式都与卡理斯玛相乖隔。无论如何，所谓人民投票之支配的民主体制——法国恺撒制（Cäsarismus）的官方理论——在理念上即带有本质为卡理斯玛的特色，并且其拥护者的言论也正是都在强调此一特质。人民投票（Plefiszit）并不是“选举”，而是首度或再次（例如 1870 年的法国人民投票）[1] 承认谋位者之为一个具有个人资格的卡理斯玛支配者。伯里克利

1　拿破仑三世（1808—1873）经 1852 年 1 月第一次人民投票结果，成为世袭皇帝，其“自由主义的改革”则由 1870 年 5 月的第二次人民投票获得信任支持。——日注

(Pericles) 的民主制[1]——若依其创始者的理念，这是凭着精神与辩才的卡理斯玛的一种群众煽动家（Demagogue）的支配，光就其被选举为将军之一（而其他人则是用抽签的方式选出，如果迈尔〔Ed.Meyer〕的假设没错的话）[2]这件事而论,即含带着独特的卡理斯玛性格。

举凡原本的卡理斯玛共同体走上选举支配者这条路之处，长久下去选举过程终究会受到规范的束缚。首先，随着卡理斯玛真正根源的消失，传统的日常力量以及对传统之神圣性的信仰再度取得优势，因而唯有恪遵传统才能保证选举正确。接着，被支配者的欢呼赞同愈来愈隐退到圣职者、宫廷官吏或大封臣之准选举权——基于卡理斯玛原理而来的权力——的背后去，从而逐渐丧失其重要性；最后，产生出一个排外的寡头选举当局。像天主教教会及神圣罗马帝国，即是如此。事实上，同样的过程，发生在各处——举凡一群具实务经验的人握有提案权与准选举权之处。特别是在自古以来的大部分城市制度里，此种情形都转变成统治的大门阀具有事实上的互选权。在此方式下，一方面，支配者从化的支配地位上被拉下来，成为同侪者第一人（Primus inter Pares），

1　一般史家以克里昂（Cleon）为第一个 demagogue（群众领导者，群众煽动家），韦伯则从权威基础的分析出发，认为伯里克利先于克里昂："在伯里克利时代的雅典，经由发展成熟的民主制度所产生出来的真正政治领导者，即为群众煽动家，通常踞有军事指挥的职位，实际上，他的权力并非基于法律或官职，而是完全基于个人的影响力及'人民'（demos）的信任。因此，他的地位可说是不正当的，甚至是非法的——尽管整个民主制的本质即为了配合此类人物的存在（*Wirtschaft und Gesellschaft*，5.Aufl.，S.783）。"——中注

2　Eduard Meyer（1855—1930），德国的古代史家。据他所说，数名将军（Strategos）之上尚设有一"最高将军职"（Oberstrategenamt），见氏著 *Geschichte des Altertums*，Ⅳ，1，2.Aufl.，S.321ff.。不过此一主张未必为一般所承认。例如 H.Bengtson，*Griechische Geschichte*，S.152，就认为此一主张缺乏史料根据而否定之。——日注

诸如雅典、罗马、威尼斯的执政官（Archon，Konsul，Doge）[1]；另一方面，共同体则被排除于支配者选任的参与之外。现今，例如汉堡（Hamburg）的参议员选举的发展倾向中，我们发现到类似的现象。就形式观之，此种转变显然是通往寡头制最为常见的“合法的”路程。

4. 向民主制的选举制度转化

不过，相反的情况也可能发生；被支配者的欢呼赞同发展成一种正规的“选举程序”（Wahlverfahren），一种根据规则制定的直接或间接的“选举权”，连同“地区别选举”或“比例选举”“选举等级”与“选举区”等等。至此之路是遥远的。若论及形式上占最高地位的支配者之选举，唯有美国走完这条道路：在美国，两大党党内的“提名”战，自然是选举事务中最为重要的部分之一。其他地方，最多也只不过到达国会“议员”的选举而已：这些议员则决定首相及其阁员的人选。

从卡理斯玛的欢呼赞同，到被支配者共同体直接进行真正的支配者选举，这个发展出现于各种最为不同的文化阶段当中，并且，此一过程之跨向理性的、从感情性的信仰中解放出来的每一步，

1　Archon 为希腊城邦里的最高官职，在雅典最初为三名，起先是选举制的官职，自公元前八世纪中叶以来为任期十年，至公元前 683 年改为一年任期。其后再加六名，合计九名。在公元前七至六世纪的政治斗争期间，Archon 职位的选举行之有素，然至公元前 48 年改为抽签制，政治权力遂转入将军手中。

Konsul 与其认为是罗马的“执政官”，毋宁更可说是中世纪意大利城市的政务官，亦即：形式上是由全体市民、实际上则只有上层市民所选举出来的、任期一年的城市最高政务官。

Doge 是威尼斯与热那亚的支配者之称。——日注

都不自主地在推动着这种转变。不过，也只有在西方，支配者选举慢慢地朝向代议制度（Repräsentativsystem）发展。

例如，在古代，比欧塔克（Boiotarch）[1]是其共同体的代表人（就像英国的“下议院”议员本来的身份），而不是个选举人。并且，不论何处，只要官员真的只是 Demos 的受委托者与代表人，而 Demos 之下又再被细分为许多级团体（像是阿提喀的民主制那样）[2]，那么，那儿所通行的毋宁是轮番制的原理（Turnusprinzip），而非真正的“代议”（Repräsentation）思想。当此一原则彻彻底底地被贯彻时，被选出来的人，在形式上（就像在直接民主制里那样），只不过是其选举人的代理者，因而也就是其公仆，而非其选任的“主子”。以此，在结构上，卡理斯玛的基础已完全被抛弃。不过，在具有庞大行政体的国度里，完全彻底地贯彻“直接”民主制原理的可能性通常是很小的。

5. 代议制里的卡理斯玛要素

基于纯技术性的因素，诸如情势的变化多端及始料未及的问题丛生，议员的“约束性”（imperativ）委任〔按：即将委任完全

1　Boiotarch 是 Boeotia 同盟（公元前四世纪上半叶）的最高官职之一。同盟最初分为十一个区，每个区各出一名 Boiotarch、六十名同盟会议议员、一千名重装步兵及一百名骑士。后来 Boiotarch 的人数由十一名变成七名，握有同盟的最高指导权。参见 H.Bengtson, *Griechische Geschichte*, S.247, 256f., 262；Ettore Ciccotti, *Griechische Geschichte*, 1.Aufl., 1920, S.184（L.M.Hartmanns, *Weltgeschite*, Bd. Ⅰ, 2）。——日注

2　Demos 是雅典在贵族制发展为民主制之际，用以取代原有之氏族团体 Phyle 的新设地理“区”。在克利斯梯尼（Cleisthenes）的改革下，原有的四个 phyle 被扫除，而以十个新部族来取代，每一部族包括若干个散布于雅典境内的 Demos。在此安排下，部族无足轻重，重要的是 Demos 本身，故而贵族势力的旧有氏族基础被摧毁。Demos 不但有地方自治权，其代表所组成的“五百人会议”也被托付处理城邦的日常公务。——中注

系缚于民意〕是无法完全实行的；议员的“罢免”（Abberufung）——通过其选举人的不信任投票——则从来很少被尝试；并且，通过“全民投票”（Referendum）来审验国会的决议，基本上意味着从根底强化一切坐守现状的非理性力量，因为，一般而言，全民投票在技术上会排除掉利益团体间的讨价还价与妥协。最后，不断增高的费用使得经常的选举不可能实行。欲使议员遵从民意的一切尝试，通常到头来只造成一个结果：进一步加强了政党组织对于议员的强势力量，因为唯有它们〔政党组织〕才有办法将“人民”（Volk）发动起来。不论是顾及议会体制之弹性的客观关怀（sachliche Interesse），还是人民代表与政党党工的权力关怀（Machtinteresse），都汇集于一个方向上：致力使“人民代表”（Volksvertreter）成为其选举人所选任的“支配者”，而不是仆人。几乎所有的宪法都将这点制定出来：国会议员，和君主一样，不用为其投票负责〔亦即：自由决定其意向〕，并且，他〔代表全体国民的利益〕。

议员的实际权力可能相当不同。在法国，各个议员不仅是平时掌握一切官职之叙任权的上司，并且还是其选举区（在根本原意之下）的“支配者”；这说明法国对于比例代表制的抵抗，以及政党的中央集权并不存在。在美国，参议院优势当道〔抵挡了以上的势力〕，参议员也具有和法国议员类似的地位。在英国，尤其是德国，尽管两国基于彼此相当不同的原因，其各个议员本身与其说是其选区住民的支配者，倒不如说是他们的经济利益的代理人，并且，对于官职叙任的影响力，则掌握在有权势的政党领袖的手中。

至于选举机制（Wahlmechanismus）如何分配权力的问题，由于事关在历史制约之下的支配结构的种类，并且大半是视自主法则（亦即，技术上的因素）而定，所以我们在此无法继续加以探求。我们所关切的只是原则方面的问题。

任何“选举”都可以是光具有形式而没有实质的意义。像罗马帝政初期的民会（comitia）以及在许多希腊和中古的城市里即是如此：一个寡头的圈子（Klub）或一个权力支配者，掌握着政治权力手段，并且实际地将候选的官职候补者指定为官员。甚至在形式上并非如此的地方，我们得注意，当史料里一般说到昔日——例如日耳曼人——之首领或其他掌权者通过共同体的“选举”时，这个字眼所表示的并非其现代的含义[1]，而仅只是对某一候选人——事实上是被某些权威所指定的候选人，或者被一个或少数有资格的氏族所采用的候选人——的欢呼赞同。并且，有关支配者权力的投票，当其具有直接诉诸民意的（Plebiszitär）、因而也就是卡理斯玛的性格时，换言之，当其并非在数个候选者当中作选择，而只是对某一企求者的权力要求作承认时，这当然也就不是什么“选举”了。

通常的“选举”，原则上，只不过是在若干候选者当中作个决定，而这些候选者是早就经过筛选、预定，才提供给选举人的。此种决定则是由选举骚动的竞技场上，通过个人的影响力与物质或精神方面的诉求来获致。从而，有关选举过程的规定，确实可称之为这场在形式上“和平的”斗争之游戏规则。候选人——那些被提供给选举人考虑者——的提名，原则上是在各政党内举行。因为，组织选战——为了赢得选票、因而也就是为了赢得官职叙任权之

---

1 “他们〔在民会里〕因国王（rex）之生来高贵的缘故而选立他（Tacitus，*Germania*，C.7）。”“……他们在这同一个集会里，选举首长（principes）（l.c.，c.12）。”“王与首长，与其说是通过命令的权力，倒不如说是通过说服而得的权威，使人听从（l.c.，c.11）。”——日注

选战——的[1]，并非选举权人散漫的社会活动，而是那些政党领袖和他们的扈从者。在美国，如今四年一次的选举所费，几乎可以抵得上一场殖民战争。在德国，选战的费用，对于所有没法运用廉价人力——诸如来自于教会的助理祭司、封建或官职的望族、别有受薪来源的工会职工或其他的秘书人员等——的政党而言，也在节节高升。

在此情况下，除了金钱的力量之外，“雄辩的卡理斯玛”（Charisma der Rede）也发挥了威力。雄辩的威力本身并不一定要在特别的文化状态下才能发挥；印第安的酋长会议、非洲人的商议（Palavers）[2]也都认得它。在希腊的民主制里，雄辩之力经历了它最初的、在质方面的盛大开展，对于语言与思想的发展造成了深不可测的结果；不过，单就纯粹量的方面来看，近代民主制的

---

1 韦伯曾一再指出政党与官职叙任权之获得，这两者的结合。例如：“政党，在近代国家里，特别是奠基于两个不同的终极内在原理而存在。〔就第一个原理而言〕政党——如美国在有关宪法解释大对立消除之后的政党——基本上是官职叙任权获得组织（Amtspartronage-Organisation）。此时，政党的目的只在于通过选举将其政党指导者送上领袖的宝座，以此，他得以将国家官职授予他的扈从者（Gefolgschaft）——政党的官僚机构与宣传机构。诸政党互相竞争地将内容上虽无甚意义（gesinngslos）、但他们认为对选举人可发挥最大宣传力的各种诉求，写入党纲里。”此种政党性格，最露骨地形于美国。“〔就第二种原理而言〕政党主要是世界观的政党（Weltanschauungsparteien），因而愿意奉献于实现具有内容的政治理想。十九世纪七十年代的德国中央党及彻底官僚化以前的社会民主党，即为外形上相当纯粹的世界观的政党。不过，一般而言，政党皆具以上两种性格。换言之，政党一方面有其……即事的、政治的目标，但除此尚追求官职叙任权的获得。以此，首要的事便是使自己的政党指导占有领导性的——亦即政治性的——官职。当政党在选战里达成这个目标时，政党指导者及经营政党的利害关系人就能够在其政党握有政治支配权期间，为那些在他们庇荫下的人，在安稳的国家权位序列里，谋得一官半职。此即议会制国家里的通则，因而，在这些国家里，世界观的政党也同样的步上此途（*Wirtschaft und Gesellschaft*, kap. IX，Abs.8，4.‘Parteiwesen und Parteiorganisation，’ S.839）。”——中注

2 Palaver 是指尚未开化的人（特别是非洲人）与白人之间，或未开化的人彼此之间，往往伴随着长篇大论的商议与交涉。——日注

选战以其“政坛演说”（stump speeches）自然是比一切以往所见的要更胜一筹。群众效果越是被计及，并且，政党的官僚组织越是紧密，演说的内容也就越无关紧要。因为，只要情况并非单纯的阶级状况与其他经济利害——这必须加以理性地计算与处理——演说的效果纯粹是情绪性的，其意义无异于党派游行与庆典：换言之，只不过是要把其政党的力量及其选战必赢的概念灌输给群众，并且，特别是说服群众，其政党领袖具有卡理斯玛资格。

既然所有的群众诉求都必然会具有“卡理斯玛的”特色，因而，政党及选举事务与日俱增的官僚化也有可能会被迫去服侍于突然火热起来的卡理斯玛英雄崇拜。如此一来，便造成卡理斯玛的英雄性与政党“经营”的日常力量之间的冲突——就像罗斯福的选战[1]所显示的。

6. 卡理斯玛、名门望族与官僚制的政党领导

所有政党，几乎毫无例外，都是以作为卡理斯玛的扈从群而起家的，不论此一扈从群为正当的或恺撒型的权力要求者，或是伯里克利型、克里昂（Cleon）型或拉萨尔（Lassalle）型的群众煽

1　Theodore Roosevelt（1858—1919），美国共和党左派政治家。1900 年当选副总统，1901 年总统麦金莱（W. Mckinley）被暗杀后，罗斯福升任总统。1904 年选举中再度当选总统。在内政上他采取广泛的措施来加强联邦政府的权力以对抗商业的独占与卡特尔。1908 年共和党改革派的塔夫特（William Howard Taft，1857—1930）继任为总统，罗斯福引退。由于塔夫特屈服于保守派的势力而未能继续维持他的内政改革，罗斯福遂自组第三党（革进党，“Bull Moose” party），主张“新国民主义”，再度出马角逐 1912 年总统选举，对手为共和党的塔夫特与民主党的威尔逊（Woodrow Wilson）。然而由于共和党的分裂，选举结果是民主党的威尔逊大获全胜。——中注

动家[1]。当他们一旦走入永久组织的日常领域，便会变形为在“**名门望族**”（Honoratioren）领导下的构成体——到了十八世纪末，我们可以说，几乎都变成为贵族联盟（Adelsföderation）。这就是所有政党的一般命运。

在中世纪的意大利城市里，成为贵族（Nobili），往往是一种直接的“惩罚晋升”（Strafversetzung）[2]——因为，相当庞大的市民封臣阶层（Lehnbürgeschaft）几乎都属于皇帝党（Ghibellinen）[3]——意思等于官职就任资格与政治资格的剥夺。不过，即使是在“市民”（Popolani）支配的时代，由一个非贵族来取得领导的官职，也是绝无仅有的，尽管那儿市民一向必须支撑起政党的。当时，决定性的因素在于：政党——他们一贯直接诉诸暴力——的军事力量，要靠贵族——例如教皇党（Guelfen）就是根据明确的名簿——来提供。

1　拉萨尔（Ferdinand Johann Gottlieb Lassalle，1825—1864），德国的社会主义者、劳工运动领导者。他主要是以小册子（尤其是 1862 年的《劳动者纲领》，1863 年的《公开信》）与演讲来启蒙与煽动劳工，并组织全德劳工联盟。此一联盟后来与社会民主劳动党合而为一，成为后来德国社会民主党的母体。——日注

2　在城市人民（popolo）完全站在贵族上风的阶段（亦即 capitano del popolo 的阶段），**形式上**，是市民独占了政治权利，而贵族被否定其官职就任资格。然而，**事实上**，市民不得不依赖贵族所具有的军事力量，因而在贵族也被算入市民身份中且得以加入行会的情况下，等于是承认了贵族的官职就任资格，并且重要的官职还是被他们所占有。此外，历此过程，结果是产生城居的门阀（贵族）与“popolo grasso”（fat people）某种程度的合流。——日注

关于 capitano del popolo 与 popolo grasso，详见《支配的类型》。——中注

3　围绕着主教叙任权与教皇的教权伸张政策，在日耳曼帝国内产生出皇帝派与教皇派的对立，并且由于日耳曼皇帝的意大利政策，也使得此种对立卷入意大利，以至前者称为皇帝党（Ghibellinen），后者称教皇党（Guelfen）。已事实上获得自治权的城市之市民阶层（popolo），为了对抗日耳曼皇帝之欲取得意大利城市的支配权，遂组成教皇党，相反的，因 popolo 之抬头而失势的贵族阶层则通常是加入皇帝党。韦伯认为“超越个别城市担当起保障市民之支配权的，是教皇党，其政党规约被列为城市法的一部分”。不过，由于两派的对立是以如此的方式被引入意大利的，因此所谓“皇帝派”与“教皇派”之对立的原本意义多半已变质，只是强化了意大利各城市内部的争权夺利性质罢了。——日注

休京诺派（Hugenotten）[1] 与天主教同盟（Liga）[2]，以及包括“圆颅党”（Roundheads）[3] 在内的英国诸政党，事实上存在于法国大革命之前的一切政党，都显示出同样的典型过程：从为了一名或若干名英雄之故而打破阶级、身份限制的卡理斯玛昂扬期，发展到大半由贵族来领导的名门望族团体。连十九世纪的“市民的”（bürgerlich）政党，即使其中最为激进的也不例外，往往也都步上名门望族支配的轨道。因为唯有他们能够不计酬劳地掌管国家及政党。不过，除此之外，当然也是由于其身份的或经济的影响力之故。在乡间，一旦领主改变其所属政党，那么就像英国以及迟至〔十九世纪〕七十年代的东普鲁士那样，不仅是其家产制的臣民会理所当然地依附他，农民们也会追随他——除了革命的高张时期之外。在城市里，至少是在较小的城市里，除了市长，举凡法官、公证人、律师、牧师、教师等，也都扮演了同样类似的角色，此外，在劳动者被组织成一个阶级之前的工场主，也经常是如此，为何这些工场主在甚至不论其阶级状况的情况下，也相对的较不

1　休京诺派为法国的卡尔文教派。起初是以城市里的小资产阶层为其主体，后来对中央政界有所不满的地方贵族，最后连大贵族，也加入其中。十七世纪的六十年代，贵族遂二分为天主教与休京诺派，爆发了所谓休京诺战争。其后，历经亨利四世之南特诏令（1598）的保证宗教宽容、路易十四之枫丹白露诏令（1685）的废止南特诏令，以及法国革命之确立宗教信仰的自由等等曲折的过程。——日注

2　Liga 在西班牙语中一般意指“同盟”，各式各样的同盟都可以 Liga 称之，然而通常特别是用来指称法国的天主教徒为了对抗休京诺派而于 1576 年所结成的同盟。此一同盟的主体诚为贵族与圣职者，但也有像巴黎那样，小老百姓甚具势力的地方。同盟的领导人为吉斯公爵。他以巧妙的宣传博得巴黎的人望，于 1588 年引发支持他的巴黎叛乱。此时，巴黎十六区的代表（所谓十六人同盟，ligue des seizes）狂热地支持吉斯公爵。后因南特诏令的发布，同盟解散。——日注

3　圆颅党为英国清教徒革命之际的议会派。其主体为新兴的中产阶级及下层民众，与保皇党（cavaliers）相对立。随着革命的进行，圆颅党内部产生长老派（presbyterians）与独立派（independents）、独立派与水平派（levellers）的分裂。——日注

够资格来扮演此一角色，我们会在其他相关之处加以讨论[1]。在德国，教师这个阶层，由于其职业的“身份”状态之故，成为所谓“市民的”政党之无价的选举要员，情形正如（一般而言）圣职者之成为权威主义政党之无酬的选举要员一样。在法国，律师一向是照应市民政党的，原因一半在于其技术上适于此种资格，一半在于其——大革命之时与之后的——身份状态。

法国大革命之时的各种制度，已显示出开始走向官僚制形式的若干根苗，只是寿命都短得不足以发展成确定的结构，一直要到十九世纪的最后十年，官僚制组织才在各处开始占上风。先前的摆荡——一方面是对卡理斯玛的服从，另一方则是对名门望族的服从——如今转变成官僚制的经营与卡理斯玛的政党领导者制之间的斗争。

当官僚化愈是进展，并且，与政党经营结合的直接间接的俸禄利益及其他机会愈是丰厚，那么政党经营就更确定会落入“专家”（Fachmann）的手中。这些专家可能直接就是政党官员，或者起初是个——像美国的党老大（Boss）那样的——独立的企业家。他们之所以能掌握政党经营，原因在于：其有系统地与党羽、煽动家、执事者及其他不可缺的要员保持住人际关系，并且掌握了〔选举人〕名簿、档案、及一切操纵政党机器所必须的资料。以此，唯有把持住这样一套设备，才能够有效地影响政党的态度，并且，在必要的情况下，成功地与政党分离。正因为国会议员里克特（Rickert）掌握了党羽的名单，才使得〔德国国家自由党的〕“分离”（Sezession）成为可能；欧以根·里希特（Eugen Richter）与里克特之各自握

1　参见本书第一章 2，第三章 5 及 14 节。——中注

有机制配备，则预示了自由主义党（Freisinnige Partei）的分裂；而“前国家自由党人”〔即“分离派”〕之设法攫取政党统制的资料，比起前面的那些是是非非来，才是真实的分离意图之真正严重的征兆[1]。反过来，政党统合的一切尝试，失败于两个敌对机制在人事上之不可能统合的机会，要比失败于其客观主张的差异上来得大得多。德国的经验再次显示出这点。

在平时，这种或多或少是被首尾一贯地发展出来的官僚制机制，掌握了政党的态度——包括决定候选人这个具有决定重要性的问题。然而，即使像北美诸政党那样极为官僚化的构成体里，当民众的狂热高涨时期，卡理斯玛的领导类型还是一直不断有机会窜起的——一如〔前文所提的〕1912 年罗斯福选战。如果“英雄”出现，他会通过全民投票的提名形式之指令，可能的话，通过将整个提名机制翻转过来的办法，致力打破政党技术专家的支配。任何这类的卡理斯玛高涨，自然是要遭遇职业政治家平时居支配地

---

1 “德国进步党”（Deutsche Fortschrittspartei）于 1866 年分裂为二派，一派彻底拒斥俾斯麦的政策，另一派则一方面坚守自由主义的原则、一方面支持俾斯麦的国家统一政策，后者独立为“国家自由党”（Nationalliberale Partei）。其后十年间为国家自由党的全盛时期；不过，1877—1878 年俾斯麦采用关税保护政策，于是赞成此政策的一派于翌年（1879）分离出来，而主张绝对自由主义的一派（即“分离派”Sezessionisten）也于 1880 年自国家自由党中分离出来，遂使此党大受打击。其后，1884 年，“分离派”与“进步党”合流，组成“德国自由主义党”（Deutschfreisinnige Partei）；此党于 1893 年再度分裂为承认军备扩张案的“自由主义联盟”（Freisinnige Vereinigung）与否决此案的“自由主义人民党”（Freisinnige Volkspartei）。后来这两党再次结合，并加入南德的“德国人民党”及国家自由党的左派，于 1910 年组成“进步的人民党”（Fortschrittliche Volkspartei）。

Heinrich Rickert（1833—1902）为哲学家里克特之父。1870 年以后为国家自由党的议员。以此党之左派领导人的身份与“分离派”结合，后来成为“德国自由主义党”的领袖，1893 年以“自由主义联盟”领导人的身份与 E.Richter 分道扬镳。Eugen Richter（1838—1906），“进步党”领袖，1884 年以后与 Rickert 同为“自由主义党”的领导人，分裂后成为“自由主义人民党”的领导者。——日注

位之机制的抵抗，其中特别是组织政党领导与政党财政并维持政党机能顺利运行的党老大——候选人通常只不过是他的傀儡。因为，不只猎官者的物质利害取决于政党候选人的选择，政党赞助者——银行、承包商、托拉斯集团——的物质利益也深受此一人事问题的影响。自克拉苏（Crassus）[1]时代以来，那些大资本赞助者即为一种典型人物，他们不时地提供某一卡理斯玛政党领袖财政支援，并期望自其选举胜利中，得到相应的国家契约、征税机会、独占权威或其他特权，特别是连本带利地取回他所预付的资金。

然而另一方面，正规的政党经营也得靠政党赞助者而活。政党的通常收入，来自于党员所缴的党费，以及（在美国）靠政党而得官职者可能从薪俸里扣缴的献金，很少够用。政党权势的直接经济剥削确实可以使其参与者致富，却不一定能使党库充实。为了宣传，党员的党费经常整个被取消，或者由党员自行斟酌，因而使得政党财政连形式上也落入大金主的支配之下。此时，正规的政党经营领导者与真正的专家——党老大或政党书记——唯有在确实将政党机器掌握在自己手中的情形下，才能够全然地指望大金主的财政支援。然而，任何卡理斯玛的高扬，都会在财政方面威胁到正规的经营。

因此，原本彼此斗争的党老大，或者彼此竞争的政党的其他

1　Marcus Licinius Crassus（前 114—前 53），罗马政治家，公元前 83 年当苏拉东征归来树立起独裁权之际，他即协力援助，所获代价是获取苏拉没收自政敌的财产，并且以名目上的价格购入其他没收财产，以此累积起无与伦比的财富，赢得“富者”（Dives）的别名。其后，与庞培结合，使苏拉倒台，后来恺撒再加入政局，于公元前 60 年成立所谓“第一次三头政治”。对于此一三头政治，他也施予重要的财政援助，代价则为东方的包税利益。后来他以帕提亚（译按：Parthia，位于伊朗东北部、里海东南的一个古国）远征军指挥官的身份率军东征，而于公元前 53 年阵亡于卡拉埃（Carrhae）。——日注

领导者，会相互团结起来，为了共同的经济利益而扼杀卡理斯玛领袖的出现——后者将独立存在于正规的经营机制之外。一般而言，政党经营如此将卡理斯玛去势，是容易成功的；即使在实施直接诉诸民意的、卡理斯玛式的“总统预选制”（Presidential Primaries）[1]的美国，这点也总是一再成真的。因为，专家经营的连续性，在战术上，最终是要比情绪性的英雄崇拜来得高明。唯有非比寻常的条件，才能帮卡理斯玛胜过经营。卡理斯玛与官僚制之间的那种独特关系，亦即，当第一次爱尔兰自治法案（die erste Homerule-Vorlage）被提出之际，导致英国自由党分裂的那层关系，是众所周知的：格莱斯顿（Gladstone）以其非常个人的、对清教徒的理性主义而言是无法抵拒的卡理斯玛，迫使政党官僚大多数无条件地改变立场——尽管实质上极为激烈的反感及恶劣的选前征兆——站在他这一边，以此，造成张伯伦（Chamberlain）所创设的机制之分裂，并因而导致选战的败北[2]。去年〔1912〕在美国也发生同样的事态。

理所当然，在一个政党内部，卡理斯玛对官僚制的斗争会具有怎样的机会，在这个问题上，政党的一般性格是有其意义的。相应于各种政党的性格：单纯为“无主义的”（gesinnungslos）政

1　primary 意指：由有权者〔党员〕直接投票来决定谁成为选举职位的党候选人。相对立于：在全国性或地方性的党大会（convention）里，只由党员代表来决定候选人的方法。后面这个方法，特别是在地方性的党大会里，极易使得那儿沦为党老大的交易场所，所以美国有许多州明定法律禁止使用此一方法，而代之以 primary 方法只限于选出派遣到全国大会里的代表阶段，一般即称此为 presidential primary。不过，仍有部分人主张总统候选人的决定还是应该直接以 primary 的方法来进行。本文里的 presidential primary 恐怕指的是这样的吧！——日注

2　1866 年，第三次任期的葛莱斯顿自由党内阁将首度的爱尔兰自治法案提交议会，引起以张伯伦为首的自由党保守派的激烈反对，并脱离自由党，新组自由统一党。在新党与保守党的结合下，此一法案被否决。然而，自由党却因此次的分裂，在下一回的选举里大败亏输。另外，关于本文中所谓的张伯伦所设机制，参见第二章 p.62 注 3。

党，换言之，依据各个选战的机会来作成其纲领，并为此由猎官者来组成的扈从者政党（Gefolgsschaftspartei）；或者主要是纯身份制的名门望族政党或阶级政党；或者在理念上具有相当强度的“纲领”与“世界观”的政党（Programm und Weltanschauungspartei）；——以上的区分当然总是相对而言的——依此，卡理斯玛的机会大小是相当不同的。就某些方面而言，卡理斯玛的机会在上举第一例中是最大的。因为，在其他诸条件相同的情况下，在此种政党里，比起德国各政党——特别是自由主义的各政党——的小市民望族组织来，具有强烈个性的人往往较为容易获得必要的扈从者群。反之，德国自由主义的各政党，具有其单一明确的“纲领”与“世界观”，要它们去适应适时的煽动机会，无论如何总意味着一种灾难。不过，在这点上，我们也很难下什么结论。在任何情况里，政党技术的“固有法则性”（Eigengesetzichkeit）与具体个案的经济与社会条件，都太紧密地交织在一起。

7. 卡理斯玛结构与共同体生活的持续性组织

如上述这些例子所显示的，卡理斯玛支配绝非仅存在于原始的发展阶段；不只如此，三个支配结构的基本类型也无法简单地——编入一个发展系列里，而是一起出现在彼此极为多样的结合里。不过，无论如何，随着制度性的持续组织之发展，卡理斯玛则节节后退，这是卡理斯玛的命运。

就吾人所能得知的共同体关系的起源状态里，任何的共同体行动（Gemeinschaftstaktion）——超越家计内部之传统的需求满足范围——都具有卡理斯玛的结构。原始人认为，一切从外部来限定其生活的影响力，皆为特殊灵力（Gewalt）的作用。这些灵力乃内在于事物与人类——不论其为有生命的、活的，或是无生命的、死的——并且赋予他们力量去为善或作恶。原始民族的整个概念结构，包括他们有关自然与动物的寓言，都是由此一前提假定出发。诸如玛那（mana）、奥伦达（orenda）[1]及类似的概念——其意义由民族学为我们说明——即表现出此种特殊的灵力；其“超自然性”全然在于它并不是每个人都可以获得的，而只附着在某些特定的担负者（人或物）上。巫术能力与英雄资质只不过是此种特殊灵力之特别重要的例子罢了。任何跨越日常轨道的事物都会释出卡理斯玛的灵力，并且，任何非凡的能力都会燃起卡理斯玛的信仰，然而此种信仰也会在日常里再度失去其意义。

平时，村落首长的权力是相当小的，几乎仅只于仲裁权与村落代表权。一般而言，共同体的成员确实并不认为自己本来就具有罢免他的权力；因为，首长的权力乃奠基于卡理斯玛，而非选举。不过，必要时人们会毫不犹豫地弃他不顾而移居他处。在日耳曼的部落里，也还出现以这种方式来拒国王——因其缺乏卡理斯玛资格——的现象。我们几乎可以说原始共同体的正常状态是一种无政府状态，只不过这种状态是受制于对现实习惯的遵守——无论是下意识如此，或者由于畏惧改革会带来不可知的结果之故。在正规的日常生活里，魔术师的社会影响力也同样是如此〔小〕的。

然而，一旦发生特别的事故，诸如大规模的狩猎行动、因魔

1　mana 是美拉尼西亚地方的原始民族之用语，此语显现遍在宇宙之非人格性的、超自然的力量之观念。此种力量附着于人或物上，据说某些人和物即具有 mana。最初 mana 是由 H.Codrington 关于艾拉尼西亚人的报告提出，后来，各种报告皆指出同样的观念存在于世界各地。Orenda 为休伦族的用语，含意与 mana 相同。——日注

鬼的愤怒所引起的旱灾或其他威胁，尤其是军事的危机，都会使英雄或巫师的卡理斯玛立刻产生作用。狩猎与战争的卡理斯玛领袖总是与平日的首长并列的一个特别人物——后者主要是具有经济的机能，以及一些裁判的功能。

当神灵与魔鬼的作用变成一种永久崇拜的对象时，卡理斯玛的先知与巫师就转变为教士。当战争状态成为长期性的，而迫使战事的领导在技术上要发展成有系统地训练与征召具有武装能力的人时，卡理斯玛的军事领袖就会转化成为国王。法兰克王国的国王官吏格拉夫（Graf）与沙卡巴罗（Sakebaro）[1]，原本为军事官与财政官；其他一切权限，特别是原先完全掌握在古来卡理斯玛的人民裁判官之手的司法权，是到后来才加上去的。与〔平时的〕首长相对比的——这些首长的主要功能，依不同的情况，有时是较为经济性的（为了共同经济之故，以及村落或市场共同体的经济统制之故），有时是较为巫术性的（宗教崇拜的或医术的），有时是较为司法性的（原本属仲裁官的）——战侯国制（Kriegsfürstentum）作为永久性的组织并且有持续性的机制之成立，意味着决定性的向前迈进一步，亦即，足以将之妥帖地和王制（Königtum）的概念及国家的概念联结在一起。

反之，按照尼采（Nietzsche）的想法，由于战胜部族在征服

1 “国王官吏”是“人民官吏”的相对语。参见第二章 p.30 注 2，第三章 p.105 注 1。Graf 为法兰克帝国的地方长官，但其起源详情不明，一般认为其源于军事官。可是，在最近的研究里，随着对法兰克帝国国制一般观点的改变，连带的对于 Graf 的本质也有再检讨的必要。Sakebaro 为见诸《萨利法典》（*Lex Salica*）的国王官吏，一般推测其为财务官。参见 R.Schröder，*Lehrbuch der deutschen Rechtsgeschichte*，5.Aufl.，S.115，130；H. Brunner，*Deutsche Rechtsgeschichte*，Bd.2，2. Aufl.，bearb.v.Schwerin，S.205 ff.。——日注

其他部族后，为了保持后者的从属与贡租义务，因而创设出长久性的机构，这才开始有了王制与国家[1]。这种看法毋宁是恣意独断的。因为，同样的分化，亦即，武装的、不负贡租义务的战士与无武装能力而负有贡租义务的非战士之间的分化——后者的从属形式并不必然是家产制的，并且往往大多是别种从属关系——非常容易在长期受到战争威胁的任何部族里发展起来。一个首长的扈从群体可以因此凝聚为一种军事的组合，并行使政治的支配权，即此便成立一个具有封建性格的贵族制。或者，首长也可能不断扩增他的雇佣扈从战士，起先是为了进行掠夺征讨，后来则为了支配自己的人民；这种例子也很多。总之，正确的只是：普通的王制就此转化为永久组织的、具有支配机制以驯服非武装之权力服从的卡理斯玛战侯国制。

此种支配机制在本土外的征服地区发展得最为强固，因为支配阶层在那儿不断处于威胁之中。毫不意外的是：诺曼人的国家，特别是英国，是西方唯一具有真正集权的、行政技术高度发展的封建国家；阿拉伯、萨珊王朝与土耳其的战士国家也是同样的情形，在征服地区组织得最为严密。此外，在教权制权力的领域里，情形也完全相同。天主教教会之组织严密的集权制是在西方的传教地区发展出来的，并且，通过革命摧毁了具有历史的地方教会权力而完成此种集权制：教会，作为“战斗教会”(ecclesiämilitans)，创造出自己的技术机构。不过，如果我们将支配在制度上的持久性及持续性的支配机构之存在——不问其性格为官僚制的、家产制的、或

1　这或许是参照 Ludwig Gumplowicz 之《社会学的国家概念》(*sociological state concept*) 的说法，见其所著：*The Outlines of Sociology*（philadelphia，1899；德文版，1885），及 *Die soziologische Staatsidee*（1892）及其他著作。——日注

是封建制的——视为决定性的特征，那么，国王的权力与高级教士的权力本身，即使没有征服与传教活动，也还是存在的。

8. 卡理斯玛的“即事化”，家与氏族卡理斯玛，“氏族国家”，长子继承制

到目前为止，我们已考察了卡理斯玛日常化的各种可能结果，尽管尚未触及其严格地与具体个人结合的性格，但此处我们要转而探讨某些现象，其共同的特征为：卡理斯玛的一种独特的即事化（Versachlichung）。

卡理斯玛，从一种独特的个人天生禀赋，有可能被转化为某种资格，此种资格或为（1）可让渡的，或为（2）可追求的，或为（3）不是附着在个人身上，而是联结在官职的拥有者或制度性的组织上，而不论所涉者何人。此时，吾人之所以还能称之为卡理斯玛，理由仅在于：这其中仍保持了某种特性，其为非凡的、并非任何人都能获得的、在资质上比起卡理斯玛的被支配者要更卓越的；并且，正因为如此，卡理斯玛足以担当起社会功能，不过，卡理斯玛这种流入日常事物之中的形式，自然正意味着朝向长久组织的转化，亦即，卡理斯玛本质及其运作方式最为深刻的转化。

卡理斯玛之即事化最为人熟知的情况是：相信卡理斯玛可以经由血缘纽带来转移。这是最简单的方式，用以满足门徒、扈从及卡理斯玛的被支配者共同体对于卡理斯玛之永存的渴望。不过，某种真正的个人继承权的概念尚未包含在这里头，就像此种概念原来也根本不在家共同体的结构里一样。真正存在的并不是个人继承权的概念，而是作为财产保有者的永久家族共同体——而非世代变异的个体——之不死的观念。所谓卡理斯玛的世袭性

(Erblichkeit)，原先所指的不过是：卡理斯玛是附着在一个家共同体或氏族上的，并且这是得自于无可争议的巫术性恩宠，因此卡理斯玛的担纲者也只能从这个家共同体或氏族中出现。此一观念本身是如此自然而然地产生，因而并无特别加以说明的必要。

某一家族，由于其受有如此的恩宠，因此被高举于其他家族之上；再者，对于此种特殊禀赋——并非以自然的办法所能取得的，因而也就是卡理斯玛的禀赋——的信仰，无论何处，皆为国王与贵族之权势的发展基础。因为，就像支配者的卡理斯玛是附在他的家族上一样，门徒与扈从的卡理斯玛也是附着在他们的家族上的。

从日本的卡理斯玛支配者神武天皇之家氏(uji)所分出的家族，所谓皇族（Kobetsu)，即被视为永远受在特殊恩宠的家族，而保持优于其他家氏的地位;在皇族之外的其他家氏里,神族(Shinbetsu)，亦即支配者之扈从的家氏——其中包括所谓和支配者一起迁入的外来氏族，以及被支配者编入扈从之中的古老土著氏族——则构成卡理斯玛的贵族[1],这些贵族一起分担行政功能。连（Muraji）与臣(Omi)这两个氏族占有最高的卡理斯玛地位。在这两个氏族里，和其他所有氏族一样，当家共同体分解之际，往往重复着同样的

1 平安朝初期（814）的《新撰姓氏录》里，将当时畿内的1182个氏依其出处分类为皇族、神族与诸蕃。皇族，如本文所述，是从神武天皇以后的皇室里分支出去的氏族。就时期来分则有古老的“臣”姓（平群、巨势、苏我，等等）与新的“公”姓。神族则是以神武天皇以前的皇祖神、天神、地祇为祖先的氏族，或恐是某些时期里服属于皇室势力者，属于“连”姓,诸如大伴、物部。诸蕃则为归化的氏系。在神武天皇的“八色姓”里（684），“公”被授予“真人”，而臣、连的一部分被赐予“朝臣”“宿弥”等姓。——日注

过程：氏族中的某一家，被视为大家〔即大氏〕[1]，特别是大连与大臣这两家，为其氏族之特殊卡理斯玛的担纲者，因此，这两家的家长即要求拥有在宫廷及政治共同体里占有相应地位的权利。

在此一〔卡理斯玛血缘关系的〕原则被完全贯彻之处，一切职业身份制的编列（直到最下层的手工业者也被包括在内），至少在理论上，无不奠基于同样的联结，亦即各特殊的卡理斯玛固着于特定的氏族上，氏族内的首长权固着于其具有卡理斯玛特权的（大）家上。国家的一切政治编排也同样是依照氏族别及其郎党（Anhang）与领土所有状态来完成。此乃纯粹“**氏族国家**”（Geschlechterstaat）的状态，我们必须将此类型严格地与其他各种类型区分开来，诸如采邑制国家、家产制国家及伴有世袭官制的官职国家（Amtsstaat）——尽管在历史现实里各种过度形态如此流动不定。这是因为：各个氏族之具有职务（Funktion）要求权的“正当性”根源，并不在于因财产对象或官职的授予而获致的个人忠诚关系，而在于各家独立地具有特殊的卡理斯玛。正如我们先前所提及的，由此种状态转移到采邑国家，最通常是由于支配者打算去除掉这些氏族权之“自主的正当性”，而代之以从他那儿得到的采邑正当性。

此种纯粹类型是否完全相应于历史现实，并非我们所在意的，光是以下两点，对我们而言即已足够，亦即：此一原则以或多或少发展的或退化的形式反复见之于各种极为不同的部族里；再者，其残余的影响也见之于古日耳曼及古希腊的社会结构中（例如雅

1　天智天皇三年（664）大氏赐大刀，小氏赐小刀。此种大氏小氏的区别，在早期被认为是表示出氏的本支关系（本文即持此见解），现在，认为这只不过是显示出氏之大小的见解较有力。——日注

典的埃提欧布塔登家 Eteobutaden 具有血缘特权，反之，阿克麦翁尼登家 Alkmaioniden 则因血腥之罪而失势）[1]。

进入历史时代后，家卡理斯玛与氏族卡理斯玛的原理一般而言实行得远为不彻底。无论是最原始的还是最高的文化阶段，都只认得政治支配者之家的卡理斯玛特权，可能的话，也仅止于为数有限的有力氏族。巫师、祈雨师、医师与祭司的卡理斯玛，只要不是与政治支配权合一而落入同一人之手的话，在原始的情况下，较不常被系缚于家卡理斯玛。直到正规的**祭典**发展起来时，才有机缘使某些特定的祭司职联结于贵族氏家的卡理斯玛血缘纽带。其后，此种联结频频发生，并且回过头来影响其他种种卡理斯玛的世袭性。随着生理的血缘纽带之逐渐被重视，神格化的过程——首先是祖先，最后及于支配者本身（如果此一进展未受阻碍的话）——往往就此展开。其结果有待我们于后文里再探讨[2]。

然而，光是氏族的卡理斯玛本身，并不足以明确保证谁是受到个人的召唤而可成为继承者。为此，必须要有明确的继承顺位，

---

1 自公元前七世纪以后，雅典即显示出其为一个由贵族的大氏族所构成的氏族制国家（此中诸如 Alkmaioniden，Eteobutaden，Medoniden，Lykomiden，philaiden 等氏族）。耕地大部分都掌握在贵族手中，住民严格地隶属于他们（H.Bengtson，*Griechische Geschichte*，S.109）。在这些氏族中，Eteobutaden 根据传说是以雅典王 Pandion 之子 Butes 为其祖先，为雅典之伊瑞克黛翁神庙的世袭神官家族。Alkmaioniden 家族为 Alkmaion Ⅰ的后裔。史上确知的首位家族人物为 Megakles Ⅰ（传说为 Alkmaion Ⅰ之子）。他当执政官时，平定 Kylon 的叛乱（传说前 638—前 632），其时，叛乱者逃入雅典神殿而获得庇护，Megakles Ⅰ与他们相约保证其生命安全而走出神殿，但却被杀害。以此，Megakles Ⅰ一门被问以渎神罪而遭放逐。本文所说“因血腥之罪而失势”，应该即指此事。这一家族在何时被解除放逐令虽不清楚，但当 Peisistratos 的僭主制确立之时（前 561 年之后），如众所周知的，Megakles Ⅱ（Megakles Ⅰ之孙）率领“海岸人”（中产派），会同率领“平地人”（贵族派）的 Lycurgos（可能是 Eteobutaden 家族的人），对抗领导“山地人”（贫民派）的僭主 Peisistratos（H. Bengtson，S.116）。——日注

2 参照本节第 13 小节，及第六章开头。——中注

而继承顺位的成立则必须基于对血缘之卡理斯玛意义的信仰，外加信仰长子地位（Erstgeburt）之具有特殊的卡理斯玛。因为其他一切的继承制度，包括常见于东方的长者继承制（Seniorat）[1]，常导致激烈的宫廷阴谋与宫廷革命；特别是在行一夫多妻制之处，除了支配者本身为了自己的子孙之故而铲除其他可能的王位继承者之外，妻妾们也会为其亲子的继承权而明争暗斗。在采邑制国家里，简明的长子继承制（Primogenitur）原则，通常首先是为了采邑拥有者而被发展出来；由于顾及采邑的给付能力，世袭化采邑的分割有加以限制的必要；尔后，此一原则才从采邑拥有者那儿，可以这么说，反射到采邑制的最高顶点〔国王〕。此即伴随着西方封建化之进展的实况[2]。在家产制国家里，无论其为东方型，或为梅罗琳王朝型，长子继承制原则的妥当性就不稳定得多。

若无长子继承制原则，另外的选择则为：政治权力（一如家产制支配者的其他任何财产）之分割继承，或者按某种规律的程序来选拔继承者，诸如：神判（诸子间的决斗，常见之于原始的民族）、神谕签决（Losorakel，实际上是由祭司来选取，一如约西

1　所谓长者继承制意指，一门之中，不问亲等之远近与直系或旁系，由最年长者为继承人的制度。这特别是行之于莫斯科大公国与土耳其的王位继承制。——日注

2　由于采邑的继承情况是当封臣死去时采邑复归封主所有，然后再重新授封封臣之子，故而采邑之不可分割的原则容易成立。在采邑继承权（包括妇女与旁系亲属的继承权）被确立为全面彻底的长子单独继承制之处，如英国与法国，王位的继承即确立为长子单独继承制，反观在采邑继承原则并不明确的日耳曼帝国，关于王位，非但长子单独继承制不成立，甚至王位世袭的原则都无法确立。之所以相异如此，究极而言，则在于社会的封建化程度之不同。——日注

亚以来的犹太人所行的）[1] 以及最后，卡理斯玛选任的正规方式，亦即，根据预选来选出合格者，再由扈从与人民来欢呼赞同。最后这种程序，比起前面几种来，含藏了更多双重选任与继承斗争的危险性。

不过，无论如何，以一夫一妻制作为唯一合法婚姻形式的支配，总是君主权力得以持续不断的最重要基础之一；比起东方的情况来，这实有利于西方的君主制；在东方，一想到迫在眼前或未来可能的王位交替，整个行政体系就几乎喘不过气来，而每一次的王位继承也总是致使国家制度颠覆的契机。

毕竟，对于支配体的存在与结构而言，对卡理斯玛之世袭性的信仰实属造成最大历史“偶然性”的种种条件之一；特别是当继承制的原则可能还得与他种继承者指定的形式相竞争。穆罕默德死时并未留下男性子嗣，而其扈从也未将哈里发的地位奠基于世袭性卡理斯玛，尔后在乌玛雅王朝时，哈里发的地位被直接按反神权政治的方式来发展[2]，以上种种事故都为伊斯兰教的结构带来最为深刻的后果；正因为对支配者资格的认定有重大歧异，什叶派（Schiitismus）——立基于阿里家的世袭性卡理斯玛，并因

1 另参照 M.Weber，*Gesammelte Aufsätze zur Sozīal-und Wirtschaftsgeschichte*，S.89；*Gesammelte Aufsätze zur Religionssoziologie* Bd.3，S.196 ff.。此外，就本文文脉观之，韦伯行文中的 Josua，应该是指 Josia（犹太王国国王，前 638—前 608 年在位）。另见本书第六章第 1 节倒数第 2 段，第 2 节倒数第 3 段。——日注

2 632 年，穆罕默德去世，弟子们遵照阿拉伯古来的习惯，以选举的方式推戴信徒中最长老的阿布巴克（Abū Bakr）为首任哈里发。其后一直到第四代的哈里发阿里（Ali，656—661 年在位）为止，新任哈里发一直都是根据选举的方式产生（这四代的哈里发即称为正统的哈里发）。661 年，阿里被哈瓦利休派的刺客谋杀，与哈瓦利休派对立的乌玛雅家族的穆阿威亚一世（Muawiya Ⅰ）篡夺哈里发权位，建立乌玛雅王朝。此后，随着哈里发地位的世袭化，专制君主的色彩被强化，虽然伊斯兰教的虔敬性也自然从哈里发的政治中淡去，然而另一方面却也造成对外征服事业空前成功的结果。——日注

而肯定“教主”（Imâm，宗教领袖）之具有绝对无误的教义权威——才会如此尖锐地对立于正统的桑尼派（Sunnitismus）——奠基于传统与“伊什玛”（idschma，教会的一致意见 consensus ecclesiae）[1]。将耶稣的家族及其家族在信徒团中原初的重要地位去除掉，显然是较为容易[2]。

日耳曼的卡罗琳王朝（Karolinger）及其后继的诸王族就在世袭性卡理斯玛几乎有力量将各公国所要求的共同决定权〔新国王选举权〕驱除时一一死绝了，此一事实对于王权在日耳曼地区的衰落，极具重要意义——反之，在英国与法国，国王权势却被世

1　Shia 在阿拉伯语中意指“一伙、党派”，shia 派（什叶派）即“阿里党”。什叶派不承认第一到第三代哈里发的正统性，而认为阿里（穆罕默德的堂弟，娶穆罕默德之女法蒂玛〔Fatima〕为妻）才是穆罕默德所指定的真正继承人，是第一代的“教主”（Imam，参见第三章 p.130 注 3）。阿里之后，唯有身上流着阿里与法蒂玛血液的人才被什叶派承认具有教主地位的继承权，并且由各教主自行指定继承人。第三代教主胡笙（Husain，阿里的次子）娶伊朗萨珊王朝（见第四章 p.202 注 2）最后一代君主之女夏巴努（Shahr Banu）为妻，生下第四代教主 Zain al-Abidin。换言之，自第四代教主以下即兼有阿里与萨珊王朝的血脉，此即什叶派特别在伊朗拥有庞大势力的一个原因。

Sunna 意指“惯行、传承”，因此 Sunna 派（桑尼派）即为“传承主义者”之意。不过，什叶派也具有他们所认为的传承，所以正确地说，桑尼派是指承认所谓“公认六传承”与“伊什玛（即学者 Ulema 的一致意见，Ulema 见第三章 p.130 注 1）的约束力，及特别是第一到三代哈里发之正统性的一派。桑尼派约占全体伊斯兰教徒的九成，故被称为“正统派”。——日注

2　德文版编辑于此指示参照 M.Weber，*Gesammelte Aufsätze zur Religionssoziologie*，2.Bd.，S.243（译按：即“印度教与佛教”这部分），然而此处并没有直接与基督教有关的叙述，而是陈述阿难（Ananda，佛陀的堂弟及最高弟子）在原始佛教里的故事：阿难的领导地位不被王舍城的集会所承认，并被弹劾五项罪名。只是韦伯将阿难比拟为基督教里的约翰，并且说阿难之被排除掉，“和原始基督教里的情形一样”。——日注

按：韦伯在此一佛教故事的引述上似乎有误。简单说来，韦伯将提婆达多（Devadatta，旧译“调达”）误为佛陀另一弟子阿难，日译者亦忽略了这一点。传说中提婆达多与佛陀的决裂，实为原始佛教史上一大公案，至于是否可比拟为原始基督教里的约翰，则为解释性的问题。有关提婆达多的事迹及其与原始佛教的关系，详见季羡林，《佛教开创时期的一场被歪曲被遗忘了的“路线斗争”——提婆达多问题》，《季羡林学术论著自选集》(1991)。——中注

袭性卡理斯玛所强化——而且比起亚历山大家族的命运来[1]，恐怕更带来重大的历史后果。与此相反，前三个世纪的罗马皇帝里，凡是优秀适任的，几乎毫无例外是以养子的形式通过继承者指定的办法登上王位，而不是基于血缘纽带；因血缘纽带而登帝位的绝大部分皇帝，都使权力衰落。之所以有这两种正对反结果的缘故在于：关系到两种不同的政治权力结构，亦即，一方面是封建国家，另一方面是越来越官僚化统治的国家，其基础为：一支常备军及其军官扮演着决定性的角色。关于这点，此处不再加以详论。

对于卡理斯玛之血缘联系的信仰一旦建立之后，卡理斯玛的意义就会整个转变。某人若原先是要靠自己的功业来赢得贵族的资格，那么现在他只要靠着祖先的功业就足以被“正当化”。某人之成为罗马贵族的一员，并非因他本身就任一个足以取得贵族身份的官职，而是他的祖先已就任这样的官职，并且，以此种方式被界定的官职贵族即致力于独占这个圈子里的官职。

此一发展，亦即纯正的卡理斯玛之倒转成与本身正对反的事物，在各处都是以同样的模式进行。在纯正美国的（清教徒的）

---

1 亚历山大大帝（Alexandros Ⅲ，前 356—前 323）在未指定继承人前就猝死，他的诸多部将（Diadochoi）为夺取支配权而爆发“Diadochoi 战争”。这时，大帝体弱多病的异母弟弟阿利戴欧斯（Arrhidaios，菲立普斯三世）与大帝之妻洛克萨妮（Roxane）所生的儿子亚历山大四世共同统治的方式获得承认，并由部将之一波地卡斯（Perdikkas）来任摄政。后者于公元前 321 年战败给其他部将并被谋杀，而由另一部将安提帕多洛斯（Antipatros）代之为摄政。安氏死后（前 319），由其所指定的波留佩尔孔（Polyperchon）承袭其位，后来被阿利戴欧斯的妻子尤瑞戴克（Eurydike）免职，安提帕多洛斯之子卡桑多洛斯（Kassandros）的势力高涨。另一方面，阿利戴欧斯及其妻尤瑞戴克于公元前 317 年被亚历山大大帝的母亲奥林匹亚斯（Olympias）杀死，但翌年奥林匹亚斯被卡桑多洛斯所杀，而公元前 310 左右亚历山大四世亦为卡桑多洛斯所杀，王家的男嗣即此断绝。其后，各部将继续斗争下去，至公元前三世纪，确立分为马其顿、叙利亚与托勒密三个王国。——日注

思考方式里，自力更生的人（selfmademan），换言之，自己的财富由自己“造成”的人，是被视为卡理斯玛的担纲者而受赞美的，单只作为“遗产继承人”则不被看在眼里；而今，此种心态已在我们眼前整个倒转，人们所重视的惟其出身——例如出身于皮尔葛林移民先祖（Pilgrim Fathers）[1]、波卡洪塔斯（Pocahontas）[2]、与克尼克波克（Knickerbocker）[3]之家门——，或者身份——身属被接受为上流社会的（相对而言）“旧”富豪的家族之一员。贵族名录之封闭、祖谱证明、只能勉强接受新富之家为“二流家族”（gentes minores）的态度，以及所有这类的现象，全都是努力使社会威望提高的产物，办法即为使之成为稀有物而独占之。独占行为的背后含藏着经济动机，除了对能直接或间接从中获利的国家地位〔即官职〕的独占，或对与当时国家权力相关的其他社会关系的独占之外，特别是对通婚权的独占：基于贵族身份，有优先的机会向富有的女继承人求婚，并增高自己的女儿被追求的身价。

9. 官职卡理斯玛

卡理斯玛的“即事化”，除了上述将卡理斯玛当作世袭财产来处理的方式之外，还有其他具有历史重要性的种种方式。首先，

1　指 1620 年为求信仰之自由而移民新大陆的一百零一（或说一百零二）名分离派的人，他们奠立了新普里茅斯殖民地的基础。——日注

2　Pocahontas（c.1959—1617），弗吉尼亚的著名酋长 Powhatan 之女。据说弗吉尼亚殖民地的建立者史密斯（J.Smith）被印第安人逮捕时，她挺身相救。史密斯归国后，她被英国人当作人质逮捕（1612），后来成为基督教徒，于 1614 年与英人罗尔夫（J.Rolf）结婚，1616 年偕夫共赴英国，最后殁于英国。——日注

3　Knickerbocker 为纽约地方早期的荷兰移民者之家名。长期以来被惯用来指称一般纽约的名门之士，但严格说来，仅用以指在曼哈顿岛上的早期荷兰移民的子孙。——日注

卡理斯玛可以用人为的、巫术的办法来转移，以取代血缘的传递，诸如：运用主教的神职授任以保全门徒的“继承”、依据教士的任命以取得不可去除的卡理斯玛资格、国王之加冕、涂油仪式的作用，以及在原始与文明民族里所运用的无数类似的方式，全都归诸此种转移模式。这类象征在多半的情况下会转变成只是个形式，实际上并不如往往与之结合的那个观念来得重要，此即：卡理斯玛联结于某一**官职**（Amt）之拥有——根据按手、涂油等——的观念。因为，由此观念，我们见到卡理斯玛之朝向独特的**制度化**变质（institutionelle Wendung）的过程，换言之，当卡理斯玛的、人格性的启示与英雄信仰被永久性的组织与传统所取代时，结果是卡理斯玛成为既有的社会结构体的一部分。

在早期基督教会里，罗马的主教（本来是和罗马的信徒团一起）拥有本质上为卡理斯玛性格的地位；罗马教会自相当早以来便取得特殊的权威[1]，并且在对抗大希腊化的东方之知识的优越性——几乎所有伟大的教会神父皆出自于此，教义的形式与所有全教会的宗教会议也都见之于此——时，一再不断地强调只要教会的统一性存在并且奠基于坚定的信仰——相信神不会让世界首都的教会出错，尽管其知识手段比起东方的教会来拙劣得多——下，自己具有这样的权威。此种权威不折不扣的正是一种卡理斯玛。这绝非意指一种首位权（Primat），亦即，现代意义上的明确“指导权威”（Lehramt），也绝非意指一种普遍的裁决权，亦即，一种上诉的机能，

1 一世纪末时，包含罗马主教在内的罗马信徒团具有比其他地方的信徒团更有特殊优越的权威，此一观念明白地显现在克里蒙一世（Clement Ⅰ）写给哥林多人的第一书简中（95—97）。克里蒙在此书简中主张：他作为罗马的主教，受有（以彼得为中介）来自基督的特殊权威，并要求哥林多人服从“基督通过我所说的话”。——日注

甚或一种普遍与地方权力相竞争的主教职权。因为，这些概念在当时根本尚未发展。况且，这种卡理斯玛，就像任何卡理斯玛一样，起初也是被视为一种不稳定的天赋资质：至少，曾有一名罗马主教被宗教会议宣告逐出教会。不过，整体而言，此种卡理斯玛被确信是神对于教会的许诺。即使教皇英诺森三世在其权势最兴隆之时[1]，也未要求得更多，亦即高于对此种许诺之相当一般的、内容模糊的信仰；并且，一直要到经过法学上之官僚化与知性化的近世教会，才将之转化为一种官职卡理斯玛，并且将职务（"ex cathedra"，圣座）与私人区分开来（此种区分乃任何官僚制的特征）[2]。

官职卡理斯玛——信仰某一社会制度受有特殊的恩宠——绝非只是教会的固有现象，更非只是原始状态的固有现象。在现代的条件下，吾人在权力服从者对国家权力的内在关系中，也找到它具有重要政治意义的表现。因为，此种关系，相应于其对官职卡理斯玛之善意或敌意，可有极大的差异。清教主义（Puritanismus）对一切被造物之特别的缺乏敬意，以及其拒斥一切被造物神化的态度，去除了其支配领域里对地上掌权者一切的卡理斯玛敬畏关系；由此种内在的立场出发：一切职务的执行只不过是件工作，

1　英诺森三世（Innocentius Ⅲ），罗马教皇（1198—1216 年在位）。因袭格列高利七世强化教会权力的政策，被称为罗马教皇之世界支配权达到最高潮的时代，诸如：坚持对世俗君主的上级封主权，裁定日耳曼地区的皇帝二重选举制，干涉法国国王菲利普二世的离婚问题，将英王约翰处以破门律，直到约翰誓言臣从才宽宥了他的罪。又如：组织第四次十字军东征，占领君士坦丁堡，建立拉丁王国；并于 1215 年召开第四次拉特兰大公会议，此次会议列席者在二千名以上，堪称中世纪最大规模者，基督教王国的君王皆派遣其使节参加，在内容上是中世纪最重要的大公会议。——日注

2　在天主教会里，"来自圣座"的行为（换言之，"根据职权"的行为）与单纯私人的行为有明白的区分。教皇关于信仰上、伦理上的教义所发布的"圣座宣言"（locutio ex cathedra）虽具无误性，但当他单只作为一名神学者所表明的意见，则非如此。此外，此一圣座"宣言"亦可单以"ex cathedra"称之。——日注

和其他事务的处理没什么两样，支配者及其官员和其他人一样都是罪人（这是库伊贝尔 Kuyper 所彻底强调的）[1]，也不比其他人有智慧。通过神之不可测知的意旨，正是他们（而不是别人）恰好落在这些位置上，并因而被赋予权力去制定法律与命令、执行判决与处分。凡是带有永劫不复（Verwerfung）标记的人，当然应该被远斥于教会官职之外；不过，在国家机制里，此种原则不但不可行，而且也是多余的。只要世俗的权力拥有者不直接地违背良心或侵犯神的尊荣，人们是会甘心臣服的，因为，任何的改变也只意味着其他同样有罪的、甚或同权愚蠢的人来取代他们的位置罢了。不过，由于他们仅是人为机制——由人所制作的、服务于人之目的的机制——的一部分，因而并没有任何约束内心的权威。官职乃因切实的必要性而存在，它既不在其拥有者之上或之下，也不会投递给他任何的光环——像一般德国人心里所认为的那样：拥有“皇家的官职法庭”（Königliche Amtsgericht）。这种具有自然主义的合理性的内在态度[2]与对国家的内在立场——根据情况而定，可以是非常保守的、也可以是非常革命性的力量，事实上两者皆已发生作用——是受到清教主义影响的世界里、产生出许多重要特色的一个基本条件。

1　Abraham Kuyper（1837—1920），荷兰神学者、政治家。1863 年任改革派教会牧师，1874 年为反革命党的下议院议员，1880 年创立阿姆斯特丹卡尔文派的“自由大学”，任神学教授，1901—1905 年担任首相。主张严格的卡尔文主义，排斥神学里的自由主义与近代主义，拒斥荷兰已制度化且失却信仰的“官方教会”而创立独立的“改革教会”。在政治上，反对社会主义，并主张限定国家权力及其固有领域。——日注

2　“对于官职的自然主义态度，仅只视官职为一种‘因事实上的必要性之故’而存在的东西，在此种态度下，任何将官职以不合理性的形式加以神圣化的事情全无存留的余地。因此，此处就仅有‘合理性的内在态度’的问题。”——德注

像一般的德国人那样，对官职、对于被认为是某种超人格性的当局及其光环，所抱持的是另一种根本完全不同的态度，这确实部分是由于受到路德派的宗教性那种全然具体的特质所制约的结果，不过，这也相应于一种相当一般性的类型，亦即：以“神所意属的权威”（gottgewollte Obrigkeit）之官职卡理斯玛来修饰权力；在此根基上所生长出来的那种纯粹感情性的国家形而上学，对政治造成深远后果。

与清教徒之排斥官职卡理斯玛相对比的，是主张教士之不可磨灭的印记（character indelebilis）、与严格划分官职卡理斯玛与个人价值的天主教理论。此一理论是卡理斯玛之即事化与转化的最激烈形式，换言之，将纯粹个人的、通过个人的确证而坐实的卡理斯玛召命转化为某种资格，此种具卡理斯玛能力的资格牢不可破地附着于任何一个通过巫术行为而被采纳为官职层级制之一员的人身上，并且圣化官职机制（Amtsmechanismus）、而无视于其担纲者的个人价值为何。这种卡理斯玛的即事化是将一个教权制的机构种植到一个眼前密布巫术力量的世界里的手段。唯有当教士个人可能受到绝对的斥责而又不因此使其卡理斯玛资格受到置疑之时，教会的官僚化才有可能；并且唯有如此才能保障教会的制度性（Anstaltscharakter）——就其卡理斯玛的价值而言——立于所有个人的偶然性之外。正因为尚未市民化的人们还没有对地上世界甚或超尘世的世界采取道德化的观点，并且不认为神是善的，而只是有力量的，巫术力量则可以发生在所有动物的、人类的及超人类的存在里，这种将人与事划分开来的方式与广为人知的种种观念完全一致；教会只不过是以深思熟虑的手法使之服事于一个伟大的结构理念，亦即官僚化。

10. 卡理斯玛王制[1]

在各种制度的卡理斯玛的正当化中，特别具有历史重要性的个案是即政治的卡理斯玛的正当化，亦即：王制（Königtum）的发展。

无论何处，国王原先都是个战将。王制出自于卡理斯玛的英雄性。在文明的民族的历史上所见的王制，并不是“政治的”支配（就其发展史而言）之最古老的形式。所谓“政治的”支配所指的是超出家权力而与家权力在原理上有所区别的权力，因为政治权力并不是以指导人对自然的和平斗争为其首要任务，而主要是在于指导某一人类共同体对另一个共同体的暴力斗争。

王制的先驱者是所有各类的卡理斯玛形式——足以克服非比寻常的外部与内部危机，或者担保非常事业的成功——的担纲者；这些昔日的首领尚具双重性格：一方面是家族或氏族的家父长，另一方面又是狩猎与战争的卡理斯玛领导者、巫师、祈雨师、巫医（亦即祭司兼医师）以及最后，仲裁长官。这些卡理斯玛的机能，尽管并非总是，但经常是分裂为各有其担纲者种种特殊的卡理斯玛。比较常见的是：出身于家权力而主要担当起经济功能的平时首领（氏族长）之外，别有狩猎与战争的领袖存在的现象。后者之取得资格的方式和前者不同，他们是率领了自愿的扈从成功地完成了以胜利和战利品为目标的远征，从而证实了自己的英雄性。（在亚述的国王碑文里，即列举了战利品的记录，除了被砍杀的敌人数目，以及剥下他们的皮来覆盖被征服地的都市城墙上的范围

1　从另一观点来看卡理斯玛王制的，参见 Marc Bloch，*Les Rois thaumaturges;Étude sur le caractère surnaturel attribué à la puissance royale*，*particulièrement en France et en Angleterre*（Strasbourg，1924）。——中注

有多大之外，尚有狩猎品及为建筑的目的而被砍下的黎巴嫩杉等品目）。以此，卡理斯玛地位的取得，不但与在氏族和家共同体中的地位无关，并且根本也无关乎任何的规则。卡理斯玛与日常（Alltag）之间的这种二元性，经常见之于印第安人（例如易洛魁 Iroquoi 联盟）[1]，以及非洲等地。

凡是没有战争与大型动物狩猎之处，也就没有卡理斯玛领袖；为了避免常见的混淆，此处我们要将之与平时的首领区分开来，而称之为“侯”（Fürst）。就此而言，特别是在自然威胁（尤其是旱魃与疾疫）经常发生之时，一个卡理斯玛的巫师即可能握有本质上相同的权力，换言之，一名“祭司侯主”（Priesterfürst）。战侯（Kriegsfürst）的卡理斯玛是不稳定的，这要视其确证以及人们对它的需求而定；当战争成为长期状态时，战侯的卡理斯玛则转变成常态的现象。至于人们是否认为将外族及被征服者编入、统合于自己的部族共同体时就算是王制与王制国家的开始，这只是个用语上的问题。以我们的目的而言，“国家”一词，仅适用于非常狭窄的限定之下。

可以确定的是：战侯作为一种常态现象的存在，并非取决于一个部族对另一个被征服部族的支配，以及个人奴隶的存在，而是取决于长期的战争状态以及相应于此种战争状态的一个广泛组织的存在。另一方面，也可说是：唯有当国王的职业战士所组成的扈从团支配了劳动与纳租的群众时，王制往往才开展成一种正规的国王行政；而对异族的武力征服，则并非发展之绝对不可

1 属于易洛魁语族的五个部族在十六世纪时结成部族联盟，其最高的政治权力是由加盟部族约五十名氏族长所组成的联盟会议，并无联盟的平时首长。不过在战时，则设置两名战时首长。——日注

欠缺的中间项。因为，卡理斯玛的战争扈从发展成一个支配的种性（Kaste）所造成的内部阶级分殊，具有（和征服异族）完全相同的社会分化效果。不过，无论如何，一旦支配稳定下来时，侯王权势及其利害相关者（侯王的扈从）即致力于寻求"正当性"（Legitimität），换言之，寻求受卡理斯玛召命的支配者之标志[1]。

11. 卡理斯玛教育

卡理斯玛能力一旦转变成一种可以用任何手段——最初是纯巫术性的手段——来转移的即事性资质，这就开始步入从天赋资质——可以被试验与确证，却无法传递与追求的资质——转化为原则上可以学习获得之资质的道路。即此，卡理斯玛资质可以变成**教育**的对象。尽管此种教育（至少起初）并非理性的、经验的教导，因为英雄性与巫术能力原先被认为是无法传授的，唯有当其为潜在的能力时，才可能通过整体人格的重生（Wiedergeburt）而被唤醒。因此，重生、因重生而具有的卡理斯玛能力的开展、具有卡理斯玛资格者的试练、确证与选拔，即为卡理斯玛教育的真正意旨所在。〔其要素包括：〕与平时的环境及来自家庭自然联系的所有影响隔离（在原始民族里，壮丁 Epheben 直接移居到森林去）；总之，往往是加入一个特别的教育团体；整个生活样式的变革；禁欲；各种极为不同的肉体与精神修炼以唤醒卡理斯玛能力、达到忘我与重生；通过精神的冲击、肉体的折磨与损毁，不断地测试卡理斯玛之完备所达到的阶段（割礼原先可能就是这类禁欲

1　原稿在此处以"Dies Kann auf der einer Seite durch Legitimierung vor einer anderen，in..."的文句中断，思路的衔接，请参见本节第 13 小节及第 6 章以下。关于卡理斯玛召命的标志，已于本节第 2 小节中论及。——德注

手段的一部分）；最后，受试合格者依等级仪式加入被确证为卡理斯玛担纲者的圈子里。

卡理斯玛教育与专门教育之间的歧异，在一定的限度内，当然不是固定不易的。任何卡理斯玛教育都包含有某种专门教育的部分，这要视受教者是要被教育成战争英雄、医药师、祈雨师、祓魔师、祭司或律法哲人而定。基于威信与独占之故而总是被据之为密传（Geheimlehre）的这些经验的、专门的要素，换言之，教说（Lehre），随着职业的分化与专门知识的扩大，不断地在量方面有所增加，在理性的素质方面也有所提高；直到最后，在一个本质上是专门训练的世界里，唯有宿舍与学生生活中那种为人熟知的高校生徒的现象，还作为昔日为唤醒与试验卡理斯玛能力的禁欲手段之残渣（caput mortuum）留存下来。

不过，纯正的卡理斯玛教育与应官僚制之要求的特殊专业训练，正好极端相反。位于两者之间的，换言之，针对卡理斯玛重生的教育与针对官僚制专业知识的理性教育之间的，是以“陶冶”（Kultivierung）——就我们前述对此字的定义而言：内在与外在生活态度（Lebensführung）的变革——为目的的所有教育类型。这类教育只保留了一些卡理斯玛教育原初的、非理性手段的残渣，并且，其最重要的个案，向来是训练战士与教士——原来主要是一种具卡理斯玛资格者的选拔。凡是没能通过战士教育的英雄试练者，是为“女人”（Weib），就像没法由巫术来唤醒的人是为“俗人”（Laie）一样。依吾人所熟知的模式，资格条件会因扈从们的利益所在而被努力地维持与强化：扈从会迫使支配者，只让那些通过同样试练的人来分享威信与支配的物质利益。

原初具有卡理斯玛性格的教育，有可能在此种变革发展的过程当中，转变成一种形式上国家的或教会的制度，或者，也可听任成为团结于一个行会（Zunft）[1]之下的利害关系者的、形式自由的创发。至于实际的发展路径，则取决于种种极为不同的状况，特别是取决于各个相互竞争的卡理斯玛势力之间的权力关系。此一决定要素，对于以下这个问题特别真实，亦即：军事的骑士教育，或是教士的教育，在一个共同体内部，取得普遍意义到什么程度？

正是**圣职**教育的**精神主义**（der Spiritualismus der geistlichen Erziehung），与**骑士**教育相反，使教士教育容易转化为**理性**的教育。教士、祈雨师、医药师、萨满（Schamanen）、得未使（Derwisch）、修道僧、圣歌者与舞者、书记、律法通哲以及骑士与战士的养成教育，虽然采取各式各样的形式，但是究极言之，往往具有相同的本质。所不同者，仅在于这些不同的教育共同体在彼此间所具有的影响力。此种影响力不仅取决于（后面会论及的）世俗权力（Imperium）与教权制权力（Sacerdotium）之间相互的权力关系，主要更取决于军事勤务——作为因此种勤务而具特权之阶层的义务——成为某种社会荣耀的程度。唯有当军事勤务被视为一种社会荣耀之时，军权主义才会（也往往）发展出自己独特的教育；相反的，特殊圣职教育的发展，通常是支配——最先是宗教的支配——之官僚化的一个函数。

1　详见第 12 小节。此处的“Zunft”并不只限定于中世纪都市里狭义的“行会”，换言之，并不特指手工业者的组合。——日注

希腊的壮丁制（Ephebie）[1]——对希腊文化而言具有重要意义的、人格之体育—艺术陶冶的一个要项——只不过是见之于全世界的军事教育现象的一个特殊案例。其要素特别是：成年礼（Jünglingsweihe）的准备，亦即，准备重生成为英雄；纳入男子结社（Männerbund）与共同的战士居所——一种原始的兵营，也是男子集会所（Männerhaus）的起源；舒兹（Heinrich Schurtz）即乐此不疲地到处探寻追索此种集会所的存在[2]。此种军事教育为俗人教育（Laienerziehung），亦即，由战士氏族所支配的教育。当政治共同体的成员主要不再是个战士，而战争状态也不再是邻近的政治团体间的长期状态时，此种制度往往就会崩解。

另一方面，广泛的圣职化教育〔按即：教育广泛地落入圣职者之手〕，可举古埃及为例：在典型官僚制的埃及国家制度里，至少官吏与书记的养成是由教士阶层所配的。东方其他大部分的民族里，情形也是如此：教士阶层支配着官吏教育（也就是一般所谓的教育），因为唯有他们发展出一套理性的教育系统，满足国家所需要的官吏，换言之，精通书法与受过理性思考训练的官吏。

1　在雅典，青年至十八岁时即被称为壮丁（ephebos）。壮丁要接受为期一年的国家军事训练，再担任一年的守备勤务。此一制度始于何时，并不清楚，不过早在公元前五世纪时就有发展。公元前四世纪以后，此一制度已广及整个希腊世界，尤其是小亚细亚一地。壮丁训练所（ephebeia）不单是军事训练所，而毋宁是转化成一般性的高等教育机关，成为教授体育、学问的场所。训练所使用的教科书里，荷马的史诗具有极其重要的地位。随着这种变化，能进入训练所的，不再是全体壮丁，而只限于被挑选出来的人。训练所出身者，在各地都被承认具有特权的地位，遂成为国家的中坚分子。——日注

2　Heinrich Schurtz（1863—1903），德国人类学家。在其著作 *Altersklassen und Mannerbünde*（1902）里，关于年龄团体、秘密团体等（非基于“血缘”或“地缘”之故）的社会集团广泛存在于初民社会的事实，首先有了综合性的说明，唤起学界对于这种可称为“结社”的集团之注目。——日注

关于男子集会所，详见《支配的类型》。——中注

西方中古时期通过教会与修道院——作为各式各样的理性教导的代理者——的教育，同样也具有非凡的意义。

不过，在纯官僚制的埃及国家制度里，并没有足以阻挡圣职化教育的抗衡势力存在；在其他的东方家产制国家里，也未发展出特殊的骑士教育——由于缺乏相对应的身份制基础之故；最后，完全非政治化的以色列人，全靠会堂（Synagoge）[1]与拉比制（Rabbinentum）而集结在一起，发展出严格的圣职者教育的一个主要类型。然而，西方的中世纪时期则与此相反，由于支配阶层的封建性格与身份制性格，教士—理性的教育与骑士教育彼此并存、对抗与共生，而赋予西方的中世纪人们与西方各大学其特殊的性格。

在希腊城邦与罗马，不仅没有国家机制，也没有教士的官僚机制来创造出圣职者的教育制度。荷马（Homer），一个对神最无敬意的世俗贵族社会所产的文学作品，不但成为文学教育不可或缺的材料，并且还占有最高的地位——这就是为什么柏拉图会憎恨他的缘故——从而阻碍了宗教力量的一切的神学理性化，这只有部分是历史的偶然性使然；决定性的要点在于：一个特殊圣职者的教育体系根本付之阙如。

最后，在中国，儒教的理性主义的独特性格、其习律主义（Konventionalismus）、其被采纳为教育的基础，条件在于：世俗的家产官僚阶层之官僚主义的理性化，以及封建势力的缺乏。

---

1 犹太人的会堂之起源，虽不甚清楚，较有力的说法是：当所罗门神殿被毁（前 568），接着是巴比伦俘囚期时，会堂才发达来。失去国家与神殿的犹太人，齐集于会堂，举行既无仪式也无供物的纯精神性的礼拜。不过会堂并不只是礼拜的场所，也是犹太人集会与教育的场所，即其精神生活的中心。会堂的精神指导者为拉比，参见本书第二章第三节相关内容。——日注

12. 卡理斯玛的追求之金权政治化

任何教育类型，包括培养巫术性卡理斯玛的教育与作为英雄性的教育，都有可能成为公会成员之小圈子的事，并以此而发展出教士的秘密结社，或上流社会的贵族俱乐部。这其中存在着各种可能想得到的阶段，从政治或巫术的行会（Zunft）——这在西非特别是被组织成秘密团体——之条理井然的支配，到此种行会之随机的掠夺。并且，所有朝着行会与俱乐部发展的那些共同体——无论其原先是由战士的扈从团发展出来，或是由所有通过试练拥有武装能力的男子所组成的团体发展出来的——具有共同的倾向，亦即：越来越以纯粹经济的资格来取代卡理斯玛资格。

对一个年轻人来说，接受卡理斯玛教育——既耗时费日，在经济上又没有直接的获益——的前提条件在于：他的劳动力对于家计而言并非不可或缺的；然而此种条件则随着经济劳动之集约度的逐渐增加而越来越少有。非但如此，卡理斯玛教育逐渐被富裕者所独占的情形，也更进而被人为地强化。随着原初的巫术或军事功能的崩解，纯粹的经济层面则不断地更加强其势力。发展到最后阶段，例如在印尼，人们轻易地就可买得他们在政治“俱乐部”（Klub）的各不同等级里的地位；在原始的情况下，或许摆出一场豪华的飨宴就够了。卡理斯玛的支配阶层之转化为纯金权政治的支配阶层则特别另外是原始民族的典型现象——一旦军事的或巫术的卡理斯玛失去其实际的意义，情形通常是如此。

如此一来，确实并不必然是财产本身使人成为贵族，而是生活样式——不过也只有财产使之可能。中世纪里，所谓的骑士生活，特别指的是：拥有开放给客人的屋子。在许多民族里，只消大开宴席，便可取得被称为首领的头衔，并且也用同样的方法来维持住此等头衔；这种“贵族伴随义务”（noblesse oblige）的方式，无论在什么时代，很容易就导致那些向自己课税的望族（Notabeln）贫穷破落。

13. 现存秩序之卡理斯玛的正当化

当支配被冻结到永久组织上时，作为创造力的卡理斯玛即此退却，并且只有在选举或类似的机会里显现于短命的、其作用无法预测的群众情绪中。虽然如此，卡理斯玛——尽管其意义已大为不同——仍然是社会结构的一个极为重要的因素。

此处，我们必须回到前面所提及的〔按即：本章第二节开头〕引起卡理斯玛之日常化的主要因素，亦即经济动机：通过现存的政治、社会与经济秩序而位居特权地位的阶层，寻求“正当化”他们的社会与经济地位，换言之，寻求将此种地位由纯粹现实的势力关系状态转化为一种既得权力的秩序，并使之神圣化。此种利害关怀构成了保持卡理斯玛要素——在支配结构里，以即事化的形式存在的卡理斯玛要素——的最强烈动机。可是真正的卡理斯玛，既非奠基于制定秩序或传统秩序，也非奠基于既得权力，而是以个人的英雄性或个人的启示之正当性为其根基，因此即与上述动机全然相对立。不过，正由于卡理斯玛之具有超日常的、超自然的、神圣的性质，在其日常化后，对于卡理斯玛英雄的后继者而言，正好成为正当取得支配者权力的适当根源，并且也有利于所有那些依存于此一支配者权力——其权力与财产皆受此一支配者权力所保障——的人。然则，能够表现出支配者之卡理斯玛正当性的形式是多样的，这要视与超自然的力量——此种正当性基础之所在——保持何种关系而定。

如果支配者本身的正当性并非靠着世袭性卡理斯玛（依循明确的规则）而确定不移时，那么他就有必要靠其他的卡理斯玛力量来正当化，一般而言，能够扮演此一角色的，惟其为教权制的力量。同样的，对那些本身作为神的化身，因而拥有最高“固有卡理斯玛”（Eigencharisma）的支配者而言，所需也正是如此。只要支配者本身并非由自己的功业来确证其卡理斯玛时，那么其拥有卡理斯玛的宣称，就必须由职业的事神专家来认定。正因为如此，那些神所化身的君主即被最切近于其正当性之物质的与理念的利害关系者——宫廷官吏与教士——置于其独特的隔离过程中，而可能达到被永久幽禁于宫中，甚至成年之时即被杀害的地步——为的是此一神君不至于以其言行损及神性，或使自己脱身于此种监护。不过，由于卡理斯玛支配者对于被支配者（按纯正的观念）实在负有重大责任，故而也强烈地造成有必要对他加以监督的实际取径。

这类支配者，例如现今[1]东方的哈里发、苏丹、沙皇（Schah[2]）等，正由于其崇高的卡理斯玛资质，故而迫切需要有这么一个人来代他为统治行为——特别是失败的或不得人望的施为——负起责任，此即所有这些帝国里，“大宰相”（Grosswesir）之所以具有传统的特殊地位的基本缘故。在最近这个世代里，波斯曾试图废去大宰相一职，以使皇帝亲政下的官僚制专家内阁得以成立，不

1　本文写于第一次世界大战前。——德注

2　关于哈里发、苏丹，见第三章 p.171 注 2。Schah 是意指“王”“君主”的波斯语。在伊斯兰教团里，哈里发、苏丹所属的阿拉伯语系语文虽被广泛应用，但至近世，伊朗语却成为宫廷语而广为普及。Schah 不只为伊朗王朝所用，土耳其、印度的伊斯兰教王朝也皆以 Schah 来作为君主的称号。——日注

过还是失败了，其原因在于：在此种措施下，波斯皇帝个人要为所有的人民疾苦与行政上的失败负起行政首领的责任，这不仅严重危及他本人，也不断地严重伤害到对“卡理斯玛的”正当性的信仰。因此，为了有人担当责任以掩护皇帝及其卡理斯玛，大宰相一职不得不重新恢复设置。

这就是西方，特别是议会制国家里，相当于责任内阁首长地位的东方对照版。在西方，所谓“国王并不君临统治”（le roi règne, mais ne gouverne pas），以及，国王为其地位之尊严起见，“不得未披大臣衣饰即现身”的理论；更进一步：同理，国王应该完全避免干涉在官僚制专家管理下的一般行政事务，而将之委诸居于阁臣之位的政党领导者；以上种种皆完全对应于被神格化的家产制支配者之受娴熟传统或仪式的专家——教士、宫廷官吏、大臣——所隔离的现象。所有这些现象的造成，固然是由于宫廷官吏或政党领导者及其扈从的利益之所在，同样也是由于卡理斯玛的社会学本质所使然。

议会制的国王，尽管没有权力，还是被保留下来，其原因特别在于：光是因为他的存在，以及权力因此“以他的名”而被行使，既存的社会与财产秩序的正当性即因他的卡理斯玛而受到保障，并且，现存秩序的所有利害关系者也必须戒惧，国王若被排除，结果是对此一秩序之“正当”（Rechtmäsigkeit）的信仰产生动摇。

各个优胜政党的统治行为之“正当化”（Legitimierung）——成为“正当的”（rechtmäsig）行为——的功能，也可能在纯粹形式上的依照明确规范而被选举出来的总统担当起来，只不过，议会制的君主还具有一种被选任的总统所无法担当的功能，亦即：由于他终究是占有国家里的最高地位，因而在形式上限制住从政者的权力争逐。此种本质上消极的功能，换言之，光只靠着这样的（基于明确规则的）君王的存在而具有的功能，若纯就政治观之，实际上恐怕是最重要的一种。更正面地说，此种功能，在其最典型的案例里，意味着：君王可以靠着卓越的个人能力与社会影响力而真正积极地参与政治权力（此即：影响力的王国，Kingdom of influence），而不是靠着权力规则（位权的王国，Kingdom of prerogative）。正如最近的事例与人物所显示的[1]，尽管"议会的支配"强劲，君主还是可以在实际上发挥出这样的影响力。在英国，"议会制的"君主制意指：一种选择淘汰，只让具备政治家资格的君主得以发挥现实权力。因为国王可能会因内政或外交上的失误或因提出与其个人禀赋或威望不符的要求而失去宝座。就此而言，英国的议会君主制，比起欧陆的君主制来，是更纯正"卡理斯玛的"形态；后来不论其君主为蠢材或政治天才，光只因其具有继承权，就一律承认其作为支配者的要求。

三、支配形态的纪律化与即事化

1. 纪律的意义

当卡理斯玛流入共同体行动的永久组织之后，面对着渐增的传统力量与理性的结合体关系的力量，其势力往往减退，这就是它的命运。整体观之，卡理斯玛的消亡意味着：个体行为之作用

1 "最近的事例"指的恐怕就是：在 1910 年的议会法案与 1912 年的第三次爱尔兰自治法案等事端的纷扰上，乔治五世所发挥的政治影响力。在这两件纷争里，乔治五世精力过人地发挥其"接受大臣的商议、激励大臣与警告大臣等等权利"，所靠的不是大权在握，而是其政治影响力，来防止政治破裂局面的发生。——日注

力的衰退。致使个体行为的重要性减退的力量当中，最无可抗拒者为合理性的**纪律**（die rationale Disziplin），它不只根除个人性的卡理斯玛，连基于身份荣誉的阶层等级也加以清除，或者至少是使之合理性地变形。

在内容上，所谓纪律，所指无它，是即：所受命令被彻底理性化地执行，换言之，计划周全地、事前整备地、精确地、无条件地排除一切个人评论地执行所受命令，并且，一切内在的志向始终完全贯注于此一目标。除此，另一标志为：受命行为的划一性。纪律之发挥其特殊的作用，是基于其具有作为一个群众组织（Massengebilde）之共同体行为的性质。此处〔群众组织〕，服从者绝无必要是被纠合于某一处、同时地服从，或者在数量上特别庞大。具有决定性的是：多数人的服从被合理地齐一化。

纪律本身决非敌对于卡理斯玛与身份荣誉。相反的，想要支配庞大地域或组织的身份团体，例如威尼斯的议会贵族阶层、斯巴达人、巴拉圭的耶稣会士、或者有其君侯为首的近代军官团，唯有以其内部非常严格的纪律为手段，方能保持住其对被支配者之确实、有效的优势；同样地，被支配者之“盲目的”服从，也唯有靠教育，训练他们服属于此一（并且别此无他）纪律之下，方能达成。以此，身份团体往往仅是为了要确保纪律之故，而使得其坚持身份威望与身份生活样式之培养与规格化的态度，转变成相当有意识的、合理性的**意欲政策**（Gewolltes），并且，此一意欲政策又对上述〔身份〕共同体影响所及的整体文化内容，产生反作用（关系此种反作用，此处不予讨论）。同样地，卡理斯玛英雄也可以利用“纪律”，并且，他也必须如此，如果他想要扩张其支配范围的话：拿破仑即为法国创造出纪律严明的组织，至今仍然有效。

一般所称的“纪律”，与特殊言之，其最合理性的子嗣——官僚制——一样，都是“即事的”；它断然地以其“即事性”听任任何权力——想要它服事又知道如何制作它的权力——的发落。这并不妨碍它本身之与卡理斯玛及身份荣誉（特别是封建荣誉）最内在本质的对立。勇猛战士（Berserker），以其狂迷暴怒，以及骑士，为了获取个人荣誉而与极具英雄之誉的个别对手兵刃相向以一争高下，此皆与纪律相乖违：前者是由于其行为的非理性，后者则由于其内在态度的非即事性。纪律以“调教”（Abrichtung）——目标在于一种经“训练”（Einübung）而达到机械化程度的熟练——来取代个人的英雄性忘我、恭顺（Pietät）、对领导者个人的狂热激情与献身、名誉的崇拜以及个人能力之如同一种“艺术”（Kunst）般的培养；并且，在纪律诉诸强烈“伦理”动机的情况下，乃是以“义务”与“良心”的意识为其前提（以克伦威尔的话来说，就是“良心之士”〔man of conscience〕，相对于“荣誉之士”〔man of honours〕）。所有这些，目的都在于确保群众（在一致无二的调教下）之生理与心理的冲动力之于理性的计算下最佳的程度。

并不是狂热与义无反顾的献身在纪律里全无地位，相反的，任何近代的战事指挥者往往对军队之战斗力里的“道德的”要素比什么都要来得重视，并且利用所有一切的情绪性手段——这和最精巧的宗教纪律化手段（Disziplinierungsmittel），例如罗耀拉（Ignatius de Loyola）的心灵修业（exercitiäspiritualia）[1]之利用情绪

1　罗耀拉（1491—1556），耶稣会创立者，首任总会长。成为耶稣会之源泉的“心灵修业”书籍，大部分即其所著。Exercitiäspirtiualia 之语虽然在他之前已经为人采用，意指：冥思地、孤独地追求宗教的真理与基督的完美道德；但罗耀拉的心灵修业之特色却在于：完全理性地、主动地抱持着明白的意识来进行。神秘且被动地沉浸于神灵里，乃是心灵

手段的方式完全如出一辙——以“鼓舞士气”（Eingebung），或更重要的，以教育被领导者“感情投入”（Einfühlung）于领导者之意志的办法，来开发出战斗效果。

不过，就社会学而言，具决定性的是以下各点：(1) 如此一来，一切——特别是以上这些“不可估量的”（Imponderabilien）、非理性的、感性的要素——都是被理性地计算的（rational“Kalkuliert”），至少，在原则上，一如吾人之计算煤熿矿层的出产量；(2) 尽管在一个有魅力的领导者存在的具体情况下，“献身”具有如此浓厚的“人的”（persönlich）色彩，然而其目标及其一般内容在性格上却是“即事的”（sachlich），所意味的是对共同的“事务”（Sache）、对某一被理性地追求的“成果”的献身，而非对某人的献身。

事情唯有在以下的情况下才是两样的，亦即：由奴隶主的支配者权制作出纪律的情况，诸如在大型农场经营、古代东方的奴隶军，以及古代及中古时期由奴隶及受刑者划桨的大型般只里的

(接上页注) 修业之际的副作用即可企及，这并不是他所追求的，他所求的是在行为与苦难里，完全主动地、意识地向天主献身。“进行心灵修业的人不只要能如此，最困难的是要为了侍奉天主之故而利用、建构地上的世界，以此，达到出乎此世的内在完全自由。”（《天主教大辞典》，二卷，857 页）韦伯则于《新教伦理与资本主义精神》一文中论道：“与东方僧侣生活相比较，西方僧侣的生活在世界史上的意义，乃基于以下这个事实……在圣本笃（St.Benedict）派的教规里，僧侣生活在原则上已从无计划的隐遁性和达人的苦行中解脱出来。这一点在克鲁尼（Cluny）派与西妥派（Cistercians），莫不如是，而在耶稣会则最为明显。此种僧侣生活，已展开一套合理的生活行为之有体系的方法，其目的在于克服自然状态，使人能摆脱不合理的自然冲动及其对俗世与自然的依赖，使人服从于有计划的意志支配下，并慎重地反省自己行为的伦理意义，且把自己的行为置于不断的自我**节制**之下。此种生活，客观地把僧侣训练成侍奉上帝之国的工人，主观地保障僧侣的灵魂之救赎。这种**积极的**自我节制，乃是罗耀拉的‘心灵修业’和其他一般合理的僧侣道德之目标，并且也是清教主义在实践生活上最重要的理想。”（*Gesammelte Aufsätze zur Religionssoziologie*，Bd.1，S.116f.）——日注

情形。在此等情况下，事实上唯一有效的要素乃是：机械化的操练与个人之被编整到一个无可脱逃的、强制“共同动作”的机制里——此一机制可以说是“迫使”个人统合到整体全员里，而此种统合又是一切纪律之实效力的一个强力要素，特别是在讲求纪律之遂行的战争里——并且,如同“残渣”般留存在凡是“伦理的”资质，换言之，义务与良心，失去作用的情况里。

2. 纪律的军事起源

纪律与个人性卡理斯玛之间胜负无常的斗争，在交战(Kriegführung）结构的发展中有其古典的战场。在此领域上，斗争过程就某种程度而言固然纯粹是决定于战争技术，不过，武器的种类，诸如矛、剑、弓等，并不必然是决定性的要素，因为这些武器无论是纪律化的战斗或个人间的战斗皆可利用。虽然如此，在近东及西方之吾人所知的历史起点，马的输入即扮演了决定性的角色,而铁之作为工具金属（无论就哪一点来看皆具划时代意义）的兴起，也在某种（但并不明确）程度上扮演了重要角色。马拉着战车跑，英雄驾着战车驰入战场，并且必要的话，跳下战车作个人的格斗。这样的英雄，不但支配了东方、印度、古代中国的诸王会战，也支配了整个西方，包括凯尔特人（Kelt)，甚至爱尔兰（一直到晚近)。骑乘比起战车来是较晚的产物，但持续了比较长的时间，“骑士”——诸如波斯的骑士、帖撒利亚（Thessalia)、雅典、罗马、克尔特、日耳曼的骑士——即由此产生。在骑士出现之前，步兵的确在某种程度之纪律化的发展上有其地位，然而较之骑士，其重要性沉寂了好一段时间。后来导致情况往反向轨道发展的一个契机，是铁制近距离武器取代了铜制的投射矛枪。

不过，并不是铁本身带来变化——因为远程武器与骑士的武器也用了铁制的——就像中世纪时，并不是火药本身引起变革一样。

促使〔战争由非纪律的往纪律的方向〕变革的是希腊人与罗马人的重装步兵队的纪律（Hoplitendisziplin）。荷马在一处常被引用的段落里，显示出他已知道禁止擅离队伍作战的纪律之萌芽[1]；在罗马方面，一段传说：执政官之子因为照着古老的英雄行径单枪匹马地击杀了敌方的将领而被处死，则象征着这种大转变[2]。诸如以下这些顺次而起、训练有素的军队：斯巴达的职业士兵军队、比欧提亚人（Boeotia）的神圣部队（Lochos）[3]、马其顿人（MaKedonen）

1 “‘不要以为，’他说，‘一个马车战士的勇敢和技巧，使他可以突破到阵前单独战特洛伊人。不要让任何人落在后面，因而削弱全体的力量。如一人在自己的战车里接近敌人的战车，那是他应该投枪的时候了，这是最好的战术。就是这种办法和精神，使我们的祖先攻破有墙的城池。’老人就这样用他在许多以前的战争里得到的经验，激励他的部队。”（Homer，*The Iliad*，C.4，L.303—310）中译引自：曹鸿昭译，《伊利亚围城记》（台北：联经，1985），p.56。——中注

2 此一传说，见李维（Titus Livius）所著《罗马史》（第八卷第七章）：在与拉提乌姆人作战时（前340—前338），当时的执政官 Titus Manlius Torquatus 以违反命令的罪名将其子（与他同名）处以死刑。因为，后者应敌方勇将 Geminus Maecius 的挑战，离开队伍去做个人的决斗，并打倒敌方且夺其武器，献到父亲的本营去。执政官父亲听到这个报告后，说：“你，既不尊重执政官的权力，也不尊重父亲的全权，违反我的命令，擅离队伍与敌相战。直到今日，罗马的势力是靠军纪才得以保全，而你却犯下了破坏此一军纪的罪。如今，我变成被迫要在忘怀国家或忘怀我及我这一族，这两者间来做个选择。我，与其因我等的错误而使国家蒙受大伤害，倒宁愿我们一族因我们的罪愆而遭受责罚……你若一死，执政官的命令将得以强化，你若不受惩罚，命令则会永远失效。因此之故，我，要以处你刑罚的办法来恢复因你之错而被削弱的军纪……相信你不会拒绝。”其子遂被处死。——日注

3 比欧提亚同盟的盟主铁拜国里，在 Epameinondas（约前418—前362）及 Pelopidas（约前410—前364）的指导下所创制出来的新战斗队形，称神圣部队（Lochos）。希腊素来的战术，在于强化右翼，以此一右翼来击破敌方左翼而包围敌人。Epameinondas 则巧妙地利用所谓“叙线阵”式的密集步兵队，在列乌克多拉一战里（前371）彻底打垮斯巴达的军队。他的战术，与素来的全然不同，是在左翼配置正面60名，纵深50名的密集步兵队（神圣部队），中央及右翼则以梯形列置于神圣部队的斜后方，再以此一被强化的

的长枪密集方阵（Sarissenphalanx）[1]，以及罗马人更具机动力的小配队战术（Manipeltaktik）[2]，在在皆优胜于波斯的骑兵队、希腊与意大利的市民军、及蛮族的人民军。我们已可从希腊重装步兵制早期之通过“国际法”（Völkerrecht）来排除长程武器（以其为非骑士的）之使用的事端中（就像中世纪之试图禁止弩的使用一样）看出，武器的种类乃是纪律之果，而非纪律之因。

惟步兵的短兵相接战术一意采用的结困，导致骑兵队在古代各处的没落；在罗马，“骑士登录”（Rittercensus）事实上即为免除兵役的同义词。到了中古末期，首先打破骑士之军事独占权的，是瑞士人的密集部队（及其相应的及附随的发展），纵使如此，瑞士人还是允许戟兵在主力部队——由“射手队”为其外翼——密集突击之后，跃出本队做英雄的格斗。这唯有在骑士的个人作战方式大为减少的情况下才可能发生。至十六、十七世纪的战场上，骑士本身——当然是以越来越纪律化的形式——仍然扮演着决定性的角色。正如英国的内战之过程所显示的，若无骑兵队，则攻击战及真正打倒敌人是不可能的。

然而，是纪律，而非火药，最先导致战事的变革。摩瑞兹·冯·奥

（接上页注）左翼兵力一举击破敌人的右翼，战事立决。参见 Hermann Bengtson, *Griechische Geschichte*, S.258f.。此外，关于“神圣”部队之名，参见布鲁塔克《希腊罗马英雄传》中的“Pelopidas”第 18 节以下。——日注

1　马其顿的军队是由骑兵（hetairoi）、重甲步兵（pezetairoi）、轻装步兵（upaspistai）组成。其中，重甲步兵持长达约十三英尺的长枪（sarissa），形成密集部队（phalanx），是训练精良而机动力高的军队，由骑兵守其腹背而行动。——日注

2　公元前四世纪中叶，由于使用投枪，罗马正规军团（legio）遂废止密集方阵战术，转采散开部队战术。换言之，军团分为三十个小配队（manipulus，在 Polybios 时代〔约前 203—前 120〕为 120 名或 200 名），各小配队再分为两个小队（centuria），由右翼的 centuria 的指挥官来指挥整个 manipuslus。——日注

拉宁[1]麾下的荷兰军队，是近代纪律化的、被解除一切“身份”特权的最初几支军队之一——例如在此以前，雇佣兵向来有权拒绝修筑工事（以其为“奴隶的劳务”opera servilia）。克伦威尔之所以能战胜强悍勇猛的骑士军，还得归功于冷静、理性的清教徒纪律。他的“骑铁队”（Eisenseiten）[2]，亦即“良心之士”，以坚实密集的阵容跑步挺进，同时沉着地开火，然后切入敌阵；与无纪律的军队不同的主要是，在进击成功之后，他们仍然保持密集的队形，或者迅速地再次编整队伍，这比骑士军的狂热，在技术上更胜一筹。因为，骑士军的习性是：在疾驰的狂热中进行攻击，然后毫无纪律地分散开来，有的是将之捕获以便要求赎金。此种习惯往往一再地错失一切成果，典型的例子常见之于古代与中世纪，例如塔利亚柯佐（Tagliacozzo）一役[3]。唯有在纪律的基础上，究极而言，也唯有在以纪律为前提条件的机械军火使用上，火药以及与火药相关联的一切战争技术方才开始具其重要性。

对于纪律之发展的可能性而言，各个军制据以奠立的经济基础虽非唯一的决定性要素，但当然是极为重要的。不过，反过来，

1　Moritz von Oranien（1567—1625），奥拉宁公爵威廉一世之子。威廉一世为荷兰独立战争的领导者，亦为荷兰（尼德兰）联邦共和国第一任总统。威廉一世被暗杀（1584）后，其子摩瑞兹继任荷兰总统（1587—1625），致力于整编军队、充实军火，大破西班牙军队。——日注

2　“铁骑队”为1643年清教徒革命之际，由克伦威尔所编组的骑兵队。他认为议会不振的原因之一，在于骑士不足，故而致力于骑兵的养成，做法是：将忠实信仰清教主义者编组为骑兵队，军事训练与信仰上的训练并重。1644年7月2日，克伦威尔率领此一骑兵队大破王军的卢帕特公爵的骑士军。由于卢帕特叹称克伦威尔为“铁骑”（ironside），所以其骑兵队遂被称为“铁骑队”。——日注

3　巴伐利亚公爵康拉汀（Konradin，日耳曼皇帝康拉德四世之子）于1267年远征意大利，1268年于塔利亚柯佐（位于罗马东北东）被安如家族的夏路尔所破，遂被逮捕到那布勒斯斩首。——日注

训练有素的军队之纪律，在战争进行中扮演的角色（尽管有大有小），对于政治体制与社会体制却有着最为长远的影响。只不过这种影响并不是那么明确。纪律，作为实战的基础，是种种体制的母体。纪律蕴生出祖鲁人（Zulu）的王制，不过这种家父长式的王制却因诸军司令官的权力（以斯巴达的 Ephoren 之类的方式）[1] 而受到宪法上的限制 [2]。同样地，纪律生出备有操练场（Gymnasia）的希腊城邦之“贵族制”与“民生制”：当步兵训练达到最高练达的情况下，必然是贵族制的（斯巴达），反过来，当海军纪律备受重视的情况下，则为民主制的结构（雅典）。军事纪律也同样是性质相当不同的瑞士“民生制”的基础：在其盛产雇佣兵的时期，包括了对（以希腊词汇来说）“非全权居民”（Periöken）[3] 与“无权居民”

1　斯巴达在民主制时期，每年由市民选出五名最高政务官（Ephor），并不负有重任。对所有官员与市民具处罚权与财政权的，是人民大会的议长。每个月，国王要对 Ephor 宣誓尊重国制，Ephor 也只有在国王尊重国制的情况下，才宣誓效忠国王。国王只不过具有军队统率权。Ephor 在卸任时，也必须提出施政报告，市民可加以检举。关于此一官职的起源，众说纷纭，尚无定论，但公元前六世纪中叶奇隆（Chylon）就任此职时，这个官职是与国王并列的大位，可以想见其所扮演的重要角色。——日注

2　祖鲁族为居住在南非联邦的纳塔尔省及奥伦治自由邦的东南特朗斯瓦尔省、属于班多语系的努尼（Nguni）语群的部族。“祖鲁”原来是十五世纪中叶左右自北非往非洲东南移动的一个以畜牧维生的氏族名称，至十九世纪初，此一氏族的族长恰卡（Chaka）在短时间内制伏了努尼族与邻近诸部族，建立起军事的专制王国，所以“祖鲁”变成全努尼族的名称。本文中“祖鲁人的王制”，指的应该就是这个恰卡所建的军事王制。在此一制度下，全体住民皆被军队化，依年龄编组成若干个连队，三十到四十岁之间的男连队与女连队，举行集团结婚。此一王国于十九世纪末败给英军，被并入南非联邦。——日注

3　Periöken 是古希腊的半自由民。就语源考之，为“周边居住者”之意。在多利安人（Dorians）的各国里有很多这类半自由民，特别是斯巴达境内的最为有名。他们虽无参政权，但被承认具地方自治权，并负担军事与纳税义务。主要是从事工商业，其中也有土地保有者。——日注

(Heloten)[1] 等领地的支配[2]。军事纪律还是罗马的名门望族支配的母体；最后，也是埃及、亚述以及近代欧洲之官僚制的国家制度的母体。

以上这些例子在在显示出，军事纪律可与全然相异的各种经济条件携手并进。只是，军事纪律往往会对国家体制、经济体制、甚或家庭制度造成某种影响。因为，在过去，一支完全纪律化的军队必然是“职业军”，因而以何种方式来负担起兵员的生活所需，往往成为根本的问题。筹设军队——训练有素、随时备战且纪律严整的军队——的原初方式，是前面已提过的**战士共产主义**(Kriegerkommunismus)[3]，其所采取的形式可以是：广布于全世界各地的“男子集会所”，即职业战士的一种“兵营”(Kaserne)或“集会所”(Kasino)；或者是亚得里亚海的共产主义的海盗团，或是斯巴达市民按“食物捐献”原则(Picknik-Prinzip)所组织的“餐

1 Heloten 是斯巴达的隶农，被斯巴达征服的希腊原住民。他们属于国家所有，被牢牢系缚于指定的斯巴达人的土地上劳动，负担一定量的贡纳义务；可以从军，也有因战功而被解放者。解放权在国家。由于比市民具压倒性的多数，经常叛乱，据说市民即定期地举行有组织的“Heloten 狩猎”。——日注

2 瑞士人大规模出产佣兵，大约是在十五世纪后半叶以后。从这时起，一直到法国革命为止，持续进行。因为当时，瑞士各州政府的实权是掌握在各市委员会手中，旧封建领主出身的特权市民阶层以委员会的方式，进行寡头制的支配。佣兵募集的方式有两种。一是自愿去当佣兵赚钱的，二是由州政府自己来征募；二者之中以第二种为主。成为佣兵的，主要是极贫的下阶层农民。州政府从佣兵依赖者（法国国王、日耳曼皇帝、罗马教皇、Bourgogne 公爵等）那儿收取佣兵费来从事招募佣兵的工作，换言之，州政府本身在扮演一种佣兵中介业者的角色，而其中的利益则为特权市民所垄断。这样一种体制之所以存在且长期维持下去，是因为瑞士农民，相对于对外之获得“自由”，对内而言是被置于强烈的隶属地位；他们的地位恰似那些“periöken”与“Heloten”。瑞士的“民主制”，可说是唯有市民，特别是特权市民的民主制。此外，可参阅瀬原意生，《スウイヌ佣兵の成立》(京大西洋史研究室编，《佣兵制度の历史的研究》)。——日注

3 参见本章第 1 节第 6 小节。——中注

会”（Syssitien）[1]，或哈里发·乌玛的组织或中世纪的宗教战士团的组织。

以此，如我们先前所见的，战士共同体可以是一个完全自主的、对外闭锁的组织体，或者，一般而言，被编入一个明确界定的政治的领域团体里——作为此一团体的构成要素，战士共同体在成员的补充上要受到政治团体的秩序之限制（但反过来，也会对此一秩序产生决定性的影响）。此种限制多半是相对性的。例如斯巴达人并不无条件地坚持“血缘的纯净性”，因为战士教育的参与也是决定性的因素（关于战士教育，会在另外的相关处论及）。在此种种条件之下，战士团的生活其实是修道僧生活的完全对照版。僧侣的修院生活与共产制为的是维持纪律以服事其彼岸的主（有时其结果是也服侍其此岸的主子）。当战士团的制度达到完全发展的地步时，我们可以在独身制的修道骑士团——由修道教团直接类推而来——之外，发现到与家族及一切私人经济特殊利益分离的现象，甚至往往到达完全排除家庭关系的程度。男子集会所的居住者买来或掠夺来女人，或者要求被支配者共同体的女子，只要在她还没被卖为人妻的情况下，自由地供其使用。在波利尼西亚，阿瑞欧伊（Areoi）支配身份团体的小孩要被杀死[2]。男人唯有在“服

1　在斯巴达，市民每日的正餐是附着在被称为 syssitia 的餐会团体里。各 syssitia 约有十五名成员，会员资格的取得，由会员互选而得认可。为了具有完全的市民权，市民必得属于任何一个 syssitia。会员必须提供所定的最低限度以上的食物，否则的话，将丧失会员资格。“picknick”原来也是意指食物捐助的会。同样的制度在克里特岛的城邦里也有，只是在那儿用的名称是 hetairia。韦伯特别强调此种制度的军事意义。参见 *Gesammelte Aufsätze zur Sozial-und wirtschaftsgeschichte*，S.112f.。——日注

2　Areoi 为源自塔希提岛而影响力广及南太平洋其他诸岛的秘密结社。其原来的任务在于崇拜自然所具有的生产力，会员享有极大特权，他们装扮成波利尼西亚神 oro Tetifa 的子孙，被认为是神与人之间的媒介者。会员区分为七个或七个以上的阶级，通过进级式

勤期”终了、离开男子集会所——因此，往往年纪老大——之后，才能踏入永久的性结合关系及拥有私人的经济。对某些民族而言，在性关系的规则上具有重要意义的“年龄阶级”（Altersklassen）的结构[1]，以及共同体内部所谓原始的性的“族内乱婚制”（endogamer Promiskuität）之遗迹，或者全体成员对尚未被个人占有的女子即享有的，往往被认为是“自然的”“要求权”，以及所谓“婚姻”之“最古代”形式的妇女掠夺，及特别是“母权制”（Mutterrecht）[2]，所有这些大部分都可以说是〔共产制的〕军事制度的残留现象。此种军事制度由于长期的战争状态而广为存在，所要求于战士的，是无室亦无家。

此种共产主义的战士团似乎不论何处皆为卡理斯玛战侯之扈从团的遗制（caput mortuum）。当扈从团本身“组织”成一个永久的体制且存在于平日时，战侯国制则消亡崩解。当然，在有利的情况下，战侯本身也能变成纪律化的战士团之无出其右的支配者，即此，以“庄宅”（Oikos）为基础的军制正与此种依靠战利品及女人、

（接上页注）而晋升。女会员也被认可，由于赞美性的快乐，女性会员为男子会员所共有（这点尚有争论），此外，这些女子也发下誓约，当小孩生下来时，她们有义务将之杀死。此种“杀婴”的义务，并不课及修炼期的最低阶级。韦伯将此种习惯理解为与具有军事意味的男子集会所制度有所关联，然而关于其起源尚有其他各种解说的尝试。例如：Bode，“Der kindesmord und die Gesellschaft der Erriois auf den Gesellschaftsinseln,” *Zeitschrift für vergleichende Rechtswissenschaft*，Bd.24，S.204ff.。——日注

1　“年龄阶级”制度是在部族社会里，男子依年龄大小而划分为几个团体，例如：少年（成年礼前）、青年（成年礼以后，未婚）、中年（已婚）、老年；各个团体有其一定的生活样式，并负担一定的社会机能（例如军事、政治、宗教等）的一种制度。严格说来，此种年龄阶级制与“男子结社”是奠基于不同的原理上，在“男子集会所”当中，有与年龄阶级制相结合者，亦有与男子结社相结合的。——日注

2　关于母权制的说明，参见韦伯的《经济通史》（*Wirtsgeschichte*），p.50—55；中译见《经济与历史》。——中注

无武装能力者、甚或隶属民的贡纳维生的战士团共产主义极端相对反：换言之，靠着一个支配者的仓储来给养、武装且受其指挥的家产制军队，特别如我们所知的埃及军队（不过其特征也或多或少极为广见于他种军制当中），从而形成专制的君主权力之基础。相反的现象是：战士团从无所制约的君主权力那儿解放出来，就像斯巴达之设置餐会所显示的，不过这也只限于纪律所能容许的范围内。因此，在城邦里，王权的衰落，换言之，纪律的衰微，多半也只发生在平静时日及本国内，以罗马官僚法的技术用语来说，只发生在“内地”（domi），而非“外地”（militiae）。斯巴达人的君主支配权在平日几近于零，但在战场上，为了维持纪律之故，则是全能的。

反之，纪律的全面衰微，通常是与各种分权的（dezentralisiert）军事制度，诸如俸禄制的军事制度，或封建的军事制度，联结在一起。只是，其衰微的程度极为不同。训练精良的斯巴达军队，以及其他希腊城邦、马其顿、某些东方国家之军制里持有分地的农兵（克里娄，kléros），以及土耳其之俸禄式的采邑，最后，日本及西方中古的采邑，皆为经济的分权化的各种阶段；此种经济的分权化通常与纪律衰微及个人的英雄性意义的高升携手并进。就纪律的观点而言，也正如就经济的侧面来看，领主的封臣（Lehensmann）——他不仅自行武装、自行补给并引领自己的扈从出阵，且召集同样是自行武装的下级封臣出动——是家产制或官僚制的士兵之正对反的版本；并且，前者〔纪律面〕正是后者〔经济面〕的结果。

与此相对的，中古末期及近代之始，占优势的是由佣兵队长以完全或半私人资本主义的方式来征集雇佣兵，以及由政治权力以公共财政的方式来召集与装备常备军，二者皆意味着纪律的强化，其基础在于：战争经营手段越来越集中于军事支配者手中。

至于军队的筹措补给之渐增的理性化——从奥伦治家的摩瑞兹到华伦斯坦（Wallenstein）、古斯塔夫·阿道夫（Gustav Adolf）[1]与克伦威尔的军队，以及法国军队、普鲁士腓特烈大帝与奥地利特蕾西亚女皇(Maria Theresia)的军队——我们在此无法一一详述；同样地，我们也无余裕详细论及因法国大革命而由职业军转变为人民军的过程，及其再由拿破仑重组为（部分是）职业军的纪律化过程，最后直至十九世纪普遍义务兵制的实施。所有这些发展，在在明确地指出，纪律之渐增的重要性，以及，其相应的经济过程〔战争经营手段的集中〕之首尾一贯的贯彻〔译按：从私人资本主义到公共财政作为军制之基础的进展〕。

步入机械战的时代后，普遍的义务兵役制之绝对支配是否即为最后的结论，尚待观察。例如英国的海军射击纪录似乎即取决于操作舰炮的佣兵多年来所持续的团队合作。特别是当缩短服役期的步骤继续进行下去时——目前此种步骤在欧洲是停顿了下来——认为对某些兵科而言，职业兵的军事技术会较高一筹的见解（已暗地里为某些军官团体所抱持），几乎可确定是发挥了影响

1 华伦斯坦（Albrecht von Wallenstein，1583—1634），三十年战争中，靠日耳曼皇帝这一边的名将。1625年华伦斯坦自己筹创军队，并以皇帝军总司令的身份率自己的军队奋战，大破丹麦军而使战事一时终结（1629）。但由于招致旧教徒贵族的反感，而于翌年（1630）退出宫廷。后来他与皇帝之敌瑞典国王古斯塔夫·阿道夫（Gustav Adolf，1594—1632）暗中往来，不久，瑞典国王以拥护新教之名入侵北日耳曼，最后攻入南日耳曼的巴伐利亚。这之间，皇帝再度起用华伦斯坦，他于Lützen大破瑞典军，阿道夫败死（1632）。然而宫廷内部还是强烈地不信任他，故而再度被免职（1634），后来就在计划与瑞典及萨克森相靠拢的筹策中被部下谋杀。另外，古斯塔夫·阿道夫则是在军事、政治、经济、文化各方面皆留下显著治绩的英明君主。——日注

力。法国于 1913 年实施的三年义务兵役制度，即为四处要求“职业军”的呼声所推动，虽然在完全不管各兵种之分化的情况下，此种呼声有其不当之处。这种种尚且非常不明确的可能性，及其可以想见的（包括政治的）结果，此处不允讨论；然而，所有这些无论如何是改变不了群众纪律的极端重要性。此处，重要的是以下这个事实：战士与战争经营手段的分离，以及，战争经营手段之集中于军事支配者的手中，无论何处皆是群众纪律之典型的基础，而不问其过程是发生于家产制、资本主义或官僚制的情境中。

3. 大规模经济经营的纪律

军事纪律是所有纪律的母体。对于纪律的第二个伟大的教育者，是**经济上的大规模经济**（ökonomische Grossbetrieb）。从法老的工场与土木兴筑（虽然其组织的详情我们所知不多）到迦太基—罗马的大农场、中古末期的矿山经营、殖民地经济的奴隶农场、最后到近代的工厂，其中并无直接的历史承接，其共同之处只在于一个要素：纪律。

古代大农场里的奴隶夜宿于工寮，过着既无婚姻也无财产的生活。唯有农场的管理员，特别是庄头（Villicus），才能拥有个别住屋——类似我们的下级士官的住宅，或近代大农业经营的农地管理人的住宅；一般而言，也唯有庄头才能拥有准财产（Peculium〔特有财产〕，原意为家畜财产，Viehbesitz）及准婚姻（contubernium〔事实婚〕）[1]。劳动奴隶一早便“分队”（作“十人组”，decuriae）集

1 contubernium 原来是指共同居于幕舍（taberna）之意，后来转化为军事上的意味，指奴隶与自由人、甚或奴隶与奴隶之间，事实上的婚姻关系。此种婚婚单只是“同居”，而不具法律上的意义。——日注

合，由鞭挞者（监督，monitores）领着去上工[1]。其必需品贮藏于（用兵营的术语来说）“补给室”（auf Kammer），根据需要而配给。医务所与禁闭室也不缺。中古及近代的封建领地（Fronhof）的纪律就远为松懈得多，其原因在于已被传统所定型，并从而限制了领主的权力。

反之，“军事纪律”乃是近代资本主义的工场经营之理想模范，完全如同于其之于古代大农场的意义，这是毋庸特别加以证明的。不过，与大农场相异的是：此处，经营的纪律完全是奠定于理性的基础上，借着利用适当的测定手段之助，无论是物质的生产手段，还是个别的劳动者，都是在以最高收益的出发点上被一一计算。基于此种原则，劳动功效的理性调教与演练得致最高的胜利之处，众所周知的，是在美国的“科学的管理”系统下（System des “scientific management”）；在其中，实现了经营的机械化与纪律化的最终归结。依此，人类的精神肉体机制被完全调适于外界，亦即工具与机械，换言之，机械作用，对人类所提出的要求，并且，被解除来自于本身之有机结构的自然节奏，而通过个别肌肉功能的有计划分割与体力之最佳经济效益的创造，被赋予一个适于劳动条件的新节奏。这整个理性化的过程，在此〔经济的经营〕一如其他各处，特别是于国家的官僚机制里，是与物质经营手段之集中于支配者的处分权下，同步进行的。

---

1 “以一班不超过十个人来劳作的方式，古人称之为 decuria，证明是相当优越的一种方式。因为，这样的人数，在劳作之时，最容易监督。在率领他们劳作的监督者（monitor）的注意下，发生混乱的情形是不会有的。”（columella，*De re rustica*，Ⅰ，9，7）——日注

4. 纪律与卡理斯玛

以此，伴随着政治与经济的需求满足之理性化，纪律化，作为一个普遍的现象，越来越无所顾忌地伸张其领域，从而也越来越限制住卡理斯玛的意义，以及个体别具差异的行为之意义。

第六章

政治支配与教权制支配

一、教士阶层与宗教卡理斯玛对政治支配形态的态度

正如议会制君主（一般说来）之无能乃是政党首领的支配之正当性的首要基础，作为神的化身而“被幽禁的”君主之无能，其结果则为：(1) 教士的支配；(2) 实际的权力总是落入某一军阀之手，它既不用担负作为支配者的卡理斯玛义务，又是真正的支配者，诸如宫宰（hausmayer）、〔日本的〕将军（Shôgun）。此时，正式的支配者之所以有必要在形式上被保存下来，乃是因为唯有其所具有的特殊性卡理斯玛才能保障与神的联结，而此种联结，对于政治的整体结构——包括现实上最高权力者的地位在内——之**正当性**而言，乃是不可或缺的。当支配真正是卡理斯玛的，换言之，卡理斯玛为支配者本身所固有而非自其他权力派生而来的，那么支配者就不可能像梅罗琳王朝治下那样轻易地被剔除[1]——因

1 此处的旨趣并不在于否定梅罗琳王朝的卡理斯玛为非派生的（Eigencharisma）；问题的重点在于：与王朝的卡理斯玛并存者，别有教会的卡理斯玛。——日注

为新的支配者家族〔卡罗琳王朝〕在教皇权（Papsttum）里找到正当化其支配权的另一个具卡理斯玛资格的权威。在神的化身或神之子（例如〔日本的〕天皇）的纯正卡理斯玛支配下，废位的企图并非仅针对个别的支配者——这在某种暴力的或和平的方式下当然总是可能的——而是及于整个具卡理斯玛资格的家系，这就意味着置疑一切支配权力的正当性，并动摇一切（对权力服从者的服从心而言）传统的支柱。因此，现存秩序里的所有利害关系者——即使在彼此最为尖锐对立的情况下——通常理所当然地慎重避免此种废立。并且，即使在支配王朝被认为是代表外族支配的情况下（就像现在的中国）[1]，王朝的废除是否会持续贯彻下去，仍是个疑问。

上面提及卡罗琳王朝的支配乃是靠教皇所保证的情形，乃是其他许多事例的典型，其中，支配者本身并非神，或者其“正当性”无论如何并非十足地奠定于其自身的、或基于继承秩序或其他规则的、明确不移的卡理斯玛，而必须像一般所见的那样，由另外一个权威——最自然的是靠教士的权威——来正当化自己。这通常是发生在宗教卡理斯玛十分强烈地转向教士资格发展，同时宗教卡理斯玛的担纲者与政治权力的担纲者分离的状况下。够资格的君王卡理斯玛担纲者因而被神，亦即被教士，所认证，或者至少事后加以追认。被视为神之化身的支配者被精通神性的教士所承认。在犹太王国里，教士团根据神谕来裁夺王〔的正当性〕；阿蒙神（Amon）的祭司团在打倒异教国王阿肯纳顿（Ikhnaton）的

1　本文写于 1914 年以前。——德注

子孙后，事实上即自由处置王位[1]；巴比伦王紧握帝国神〔马杜克〕之手[2]等等；一直到罗马一德意志帝国〔神圣罗马帝国〕之众所周知的范例。在所有这些事例里，对真正具有卡理斯玛资格的人，的确，在原则上，正当性是一点也无法被拒绝承认的。这对中世纪的皇帝的王位〔神圣罗马帝国皇帝帝位〕而言，也同样是妥当的，并且，雷恩斯（Rhens）选侯会议的决定，也正让人想到这点[3]。因为，正当性之存在与否，实际上乃是个判断（Urteil）的问题，而非恣意专断（Willkür）。虽然如此，同时还是有这样一种信仰存在，亦即，经由教士的处理，方能保证卡理斯玛完全的效力；至此，亦即产生了卡理斯玛的"即事化"〔非个人化〕。当王位的处分权

1 阿蒙神为古埃及的主神（亦称 Amen），原来只不过是底比斯的地方神，当第十二王朝兴起于底比斯，最终统一了埃及后，阿蒙神崇拜扩展到全埃及，并且和太阳神（Ra）融合，称为阿蒙·雷，而成地位最高的神。阿肯纳顿（Ikh-n-Aton）为第十八王朝的法老（约前 1369—前 1353 年在位），信仰海利城的太阳神崇拜——阿顿教，将自己的名字从阿蒙霍特普（Amenhotep，"阿蒙满意的"）改为阿肯纳顿（Ikhnation，"信奉阿顿者"），并舍弃阿蒙祭司团势力强力的底比斯，另建新都阿克塔顿（Akhet Aton，"阿顿的光荣之地"），禁止阿蒙教，奉行阿顿教。在此一"宗教改革"背后，是法老对祭司团的深刻斗争。不过，阿肯纳顿的改革并未成功，在他死后，阿蒙信仰又完全恢复势力，第十八王朝在他的外甥兼女婿 Tut-anh-aton（后改称 Tut-anh Amen）死后，即告终绝。——日注

2 例如在汉摩拉比法典的序文即有这样的记载："巴比伦的守护神马杜克（Marduk），从天的最高神阿努（Anu）与恩利尔（En Lil）二大神那儿，取得作为天地之主与决定国之命运的恩利尔神的地位，以此，马杜克使巴比伦称霸世界，并将其基础牢牢地盘固于天神身上，朕，汉摩拉比，受到阿努与恩利尔呼唤，出来为国伸张正义、扫除邪恶，使强者不得凌虐弱者，负有照料太阳神夏马休之子民的使命。"由此，巴比伦在第一王朝之后，一如埃及的阿蒙·雷神，巴比伦的主神马杜克与众神的主神恩利尔（闪族人称之为 Bel）合为一体，成为主神贝尔·马杜克（Bel-Marduk）。——日注

3 1338 年于雷恩斯召开的选侯会议中决定：由选侯的大多数人所选举出来的皇帝，已无经教皇认可的必要，确定采"睿智"（Weistum，参见第一章 p.15 注 1）的形式。同年所发布的诏令（所谓"Licet Iuris"）亦基于以上决定，规定"凡是经由帝国的选侯，全体一致或由其中的多数，被选举为皇帝或国王时，他迳因此一选举的效力而直接成为真正的国王且被视为罗马人的皇帝，并且也如是被称呼"。在政治上，这是在否定教皇若望二十二世对日耳曼皇帝选举之认可权的要求。——日注

因此而落入教士阶层手中时，在最极端的情况下，会导致一种具其格式的教士君主制（Priesterkönigtum），于此，宗教上的层级制（Hierarchie）首长同时也行使世俗的权力。事实上，这已发生于多处。

另一种情况是，反过来，高级教士的地位屈服于世俗支配者的职位之下，诸如：罗马的元首制、中国、哈里发制，或许阿利乌斯派（Arius）诸国也已如此[1]，当然还有国教主义的英国，路德派新教国、俄罗斯、希腊东正教诸国的支配者对教会的地位也正是如此，并且至今有部分仍是如此。此时，世俗支配者对于教会的权能，在程度上可有种种相当大的差异，从单纯的保护权（Vogteirecht），到拜占庭皇帝对教义形成之众所周知的影响力、哈里发国家里支配者之扮演传教者（Prediger）的角色等等。

总之，政治权力之于教会权力的关系，种种差异极大，这要视我们所面对的是何种情况而定：(1) 世俗的支配者要靠教士来正当化——不管作为神的化身或是作为神所意指的；(2) 支配者本身为教士职，因而以教士的资格行使国王的机能；以上是“教权制”（Hierokratie）的两种案例；以及最后 (3) 政教合一的（cäsaropapistisch）支配者，换言之，支配者以其本身固有的权利（Eigenrecht）而对于教会的事务具有最高的权力。

此种意义上的“教权制”发生之处——真正的“神权政治”（Theokratie）仅限于第二种情况——对于行政结构具有极深远的

1　阿利乌斯（Arius）是公元四世纪时，亚历山大城的教士与神学者。他否定基督的神性，被视为异端逐出教门。阿利乌斯派即信奉此一异端的一派。民族大迁徙后的许多日耳曼人国家，为了对抗罗马而采用阿利乌斯斯派的基督教，采行独立于罗马而只行于一国之内的所谓“地方教会”（Landeskirche）制，国王对教会具有强大的支配力。——日注影响。它必须防止有意要从教权制当中解放出来的世俗权力的成立；换言之，教权制在有国王与自己的势力并存或在自己的势力之下存在的情况下，会寻求阻止后者发展为独立的权力。例如：阻止国王财宝（Thesauros）的累积——这对昔日的国王而言是不可或缺的——并限制国王的亲卫队，以防止其据此成立一支独立的军事力量（这在约西亚治下的犹太王国已是如此）。进一步，教权制也极力阻止独立的、纯世俗的军事贵族之勃兴，因为这可能成为其独一无二之支配的一个对手，因而往往有利于（相对而言较）和平的市民阶层。一般而言存在于市民势力与宗教势力之间的选择性亲和力，在两者之一定的发展阶段里是典型常见的，尔后可能强化为对抗封建势力的一个正式的同盟，一如吾人之于东方极常见到，并见之于主教叙任权之争（Investiturstreit）时代的意大利。

此种与政治的英雄卡理斯玛的对立，无论在何处，都使得教权制成为征服国家之驯服被征服民的绝好手段。以此之故，西藏、犹太以及后期埃及的教权制，要不是部分为外族支配所支持，就是部分被其直接创造出来。也因此，征诸一切历史史的线索，希腊的神殿，尤其是德尔菲（Delphi）[1]神殿，在波斯人得胜之时，即已准备好扮演类似的角色。希腊的宗教（Hellenentum）与犹太教之最重要的特色，似乎就是：一方面为抵御波斯支配的产物，另一方面为臣服于它的产物。教权制的力量到底能发挥多大的驯服效果，观诸蒙古人的命运即可了然。蒙古人在一千五百年里不断

1　德尔菲是阿波罗神的神谕所在地。以德尔菲神殿为中心所作成的邻保同盟（anphiktionia），在诸邻保同盟之中特别强而有力，并且具备了中部希腊的政治同盟的性格。马其顿的腓利普二世之所以能征服全希腊，即因他以此一同盟为立足点。——日注

对四周和平化的文明国家发动新的攻击而威胁着文化的生存之后，主要是在喇嘛教的影响之下，其好战精神的攻击素性几乎被完全剥除净尽[1]。

二、教权制支配与政教合一制，“教会”的概念

军事贵族与神殿贵族及国王的扈从与教士的扈从之间的纷争，尽管未必总是出之公然斗争的形式，但是，无论在何处，其间的斗争总会在国家与社会的性格形成上产生很大影响，并造成各种决定性的特色与差异。诸如：印度的教士种姓与战士种姓之间的相互地位；最古老的美索不达米亚地区的都市国家、埃及与犹太人里所见的军事贵族与教士团之间或为公然或为潜在的斗争；在希腊城邦与特别是罗马，教士的地位之完全转置于世俗的贵族门阀的权力中。这两种势力在中古欧洲与伊斯兰教国度里的斗争，更造成了东方与西方在文化发展上的极大差异。

与不管何种教权制正对反的，是政教合一制，亦即：教士权力完全屈服于世俗权力之下。不过，严格说来，在历史上却

1　关于喇嘛对于蒙古人具有和平化的影响，Owen Lattimore 表示断然反对，参见氏著，*Inner Asian Frontiers of China*，New York：American Geographical Society，1951（1st publ.，1940），p.86f.。佛教于公元七世纪传入西藏，然而在喇嘛教会建立起自己的主权之前，起先是被用作世俗君主的工具。虽然蒙古伟大的征服者忽必烈汗（13 世纪）喜好喇嘛教，但中国在次一个世纪复兴之后，喇嘛教在蒙古即告消失。到了十六世纪，喇嘛教再度被阿尔泰汗采用为世俗统治的整合工具。后来满清皇朝又给蒙古的教会与国家之间带来一种僵持状态，然而西藏的教会却在与满人利益相结合的条件下保住了主权（cf. Lattimore，216—221）。因此，喇嘛—佛教似乎（至少在韦伯的概论里）显现为一种寻求外力支援或成为外力之工具的教权制。关于喇嘛教政府之与封建及官僚风貌的混合，及其对中国的影响，较晚近的讨论参见 Pedro Carrasco，*Land and Polity in Tibet*（Seattle：University of Washington Press，1959），esp.207，217，224—228。——英注

无法见证其完全纯粹的形态。中国、俄国、土耳其、波斯的支配者，是具有政教合一制的性格，同样地，据有国会教会首长（Summepiskopat）之地位的英国与德国的支配者也是政教合一性格的，只是，不管在哪儿，这些权力无论如何都受到教会卡理斯玛之独立性的限制。拜占庭的皇帝（Basileus），一如前此的法老与印度及中国的君主，以及基督新教的国教会首长（summi-episcopi），无不反复企图强行自己所制定的宗教信仰内容与规范，而多少徒劳无功。往往正是这样的企图，为他们带来极大的危险。

一般说来，在下面这些情况里，教士权力之屈服于君主权力是最为成功的：当宗教资格还作为一种其担纲者的巫术性卡理斯玛而发挥作用且尚未被理性化成具有自己的教义体系的独立官僚制的机制时（此二者〔教义体系与官僚制的机制〕多半是联结在一起的）；以及，特别是当宗教意识尚未发展到伦理的或“救赎宗教”的类型，或者这种类型又再度被抛弃时。举凡此一类型支配之处，教权制的势力对抗世俗权力的力量往往是无以抵御的，此时，世俗权力除了妥协之道外，别无选择。相反的，古代城邦（最完全地）、远东的日本封建政权与中国家产制政权（也相当程度地）、拜占庭与俄罗斯的官僚制国家（至少还算可以地）成功赢得对宗教势力——特别是巫术一祭祀的宗教势力——的支配权。不过，此种宗教卡理斯玛一旦发展出一套教义体系与独自的官职机制时，无论何处，即使在政教合一的国家里也一样，即含带着强烈的教权制的色彩。

通常，教士的卡理斯玛会与世俗权力达成妥协：多半是默默地妥协，有时则明定“协约”。为了避免利害冲突，此种妥协一方面保障了双方的势力范围，另一方面则容忍来自他方的影响力，例如世俗权力对教会官吏之任命的影响力，宗教权力对国家教育设施的影响力；此外，也对双方课以相互援助的义务。此种事例见之于：极具政教合一性格的卡罗琳帝国与神圣罗马帝国（在奥图诸帝与撒利尔王朝初期显示出同样的特色）的教会的一世俗的组织，以及其他许多相当政教合一的新教国家。在与此不同的势力分配下，此种妥协也发生于反宗教改革[1]、协约（Konkordate）[2]与教区划定勅书（Zirkumscriptionsbulle）[3]等地区。世俗权力为了维持其权势，或至少是为了征收教会税及其他物质的生存手段起见，提供外在强制手段给教会权力利用，而宗教权力这一方则作为相对服务的，提供其宗教手段给世俗的支配者，以确保其正当性的承认与臣民的驯服。确实，强烈的教会改革运动，例如格列高利

1 因宗教改革而遭受打击的天主教教会，在内部产生出改革的行动，试图收复被新教吞食的地盘，并建立势力、再统一教会。大体说来，从教皇庇护四世（1560—1565）及奥古斯伐克宗教和议（1555）以来，至三十年战争结束（1648）为止，为反宗教改革时代。借着反宗教改革运动，天主教教会才得以使法国、波兰、荷兰与匈牙利的半数、德国多数的州省，再度回到天主教这一方。——日注

2 此处指拿破仑一世与教皇庇护七世（1800—1823）之间于 1801 年所缔结的协约。根据此一协约，天主教教会再度获得了法律上的基础，天主教信仰也获认可完全自由，并且新的主教区也订定出来（十个大主教区，五十个主教区）。从协约的另一面视之，则拿破仑及其信奉天主教的继承人获得主教的指定权（指定之后再由教皇授予圣职），并且教区教士的任命要经过国家来支付。此一协约于 1802 年 4 月 18 日公布（公布之际，拿破仑随己意加以若干变更），1817 年加上了若干补充规定。原则上，直到 1905 年国家与教会彻底分离之前，此一协约一直保持效力。——日注

3 维也维会议议决将日耳曼境内与教会相关事项的规定权委交给各邦君主，他们得以在启蒙思想的出发点上进行教会事项的规定。不过，他们最后还是不得不与罗马教廷有所商量交涉，诸如教廷与巴伐利亚于 1817 年订定的协约，1821 年与普鲁士、1824 年与汉诺威、1824 及 1827 年与南德诸邦的教区划定勅书。后者虽然也是一种协约，但在形式上根本就是教皇勅书，再由国家加以承认。此一教区划定勅书划定了日耳曼境内的主教区，确保了教会财产，另一方面则承认巴伐利亚国王以及皇帝对主教的指定权，其他各邦则由圣堂委员会来选举主教，不过，各邦君主也握有对“不为其所喜的”主教候选人加以拒绝的权力。——日注

七世的改革运动[1]，有时会试图完全否定政治权力之独立的卡理斯玛，但无法获得长远的效果。如今，天主教教会已基于以下这个事实——类似同格理论（Ebenbürtigkeitsdoktrin）[2]——承认政治卡理斯玛的独立性：即对于毫无争论余地地握有权力的政府，只要它不是个“掠夺教会的”权力，则不问其权力的来源为何，作为宗教上的义务，即承认它并且服从它。

因此，一切正当的政治权力（不管其结构为何）多少都混合有神权政治或政教合一的要素，因为任何的卡理斯玛终究都要求多少有一点巫术起源的痕迹，因而与宗教权力有其亲缘关系，结果政治权力中也因而总含带着某种意味的“神授性”(Gottesgnadentum)。

特别必须牢记的是，以上这些体系中何者具支配性，并非决定于宗教在一个民族当中的分量。希腊、罗马和日本的生活之受到宗教动机的渗透，是和任何教权制国家一样深刻的；有人干脆（适切地，只是有点儿夸张）将古代城邦看成主要是个宗教团体(Verband)[3]，史学家如塔西图斯（Tacitus）[4]所叙述的匪夷所思之事与奇迹，整个看来并不比古世纪的通俗读物少多少，并且，俄国农民之受宗教系缚的程度是和任一个犹太人或埃及人一样的。唯

---

1 详见本书第二章 p.64 注 2。——中注

2 同格理论是在所谓的“双剑理论”（Zweischwerterlehre）中，皇帝这一方的主张。自主教叙任权之争以来，教皇这一方逐渐主张：神首先是将两把剑（表现为教权与俗权）授予教皇，其中一把（世俗权）再改由教皇授予皇帝，所以皇帝理应处于教皇的下位。换言之，这是否认政治卡理斯玛的独立性。反之，皇帝这一方则主张：神是将双剑分别授予皇帝与教皇。据此，政治权力与教会权力是同等位格的，两者是以平等的身份为了共同的目的携手并进。——日注

3 可作为代表的是 Fustel de Coulanges，*La cit'e antique*，1864。——日注

4 Cornelius Tacitus（约 55—120），罗马的史学家代表。著有 *De origine et situ Germanorum; Annales;Historiae* 等书。——日注

有社会的支配力之分配方式，是极为不同的，并且，这会影响到宗教发展的样态。

政教合一的政权，相当典型的是西方古代国家，其次较不那么纯粹且程度各有不同的，诸如：拜占庭帝国、东方诸国、东正教各国以及欧洲所谓的启蒙专制时代等等，只是将教会的事务当作是政治行政的一部分。神与圣者是国家的神与国家的圣者，其祭典是国家事务，政治的权力拥有者可以自由准许或摒斥新的神、新的教义与崇拜。对神的种种义务，皆直接由国家官员本身——在教士“专家”们的协助之下——来履行，否则此等技术上的事务即交付在完全服属于政治权力下的教士阶层手中。接受国家俸禄的这个教士阶层不但没有经济的自主性与固有财产，也没有独立于政治权力的事务处理机构，而要靠政治权力来提供。教士的一切职务行为皆受国家规定与统制，因而除了为达仪式机能的技术训练之外，根本没有特殊的教士生活样式存在，也因而没有特殊的教士教育存在。以此之故，一般说来，即无真正的神学之发展，尤其，更因此而不见独立于政治权力的教权制所规制的俗人的生活样式；总之，教权的卡理斯玛被贬抑成不过是一种官职技术。一个采行政教合一支配的贵族甚且将高级教士的位置转变成其家族的世袭财产，从中获取经济收益并成为其威信与权势的来源，并且，将多数低级的教士位置转变成占有的——与其占有宫廷官职的方式一样的[1]——俸禄，将修道院与其他类似的教会财源（Stiftungen）转变成其未婚女儿与年轻儿子的抚养基金，将与典礼

1　这恐怕是指：只是名义上就任职务，实际上则由下属或代理人来执行事务，但却享有随职务而来的收入的一种办法。——日注

有关的传统规范转变成其身份礼仪与身份习律的要素。举凡此种意涵下的政教合一制毫无限度地支配之处，其无可避免的结果是：宗教的内在本质会因纯粹技术性的、仪式的操作超自然力量的方式而被僵固化，从而阻挡了一切往“救赎宗教”的发展。

反之，凡是教权制的卡理斯玛比较强势或者变得较为强势之处，若非直接地将政治权力与政治秩序纳入自体，即试图贬抑之。原因是：政治权力与秩序占有与之竞争的、固有的卡理斯玛，显然就是撒旦的事业。基督教当中，正是那些最具首尾一贯之伦理的-教权制的倾向的人，一再地试图贯彻上一见解。再者，政治权力被视为在神的容许下对现世之罪的不可避免的让步；人生于世就必须顺应此种让步，但应尽可能地少与其接触；无论如何，政治权力的独特形态总是全然无关乎伦理的。基督教在其带有浓厚末世论色彩的早期，所抱持的正是此种态度。或者，最后，政治权力被看成是依神之意、为了驯服反教会力量的工具，并且因此必须使自己供教权制的权力作用。以此，在实际上，教权制试图将政治权力转变成教士权力的受封者（Lehensträger），并剥夺其固有的权力手段——只要这是与其基于政治组织之存在的相关利益相同不悖的。在教士本身并不这么直接进行政治统治之处，国王则从教士阶层那儿，通过询问神论（犹太人所行）、认证、涂油、加冠等等，获得正当化。在某些情况下，国王被阻止“财宝”（Hort）的累积，因为他可借此创设服属于他个人的扈从团并握有自己的佣兵队（其独特的案例见之于犹太王国的约西亚时代、教士支配制树立之际）。

教权制创设出在教权制指挥下的、自律的（autonom）官职组织，并发展出自己的租税体系（什一税）及为确保教会之土地所有的一套法律形式（基金, Stiftung）[1]。巫术性祝福的卡理斯玛式施予，起初转变成自由的、可以学以致得的“职业”与行当，后来发展成从君主或庄园领主那儿领受俸禄者所司的家产制官职，为此官职，在某些情况下，某种官职俸禄（作为“基金”）被安置于神殿的保障下，在某种程度上免受世俗权力的干涉。食桌共同体，以及由食桌共同体所衍生的——埃及、东方及东亚的神殿教士的——实物俸禄，皆属此类。

教权制之发展为“教会”，其条件如下，当：(1) 一个在薪给、晋升、职业义务与特殊的（职业之外的）生活样式等方面皆有一定规制且与“世俗”分离开来的、特别的职业教士身份形成时；(2) 教权制揭示出“普遍主义的”支配权要求，换言之，至少是胜过家族、氏族、部族的纽带，究极言之，则要种族的一国家的界限也都泯除，亦即，在宗教上完全达到平齐化〔平齐一切非宗教的区分〕；(3) 教义与仪式（Kultus）被合理化，写入圣典、加上注解，并且成为有系统的教育之标的——而不只是技术性熟练的培养；(4) 以上各方面皆发生于某种**强制性组织**的（anstaltsartig）共同体中[2]。然而，一切的关键点在于：卡理斯玛与人（Person）的分离，而与

1 Stiftung 现今虽为“财团法人”之意，但财团法人的概念最初在中世纪的教会法里已形成。换言之，在教皇的势力达于顶点之时，教会已不再被认为是信徒的共同体，而是在神意的基础上，由神及其代理人教皇自上而下所指导的一个机构（Anstalt），特别是在英诺森四世时（1243—1254）。可以说是由权威性的、支配性质的教会概念来取代民主性的教会概念。至于各个教会与修道院及其他各种设施，也同样被当作是基于各个保护的圣者及捐献者（Stifter）的意思来经营指导的“财团法人”概念形成之前，宗教性的捐献财产，例如罗马的 piae causae（慈善基金）及前文（第 4 章第 7 节）所说的 wakuf 等，由于被承认具有一定的独立性，也或可理解为含摄着前述的意涵。——日注

2 关于 Anstalt，参见第三章 p.173 注 2。Verein（社团）是完全对立于 Anstalt 的概念。就原理上说，教会是 Anstalt，而后起的“教派”则为 Verein。——日注

制度，特别是与官职（Amt）的结合；上述诸原理——在纯粹性上有极为不同程度的发展——只不过是此一核心关键点的派生原理。“教会”，就其社会学上的语义而言，是不同于“教派”的：教会自视为永恒的救赎财——像某种信托基金，提供给任何人——的管理人；一般而言，人们并非自愿加入，就像加入一个社团那样，而是生来就在其中；其纪律是连那些在宗教上不够资格的、反神的人都得臣服的。一言以蔽之，教会乃是**官职**卡理斯玛的保有者、管理者，而不是像“教派”那样的一个由具有纯粹个人性卡理斯玛资格的个人所组成的共同体。就此而言，贯彻其义的“教会”，除了基督教之外，唯有伊斯兰教与喇嘛教的佛教产生出来；在更限定的意义上——因为事实上总是与特定的民族联结在一起——产生出教会的尚有马哈地教（Mahdîsmus）与犹太教，或者连此前的埃及晚期的教权制也是。

三、教权制的教育与生活纪律及其对“禁欲”的态度

“教会”，基于其官职卡理斯玛的要求权，对政治权力提出诸种要求。教权制官职的特殊性卡理斯玛被用来显著地提高此种官职保有者的威严。教会除了对俗世的司法、课税及其他一切国家的义务具有豁免权、并且要求加重对其官职保有者不敬之人的刑罚外，特别是以此为教会官员制作出其生活样式的独特形式，以及与此相对应的特殊预备教育的规则，亦即，创设出一种教权制的教育。一旦握有此种教权制的教育，教会也就同时掌握了俗人的教育，并且据此向政治权力提供深受教权制精神浸淫的官吏接班人与“臣民”。

基于其权势，教会在教权制秩序运作下发展出一套包容广阔的、伦理—宗教的生活规制（Lebensreglementierung）体系。在其内容的范围上，此一生活规制体系从来就无法忍受任何实质上的限制，正如今日的天主教会之基于其教导威权（Lehrautorität）对于风俗规律（disciplina morum）的声音，不能承认有任何的界限存在一样。教权制贯彻其要求（Ansprüche）的权力手段，即使不用其所要求与握有的政治权力之支援，也是相当强而有力的，此即：破门律（die Exkommunikation）[1]——逐出教会（事神活动）之外——这和最强的社会杯葛具有同样的效果。此外，已下令禁止和被破门者交往的方式所作成的经济杯葛，则为所有的教权制所惯于应用的（尽管手法不一）。只要此种生活规制的方式是由教权制的权势利益所决定——并且，在很大的程度上，事实毕竟是如此——那么它便会敌视竞争势力的抬头。由此，产生“弱者的保护”，换言之，那些服属在非教权制势力之下的人，诸如：奴隶、隶属民、妇女、孩童等，被加以保护免于暴利（Bewucherung）的压榨。此外，并非教权制所能支配的经济势力的抬头，特别是诸如勃兴的资本家这类不受传统所束缚的新兴势力的抬头，皆被竭力加以遏阻；一般而言，作为教权制权势之内在基础的传统与对传统的信仰，皆被防护于一切动摇它的势力之外，从而支撑住长久以来的既有的权威。

即此，教权制终究和其对立者一样走上僵固化的格子，特别是在它最固有的领域里。换言之，神的救赎财管理转变成被理性

1　破门律是指天主教教会以 interdictum 及其特殊方式所作成的“禁止入堂”（interdictum ab ingressu ecclesiae）。所谓 interdictum 意指丧失教会成员的资格（破门），而被禁止执行一定的圣务。禁止入堂则禁止个人进入圣堂且不许行教会的葬礼。——日注

地加以组织的、由教士所司的“组营”（Betrieb），有如一个“机构”（Anstalt）；卡理斯玛的神圣性则被转移到这样一个制度（Institution）身上。此事乃所有“教会”形制所特有，并且也是其最究竟的本质。因此，官职卡理斯玛，在此种最为首尾一贯的发展下，将无可避免地成为所有纯粹个人性的卡理斯玛，亦即附着于个人身上，宣扬、教化自己独特的向神之道，或为先知的、或为神秘的、忘我的卡理斯玛的最不共戴天的仇敌。这样的卡理斯玛势必粉碎“经营”的尊严。凡是不据官职而行个人卡理斯玛奇迹者，都被怀疑为“异端者”（Ketzer）或“魔法师”（Zauberer），这在经典（Sûtra）结集时代的碑文里已可看到[1]。同样地，宣称个人具有超自然能力，乃是佛教僧团戒律的四大死罪之一，也是个例子。奇迹会被编入正规的经营而变成一种制度（例如弥撒的奇迹）[2]，卡理斯玛资格则被即事化、附着于这样的叙品（Ordination），并且原则上和被认可就任官职的个人“价值”（Würdigkeit）分离开来（不可磨灭的印记，character indelebilis）——这也正是多纳提斯派（Donatist）争论的焦点[3]。

1　经典结集时期为佛教经典（Sûtra）的成立时期，具体而言，是指阿育王时代。阿育王刻文中有诸多法勅。下文所说的四大死罪，即所谓“四波罗夷罪”：1. 非梵行（淫），2. 不与取（盗），3. 杀，4. 上人法（亦即尚未体得上人法即证说体得）。就本文所及，是指宣称自己具有卡理斯玛所涉及的上人法（也就是妄言）。另参照韦伯所著 *Gesammelte Aufsätze zur Beligionssoziologie*，Bd.2，S.255。——日注

2　弥撒的奇迹，特别是指面包与葡萄酒（圣体），在现实里变化成基督自身的肉与血（所谓的“全质变化”transsubstantiatio）。此一教理自中世纪以来，便是唯名论者猛烈攻击的焦点。——日注

3　多纳提斯派是公元四五世纪时北非的离教者。他们基于诺瓦提阿奴斯（Novatianus）的传说，认为由有罪的秘迹授予者所授予的秘迹是无效的。使争端激化的机缘，是 311 年凯基利安努斯（Caecilianus）被“让渡者”菲利克斯（Felix）任命为卡达克的主教。这个“让渡者”据说是屈服于皇帝戴克里先的迫害，而供出典礼用的书籍与祭器者，因此，就多纳提斯派的见解而言，他已丧失了秘迹授予者的资格，故而凯基利安努斯之就任主教一事也为多纳提斯派所拒。多纳提斯（Donatus，Casea Nigrae 的主教）被派遣去调停这个纷争，他支持反

按照一般模式，个人与官职是被分隔开的，否则个人的不够格（Unwürdigkeit）势必危害到此种官职卡理斯玛。同样地，相应于卡理斯玛日常化的一般模式，并且随着教会行政在主教与教士手中日益发展的官僚化，卡理斯玛“先知”与“导师”在古教会中所占有的地位也无疾而终。经营的经济，无论在组织方面或在满足需求的方式上，都被调整适应于一切日常运作的条件。这造成了层级组织下的官职权限、审级制、行政规则、规费、俸禄、教义的合理化以及官职活动作为“职业”的合理化。此等面貌最初正是由教会（至少是在西方）将之当作古代传统——在某些方面恐怕特别是埃及传统——的遗产而发展出来。这是再当然也不过的，因为在此领域里，朝向官职卡理斯玛的发展一旦开始，将非神圣的个人与其所司的神圣官职区分开来的特殊官僚制倾向，必然要被义无反顾、首尾一贯地彻底实现。

即此，教权制组织的一个重大问题是：官方的“经营”对于神的卡理斯玛扈从团〔亦即僧侣〕的发展到底该采取什么态度？僧侣过的是坚持卡理斯玛创立者所要求的纯正卡理斯玛，而拒绝与“世俗”有所妥协的修道生活（Mönchtum）。首先，就特殊的修道士生活态度而言，“禁欲”（Askese）可有两层相当不同的意义。一，个人的灵魂救赎之道，在于打开一条人格的〔非制度的〕、直接的通往神之路。这在“救赎宗教”（Erlösungsreligion）里，无论何处，诸如印度教、佛教、伊斯兰教，一如基督教的禁欲者里皆为头等首要之事。欲求推翻一切世俗秩序，往往多半是末世论取向的卡理斯玛之激进的要求，在必然要求与经济的或其他非神圣

（接上页注）凯基利安努斯这一派，所以这一派才被称为多纳提斯派。由于罗马教皇与皇帝一贯地支持凯基利安努斯派，两派的争端一直长久地持续下去。——日注

的权势关怀相妥协的〔世俗〕秩序里，决无实现的可能；因而“逃离现世”（Weltflucht），从婚姻、职业、官职、财产、政治的或其他的共同体逃离出来，只不过是此种客观事态的结果。最初，在一切宗教里，取得此种强制神、行奇迹的人格性卡理斯玛的，是遂行非日常事务的成功的禁欲者。

当然，此种人格性的卡理斯玛绝对是和“救赎机构”（Heilsanstalt）的教权制要求无法相容并立的。救赎机构〔教会〕所要求的是独占通往神的道路（“教会之外无救赎”〔extra ecclesiam nulla salus〕，是所有“教会”的格言）。当此种特别具有资格的圣者形成排他性的共同体时，更理所当然地加重了此种对立，因为这样的共同体不但否定了教会之普遍主义的——和所有官僚制一样同平齐化作用的——支配权要求，也否定了教会的官职卡理斯玛之排他性的意义。虽然如此，任何大教会都不得不要与修道制妥协。玛哈地教与犹太教并不知所谓修道生活，因为他们原则上所认得的救赎之道别无其他，唯有对律法的忠诚，并且排斥真正的禁欲。在晚期的埃及教会里或许有了修道生活的萌芽。特别是基督教会，其本身为众所周知且于圣书上明写的真正原则之首尾一贯的实行，是无法加以摒斥的。不过，它将禁欲重新解释为教会内部的一种特殊的“职业”事功，以作为对待修道制的把柄。换言之，首先，“福音的劝告”（consilia evangelica）[1]——虽为最高的理想，但

1　在天主教里，“福音的劝告”不同于一般约束所有信徒的教会律则，是作为走向“完德”之道且显示于福音书当中的三个劝告——清贫、贞洁、服从，只约束特别中选者。尤其是修道士，根据其修道誓愿，有遵守此一劝告的义务，“福音的劝告”令人直接联想到修道士的生活。韦伯在多处强调，基督新教里已排除了一般教徒信条与福音的劝告之区分，并且“禁欲”已转化为现世内的“职业”。参见 M.Weber，*Gesammelte Aufsätze zur Beligionssoziologie*，Bd.1，S.69，71，118ff.；*Wirtschaftsgeschichte*，S.310ff.。——日注

并非指望任何人皆能实行——的完全遵守，被当作一种剩余功德(Surplus-Leistung)的源泉，其成果则由教会——作为其贮藏库——为那些不太具有卡理斯玛资质的人保管起来。

二，如果〔特别在此种将禁欲编入教会的办法下〕，禁欲被完全转换了意义，换言之，禁欲变成一种手段，主要并不是用来自行其道地获取个人的救赎，而是用来装备修道士以适于服务教权制权威的工作，亦即：对外与对内的布教，以及与竞争的权威相搏斗。此种以自己的特殊性卡理斯玛来作支柱的现世内的禁欲(innerweltliche Askese）对于一切皆源自于官职卡理斯玛的教会权威而言，想必是可疑的，并且事实也总是如此。但是，〔因承认禁欲而得的〕利益占了上风。如此一来，禁欲则因而走出修道院的小房舍而意欲支配世界，并通过其竞争力，将其生活样式（在不同的程度上）强加在官职的教士阶层上，继而参与官职卡理斯玛对被支配者（俗人）的管理。

无论如何，两者间的摩擦总是存在的。忘我的禁欲以得未使教团（Derwîschorden）[1]的形式整合到伊斯兰教教会里（教会，直到阿尔·卡撒里〔al-Ghazâlî〕[2]树立正统教义之后，在观念上方才成立)，很难说是“首尾一贯的”(konsequent)。佛教则具有最完满的解决，因为它原初即彻头彻尾的是由修道僧所创且为修道僧所创，并且由他们来宣扬；解决之道则为：修道僧形成一个

1　得未使教团，参见本书第三章 p.111 注 3。——中注

2　al-Ghazâlî（1058—1111)，伊斯兰教世界最高明的思想家、神学者。1091 年出任巴格达的尼萨米亚学园教授。由于困顿于理性与信仰间的矛盾，遂辞去教职，开始十余年浪迹各地的生活，最后回到故乡杜斯隐居。阿尔·卡撒里学从亚里士多德与苏菲思想，倡言信仰之超越理性的绝对性，并试图与正统派神学调和，致使伊斯兰教神学体系化。——日注

卡理斯玛贵族，绝对地支配教会。此种解决，在教义上，就佛教而言特别容易。东方教会〔希腊正教〕采取的一种本质上为机械式的解决：逐渐将教会的上级官职地位保留给修道士，一方面神圣化非理性的、个人的禁欲，另一方面则由国家将组织化的教会（Anstaltskirche）官僚制化——在俄国，教会甚至没有自己单一支配制下的宗教首长。此种内在的分裂性，实与其教权制的发展受到外来支配及政教合一制破坏的事实相对应。俄国的高级圣职者改革运动[1]在当时是服侍于政教合一制的，因而只不过是有用的改革工具，这和克鲁尼的改革者从皇帝亨利三世（Heinrich Ⅲ）那儿找到支援的情形一样[2]。毕竟，政教合一制在此是最强而有力的势力。

在西方教会〔罗马天主教会〕里可以见到摩擦与协调之最纯粹的足迹，并且其内部历史就其究竟本质而言也正是由此种摩擦与调和所充满。最后，实现了首尾一贯的解决，亦即：将修道士作为单一支配制之教会首长〔教皇〕的军队——通过“清贫”与“贞洁”而被解放于日常生活条件的束缚之外，且因特殊的“服

1　在天主教教会里，Offizialen 普通是指主教的代理者，在本文里，恐怕是俄文 protopop 一词的德译。protopop（高级圣职者）的改革运动，是由尼康（Nikon，参见本章 p.417 注 1）的前任、总主教 Joasaf 发起，目的在于改订典礼书籍、修正若干传统的惯行，虽为高级圣职者的运动，但此一运动一直到尼康的时代，才发展为彻底的改革运动。——日注

2　克鲁尼修道院为法兰西的克鲁尼（Cluny）地方的修道院，设立于 910 年。克鲁尼系的修道院原属于本笃修会，但和一般本笃会修道院不同的是，它采用所谓的“分院制”，形成以克鲁尼本院为中心的中央集权制组织。以此组织为基础，自十世纪末及十一世纪以来，产生了所谓的“克鲁尼修道院改革运动”。改革的内容虽繁多，一言以蔽之，在于要求圣与俗的严格分离。最初虽为“修道院”的改革运动，至十一世纪后半叶发展为全“教会”的改革运动，并引发格列高利七世与皇帝之间的“主教叙任权之争”（参见第二章 p.64 注 2）。以此，克鲁尼改革运动走上反皇帝的发展路线，然而，当初给予此一运动强力支援的，不是别人，正是神圣罗马帝国皇帝亨利三世（1039—1056 年在位）。——日注

从”而纪律井然的军队——编入官僚制的〔教会〕组织。此一发展，以不断有新的教团创立的形式展现出来。爱尔兰的修道僧团——一时成为古代文化传统之主要部分的守护者[1]——若未与罗马圣座恢复紧密关系的话，是很可能在西方的布教地区创立出一个特殊的修道教会（Mönchskirche）。另一方面，圣本笃修会（Benediktinerorden）[2]在其卡理斯玛的时代告终之后，结果创设出封建的修道院庄园制（Klostergrundherrschaft）。甚至克鲁尼系的修道院（Kluniazenser）——更精确地说，普列蒙斯脱拉特系的修道院（Prämonstratenser）[3]类型，就是庄园领主的名望家教团（Honoratiorenorden）类型。其相当温和的“禁欲”——吾人只需想想他们宽宏的服制——只限于能与其阶层相配合的限度内。同样地，此处的地区间的组织也只不过是以分院制（Filiationssystem）的形式存在此种修道院的意义主要在于：修道生活的一再浮现，作

1　将基督教传入爱尔兰者，为圣帕崔克（Patrick，约387—461），他在爱尔兰约三十年的活动期间，成功地将几乎全岛基督教化。在他的传教之后，自500—800年的三百年间，爱尔兰被称为“圣人之岛”“修道院之岛”“学者、传教者之岛”，优秀的圣人、学者、传教人辈出，并创设了许多修道院。自民族大迁徙直到整个梅罗琳王朝时代，爱尔兰出身的传教者频至欧陆的日耳曼人那儿传教，相当活跃。爱尔兰的修道院及有名的学校也云集了来自欧洲各地的学生。爱尔兰的教育，在这个时代，被公认是欧洲最为优秀的。——日注

2　圣本笃修会是西方的修道会中最古老的一个。它是以齐集于圣本笃（Benedictus a Nursia，480—547）身边的修道士集团为基础而发展成的，形式上是创立于529年，采单立制，大修道院自具独立性，且无总会长制度（不过自1893年起，设置选举制下的“首席大修道院长”，代表本笃会全体）。会士从事传教、研究、教育等活动，在中世纪里，以手抄本的方式立下为后人保存古代文化的功绩。各修道院皆持有广大的土地，踞有庄园领主的地位。——日注

3　Prämonstratenser是圣诺伯特斯（Norbertus，1085—1134）于1120年在法兰西的拉翁附近所创立的一个“在会伽侬”（canones regulares，亦即修道参事会员）的修道会。他们基于圣奥古斯丁的共住生活规则（参见第三章p.142注1），立下修道誓愿，一起共同生活，从事司牧与教育。所谓修道参事会员，不同于狭义的“修道士”（冥思的修道士，Mönch），而是“教士”，会员有参事会员、修学修士、修炼士与助修士之别。——日注

为服侍于教权制生活支配的一股力量。西妥修会(Zisterziensorden)[1]将第一个明确的地区间组织与一个农业劳动的禁欲组织结合起来，这使其在殖民事业上众所周知的事功得以成为可能。

四、修道生活的宗教——卡理斯玛功业与理性的功业

修道生活在其发展上的卡理斯玛阶段，是一种反经济的现象，而“禁欲者”（Asket）则为营利的市民与炫耀式地享受自己财富的封建领主的极端相反类型。他若非独居，即生活于自发形成的族群中；他不结婚，因而不背负任何责任；既不参与政治也不关注其他任何权势；靠着采集食物或托钵维生，在“现世”里无居无所。佛教僧侣的原始戒律要求僧侣过着行走四方的生活(除了雨季之外)，并且限制同一地点的停留时间，为的是完全献身的禁欲——无论在目的上或手段上全为非理性取向的禁欲，换言之，目标在于去除尘世生活里经济上及肉体上的各种条件之束缚，达成与神的合一。以此形式，修道生活确实正是那非经济性(Nichtwirtschaftlichkeit)——无处不展现出纯正卡理斯玛的非经济性——之特殊力量的一部分。修道僧是古来纯正卡理斯玛的门

---

1 1098 年，本笃会的修道院长罗伯特（Robert，约 1029—1111）于西妥（Citeaux）的荒野处，与二十名同志共同创立新的修道院，此为西妥修会之始。至第三代院长哈丁（Stephen Harding，约 1048—1134）之时做出会规，巩固了西妥修会的基础。此一会规的内容为：1. 要求彻底的清贫，2. 废止庄园领主式的土地所有，用依靠本身之劳动的自营方式，3. 全面放弃司牧的任务。其后，由于圣伯纳（Bernardus，1091—1153）的入会，修会一路畅旺发展，成为势力最大的修道会。十七世纪时，第兰西（de Rancé，1626—1700）发起革新修道会纪律的运动，参与此一革新运动的修道院称为严律修道会，其修道士称 Trappistes，未参加革新的诸修道院称为宽律修道会。此会处于由所有的现任大修院长所组成的修院长总会之下，并且，子修院要受母修院长的监督。——日注

徒与扈从，只不过他们的领导不再是亲眼能见的宗教英雄，而是已入彼世无以得见的先知。

不过，修道生活并不仅止于此一阶段。外在的事实可证明这点。无论是理性的经济考量，或是精巧的享乐欲求，在其实际效力上，皆无以与宗教的卡理斯玛功业——此种功业一如宗教卡理斯玛本身的性格，是“非日常性的”（auseralltäglich）——相匹敌。就教权制权力一般而言的事功看来，实情也自然是如此。金字塔建筑看似全然无谓的功业，除非吾人能理解到国王乃是神的化身，而被支配者且信之无疑这一点。摩门教徒在犹他州盐湖城砂地里的成就则打翻了所有理性的移居经济规则。这些无疑都是修道士事功的典型例子，他们往往做到在经济上看似不可能的成就。喇嘛教的佛教僧侣在西藏的冰雪沙碛荒漠中造就出经济上、特别是建筑上的大事业——布达拉宫（Potala）[1]，其规模之巨大、质地之精良，堪与世上最宏伟的著名造物相媲美。

就经济上而言，西方的僧侣共同体起先是第一个理性管理的庄园领主体制，后来则是第一个农业与工业上理性管理的劳动共同体。佛教僧侣的艺术成就对于远东的非凡影响，正如邈远的爱尔兰岛上的修道院所造就出的、几乎令人无法置信的事功：这个在今日看来似乎被诅咒要永远陷于晦暗的地方，在数个世纪里乃是古代文化传统的担纲者，出身此地的传教士对于西方教会的发展——具有极巨大历史重要性的发展——之特质，发挥了决定性的影响力。再者，例如唯有西方发展出来的和声音乐（此处无暇

1　布达拉宫，位于西藏的拉萨，为达赖喇嘛的宫殿。建筑巨大，高约九十英尺，为十七世纪中期的作品。——日注

证明）及西方科学思想发展的特殊性，同样都要大大地归功于圣本笃修会、圣西济修会[1]与圣多明尼加修会的特性[2]。

此处，我们且将目光集中于修道生活的理性事功上，此种理性的事功似乎与修道生活之卡理斯玛的、反理性的、特别是反经济的基础绝对无法相联结。不过，此事一般说来和卡理斯玛的“日常化”相类似。换言之，与神忘我的或冥思的合一，一旦从少数个人凭其卡理斯玛资质与恩宠径自达到的状态，转化成多数人所致力的对象，特别是发展成可借着一定的禁欲手段达到，因而也就是可凭后天的努力而取得的恩宠状态时，禁欲——正如巫术的祭司公会之卡理斯玛教育一般——成为讲求方法的“经营”(Betrieb)之对象。方法本身，虽然各种宗教而有若干特殊性，然而原则上全世界各地原先都是相同的，和最古老的——印度的——修道生活在最具首尾一贯性与多样性方式上所发展出来的方法，原则上没什么两样。印度僧侣的方法，就其诸戒律之本质上的主要内容

---

1 圣方济修会为阿西西的圣方济（参见第五章 p.268 注 1）所创立的托钵修道会。圣方济虽遵奉圣福音、倡言清贫的精神且绝对禁止拥有财产。但随着修会的发展，“卡理斯玛”与“日常性”之间在原理上的对立，典型地显现了出来，并且使此一修会陷于持续不绝的分裂危机里，再者，拒绝与日常性妥协的人，在“教会”眼里无异于异端之举。若就圣方济原来的想法，学问的研究并不包含在此会的目的之内，会内“小兄弟”只不过是要在对神绝对地信赖与谦让之中过生活，然而，圣方济会和圣多明尼加修会同样，学者辈出，在欧洲的学术思想发展上，留下贡献。诸如 Bonaventura（1221—1274）、Duns Scotus（1266—1308）、Roger Bacon（1214—1294） 及 William of Occam（ 约 1300—1349）等，皆为此会的著名学者。——日注

2 圣多明尼加修会为圣多明尼加（Dominicus，约 1170—1221）于 1261 年所创立的托钵修道会。修会的重点在于：以揭橥“真理”为其口号，据其教义传教，研究学问等。Albertus Magnus（ 约 1193—1280）、Thomas Aquinus（1225/1227—1274）、Meister Eckhart（约 1260—1327）、Francisco de Vitoria（约 1483—1546）等积学硕彦辈出。大体说来，圣多明尼加修会（又称道明会）的学问路数较倾向亚里士多德，而圣方济修会（又称方济会）则较贴近柏拉图与奥古斯丁。此外，圣多明尼加修会的会士自十三世纪以来，即以宗教裁判官的身份活跃于世。——日注

而言，与基督教之修道生活的诸多规定相当酷似，只不过前者在肉体方面发展较为洗练（瑜伽师及其他练达者之呼吸调息与其他类似的方法）[1]，而后者则在精神方面（告解的施行、顺从的检证、耶稣会士的心灵修业）。此外，尽管将劳动当作是禁欲手段的办法（此种办法产生了极为重要的影响）并不只限于西方，但基于历史的诸种因素，确实在西方有较彻底与普遍的发展与实践。不过，无论何处，修道的核心关怀皆为：达到对自体及本身的被造物冲动——也就是有碍于与神合一的冲动——无条件的支配力。此一目标即已指示出生活态度之不断扩展的理性化，并且，在凡是有修道士集结为一个强大组织之处、事实正是如此。吾人所得见的事例诸如：卡理斯玛修炼期与公会修炼期的惯常形式、授予圣职或其他地位的教权制组织、修道院长之设置、甚或修道院之统合为一种宽律修道会（Kongregation）或“严律修道会”（Orden）[2]，然而，特别是：修道院本身以及将整个生活皆加以详细规制的修道会会规。

不过，如此一来，修道生活即被编整到经济生活之中。想要靠着反经济的手段，特别是托钵，来维持生计，长久而言，是不可能的——尽管此一原则可以被当作是形式上的拟制而保存下来。相反的——如后文将论及的——生活态度之特殊的理性的方法论（rationale Methodik）也必然会强烈地影响经济营运的方式。正为

1　以正姿势、整呼吸、制抑五官、统一身心来获得超自然力量的修业法，据说在雅利安人侵入之前，即已存在于印度；其中有为得哲学之解脱境地而特别重视此一修业法的哲学派（瑜伽学派），也有加入到佛教之中的瑜伽行派。——日注

2　在严律修道会里，入会之时要立下终生的盛式誓愿，而宽律修道会里则是立下有期限的单式誓愿。盛式誓愿是不会使任何违反誓愿的行为生效的，而单式誓愿则可反悔。——日注

禁欲者共同体，修道士们做出了超越一般经济所能达成的、令人惊异的成果。在信徒的共同体之中，修道士已成宗教练达者的菁英部队。修道制，正如封建制一般，在所有敌对地区——传教区，无论是国内的，或者特别是海外的传教区——体验到其英雄时代及达成其最为首尾一贯的组织化。事非偶然，佛教并非在印度发展出喇嘛教的阶层制组织——甚至在仪式的细节上都到达可与西方的罗马教廷相对应的地步——而是在西藏与蒙古，在世上最为粗暴的野蛮民族的不断威胁下开展出来。如出一辙的，拉丁〔教会的〕修道士正是在西方之于蛮族地区的传教里展现出其独自的特色与地位。

关于此一现象，此处不拟再予深究，我们要转而探讨修道生活究竟与政治权力及教权制权力有何关系。

五、修道生活与政教合一制支配及教权制官职卡理斯玛的关系

政教合一制的政治权力显然很有理由去支持修道生活。首先是对本身之支配的正当及对臣民之驯服的需求。关于这点，我们会在后面将之置入政治权力与教权制权力之关系的脉络里，再一起讨论：达到权势顶峰的成吉思汗之与佛教修道僧缔结关系，和中国及西藏的支配者之与佛教僧侣缔结关系，显然是出于同一动机，而日耳曼、俄罗斯及其他所有支配者也同样是基于此种动机而与修道士结成这样的关系；（普鲁士的）腓特烈大帝与耶稣会士的这种友好关系，则尽管在教皇的敕令 Dominus ac redemptor noster 之下，也有助于耶稣会的继续存在[1]。修道士，作为禁欲者，特别是最讲求方法的、纯就政治而言最不具危险性的、最值得信赖的、尤其至少是最便宜的学校教师——事实上在纯粹是农业国家的情况下，他们也是唯一可能的教师。并且，政治权力的保有者，若想方设法给自己创设出一个官僚制的机构（Beamtenapparat），并赢得对抗贵族——家产制或官僚制支配结构之理性化的自然敌对者——的抗衡势力，那么除了借助于修道士对被支配大众的影响力之外，再没有更可靠的支柱了。无论何处，只要是在此种情况下，教权制式的生活规制（hierokratische Lebensreglementierung）之强度，通常至少就与原来即为教权制支配（换言之，官职卡理斯玛之支配）里的情况不相上下。

虽然如此，政治权力还是得出高价来买得此一支柱：修道士确实是听候支配者（亨利三世也好，阿育王也罢）理性的宗教改革热之吩咐的，不过，他们所具有的卡理斯玛宗教性则使他们比俗世的教士阶层更为冷峻地拒绝政教合一政权对于原来的宗教领域的任何干涉，并且，靠着严谨的禁欲纪律，他们可以开展出自己异常强大的力量。随着修道士之势力的强化，其与政教合一制之要求的敌对冲突，实在是迟早的事。在冲突的过程中，要不是世俗权力真的被剥除，例如西藏的情形，就是反过来，修道士这

1　Dominus ac redemptor noster 是教皇克里蒙十四世在波旁王朝的压迫下，于 1773 年 7 月 21 日下达解散耶稣会的诏令。将法令开头的语句拿来作为法令本身的名称，特别是天主教教会一般所见的习惯。耶稣会虽被下令解散，但会士们并不屈从，反而试图以各种方式反抗，致力于重新组织该会。此时，他们的强力后台，是俄罗斯的叶卡捷琳娜二世及普鲁士的腓特烈二世。以此，教皇庇护七世 1801 年及 1804 年的两道勅令里，允许北俄罗斯与两西西里的耶稣会重新成立，至 1814 年庇护七世再发布勅书 Sollicitudo omnium ecclesiarum，废止克里蒙十四世 1773 年的解散令。——日注

方面整个被打倒，这可见之于中国反复出现的迫害过程。

更深刻且更内在的问题是：修道生活之与教权制官职卡理斯玛的关系。这两者的关系在以下两种情况下，至少就表面上看来，是相当谐和的。其一是原来就没有长老（Patriarch）存在，例如在纯正的佛教里的情形：确实，在古印度佛教里，长老虽被用来指称最高位阶拥有者的地位，但此一地位似乎非常微弱，这是由于君主们长期夺得类似于拜占庭皇帝所扮演的政教合一制之地位所造成的结果。其二是长老基本上是由修道士所任命与指挥，并几乎全由修道僧官吏来进行统治，例如喇嘛教的情形。不过，尽管是在这两种情况下，内在的紧张关系仍然会浮现出来：纯正的修道生活越是被保持，或者越是被当作神的使徒所要彻底实现的事务，情形就越是如此。因为，纯正的修道生活不屑与罪恶的俗世秩序——因其拘执于权势与财富，故而不可避免地是罪恶的——有所妥协，并且借着自己的卡理斯玛即可找到通往神的路，故而独立于一切的制度性恩宠之外。

助修士（Laienbrüder）制度[1]——此一制度乃是为使司祭修士（Priestemönche）〔从日常事务中〕解放出来以专心于特殊的宗教义务而设置——将贵族制的编制导入修道院之中，但同时也使得修道院的基础之封建性格更为削弱。接受中央集权式领导的托钵教团修道院，依其原来真正卡理斯玛式的生计维持形式（和农业的西妥会修道院相反），被束缚于城市聚点，其活动方式——布道、心灵

1　相对于具有司祭品级的修道士（司祭修士），立下誓愿而未被叙品为司祭、在修道院内从事世俗劳务者，称为“助修士”或“劳动修士”。随着修道士一般皆被叙品为司祭的惯例成立以来，约自十一世纪起产生了助修士的制度。特别广泛使用此一制度的是西妥修会，其农业的“直营”，若非大量利用此种助修士，则不可能成功。——日注

司牧与奉神的慈善活动——也特别是针对市民阶层的需要。借着此种修道会的创设，禁欲首次从修道院中被带到街头上，以便有系统地“对内传教”(innere Mission)。禁止拥有产业的戒律被严格实施(至少在形式上)，以及“定住义务”(stabilitas loci) 的废除——意味着巡行四处以实践邻人爱——更进一步地提高了修道士的利用价值：这些可以无条件发动的修道士，可用来达成直接支配广泛的市民阶层的目的。市民阶层以“第三教团”(Tertiarier) 共同体的形式[1]有系统地被编入修道会中，遂将修道院信念 (Ordensgesinnung) 带到修道士本身的小圈圈之外。卡普钦修会(Kapuziner)[2]以及其后成立的类似修道会，也都是越来越致力于大众教化的团体；至于卡尔吐锡恩修会 (Karthäuser)[3]与塔拉皮斯特修会 (Trappisten)[4]的最后的大企图——将禁欲之原初的、非社会的理念，亦即，个人的救

1 相对于男子修道会（第一教团）与女子修道会（第二教团）者，有在俗第三教团与律修第三教团。在俗第三教团是生活于世俗中的平信徒的修道会，有修炼期、戒律、圣务与服装规定等，但不立修道誓愿。此一制度的目的，在于让修道精神普及于世俗世界。加入律修第三教团则要立修道誓愿（单式誓愿），并在修道院中过共同生活。诸如圣方济会、圣多明尼哥会、奥古斯丁会、卡尔慕罗会（Carmel）等皆为第三教团。——日注

2 卡普钦修会是意大利的圣方济会修士 Matteo da Basci（约 1495—1552）于 1525 年自圣方济会分出而创立的托钵修道会。其目标在于彻底实行圣方济会成立之初所严守的清贫生活。修会的名称则源自于他们所使用的独特的头巾布（Capuccio）。他们虽一时被怀疑为异端，但于 1619 年即被公认为独立的修道会。在天主教教会的反宗教改革运动中，他们甚为活跃，尤其是他们所过的严格清贫生活及毫不倦怠地向贫民布教的活动，使新教徒之改宗天主教获得大大的成功。——日注

3 卡尔吐锡恩修会是圣布鲁诺（Bruno V.Köln，c.1032—1101）于 1084 年在 La Chartreuse 创立的修道会。修会名称（Orde Cartusiensis）即由此地名而来。会士过着隐修士的生活，礼拜日与宗教节日时，于圣堂集会作日课，并于食堂共进两餐，且外出作一周一回的散步。其他的日子里，除全员参与修院弥撒、晚歌、早歌、赞歌之外，余则各自独居于小房之内祈祷、读书、作手工。此外，他们恒久的禁止肉食、在夜里为作圣课中断睡眠三小时、长年穿着苦行用的粗毛衣等，生活极为严格。——日注

4 此为“严律西妥修道会”的俗称。每日执行七小时庄严的典礼、禁食肉鱼蛋（病人除外）、严格地静默等，为此会的特色。——日注

赎获得，复活起来——则再也改变不了修道生活之越来越往社会目标——服侍于教会——前进的全面发展。

禁欲之一步步地理性化为一种别无所顾而惟纪律化是视的方法论，在耶稣会里达其巅峰。一切个人的、卡理斯玛的救赎宣告与救赎活动，皆在其中消失了痕迹：为了将此活动逐出古老的修道会，特别是圣方济会，教会权威可是费尽周章，因为这在教会看来，实在是对其官职卡理斯玛的一大威胁。同样地，一切禁欲的非理性意涵，亦即将禁欲当作是个人通往救赎的一己之道——在官职卡理斯玛的眼中看来，是另一个可疑之点——以及一切非理性的，换言之，其结果无法加以预算的手段，全都〔在耶稣会里〕消失殆尽。理性的“目的”（Zweck）支配了一切（并且“神圣化”了手段——此一命题并非耶稣会的伦理所特有，而是广见于所有相对主义的或目的论的伦理；只是，在此作为理性的生活规制之核心，此一命题乃得其醒目的特色）。借着这支誓言无条件地服从于罗马教廷的亲卫军之助，教会之支配结构的官僚制的理性化乃被实现。独身制的实行，早先已被教会接受为一种修道士的生活形式，在克鲁尼修道会士的热切要求下，特别是为了在主教叙任权之争中达到阻止教会的封建化并确保教会地位的“官职性格”之目的，独身制被贯彻下去[1]。然而，更重要的是，修道生活

1　虽然自有大公会议以来一直不断地禁止圣职者结婚成家，但至十、十一世纪时，结婚的惯行却显著地一般化，这也是克鲁尼改革运动者重要的攻击点之一。对于独身制问题采取断然态度的，是教皇格列高利七世（参见第二章 p.64 注 2）。他于 1074—1075 年的所谓四旬节大公会议里，用免去圣务执行之职来威吓已婚的圣职者，并禁止平信徒去参加这班人所主持的事务。究其动机，除了教义的缘由之外，是由于认识到：若结婚成家，则会浮现教会俸禄世袭化的倾向；有家族的圣职者在经济上易于依存于封建贵族势力；如此一来，世俗势力必将进入教会之内，所以说“圣职者若不自妻子那儿解放出来，那

的一般“精神”对于生活样式的原则所造成的影响。作为宗教上的规范，修道士同时也是抱持特殊的“讲求方法的”(methodisch)生活态度之最初的“职业人”——至少在实行理性的禁欲的修道院里是如此,特别是耶稣会。换言之,他们在生活上“制定时间表”,不断地自我控制，抛弃一切天生自然的“享乐”，并拒斥一切并非服侍于其职业目的的“人世的”义务。以此，他是被注定要去作为教会之支配结构的官僚制的集权化与合理化的道具，并且在其作为司牧者与教育者的影响力之下，将类似的态度推广到具有宗教心的俗人之中。

地方教会的势力（主教、教区教士）数百年间之抵抗修道士的竞争,同时也就是对教会官僚制之集权化的抵抗。在此一竞争中,修道士这方面往往居于优势，因为，就司牧这点而言，修道士作为外来的、因而较受欢迎的告解神父，可以很容易地在观念上喊价低于定居的圣职者之伦理要求；同样地，就学校教育这个领域而言，在自由竞争之下，这个独身的禁欲阶层比起不得不从其报酬里支付家族生活费的世俗教育者，在物质上也喊价低廉。

在其他的教会里，修道士并未扮演如此重要的角色，唯独佛教例外。只是，在佛教里（除了喇嘛教之外），并没有教权制的首长。在东正教教会里，修道士形式上是支配着教会，因为所有的高级官职皆为其所占据，然而，由于教会隶属于政教合一制，故而其权力也就被消解了。在伊斯兰教里,修道会只有在末世论的(严

(接上页注）么教会也就无法自解于隶属于俗人”。以此，虽有反抗发生，但至十一世纪末，司祭与助祭，1207 年以后连副助祭，一旦结婚不仅受罚，且被判为无效。这点，在 1139 年的第二次拉提兰大公会议里即明白确定下来。——日注

守教律的)运动里扮演领导的角色[1]。犹太教里完全没有修道制。总之，没有任何教会，像西方教会那样，将禁欲加以合理化，并利用之于教权制的权势目的，其中尤其耶稣会最为首尾一贯。

六、政治的卡理斯玛与巫术的卡理斯玛，政治权力与教权制权力的关系

政治卡理斯玛与巫术性卡理斯玛的对立，自古以来即是如此。“政教合一的”支配者，一如“教权制的”支配者，不但见之于黑人村落，也见之于大国。甚至在最原始的状态里，或者特别正是在此种状态里，神祇（或“圣者”）部分具有区域间的性格，部分则为地方性的。地方神之卓然突显，特别是在最终定居的——尤其是城市——阶段；此一现象源于宗教，(或者更正确地说，祭祀的对象)与政治领域之可观的相交合。自此阶段之后，城市神或支援特定城市的圣者，成为任何政治建构之不可或缺的要件，并且，只要城市的势力还担当着个人之政治的、经济的生存之处，一切伟大的一神宗教都必得要让步给多神教。在此阶段，任何大国家的建立都必然伴随着此一现象：被兼并或征服的城市或政府所在地的神祇与圣者都要聚住到新的首都来。除了许多众所周知的例子之外，此种现象一直到莫斯科大公国之建立为一个统一国家时都还是如此：所有其

1 这里指的应该就是苏菲派（Sufism）。Sufism 无论在实际或形式的伊斯兰教里，皆代表精神主义、神秘主义倾向的一种修道运动。初期的行者穿着白羊毛（Suf）衣物，故被称为 Sufism。这是一种通过修道与思索，直观地通达真理，并且与神合一的修行，立基于某种末世观。得未使教团即其中的一派（参见第三章 p.111 注 3）。其讲求方法的禁欲，及其感情性的、直观的救赎确信等方面，或可说是与卫理公会派（Methodism）有共同之处。——日注

他城市的司教教会里的圣者遗骸都被转运到莫斯科去。古代罗马城邦的“宽容”，具有类似的性格，亦即：接受被兼并国家的诸神祭祀，只要这些祭祀在质方面看来还可接纳，并且，这些祭祀——在帝政时代——臣服于基于政治动机的国家祭典（皇帝崇拜）。这只遭到犹太教——其之所以被接纳是基于经济因素——与基督教的抵抗。只要是到达此一阶段，政治疆域与宗教传播地域相合一的倾向，是再自然不过的事。这可由政治权力这方面，也可由教权制权力这方面来带动：自己的神获胜，即是支配者之胜利的最终确证，是政治服从的有效保证，也是将忠诚义务从对其他支配者那儿反过来的强力手段；再者，由一个自行发展出来的教士阶层所担纲的宗教，在国家臣民中发现在其最自然的传教领域，并且，急切地要“勉强人进来”[1]，特别当它是个“救赎宗教”时。

伊斯兰教的确是承认一种水平式的区分线，换言之，将宗教当作是区别身份阶层的标志，不过，这是与其信从者之经济特权有所关联的。西方的基督教，至少在观念上，是个政治的统一体，并且也有着若干实际的结果。政治的权力要求与教权制的权力要求两者间自古以来的对立很少能够有个明确的解决，亦即，某一方完全胜过另一方。无论再怎么强而有力的教权制都不得不要不断地与经济、政治现实妥协：所有的教会史无不充满了此种妥协。另一方面，政教合一的支配者一般而言也无法担当得了干涉教义建构的风险，更别说干涉神圣的祭典仪式。因为，对仪式行为之种种形式的任何变更，皆会危及此种行为所具有的巫术效力，因

1　这话是出于《新约·路加福音》，14：23：“主人对仆人说，你出去到路上和篱笆那里，勉强人进来，坐满我的屋子。”意指为了改宗大事，不辞使用实力或诡计。——日注

而会鼓动起被支配者的利害关怀来反对支配者。就此而言，因为争论该用两根指头还是三根指头来划十字（以及其他类似的问题），而引起俄国东正教会的大分裂，实在是相当可以理解的事[1]。

在这种状况下，政治权力与教权制权力之间各个个别的妥协，到底是较趋向于政教合一制或者较趋向于教权制，这当然是要看在个别情况下各身份（Stände）相互间的实力状况（Machtkonstellationen）而定，并且，就此而言，经济也间接地发挥了制约力量。不过，关于经济制约的问题，我们无法做出有意义的概括性论断。进一步说，此种妥协强烈地受到宗教本身之固有法则性的影响。尤其重要的是：此一宗教是否具有一个由**神**所设定的、与世俗权力分离的教会制度。此种教会制度的形式，在佛教里（除了喇嘛教之外）只是间接的（通过对生活样式——唯一的一条通往救赎的道路——的规制），在伊斯兰教与东正教则局限于有限的范围内，路德派内则完全没有；相反的，天主教会与卡尔文教派里则具积极的面相。

由于伊斯兰教一开始就是与阿拉伯人的扩张欲望联结在一起，并且以征服异教世界为其积极的命令之一[2]，以至于哈里发的

1　这是指俄罗斯的总主教尼康（另参见 p.417 注 1）于 1650 年代所发起的“希腊”改革运动，试图将俄罗斯的礼拜仪式调整成较早昔的希腊样式。虽然其中并未牵涉到教义的问题，不过有鉴于传统的俄罗斯仪式所具有的巫术效力，一大批教士与人民——被称之为旧信徒（Old Believers）——宁可冒生命的危险，不计代价地反抗改革。旧信徒继续用两只手指来划十字，而不用三双。在尼康的改革运动期间，自焚的风潮袭卷了俄国十五年之久。——日注

2　对异教徒的“圣战”（jihad），乃是伊斯兰教徒依传《古兰经》（2:214—215，8:39—41，9:5—25）而背负的义务，从事圣战者被许诺来自阿拉的慈爱与嘉赏（《古兰经》，2:25，9:20—22）。在哈里发·乌玛时代，伊斯兰教国家大肆扩张（第五章 p.281 注 2），即以此一圣战义务为基础，其后，奴隶军与佣兵军队也因而被导入。——日注

威信打从开始便强势到连一点将之屈从于教权制之下的真正企图都没有过。波斯的什叶派尽管并不承认哈里发的此种地位，并且抱持着先知的正当后继者再度降临波斯的末世论希望，然而波斯皇帝的地位仍是崇高无比的，就算教士的任命往往会考虑到地方居民的心愿，也改变不了这点。相反的，天主教教会以自己的官职机构——奠基于罗马的传统，并被信徒认为是根据神法（divini iuris）而来——对政教合一的倾向做出最顽强的抵抗，尽管在有困难的时期曾作必要的妥协，但最终仍然获胜。至于路德，只要是在圣经的话语确实能被纯正地宣示出来的情况下，他对教会秩序的存在是抱持着全然漠不关心的态度。此种态度，一方面是基于其个人的信仰之末世论的特征，此外，更是由于其虔诚的个性特质使然，另一方面，路德派教会最初成立的地方之政治与经济的生存条件，确实也有以致之。这种对教会秩序全不关必的态度最终是使得其教会听任于世俗权力之政教合一的摆布之下。对卡尔文教派而言，出之以长老制（Presbyterialverfassung）形式的圣经的神权政治，乃是奠基于神法的。只是，此种神权政治也不过昙花一现于某时某地罢了，诸如：日内瓦、新英格兰、在休京诺派里则并不太完全以及荷兰等地。

教权制的强大发展，特别是独立的官职阶层制与独自的教权制教育之存在，乃是神学思辨的发展（即便不是绝对不可或缺，至少也是）通常的前提条件。反之，神学与神学的教士教育之开展，乃是教权制势力之最强而有力的（虽然并非不坏的）堡垒——尽管是在政教合一的国家里，也都还容许教权制对被支配者施加影响的余地。一个发展完全的教会阶层制，换言之，具有确立的教义体系，特别是一个组织完备的教育系统，是不可能被连根拔起的。其权力是奠基于“人必须服从于神更甚于人”此一命题——不管是为了此世的幸福，还是彼世的幸福。此一命题对于一切的政治权力而言，乃是最古老的，也是最确实的制约，直到清教徒革命以至于讲求“人权”的时代，都还是如此。

通常的状况是，彼世力量与此世力量的妥协。并且，事实上，这样的妥协对双方都有利。〔一方面〕很清楚的，政治权力能够为教权制提供极有价值的支援，亦即提供“世俗之腕”（brachium saeculare）以扑灭异端及征收租税。〔另一方面〕教权制具有两种性质，使得政治权力愿意与之结盟。首先，特别是教权制具有**赋予正当性**的力量。此一力量就连政教合一的支配者（并且，正是他们），以及凭借着个人性卡理斯玛的支配者（例如直接诉诸民意的支配者），连同本身的特权地位乃依附于支配之“正当性”的各阶层，全都难以摒之而存在的。第二，教权制乃是**驯服**被支配者的无上手段——无论规模是大是小。就像意大利最反教会的激进国会议员也不愿舍弃作为驯化手段的妇女修道院教育一样，希腊的僭主甚且鼓励狄俄尼索斯崇拜（Dionysoskult）[1]，并且，教权制被最大规模地利用来支配被征服民族。喇嘛教和平化了蒙古人，并因此永远地阻塞了蛮族从草原地带至当时为止不断地侵入已和平化的文明地区的那股一直涌现的浪潮。波斯帝国将其“律法”与教权制支配强加在犹太人身上，为的是使之无以为害。在埃及的

1　Dionysos，起源于希腊北方托拉基亚的神祇，主掌植物与动物的生命。又称为 Bakhos（英文名为 Bacchus）。于公元前八世纪（一说公元前十五世纪之前）传入希腊。在希腊与葡萄相联结而成为葡萄酒神。对此神的信仰主要为女性，传说陶醉的信女集结在一起，手持火把并挥动着常春藤头饰木杖，在夜半的山野间乱舞，将跑出来的野兽尸解吞食。雅典的僭主 Peisistratos（？一前 527）保护此种祭典，并且让悲剧、喜剧的新作在卫城（Acropolis）南麓的狄俄尼索斯剧场中演出。以此，狄俄尼索斯又成为戏剧之神。——日注

拟教会式的发展，似乎也同样是有赖于波所人〔的统治〕。在希腊，奥菲斯教的预言者[1]及其他预言者的所有神论，无不是等待与期望着波斯人的胜利，以使自己能为其〔如上述同样的目的〕所用。马拉松与普拉托（Plataea）战役[2]则决定了希腊文化之世俗的性格，而非教权主义的性格。

对于异族行之有效的，对自己的族民更是管用。军事的与商人的名门望族阶层，通常只有在严格的传统主义的方式下，利用教会所提供的支援，因为教会会诉诸民众的感情需求而创造出危险的竞争力量；无论如何，此一阶层总是要去除掉宗教这层卡理斯玛的——感情性的性格。所以，希腊化的贵族国家，至少在开始时拒斥狄俄尼索斯崇拜；罗马数百年的元老院支配，有系统地去除忘我（Ekstase）的任何形式，将之贬斥为“迷信”（superstito，此乃希腊文 ekstasis〔忘我〕的直译），并在祭典里压制忘我的一切手段，特别是舞蹈：沙利神官团（Salier）[3]的舞蹈是一种游行，

1　奥菲斯（Orpheus）为希腊神话中的乐师、诗人。传说是河神与缪斯女神 Kalliope 所生的儿子。奥菲斯教即是以奥菲斯为教祖且以奥菲斯的诗及其所传事物为中心而发展的宗教。在公元前七世纪时自狄俄尼索斯信仰中分离出来，至公元前六世纪达到最盛时期。奥菲斯教和奥林帕斯诸神信仰完全不同，是一种密教的救赎宗教，主张灵魂与肉体的区分与灵魂不死之说。人死后，灵魂要接受罪的审判，然后再入宿于人类、动物、植物、无机物体内，辗转不断再生。若遵奥菲斯的戒律而成就净化的生活时，灵魂即可自此种轮回中被解救出来，归于天界，获得永远的至福。这是希腊以个人的灵魂为主要问题的第一个宗教。——日注

2　马拉松与普拉托战役分别是第二次（前 490）与第四次（前 479）波希战争，两战皆是希腊军队击溃波斯大军，获得胜利。——日注

3　Salier（lat.salii），原来为“舞者”之意，亦为古意大利若干神官团的名称，特别是罗马的两个神官团：祭祀马尔斯神的 salii Palatini 与祭祀魁里努斯神（Quirinus）的 salii Collini。这两个罗马的神官团（各十二名）于每年的三月与十二月里，古装打扮，持马尔斯神的枪与盾，一起在罗马市区里舞蹈游行。——日注

阿尔瓦列斯神官团（fratres Arvales）[1] 则引人侧目地闭起门来进行古来的舞蹈。这在极大程度上造成了希腊文化与罗马文化在各个领域的发展上（例如音乐）最为特色独具的差异。相反的，个人性的〔而非贵族的〕支配者，无论何处，皆寻求宗教的支持。这两种权力之间的妥协，按个别的情况而有极为不同的形态，并且，现实的权势状况也会在形式上不改变妥协内容的情况下，呈现出相当的多样性。此中，种种的历史命运〔亦即历史上注定要发生的事〕扮演着重要的角色：强烈的世袭君主制恐怕是会驱使西方的教会走上和东方教会同样的发展，并且，若无教会的大分裂，教权制的没落也许根本不会如其果真的状况那样发生。

七、教权制支配与宗教性质的社会制约

上述的权势斗争是如此的取决于历史命运（“偶然”，Zufällen），因此要概括性地讲出决定性的因素，并不是件容易的事。尤其是，一般的宗教感受性在某一民族内部分扮演的角色，并非决定性的要素。罗马人与希腊人的生活里（后者更是）满溢着宗教的感受性，然而教权制并未到达支配国家的地步。若我们强调在希腊与罗马并没有宗教之彼世化（Verjenseitigung）的二元论发展，那么即使犹太教在教权制的树立期也完全没有此种彼此世化的思考存在。相反的，我们可以说，彼世的思辨至少部分而言是在教权制体系的理性发展后才出现的结果，这从埃及与印度的情形可明显看出。

1　阿尔瓦列斯神官团是古罗马时，于每年五月举行安巴瓦利亚（Ambarvalia）祭典（谷神祭典）的十二名的神官团。祭祀的是谷物女神 Dea Dia。至共和制末期一度衰退，后经奥古斯都再予振兴。——日注

不过，其他的一些浅显的一般性因素，也并非决定性的。诸如一方面为对自然力量的依赖程度，另一方面为对自己的劳动的依赖程度，皆不具普遍的解释性。确实，尼罗河泛滥的意义，是有助于教权制的发展，不过这只有当其与同时并进的国家与教士阶层的合理发展，及天文学的观察与彼世的思辨相互间建立起特殊的结合关系时，才发挥出助益的功效。此外，很明显，游牧的外来部族之支配埃及，保留住其教士阶层的地位以作为统合的唯一支柱，就像西方的迁徙部族保留住主教一样。又如日本，那儿永远不断的地震危险，并不妨碍其国家制度里、氏族门阀之不容许任何教权制的持续兴盛。并且，对于犹太人的教士支配之发展而言，正如对萨珊王朝里的封建制与祆教教权制的关系而言[1]，或者对于阿拉伯人的扩张欲之偶然获得一个伟大的先知而言，“自然的”或者经济因素并不具有决定性的意义。

相反的，教权制的具体命运与教权制所置身的、具体的经济-社会条件之间的关系，当然是存在的，并且多种而往往形形色色。我们所能有条件地加以概括性论断的，仅有少数，诸如教权制与“市民阶层”的关系，以及教权制与封建势力的关系。市民阶层之成为教权制的防卫队以对抗帝制与封建制势力的情形，不只在意大利的中古时期才有——意大利的教皇党（Guelph）恐怕正是

1　祆教的创立者为瑣罗亚斯德(Zoroaster,原名 Zarathusthra Spitama),其生平事迹不甚清楚,传说是于公元前七世纪后半叶诞生于今日的亚塞拜然地方，三十岁获得启示，四十二岁时受到王侯的保护向外传教，七十七岁逝世。其所传教理乃立基于善神 Ahura Mazdah 与恶神 Daeva 的二元论哲学，由于善神之打倒恶神，神的王国遂到临。信徒相信善神之终必得胜，且为了生活于这样的天国里，必然要坚守身口意三净行。祆教自公元前六世纪起即盛行于波斯，特别是在萨珊王朝时期取得国教的地位，至公元七世纪伊斯兰教勃兴之后即告失势，部分信徒逃往印度与中国。——日注

特殊历史条件制约下的战斗形制，我们在最古老的美索不达米亚的碑文里就已发现到类似的状况。在希腊，市民阶层即为狄俄尼索斯教的担纲者；古基督教会即为一特殊的城市制度："paganus"（原意为农人）——在社会上被歧视者的总称，相当于我们称呼源自"Paysan"这个字的"Pisang"——在罗马帝制时代，这要不是"Zivilist"（非军人），就是"Heide"（异教徒）之意；这和蔑视农民的阿奎那之视教会为城市产物的看法，似乎完全相同[1]。同样地，清教徒的教权制，以及古代、中古几乎所有的教派运动（除了多纳提斯教派这个意义重大的例外）无不起源于城市，这和当时〔皇帝党与教皇党的斗争时代〕教皇势力的狂热归依者乃出身于城市的情形完全相同。

与此相反的〔亦即反教权制的势力〕是古代的贵族，其中特别是希腊的市民—城邦贵族。他们在荷马的史诗里，对神全无敬意——此种态度是整个希腊的宗教发展命中注定的。清教徒时代的〔封建〕骑士及中古早期的封建贵族也同样是如此——采邑制国家的开展正是基于"铁锤"查理（Karl Martell）之掠夺式的世俗化[2]。十字军本质上是法国骑士阶层的事业，不过这并不表示骑士阶层对教权制特别具有好感，因为，十字军乃是被以下这个观点强烈支配住的，亦即要为子孙谋取采邑生计；这也是教皇乌尔班

1 关于这点，和下面的论点，参见 M.Weber，*Wirtschaftsgeschichte*，S.272。此外，关于托马斯・阿奎那与市民阶层的关系，参见 E.Troeltsch，*Die Soziallehren der christlichen Kirchen und Gruppen*，S.205f.。——日注

2 参见第四章 p.211 注 1。——注

二世在其著名的演说中明白诉诸的观点[1]。要明白的是，我们所要处理的，并不是“虔敬的”对立于“不虔敬”的问题，而是宗教性的**种类**及其紧密关联的“教会”（就其技术上而言）之形成的问题。

市民阶层的经济生存奠基于恒常性的、理性的（至少从经验上被理性化的）劳动，此种劳动与带有季节性且仰赖于异常未知之自然力的农业劳动恰成对比，并且使得目的、手段成败之间的关联相对而言清楚易见且“可理解”。陶工、织工、车床工与细木工的劳动结果，比起农业劳动来，远远少于受到不可预测的自然现象的影响，特别是较少受到有机的生殖过程——亦即自然的新生创造力，是人们无以洞察，只能靠着想象才有办法提出解释的事情——的影响。以此，市民阶层的劳动，在一定程度上，相对而言较为理性化与知性化，并且由于大部分的劳动过程是与家联结在一起〔即室内劳动〕，而免于陷入取决于有机条件的觅食过程中，甚而将身体最大的筋肉组织排除于劳动之外，因此与自然力之可塑的、满溢着活力的现实失去了直接的关系。

如此一来——与自然力的自明之理脱节——问题就产生了。换言之，自身之存在的超越“意义”（Sinn）为何？此一理性主义的疑问，往往导致宗教的思辨。就此，个人的宗教体验往往倾向于：

1　教皇乌尔班二世（Urbanus Ⅱ，1088—1099 年在位），于 1095 年 11 月在克莱蒙（Clermont）召开教务会议，推行继其前任格列高利七世所发起的宗教改革事宜，这时，君士坦丁堡的使节亦适时到达，向西方作紧急呼吁，要求派兵援助对抗塞尔柱土耳其人，教宗及决定组织十字军。乌尔班以一篇动人的演说获得普遍的响应，促成欧洲十字军运动的正式开始。其演讲全文虽已亡佚，但综合各方面的记载，大致内容可以推得。首先，教皇赞扬法兰克人的尚武精神及其祖先对教会的贡献。其次叙述圣城耶路撒冷之受亵渎及东方教徒之受土耳其人的凌辱，西方教徒应发挥兄弟之爱给予援助，西方人要避免内斗，勇于对付外教人。最后，乌尔班提到俗世且现实的动机：东方是一块“蜜与奶”的土地，参加十字军正是发财的大好良机（参见王任光编著，《西洋中古史》，p.356）。——中注

去除忘我的狂热与幻想，而代之以较失色的宗教形式——冥思的神秘主义与通俗的日常生活反省。同时，由于手工业者在为顾客劳动时所具有的恒常性的职业性格，较易于开展出“义务”与“报酬”的概念，以作为其生活态度的核心点，并且，既然其劳动的社会关系所要求的是较强的合理秩序，因而一般倾向于将道德价值纳入宗教之中[1]。

相反的，感觉自身有“罪”——一种从古老的仪式“纯净”思想中发展出来的感觉——是与封建的支配阶层之尊贵感完全相矛盾的；同时，对纯真的农民而言，一直到今天“罪”都还是个难以理解的概念。这些农民阶层，既不追求“救赎”(Erlösung)，事实上也不怎么明白他们有什么好被“拯救”的。他们的神乃是强而有力的存在，其热情就像人类的热情，其或为勇猛或为狡猾，对彼此、对人类或为友善或是为敌；总之，就像人类一样，完全是非道德的；可以用牺牲来收买，也可以用巫术来加以强制，这使得懂得此种手段的人甚至可以强过它们。在此阶段，根本产生不了任何动机，以形成“神义论”（Theodizee）[2]及一般对于宇宙秩序的伦理思维。教士阶层与仪式规定的遵守，被用来作为巫术性地支配自然力量的手段，特别是作为防治恶魔的手段（魔鬼的恶意会带来恶天候、昆虫猛兽的祸害、疾病与家畜的瘟疫等），换言之，直接用来达成功利主义的目的。宗教的“内化”(Verinnerlichung)

1 与此相反，非恒常性、非合理经营的投机性商业，以及寄生于权力的、非合理的早期商业资本主义，无法成为伦理性宗教或救赎宗教的担纲者。——日注

2 神所创造的这个世界，存在着许多罪恶与不完美，这岂不是矛盾的吗？针对此一议论，认为：这无非是神的善意使然，即此可以辩证神的存在。此即神义论，论点尚包括神的主要性质、神意、人的自由意志、灵魂不灭及人对神的义务等。——日注

与理性化——特别是指伦理判准与命令的具体化，神祇之转为伦理力量的圣化（奖“善”罚“恶”，因而神本身也必须符合伦理的要求），以及“罪恶”与渴望“救赎”的发展——往往与一定程度的工业革命劳动的发展，平行共进，并且大半的情况是直接伴随着发生于城市里的工商发展。

不过，此种平行发展并不表示其间有一种直截了当的因果关系。宗教的理性化本来就有其固有的法则性，经济的条件只不过是发挥“发展通道”的作用，而特殊的教士教育的发展才是特别与之紧密关联的。我们虽然对马哈地教（Mahdismus）所知不多，但表面上看来，它似乎完全没有什么经济基础。至于它是否为古伊斯兰宗教的一种教权制的发展——此种教权制化是由被逐出边境而被迫居一隅的教派创立者所达成的——还很成问题。不过，耶和华宗教在其理性的一道德主义的进展上，受到来自大文化中心地的影响，这点应该是毫无问题的。然而，不只先知预言的发展及其所带来的一切成果，甚至连同前此在耶和华宗教里早已发展出来的一切道德主义的要素，都是在城市与一般工商发展——虽然确实是有所认识，但比起当时的美索不达米亚与埃及来——尚为微不足道的情况下，就已成立的。总之，在此之后，教权制的发展乃是耶路撒冷的城邦教士阶层与农村战斗下所开展出来的事业，而“律法”的完成及其指令，则为住在巴比伦的俘囚者所成就的事功。另一方面，古代的地中海城邦完全没有做到宗教的理性化，原因部分在于荷马的影响——其作品被接受为文艺的教育手段，然而特别是因为没有一个教权制组织下受有特殊教养的教士阶层存在的缘故。

尽管有以上这些歧异，教士阶层与城市的小市民阶层之间，一般而言，还是很明白的有其选择的亲和性（Wahlverwandtschaft）存在。这特别是因为不论古代还是中古，两者的对手在类型上是相同的，亦即封建门阀。在古代，封建门阀手中同时握有政治权力与高利贷交易。因此，教权制权力在往自主性与理性化方向上的任何推动，很容易就在市民阶层中找到其支柱。苏美、巴比伦、腓尼基与耶路撒冷等城市的市民阶层，全都站在教士阶层的要求那一边；法利赛人（等于是清教徒）也同样是在这种市民阶层中找到归附他们的人，以对抗撒都该派（Sadducaic）的城市贵族、及古代地中海地区里一切感情性的崇拜[1]。古基督教教会是由小市民的共同体所构成；教皇这边的自主权要求和中古的清教徒诸教派如出一辙的，都是在城市里找到其最强力的据点；彼此相接的异端运动与修道会运动（例如谦卑者，Humiliaten）[2]

---

1 “法利赛派”是由阿拉姆语（Aram）的 perishaiya 一字而来，意为“分离者”，指的是与异教主义及世俗的撒都该派分离开来的虔敬派。据说出现于公元前二世纪左右。“撒都该派”主要是由富裕的贵族与祭司阶层所构成，暗地里握有政治势力，是亲罗马的一派。两派的主要歧异在于：(1) 法利赛派（以下称法派）除了承认摩西以来的成文律法的权威外，也承认“口传”，表现出因应时代要求的态度，反之，撒都该派（以下称撒派）不承认口传的权威；(2) 法派认为人的命运是先天注定的，而撒派否定此种决定论；(3) 法派持复活与来世报应之说，撒派否定之。整体而言，法派被认为是比撒派来得进步（法派承认基督的预言者性质），但法派却未能脱离形式的律法主义，而遭受基督的批判。法派对于犹太教的保存与普及，功绩卓著。另参见 M.Weber，*Gesammelte Aufsätze zur Religionssoziologie*，Bd.3，S.401ff.。——日注

2 十二世纪后半叶，意大利的伦巴第地方出现了称为“谦卑者”（humiliati）的男女平信徒所组成的信心会。他们在家庭里是从事手工业（主要是毛织品业），过着清贫的生活，决不宣誓、虚言、诉讼，每周断食三次，在司祭的领导下聚会、传教。教皇虽应其要求承认了他们的戒律，但禁止他们聚会与公开传教。后来他们不守此一禁令，因而被卢修斯三世（Lucius Ⅲ，1181—1185 年在位）于 1184 年处以破门律。英诺森三世于 1201 年将他们一部分人重新纳入教会，编组成“谦卑修道会”。所谓“第三教团”组织，即以此一修道会为始。不过后来由于此一修道会还是一直被敌视为异端，并且至十六世纪时修会纪律紊乱，教皇庇护五世（Pius Ⅴ，1566—1572）遂趁机于 1571 年解散之（除女子修道会外）。——日注

两者皆直接由一定的工业所产生出来：最广义的禁欲的基督新教（*asketische Protestantismus*）[1]，包括卡尔文派与洗礼的清教徒[2]、孟诺派（Mennoniten）[3]、卫理公会派（Methodisten）[4]虔敬派

1 “（本文所谓的）禁欲的基督新教，在历史上的担纲者，主要有四个：(1) 在十七世纪中传播于西欧主要地方的**那种形态**的卡尔文教派；(2) 虔教派；(3) 卫理公会派；(4) 自洗礼派运动中发展出来的诸教派……卫理公会派最初是在十八世纪中叶由英国国教会内兴起的；在其创始者心目中，并未曾想要形成一个新的教会，只不过从旧教会中把禁欲的精神重新唤起而已。只是在它发展过程中，特别是在它扩展到美国时，才开始与英国国教会分离。虔敬派最初是以卡尔文教派为基础出现于英国与荷兰。它逐渐发生微妙的转变，但在转变中还与正统派维持联系，直到十七世纪末，方在史宾纳（Spener，1635—1705）的领导下，部分地修改教义而与路德教派合流……卡尔文教派与洗礼派在发展初期是处于一种明显相悖离的情形……欧陆的虔敬派与盎格鲁·撒克逊诸民族的卫理公会派，不论就思想内容而言，或就其历史发展视之，皆属次发性的现象。反之，洗礼主义，以及在十六、十七世纪中直接从洗礼主义蕴生出来的，或者采用洗礼主义的宗教思维形式而产生的各教派，例如洗礼派、孟诺派、教友派，和卡尔文教派一样，皆为基督新教之禁欲的第二个独立的担纲者。”（参照 M.Weber，*Gesammelte Aufsätze zur Religionssoziologie*，Bd.1，S.84f.，S.150f.）——日注

2 洗礼派是英国在宗教改革的时代一群分离派的教徒逃往荷兰后，受到当地再洗礼派的影响而开创出来的一个教派。其后，一部分人于 1612 年再回到英国，虽然一时受到克伦威尔的镇压，但于 1689 年获得威廉三世的宽容令，终可在英国与美洲发展。洗礼派虽因拒斥幼儿洗礼而得其名，然而根据韦伯的说法，这并不纯粹是外在的原则使然，究竟的原因在其根本思想，亦即：教会应该是要由那些真正因个人的信仰而获“重生”的人所组成的共同体（依韦伯之见，这不是“教会”，而是“教派”才对）。——日注

3 孟诺派是由 Menno Simons（1492—1559）所创立的教派。他起初是天主教会的司祭，后来受再洗礼派的影响而脱离天主教，再度接受洗礼而成为荷兰长老会的长老。以他为中心而聚集在一起的教徒，因强调其拒斥幼儿洗礼与拒持武器的立场，而形成独立的一派。——日注

4 卫理公会派是由 John Wesley（1703—1791）及其弟弟 Charles Wesley（1707—1788）和 George Whitefield（1714—1770）于牛津大学组织“神圣团体”，发起学生的宗教运动为起始。由于他们所抱持的生活态度，严格讲求方法地贯彻首尾一致性，世人因而称之为 mothodist。后来到美国传教，大获成功。依韦伯的看法，卫理公会派乃是相应于欧陆虔敬派的英美对照版。其特色在于两种成分的结合，一方面，它是一种感情性的，又不失为禁欲类型的宗教，另一方面，它对于卡尔文派禁欲的教义基础，要不漠然相视，即是加以拒斥。详见 M.Weber，*Gesammelte Aufsätze zur Religionssoziologie*，Bd.1，S.145ff.。——日注

(Pietisten)[1],长期以来即在中小市民阶层中找到其归依者的核心,这就像犹太教不动如山的宗教律法主义,一直要到犹太教落定于城市之后才开始,并且以此为据。

这并不意味着宗教运动通常就是"阶级运动"。譬如将基督教当作是一种"普罗阶级"的运动,就是个再错误不过的观念;基督教是因为不可抗拒的政治与文化因素,才完全无法见容于古代的支配阶层。佛教是由一位王子所创建,并且譬如在日本,佛教是由于贵族极强烈的参与才被输入的。路德转向"基督教徒贵族"(高级贵族、诸侯身份)求援,法国的休京诺派与苏格兰的卡尔文派在大斗争时代是由贵族所领导,而英国的清教徒革命却是在农村乡绅之支援骑兵队的情况下获得胜利的。信仰的分裂,至少在原则上,垂直地贯穿了各个阶层。即使在狂热献身于彼世关怀的时代里——此种对彼世之关怀的归依几乎总是具有某种末世论的取向——事实仍是如此。

虽然如此,长期下来,随着末世论期待的消逝、新的宗教内容之日常化的登场,各个身份阶层与各阶级之于宗教要求下的生活形态与受社会条件所制约的生活形态之间所具有的亲和性,即不断地显现出来,并且,垂直式的分化逐渐开始为水平式的分化所取代。休京诺派的贵族与苏格兰的贵族后来即弃卡尔文教派于不顾,而无论何处,禁欲的基督新教之继续发展变成城市的中产

---

1 虔敬主义(Pietismus)是反对基督新教诸教会之正统主义定型化的倾向而重视禁欲的虔敬生活的一种运动。其源头虽在英国与荷兰,然而一般提到"虔敬派"这个称呼时,指的是在史宾纳指导下所兴起的"德国"虔敬派。他们所注重的,与其说是教义的树立,倒毋宁是虔敬的"感情"。就这点而言,韦伯认为他们这派经由禁欲所达成的生活合理化,比起卡尔文教派来,是较不彻底的。——日注

阶层的关心事。关于这点，我们在此无法详细追究，但无论如何可以肯定的是：教权制之发展成一个理性的支配机制，以及与此相关的，宗教的思想界本身之理性一伦理的发展，往往正是在市民一城市的阶级里，特别是在小市民阶层中，找到其特别强力的支柱，尽管宗教的理性发展与这些小市民阶层之间也有各种摩擦产生，我们会在别处讨论这点[1]。

在庄园领主的封建势力所支配的时代，此种理性的（官僚制的）机制总是受到威胁。政治权力一方面付与教会的高级官员（主教）土地与政治权力，而将之收编为大采邑保有者；另一方面，使单纯的教士接受庄园领主之俸禄的领养，而将之收编到庄园领主的家产制官员里头去，因为唯有在城市与货币经济的基础上，小教士才可能靠着教会财产来供养——教会财产是来自于信徒的捐献而由主教所管理——然而在这个时代里，此种供养形态无法存在。在庄园制的自然经济的基础上，教会的支配机制之自主性的要求，唯有靠着修道院的共同体生活，才有可能：修道院组织本身也是立基于庄园制的基础上；过着全然或近乎共产制生活的修道士们，即为教权制的捍卫军。爱尔兰的修道士、圣本笃修会的修道士，以及共住圣职者类似修道院的组织（克罗蒂冈戒律，Regel Chrodegangs）[2]，在西方的教会及其他一般文化的发展上，之所以具有其极为突显的意义，道理即在于此。同理，喇嘛教的修道院教会组织之于西藏，佛教修道僧之于封建制的日本，也是如此。

---

1 参见下节，p.402 注 1 以下各段。——中注

2 Chrodegang（殁于 766 年），麦滋的主教。他的戒律即指所谓的“麦滋共住规则”。参见第三章 p.142 注 1。——日注

八、教权制对于经济发展的意义：经济行为的定型化、对资本主义的滞碍；对西方文化之独特性的影响

除了上述这少数几个确定的论点以外，想要对教权制之受经济所制约的情况做出概括性的论断是有其困难的；反之，教士的教权制支配对于经济发展的意义所在，倒是较容易加以罗列出来。

首先，教权制自己的经济生存条件，会导致与某些特定阶级的经济利害相冲突。教会试图通过特别是大量的捐献——最好是土地捐献——来确保其经济的自主性。既然教会所注重的并不在于迅速的利润赚取，而在于长期的、确实的收入，并且降低与其属民之间的摩擦到最低程度，那么，就像君主之于私人的庄园领主一般，教会通常会对农民采取一种保守的、维护的政策。正如大的教会产业在近代里很少加入圈地运动（Bauernlegen），同样地，在古代，永借权的（emphyteutisch）及其他小作永佃权的（erbpachtartig）非世俗的保有权，最初恐怕正是产生于神殿产业里。中世纪时，修道院产业（尤其是西妥教派）的直营经济（按：即修道院庄园内部的农业经营）——相应于其禁欲的理性性格——是自然最初的理性经营之一。

然而，随着“死手”（tote Hand）[1] 的土地所有的扩大，逐渐限

---

1 “死手”一般是指法人，中世纪时的教会、修道院等宗教的财团法人。教会财产有别于“有生有死的人”（homme vivant et mourant）的财产，绝少因死亡而产生继承或因生前处分而产生转移的现象。教产简直就像掌握在动弹不得的“死人”手中一样，故称为“死手”（tote Hand）。由死手来取得财产之所以不受欢迎，除了本文所提及的理由之外，一般而言毋宁是因为：既然没有继承与转移的事情发生，领主也就失去了征收“继承金”与“保有地转让金”的机会。因此，遂有如下的规范形成：死手的财产取得（Amortisation）必须经由领主加以承认，在行这项承认之际，则予征收一定的承认金。法国自十三世纪以来，此种承认的授予及承认金的征收，显著地发展成一种倾向，即：一切的不动产皆为国王所独占。——日注

制了土地的供给，因而遭到对土地买卖感兴趣的人——特别是世俗贵族——的反抗。俗人贵族认为这会威胁到他们为后代子孙购入土地的机会。“铁锤”查理的大规模教会产业还俗，正是为了方便贵族的教会掠夺行动；中世纪时，贵族——作为〔教会的〕封臣或教会领地的管理人（Vogt）[1]——不断地试图确保自己对教会领地的处分权；近代各国的“死手财产取得禁止法”(Amortisationsgesetze)即着眼于限制教会土地所有的扩大，最初也是由贵族所发动的。其后，市民的土地投机利害关怀也介入〔教会土地的取得〕，而法国大革命时期之大规模的没收教会领地，更是特别有利于此种市民的利害关怀，这都是众所周知的。在政治权力这方面，中古早期，由于国王视非世俗的官员为其最安全的采邑保有者——因其为非世袭的缘故——所以将教会领地的扩大当作是维持其政治权力的手段；但后来部分由于考虑到教权制势力的竞争，部分基于重商主义的缘故，在上述的贵族利益关怀并非决定性考量的情况下，政治权力采取反对教会领地及修道院领地扩大的态度。政治权力的这种反对态度，在中国实行的最为尖锐也最有成效：所有的僧侣皆被根除，而其广大的领地也都充公，理由是，他们将人民引离劳动而导引到怠

1　Vogt 原来是教会或修道院的俗人差役，负责对外，特别是对法庭，代表教会及修道院交涉世俗事项上的利益。在教会及修道院取得豁免权（参见第三章 p.158 注 1），特别是自十世纪左右起取得高级司法权后，Vogt 也就顺理成章地担当起教会与修道院此种司法权的行使。与此并行的，是自十世纪以后，越来越多的有力高级贵族成为 Vogt，并且据此让 Vogt 的地位成为采邑，由教会或修道院授给他们，因而从役人转化成封臣，在权力的滥用下，对教会修道院的住民诛求无厌。以此，Vogt 权力的取得遂成为形成土地领主支配的重要手段，十二、十三世纪以后，Vogt 逐渐变成土地领主独占的局面。——日注

惰的、无经济收益的冥思里去[1]。

凡是自由放任教权制的土地累积之处，都有可能导致土地被广泛地封锁于自由买卖之外的地步。此种土地的累积，特别是在拜占庭时代与伊斯兰教时代的东方特色独具，用来作为替世俗家族赋予土地拘执（按：即否定土地的自由买卖性）以神圣的不可侵犯性。譬如我们若观察一个十一、十二世纪的拜占庭的典型修道院捐献，即会发现下列情形：捐献者将一大笔土地（特别是例如君士坦丁堡的建筑用地，其升值可期）捐献给修道院，以此，修道院（数额明确限定的）僧侣从中得到俸禄（视情形而定，可消费于修道院外！），而僧侣则被课以明定的方式供养一定数额的贫民，及履行一定的宗教义务。然而，在某段期间内，不只是修道院的管理人地位，更重要的是，在增加的收入中超出明确限定收入额的剩余款项，也都保留给捐献的家族。以此形成的家族世袭财产（Fideikommiss）——在此情况下，事实上自然是家族世袭财产——如今已是教会财产，世俗权力除非干冒亵渎神圣之罪，否则无以侵害到它。伊斯兰教的“捐献”地（“Wakuf”-Lädereien）中可观的一部分——纯就其量之巨大而言，在所有东方国家里皆扮演了极重大的角色——似乎也是在类似的意图下形成的。此外，在西方，修道院与教产无论在什么时代都一直暴露在被侵害的危险下，亦即，贵族为确保其子孙之生计的利害关心；并且，无数的“修道院改革”之目标也几乎都在于去除此种“贵族化”（Veraklichung）与去除偏离教权制目的的现象。

1　佛教在中国历史上所谓的“三武之祸”——北魏太武帝（455）、北周武帝（574）、唐武宗（845）的彻底扫荡佛教势力的行动，的确有韦伯此处所陈述的经济层面的外在因素。——中注

教权制与“市民的”利害关系之直接正面的冲突，乃是起于修道院的工商业经营。特别是在自然经济的时代，神殿与修道院里，除了各式各样的农作物之外，还储藏着大量的贵重金属。埃及与美索不达米亚的神殿的谷物储藏，如同国度有仓储一般，是被用来当作抵挡物价上扬的对策。只要自然经济仍占优势之际，贵重金属就会被加以储藏（例如俄国的修道院）。然而，神殿与修道院之神圣的和平——因对神的服复有所畏惧而受到保护——自古以来即为国际与地区间的交换贸易之得到免除威胁的基础，而自交易所征的税收，与信徒的赠礼一起，充实了〔神殿与修道院的〕宝库。经常被谈论到的神殿卖淫制度显然和商业旅行者的特殊需求有关（现今他们仍是嫖客中的重要部分）。神殿与修道院，无论何处，在东方尤其大规模，皆参与货币交易、接受存款、以实物或货币放贷或各式预贷而从中收取利息，并且似乎也从事其他交易中介的事情。希腊化时代的神殿，部分作用为国立银行（例如雅典神殿的财宝——其好处在于：在民主制时代，能够一定的、虽然并非完全有效地阻碍对国家财宝的图谋），部分则作为存款处与储蓄银行。例如德尔菲的阿波罗神殿即为奴隶的解放提供了典型的例子：神殿从奴隶主那儿买得奴隶的“自由身份”，不过赎金当然不是由神殿来支付，而是由奴隶预存在神殿里的储蓄金支付——在神殿里的储金可以免于奴隶主的侵占（否则奴隶对其主人是毫无市民权可言的〔亦即无财产权〕）。〔古代的〕神殿和中古的修道院同为最有信用且最安全的储金处，以此，教会机构作为债权人，结果特别受欢迎，此种人望——正如舒尔特（Schulte）

所正确强调的[1]——在中古也延伸到主教个人身上。毕竟，主教头上还悬着破门律的强制手段，正如现今对负债的军官有开除的威吓手段。对于神殿与修道院的参与货币交易，俗世的商人有时不免感觉到是一种“竞争”，但是基本上似乎并非如此。因为，从另一方面看来，教会——特别是教皇及其租税征收人——的强大财政力量为私人商业提供了各式各样的机会以赚取巨大的、往往是完全无风险的利得。

若就**工业**（gewerblich）活动，特别是修道院的工业活动而言，情形就不是那么回事了。将肉体劳动当作是禁欲手段而彻底履行——在圣本笃派较为古老的实践里，肉体劳动被理解为卫生保健上的调养生息——并且自由地运用众多的助修士与隶属民的劳动力，结果往往造成修道院的工业劳动与手工业之间的广泛竞争。由于修道院劳动拥有过着独身禁欲生活且为灵魂的救赎而在“职业的”（berufsmäsig）紧张下劳动的人，并且有着理性的分工及保证销路的各种结合关系与保护关系的支持，必然是更胜于〔俗世的〕手工业一等。因此，就在宗教改革之前，修道院工业，正如同现今的监狱劳动与消费者组合，乃是小市民阶层基本的经济不平控诉之一。宗教改革时代的世俗化，及以法国大革命时期行之更剧的世俗化，给予教会的经营相当深刻的打击。

与私人资本主义相较之下，教会机构所经营的事业——无论其为直接经营、通过中介或部分参与——如今重要性已大不如前。其对于教会机构的财政有多大意义，我们目前无法确实加以

---

1 此处所引用的应该就是 Aloys Schulte（1857—1941）的 *Geschichte des Handels und Vekehrs zwischen Westdutschland und Italien*，2Bde.，1900。——日注

评估，因为这些参与经营的事业通常都被小心地遮掩起来。今日，修道院所从事的基本上只是些专门性的工作；教廷据说在参与建筑土地的投机上（在罗马）损失了不少钱，并且创设银行失败（在波尔多，Bordeaux）一事无疑地亏损更多。直到如今，教会与修道院较爱立即插手的对象——在财产被准许累积于死手的情况下——仍是土地。然而其资金主要并非通过工业或商业的经营而筹得，而是：若非由近代诸国的宗教预算或捐献、租税与规费来提供，即筹自于罗尔得（Lourdes）的经营[1]赞助金、奉献钱和大众的捐赠。

教权制，作为一种支配结构，并且通过此种支配结构所形成的特有的伦理生活规制，对于经济领域的影响，比起其作为“有经济作用的团体”（wirtschaftende Gemeinschaft）[2]的影响看来，要远为深刻得多。具有教会组织的各大宗教，在支配结构上与经由生活规制所显现出来的伦理基调上，特别是宗教的早期里，彼此极为不同。伊斯兰教产生于卡理斯玛的、由战士先知及其后继者所领导的战士共同体；它所传达的是以武力征服不信者的指令、对英雄性的赞美，以及许诺信仰战士在此世与彼世的官能享乐。

1　罗尔德是比利牛斯山北部山麓的一个小市镇。1858 年 2 月 11 日，有一个名叫 Bernadette Soubirous 的十四岁女孩，在附近的马撒比尔洞穴里碰见现身的圣母玛利亚，其后，此一洞穴即涌出圣泉。传说圣泉之水具有神奇的治愈力，天主教教会最初有些怀疑，经调查之后，最后公开承认了玛利亚出现的奇迹。后来，这个洞穴便成为圣地，引来许多参拜者，例如 1948 年有一千五百万人，1952 年 5—11 月半年间便有二千五百万人。——日注

2　“结合体的行动（Gesellschaftshandeln），依行动者的观点而言，有可能导向纯粹经济的结果，亦即满足需求或追求利润。在此情况下，就会产生‘经济团体’。然而结合体的行动，也有可能借经济之运作以达成其他目的，此一情况，我们即称之为‘有经济作用的团体’”，“它们虽然也‘侵入’经济生活，但本身并非经济团体，它们原有别种首要的目标，而经济目标不过是附带的而已……”——中注

正相反，佛教乃自智者与禁欲者的共同体中发展出来，他们不只从罪恶的现世秩序与个人的罪恶中寻求个人的救赎，更要从生命本身来追寻救赎。犹太教则出自于一个教权制的——市民的共同体，此一共同体乃是由先知、教士与在神学上训练有素的知识分子所领导，非但完全无视于彼世，反而是以通过遵守决疑论之律法的方式，致力于复兴其受到破坏的此世的民族国家与争取此世的市民的幸福。最后，基督教发展自于一个参与圣餐礼的、神秘的基督崇拜的共同体，由卡理斯玛式的先知与教权制的官员所领导；漠视此世的秩序，并认为它的末日似乎即在目前；排斥一切暴力，并抱持着末世论的希望，期待着神的普世世界的实现。

各大宗教的开端如此歧异，因而对经济秩序也表现出相当不同的态度，并且往后的发展命运也各自不同。虽然如此，当卡理斯玛的英雄时代一旦过去而必须顺应于日常生活时，各大宗教的教权制成立条件，无论何处在重点上却皆相类似；与此相应的，其对于社会、经济生活，在某些方面，也发生相类似的影响。不过，我们会看到，还是有某些重要的例外。

教权制是最**具定型化作用的**力量（stereotypieren de Macht）。〔基督教的〕神法（ius divinum）[1]、伊斯兰教的圣法（Scharîa）犹太人的律法（Thora）[2]，都是牢不可破的。另一面，不由神法所规制的领域里，教权制的运作方式至少是可以理性**计算的**力量：诸如神谕、

1 神法包括直接由基督所给的法规范、其他由神意所启示的规范，以及被当作神意来加以认识的规范。因此，包含了启示法与自然法。神法是不可变的，也是不可或缺的(dispens)。具体而言，各教派对于何者为神法，自有不同的解释。例如：天主教将圣传也算入神法，而基督新教则为圣经至上主义。——日注

2 伊斯兰教的圣法，参见第四章第 7 节末。《旧约》中的律法 Thora 在希伯来语中原意为“指示”“教示”，转而意指以色列人应守的生活“原理”。——日注

神判、传法者的意见（Fetwâeines Muftî）、或伊斯兰教宗教法庭的裁判等形式的卡理斯玛裁判，完全是非理性的，最多不过是“就各个案例之不同”在具体的公平考量下作裁决。我们先前已多次论及的这些法发现的形式要素，此处纵使置之不论，教权制对于资本主义此一反传统的力量，必然还是抱持着最为深刻的反感——尽管教权制有时也会与之同桌共食。此种反感乃根植于教权制之天生自然的利益共同体及其被传统所圣化的一切权威，而此一独占的权威似乎受到资本的支配所威胁。不过，反感的另一个原因却在于资本主义的本质。尽管西方的教权制已是最被官僚制地理性化的教权制，并且也是所有的教权制当中，唯一具有理性的教会法且发展出合理的诉讼程序（这自然是为了自己的利益之故）、并将全力投注于接受一套理性的法律——罗马法——的教权制。但是，宗教法庭的干涉，仍然被具有资本主义关怀的市民阶层所勉强容忍、回避、或者公然地拒斥。

经济的资本支配（Kapitalherrschaft），由于其“非人格性的”（unpersönlich）性格，有别于所有其他的支配形态，乃是在伦理上无法加以规制的。资本的支配从外在看来似乎多半是“间接的”，人们既然根本无法揪出其“支配者”，因而也就无法对它提出伦理的要求。诸如家主对仆役、师傅对学徒、庄园领主对隶属民与庄头、主人对奴隶、家父长的君主对子民等种种关系，吾人可以提出伦理的要求，并试图使之服属于实质的规范，因为这些关系皆为人的（persönlich）关系，且其间的服侍也正是此种人际关系的流露与构成要素：在较大的限度内，此中有人的、弹性的利害关系在运作着，并且，纯粹的人的意愿与行动，可以造成参与者之关系与状态的决定性变化。相反的，在以下的关系里，情况就很难是如此，诸如：股份公司的领导人——他有义务要去护卫股份持有者（本来的“支配者”）的利益——对于其工厂的劳工，以及（更加困难的），融资给这家股份公司的银行的领导人对于上述的劳工，或者，抵押证券的持有者对于从此家银行融资而借得抵押财产的人。在这些关系里，“竞争能力”、市场（包括劳动市场、货币市场与商品市场）、“即事的”（sachlich）考虑——既不是伦理的，也不是反伦理的，而正是非伦理的，亦即与任何伦理都不相关的考虑——在决定性的重点上规定了关系，并且在众关系者之中插入非人格性的决定因素。

资本主义将劳动者与抵押证券债务者卷入其中的这种“无主人的奴隶制”（herrenlose Sklaverei），就伦理观点上看来，只能当它是一种制度来议论，而任何当事者（无论是支配者这方面也好，被支配者这方面也罢）的个人态度（persönliche Verhalten）却无法在伦理上加以咨议，因为，无论在哪一个紧要的关点上，其态度基本上都受制于客观的情况——若抱持私人的态度〔而不服从客观情势的指令〕，则会遭到在经济上被灭亡的惩罚，并且一点也无济于事。关键性的要点是：此种经济态度具有“服侍”于非人格的、**即事的目的**（sachlicher Zweck）的性格。

任何一个在伦理上（无论以何种方式）被理性化的宗教之教权制所提出的一切根本的社会要求，在在都与此种态势处于永远的对立关系上。所有具伦理取向的宗教，往往在末世论期待的影响下，一开始即带有卡理斯玛式的拒斥现世的烙印，换言之，根本是反经济的。其意义同时也在于：完全缺乏一种认为劳动具有特殊“价值”（Würde）的概念。总之，只要这类宗教无法依靠捐助金的喜舍或直接托钵来维生，或者无法像伊斯兰教作为一种战斗宗教从战士共产制起步，那么，其成员要亲自劳动以维生，生活出模范的生活样式。圣保罗与埃吉迪乌斯（Aegidius）[1] 即是。这同为原始基督教教会的指示及圣方济的原始清规所赞赏。不过，这并非因劳动本身受到尊重之故；有人说在《新约圣经》里，劳动已被添加了新的价值，这只不过是个神话。“守住你的职业（Beruf）”一语[2]，完全是一种出于末世论动机的漠然表现；正如同“恺撒的物，当归给恺撒”一语[3]，并不是在强调对国家的义务——人们如今喜欢如此加以解释，却相反的，乃是一种对此一〔政治〕领域里所发生的事完全不关心的表现（正是在**这点**上，与犹太教的态度相对立）。“劳动”一直到很后来，才开始因修道教团将之当作是**禁欲的**手段而得到敬重。

同样地，关于土地所有，宗教在其卡理斯玛时期所知的，唯

1　在法国一般称之为 St.Gilles。公元七世纪左右法国南部普罗旺斯地方的隐者。据说法兰西国王在 St.Gilles 的伴侣——一只牝鹿——的引导下和 St.Gilles 会面。St.Gilles 拒绝了法王所赠与的许多荣衔，仅接受数名弟子。现在尚有以其为名的城市存在，其遗骨亦埋葬于此一城镇中的 St.Gilles 修道院。——日注

2　路德在翻译《圣经》时，以 Beruf 来译出两个完全不同的语意。一个是保罗的 Klēsis，此意下的 Beruf “是纯粹宗教性的概念，意指通过使徒在福音书中的教导所传达的神的召唤 Berufung……与现今世俗的‘职业’（Beruf）意思完全不相干”。第二个是《传道书》（Jesus Sirach）中 pōuos 的译语，据韦伯的说法，Beruf 首度完全用以指我们现下的意义。然而，此种表面上完全不同的用语法之会通，是在《哥林多前书》第 7 章 17—24 节，此处，Klēsis 显示出德语 Stand（身份，状态）之意——例如 Ehestand（婚姻状态）或 Stand des Knechtes（奴隶的身份）——但这决不含现今之 Beruf（职业）的意思。不过，路德将“各人留守在现在的状态”，即所谓的（《哥林多前书》7：20）末世论的劝告，翻译为“Bleibe in deinem Beruf”（此即本文里的置疑所在）；后来在译《传道书》时，由于两者内容上相似，故将 p ō uos 也同样译为 Beruf，译文为“Bleibe in deinem Berufe”。此即为 Beruf 一字得以结合神的召命与世俗的“职业”两个观念的决定性机缘。〔详见韦伯于《新教伦理与资本主义精神》一文里前半部第 3 节开头的第 3 个长注〕M.Weber，*Gesammelte Aufsätze zur Religionssoziologie*，Bd. Ⅰ，S.65Amm.2。——日注

3　《马太福音》，22：21；《马可福音》，12：17；《路加福音》，20：25。——中注

有拒斥——将之分配给贫者，这是对完全的使徒的要求，或者，漠不关心——对所有信徒的要求。耶路撒冷的原始基督教教团里显然已有卡理斯玛的爱的共产主义存在，此种爱的共产主义——教团成员拥有财产“就好像没拥有一样”[1]——之和缓的形式，即为此种漠不关心的表现。将个人所有如此无限制、非理性化地分予教团中的贫困弟兄——后来导致传道者，特别是保罗，必须要到全世界各地去为此一过着反经济生活的中央教团筹募捐献——或许正是那脍炙人口的传统之真正的意涵，而不是任何所谓的“社会主义”的秩序，或者共产主义的“财产共有”。随着末世论期待的消逝，一切形态的卡理斯玛共产主义也退潮，而隐退到修道士的圈子里去，成为这些过着模范生活的神的扈从群（Gottesgefolgschaft）的特殊关怀，然而即使在那儿，我们也总是发现通往俸禄化（Präbendalisierung）的大道。劝止放弃志业与警告寄生于传道，成为必要的事（保罗的名言：“不做者不食”[2]，正是，也特别是针对这些寄生者而发的）。供养无产无业的弟兄，尔后变成是一正规职位的——助祭（Diakon）[3]——的事，教会收入的一定部分（在伊斯兰教与基督教）即划归为此种支出，此外，修道士也从事这种供养。作为卡理斯玛的爱的共产主义之残余，施舍被

1　《哥林多前书》，7：30；《哥林多后书》，6：10。——中注

2　《帖撒罗尼迦后书》，3：10。——中注

3　关于助祭制度的起源，《使徒行传》6：1—7描述如下：“那时门徒增加，有说希腊话的犹太人向希伯来人发怨言，因为在天天的供给上，忽略了他们的寡妇。十二使徒叫众门徒来，对他们说：我们撇下上帝的道去管理饭食，原是不合宜的。所以，兄弟们，当从你们中间选出七个有好名声、被圣灵充满、智慧充足的人，我们就派他们管理这事。大众都喜悦这话，就拣选了司提反……〔等七人〕，叫他们站在使徒面前，使徒祷告了，就按手在他们头上。上帝的道兴旺起来，在耶路撒冷的门徒数目加增的甚多。也有许多祭司信从了这道。”——日注

当作是为神所喜的事，伊斯兰教、佛教与基督教尽管在起源上有多么不同，但皆同声强调此事。此外，对于现世的经济秩序，也总是抱持着某种特殊的——作为此种爱的共产主义的遗迹之或显或隐的——态度（Gesinnung）。

由于教会本身必须得利用现世的经济秩序并与之有所联结，故而不可能永远斥之为撒旦的产物。经济秩序，一如国家，若非对现世之罪的让步——此种罪乃因神的容许而存在，个人必须将之视为不可避免的命运而顺应之——即为神所命令的、制御罪的手段，因此，重要的是要使经济秩序的担纲者具有一种利用其力量于此一目的心志。然而此一企图，基于前面提及的种种理由，在所有的资本主义关系里（即使是较为原始的形式里）都遭遇困难。因为，作为卡理斯玛的兄弟共同体之古老的爱的心志之残余，无论在伊斯兰教、犹太教、佛教或基督教里，“慈善”（caritas）、“兄弟爱”与主人对仆人的关系——在伦理上被神圣化的人的（persönlich）、家父长式的关系——皆为教会（我们此处所定义的教会）之一切伦理的最根本基础。然而，资本主义的兴起却使得这些理想实际上毫无意义可言；此种经济领域里的情形正如同政治领域；例如存在于原始基督教所有的理念归结里的和平主义的（为暴力本身所拒斥的）理想，在面对无论何处皆以暴力为基础的支配关系时，从来即毫无实际的意义可言。在资本主义里，一切真正的家父长关系皆被剥除了其原有的性格、被“即事化”，而慈善与兄弟爱，原则上也只有在个人之经济的（与慈善、兄弟爱完全异质的）“职业生活”之外，才能被实行。

所有的教会均对此种与其最内在本质相异的非人格性力量之成长抱持着深刻的不信任感，并且多半采取某种反对的立场。禁止取息与“公平价格”(justum pretium)的命令——亦即对商品与劳动要求并颁布正当价格——这两种特色独具的道德要求的来龙去脉，此处无暇详论。两者不仅彼此相属，且皆源自于邻人团体(Nachbarschaftsverband)[1]的原始伦理。交换，在邻人团体看来，只不过是将一时的剩余及自己的劳动产物〔与他人之间〕调配一下；为他人劳动只不过是邻人间的帮忙，而借贷也只不过是紧急救援。在“兄弟”间，人们并不讨价还价，而只问所交换物资的实价（包括“生活成本”，living wage）；彼此间的劳动互助，若非无偿的，即报以一餐温饱；对于非必要物资的赁贷，人们并不求任何收益，但望必要时的互惠。权力拥有者要求利息，异族者要求利润，但兄弟们不会这么要求。债务人是（现实的或潜在的）奴隶，或者——重点强调的话——“说谎者”。宗教的兄弟爱要求将此种原始的邻人团体的伦理，转用于同一宗教信仰团体成员间的经济关系范围里（因为戒命本身原本无论何处就是限定于信仰团体成员之间的，特别是在《申命记》里[2]，以及在古基督教里是

---

1 “‘邻人团体’——无论其为村落、氏族、行会共同体，或从事航海、狩猎、征战冒险事业的共同体……通行于这些原有的共同体中的两大基本原则是：一、对内道德与对外道德的二元论，二、所谓对内道德，是即‘你怎么施，我怎么报’的素朴互惠原则。根据这些原则，在经济生活方面造成如下的结果：在对内道德的范围内，有紧急援助同胞的原则性义务。具体而言……总之，这都是遵循着一个原则：今日是你有欠缺，明日说不定就是我。当然，这并不是一个理性考量下的原则，但**在感情上**举足轻重。准此，在交易或借贷上讨价还价，或例如因负债而导致永远被拘为奴隶的情形，只限于对外道德，也只行于邻人团体之外。教团的宗教心则将这种古老的邻人经济伦理，转用到信仰的同胞关系上。”参见《韦伯选集（Ⅱ）：宗教与世界》，pp.110-1，原出处为 M.Weber，*Gesammelte Aufsätze zur Religionssoziolgie*，Bd.1，S.542f.；另见 *Wirtschaftsgeschichte*，S.234 ff.。——中注

2 《申命记》23：19-20：“你借给你弟兄的，或是钱财、或是粮食，无论什么可生利的物，都不可取利。借给外邦人可以取利，只是借给你兄弟不可取利。这样，耶和华你上帝必在你所去得为业的地上，和你手里所办的一切事上，赐福与你。”——中注

如此）。正如最古老的商业毫无例外的是异族之间的财货交易，而商人则为异族人一般，他的职业在宗教伦理上仍然背负着——若非反伦理的，则至少也是——非伦理的恶评：总非上帝所喜（Deo placere non potest）[1]。不过，尽管有如此明确的关联，我们也须提防：不能将禁止取息一事太过“唯物论地”推衍为经济状况——消费信贷的支配——的“反映”。根据现存最古老的契约，不计利息的“生产信贷”早已为东方的法律所知（以收获的一部分来偿还播种用的谷物赁贷）[2]。

基督教会之绝对的禁止取息——拉丁文《圣经》（*Vulgata*）上如是说：要不望任何报酬地借贷（mutuum date nihil inde sperantes）[3]——恐怕是基于一则错读的翻译：根据莫克斯（A.Merx）的说法[4]，是将“什么人也不指望”（mèdena apelpizontes），代之以“什么也不指望”（nihil inde sperantes）。在历史上，此一禁令的实行原先只及于圣职者，并且只限于弟兄间，而非敌对者。在自然经济与消费性信贷目的占压倒性势力的时代，亦即中世纪早期，教士本身即屡屡无视于此一禁令的存在。然而几乎就在同时，当资

---

1 “教会经济伦理的精神，要而言之，可从（或许是）来自阿利乌斯教派（Arianismus）对商人的一句判语中看出：Homo mercator vix aut numquam potest Deo placere（商人的经营固然无罪，但总非上帝所喜）。一直到十五世纪为止，此一原则仍被视为妥当。——中注

2 参照 M.Weber，*Gesammelte Aufsätze zur Sozial-und Wirtschaftsgeschichte* S.57。——日注

3 Vulgata 是希罗尼穆斯（Hieronymus，340—419？）将一般惯用的拉丁文《圣经》改订后的《圣经》。在当时，他的改订权威并不为一般所公认，但经过一段时日后却成为西方教会共用的《圣经》，因而得 Vulgata 之名（即共用的《圣经》）。其后历经重新改订，如 1590、1592 年的改订本，1926 年以来又刊行新改订本。本文所引用者，出于《路加福音》6：35。——日注

4 默克斯（Adalbert Merx，1838—1909），德国的神学者、东方学学者。英国的路易斯夫人于 1892 年发现西奈山加塔利纳修道院中的帕林普塞斯多写本，默克斯加以研究后，写成 *Die vier kanonischen Evangelien nach ihrem ältesten bekannten Texte*，1897—1905。

本主义的“生产信贷”（确切点说：营利信贷）开始大量运作起来时（最初是在海外商业上），此一禁令倒又被认真起来。它并非经济状态的产物或反映，而是教权制之内在力量与自主性逐渐增强的结果。教权制至此开始逐渐把自己的伦理基准置于经济制度上，并且随着神学工作的开展，为经济制度制作出一套广泛的决疑法。

禁止取息的运作方式并非此处所能详论，而且根本也无法轻易地概括出来，此一禁令首先是在商业上有所容忍，因为在运用营利信贷的最重要案例里，由于信贷的需求风险大，故而唯有在提供贷款者也参与利益与损失的情况下才能运转，尔后慢慢地才开始出现确定的获利分配率（有时是公定的）——诸如比萨的“依契约分配海外贸易的利润”（dare ad proficuum maris）[1]——最后则普遍通行。总之，为了筹措生产资金的合伙的组合方式（Vergesellschaftungsform）[2]及不动产信贷领域里的收租权买卖（Rentenkauf）[3]，是通常惯用的形式。

虽然如此，禁止取息仍然对经济的法律形式造成深刻的影

---

1 见之于 1160 年比萨的立法 Constitutum Usum。照韦伯散见于其各著作中的说法，这是相应于目的港之不同——亦即相应于不同的危险等级——而以不同的一定比率来分配利益与损失的一种康曼达（Commenda）契约。——日注

2 这是由资本家提供资金，由企业家来执行业务，两者共同分配利益的组合契约形式；在中世纪时，合伙组合方式被广为运用，典型的就是所谓康曼达（Commenda）。资本家若隐而不现身，是为“内部组合”，若现身于外，则为“联名公司”。——日注

3 收租权买卖是盛行于中古城市里的资本投资与资金调度的方法。企业家在自己的土地上设定收租权（例如每年可以自此一土地征收一万马克的权利），再将此收租权卖给资本家，以此为代价来取得必要的资本。对资本家而言，每年所收取的租金（如上例是每年一万马克），意味着所投下之资本的利息。由于在形式上彻彻底底是收租权的“买卖”，所以企业家无法单方面以偿还本金的方式来要回租金的未付义务，因而又名之为“永久金”（Ewiggeld）。不过，慢慢地，在收租权买卖时，又有特别约定，可以在偿还本金后收回收租权的。如此一来，实质上无异于一种付利息的消费借贷。——日注

响，并且为贸易带来许多困扰：商人们列出黑名单〔按：会向宗教裁判所提出不当暴利控诉（exceptio usurariae pravitatis）的人，被商人列入黑名单〕、以保护自己免于被控告到宗教裁判所去（就像现今的股票交易所之列出黑名单以对付那些拒付差额〔Differenzeinwand〕者的控诉一般〔按：拒付差额者以交易乃是不正当的理由，拒绝支付差价，换言之，他们会向法庭提出控诉以使一项非法的投机契约失效〕），并且以行会的方式筹集共同资金（例如卡理斯玛商人行会，Arte di Calimala）[1]来定期地购买一般性的赦免（Generalablas）——由于不可避免的"不当暴利"（usuraria pravitas）之故；至于个人，则于其晚年时支付"良心钱"（Gewissensgelder），或者立下遗嘱作此支付。公证人为了资本主义的需求，绞尽脑汁在法形式的发明上，为的是回避禁止取息的禁令。而为了应付小市民阶层的紧急借贷需求，教会则创设出当铺（montes pietatis）[2]。

就阻止资本主义之发展而言，禁止取息无论在何处皆未获得决定性的效果，且越来越成为一种单纯的贸易障碍。卡尔文教派据其教派之精神创发出第一个取息在原理上的"正当化"（Rechtfertigung）——由萨尔马休斯（Salmasius）所作[3]。面对此种

1　Arte di Calimala，佛罗伦萨的毛织物商人行会，是该城的行会中最为有力者。Calimala 为该市同名的一条街。此行会的规约里说明行会的主旨在于"各组合（i consoli）及其组合的成员（frati）——为了得到赦免，并考虑到对各人而言怎样是最好的——依素来所行的，在本年度里，醵集捐献（dono）、报酬（merito）、谢礼（griderdono）等"。——日注

2　十五世纪中叶左右，圣方济修会为那些因取息禁令而无法借得钱财的穷困人开办了一种公设当铺，只收取利率非常低的利钱。——日注

3　Claudius Salmasius（1588—1653），出生于法国的古典学者。在巴黎求学时改宗基督新教。其人博学多识并精通古典语言。1632 年担任荷兰莱登大学教授，其后主要定居于荷兰。——日注

竞争，耶稣会在伦理上也做出一切可以想见的妥协。之后，尽管有来自圣经条文与教皇之圣座宣言的制约，教会还是于十八世纪、最终于十九世纪完全对此公开地投降了。此一屈服的机缘在于：维罗纳城（Verona）之询问是否准许发行取息的公债；对此询问，圣厅（Heilige Offizium）[1]指示告解神父，自此之后不再追究告解者之违反取息禁令的事，并赦免他们——条件是：告解者对于圣厅将来可能相反的（换言之，再恢复取息禁令）决定，一定要顺从。

对于“公平价格”（justum pretium）理论这个领域，中世纪晚期的教理已作了最广泛的让步，并且，教会本身几乎没什么自己的“经济纲领”可言。教会对于各种基本制度并未造成真正决定性的影响。例如像奴隶制这类具有根本重要性的制度之消灭，无论在古代或中古，教会这方面皆未做出足以论道的贡献。若就在近世所扮演的角色而言，教会也落后于经济的事实与后来启蒙运动之抗议。若说宗教的影响扮演了一定的角色，那也是来自于各教派，特别是教友派（Quäker）[2]，不过即使是他们，其反奴隶制的态度在实践上也总是相当不一贯[3]。在所有其他方面，教会所背书的（若有所介入的话），基本上也只是各城市与君主之传统主义的、“糊

---

1 主要是处理信仰与道德问题的圣厅，名义上以教皇本身为其首长，但实质上是由首席枢机主教(作为教皇的秘书)掌理首长职务。检邪圣厅的决定虽非无谬的(即虽不具无误性)，但对全体信徒皆具约束力。——日注

2 教友派（Quäker）是十七世纪中叶由 George Fox（1624—1691）创始的一个基督教教派。教理是以“内在之光”为其中心论点。换言之，人只有在通过圣灵而被赋予“内在基督”“来到此世照耀于一切人身上的内在之光”后，方能体悟圣经的真理。此乃一种虔敬主义，由于祈祷时会使虔敬的身体发抖，故名之为“quäker”。教友派虽受到英国国教会激烈的镇压，但在美国、爱尔兰、苏格兰及荷兰却相当得势。——日注

3 参见 S.B.Weeks，*Southern Quakers and Slavery*（Baltimore，1896）。——日注

口”（Nahrung）策略的措施。

虽然如此，中古教会的影响非但不小，反而是极巨大。可是其影响并不在于“制度”的创立或阻碍，而是在于心态方面，就这点而言，基本上仍是消极性的。教会——完全按照一切教权制的图式——过去是，至今仍是，与资本主义的力量相对立，支持所有人格性的家父长制权威及所有农民的—小市民、传统主义之营利的一根支柱。教会所推许的心态，是非资本主义的；部分而言，是反资本主义的。教会并不指斥“营利经营”（Erwerbstrieb——总之，一个根本不明确的概念，最好是不要用），而是听其自然，就像对待此世的事务一般，以其并不具有遵守福音的劝告（consilia evangelica）的卡理斯玛能力之故。然而，教会并没有办法架起桥梁以接通其最高的道德理想，以及以资本主义意义上的“经营”（Betrieb）为取向的志向性（Eingestelltsein）——换言之，将资本主义的利润当作是一个“职业”（Beruf）之即事的、最终的任务；并且，最重要，视此职业为一己之能耐的权衡，总之，是一种合理性的、讲求方法的志向性。较之婚姻、国家、职业与营利等“现世内的”伦理，教会尊修道士伦理为较高的伦理，并以此贬低一切日常世界的事务，特别是经济领域的事务的伦理价值。唯独为了修道士，教会才创制出一套合理性的、禁欲的生活方法论（Lebensmethodik），亦即，全体生活皆以一统一的目标为取向的态度。西方的教会是如此，原先纯粹作为一修道士宗教而发展起来的佛教也是如此。只要俗人服从教会的权威，或者在佛教这方面，只要俗人肯对教会喜舍捐献，那么教会对于俗人的作为也就投以容许的眼光。特别是，教会通过秘密告解（Ohuenbeichte）

的制度[1]——此乃圣职者最强而有力的权势手段，并且唯独在西方教会里有首尾一贯的发展——提供俗人定期免除自己罪过的可能性；如此一来，再加上教会依其卡理斯玛的救赎机构性格（Heilsanstaltscharakter）将俗人置于其指导的业务之下，教会将无可避免地会削弱俗人"讲求方法地"、完全自我负责地过其现世生活与职业生活的动机。即便俗人如此生活，他也达不到最高的宗教理想，因为这些理想根本就不在"现世"之内的。

不过，无论如何，中世纪的天主教徒在其世俗职业里的生活态度，比起犹太人来，要远为不受传统与律法的拘束（关于犹太人，我们将在后文里详述）；在某些方面，比起伊斯兰教徒或佛教徒来，也是如此。然而，依此或可对资本主义的发展有些助益之处的，却又因其缺乏讲求方法地贯彻现世内——特别是经济营利的世界内——之"职业"的冲动，而再度落空了。在职业工作上，是没有任何心理报偿的。尽管不断地协调，"总不为神所喜"（Deo placere non potest）仍旧是对信徒之经济生活态度的理念——每人应为以获利为取向的、合理性的、非个人性的经营而努力的想法——的最后通告。以此，二元论依然存在：一方面是禁欲的、唯有舍弃现世方能实现的理想，另一方面则是"现世"。佛教，就其作为一种修道士宗教及其救赎思想的整个方向看来，对于"职业伦理"所知就〔比天主教〕更少了。伊斯兰教对地上财富与享乐之自然无邪的赞美，乃是其原本为一战士宗教固有的属性，根本就不会以创造出现世内的、理性的、经济的职业伦理的动机为

1 秘密告解制度：信徒在受洗之后若犯了罪，可以经由向告解神父告白罪状而得赦免的制度，亦即悔改秘迹。韦伯强调：此种"秘迹"阻碍了现世内生活的彻底合理化，而基督教之废止此种秘迹，作为从犹太教开始的"除魅"（Entzauberung）过程之句点，其意义颇值重视。另参照 *Gesammelte Aufsätze zur Religionssoziologie*，Bd.1，S.94ff.。——日注

其方向，因而也就毫无此种职业伦理的萌芽可言。政教合一制的东方教会则根本没有拿出一种明白的态度来。

相对于这些东方的宗教，西方的天主教提供了资本主义发展较为有利的面；这主要是因为其继承了古罗马的传统——遂行教权制支配的理性化，特别是关于科学与法发现的发展方式。上面提及的东方诸宗教一直比西方教会更强烈地保持着未被理性化的、卡理斯玛的宗教性格。说起来，至少部分而言，这纯粹是历史的命运使然，换言之，在东方，并非宗教，而是世俗的权力——宗教也与这些世俗权力的领域交会——方为精神上及社会“文化”的担纲者，此外，也因宗教（佛教例外）长期置身于政教合一制束缚下的结果。

东方教会缺乏属于自己的一个自主性的、汇集到独裁顶峰的阶层制官僚机构。俄国的圣公会议（der heilige Synod）乃是一个纯官僚制的、由国家召集教会的高阶圣职者所组成的会议，此一会议的领导者自从总主教尼康（Nikon）落难之后，以及彼得大帝之废除总主教的职位以来，便成为具有国家官吏身份的监理官（procurator）[1]。拜占庭的总主教就从来也未能提出这样的要求〔要

1　Nikita Minov Nikon（1605—1681），俄国的圣职者。因受宠于沙皇亚历西乌斯（Alexius），于 1648 年出任诺夫哥罗德大主教，并于 1652 年成为莫斯科的总主教。由于他认为俄国的教会深中强烈民族传统之毒而逸脱了希腊正教的正统，故而着手改革教会，并修订典礼书籍。1654 年与 1656 年的大公会议里，此一修订本获得承认，反对修改的所谓“分离派”（Raskolniki）被处以破门律，但也因此引发了俄罗斯教会的大分裂。不过，由于尼康主张教会的地位优于国家，而于 1658 年失宠于沙皇。1660 年由沙皇所召开的大公会议里，决议罢免尼康，重新任命总主教。然而罢免尼康的问题仍然纷扰不断，最后终于在 1666 年的大公会议里，以侮辱沙皇为理由，罢免尼康遂成定案。值得注意的是，就在罢免尼康的这个大公会议里，同时也确认了尼康所发起的改革，并将反对者处以破门。此外，到了彼得大帝时代，总主教一职在长久悬缺（1700—1721）之后，终被废止，另设置皇帝任命的议员所组成的圣公会议来作为宗教上的最高机关。——日注

求此种地位〕。伊斯兰教长老（Scheich ul-Islâm）在理论上虽然是高于哈里发——因其为“俗人”之故——但〔实际上〕却是由哈理发所任命的，并且哈里发本身，与拜占庭皇帝完全相同，也享有一定程度（只不过并不确定）的宗教权威。佛教唯有在喇嘛教里才有此种最高指导者，不过他是个中国的采邑持有者，此外，他是被当作前所述及的化身那样“隔离起来”[1]。因此，无谬的教理权威并不存在：无论在伊斯兰教、东方教会或佛教里，教会的一致意见（consensus ecclesiae）乃是新知识的唯一源泉，并且，在伊斯兰教与佛教里蕴生出一股极大的弹性与发展潜力，只不过也因此大大地阻碍了自神学伸展出合理性哲学思维的形成之路。

最后，西方教会的官职机构在诉讼领域里所创制出的理性的司法，也不存在于东方。此种理性的司法之所以被创制出来，最初是为了教会自身的目的：在与教会有关的重要事情上，教会制作出一套审问程序（Inquisition），以便合理性地得出证明；反过来，这也强烈地影响了世俗司法的发展。同样地，东方亦缺乏立基于理性的法学上的持续性法理创制：此种理性的法学是西方教会以罗马法为依据而发展出来，或据其自身的范例而蕴育成的。

总而言之，西方文化发展的特殊根芽，乃是含藏于以下各种关系之间的紧张性与一种独特的调整：一方面存在于官职卡理斯玛与修道生活之间，另一方面则存在于政治权力上封建制或身份制的契约国家性格，与独立于政治权力或与政治权力交会、具有合理性官僚制形式的教权制之间。至少就社会学的考察而言，教权制获胜之后的埃及、西藏及犹太文化，儒教获得决定性胜利之

1　参见前文：第五章第2节第2、第13小节，以及第六章第1节。——德注

后的中国文化，封建制获胜后（若不论佛教问题）的日本文化，政教合一制与官僚制获胜后的俄国文化，哈里发制被确立及俸禄的一家产制的支配定型化后的伊斯兰教文化，最后，古代的希腊与罗马文化（当然，这两种文化在许多方面皆与其他文化相当不同），全都是**"统一的文化"**（Einheitskultur）——尽管统合的程度不一，但本质上尽可说是如此。相反的，西方的中古时期，比较之下，作为统一文化的程度就小得多了。

政治力量与教权制力量的结盟在西方有两次达到顶点。第一次是在卡罗琳帝国时期，以及神圣罗马帝国在其权力高峰的某些时期。第二次则一方面是卡尔文神权政治的少数例子，另一方面是路德派与英国国教派的新教地区之强烈的政教合一制国家，以及反宗教改革的地区，其中特别是天主教的大一统国家：西班牙及博絮埃（Bossuet）[1]时代的法国。以上两次皆带有强烈政教合一的性格。然而除此之外——并且即使在这些时代里，也令人显著感受到——西方的教权制无论何处皆与政治权力处于紧张状态中，并且构成对政治权力的特殊制约，这是和古代及东方的纯粹政教合一制与纯粹神权政治结构大异其趣的。在西方，支配对立于支配，正当性对立于正当性，某一官职卡理斯玛对立于另一官职卡理斯玛，然而在支配者与被支配者的意识当中，则存在着这样的理想：政治权力与教权制权力的合一。

1　Jacques Benigne Bossuet（1627—1704），大约与路易十四同时代的法国神学者、主教、布道家。1670 年出任皇太子的师傅，教导君权神授论——此一理论源之于 1681 年的 Discours sur l'histoir universelles，认为波旁王朝的支配乃基于上帝的神意。太子师任满之后，接掌莫城大主教，以其雄辩之故，被称为"莫城之鹫"（l'aigle de Meaux）。他虽排斥新教而坚守天主教的立场，但同时亦主张法国国家的独立与国民教会之自由（即所谓 gallicanisme）的立场。——日注然而，个人并不拥有任何正当的领域以**对抗**这两种支配的正当性力量，无论其为氏族国家里的独立的氏族卡理斯玛，或者采邑保有者根据契约而被确保的正当的或派生的固有权力。古代国家或教权制、家产制国家及政教合一制等将其权力伸展到人身上有多大程度的问题，纯粹是个事实的问题，关键在于支配团体对于维持其支配的利害关心，以及此一支配的组织方式。关于这点，我们已部分有所论及，部分则待探讨。总之，为个人之故而对支配权力加以正当的限制，是没有的事。

九、教权制在市民民主制时代与资本主义时代的地位

近代的市民民主制与资本主义的发展，根本地改变了教权制支配的条件。乍看之下，此一发展似乎全然不利于教权制。资本主义在圣职的抗议（并且经常是直接的反抗）之下，胜利地进军。资本主义的担纲者，“市民阶层”（Bürgertum），在其“大布尔乔亚的”（grossbürgerlich）阶层里，逐渐地脱离出其素来与教权制对近代的自然科学——资本主义之技术基础的担纲者——所抱持的疑虑，甚而使生活愈来愈变得清楚明白且能够驾驭的理性主义之强化，在在都使巫术性天赋资质的担纲者的活动空间逐渐缩小，并且特别是与教权制之内在威权取向的、作为素来的构成之支柱的宣称主权相对立。

然而，我们绝不可轻下断言，说其中的契机即在于新兴的市民阶层之反伦理的或非伦理的、自由放任的倾向；毕竟，教会也曾借着告解制度，大大地与通常是封建阶层之特色的、伦理的“散漫”相妥协——只要封建阶层确信其本身的支配的话。相反的，

市民阶层的理性主义之严格厉行的伦理，才是与教权制两相对立的关键所在。因为，此种伦理威胁到教会掌握天国之钥的权力及其施予恩宠与赦罪之力的价值[1]，因此素来即被教权制鄙视为通往异端之路——只要是依此而不顺从教会所规制的禁欲形式。以此之故，所有受到资本主义及市民阶层势力所威胁的、传统主义的各阶层，皆逃到教会的庇荫之下，包括：小市民阶层、贵族，甚至君主制——在确信一己之力的君主们与资本主义结盟的时代过去之后，当市民阶层的支配权力欲到达危险的态势时。

不过，市民阶层自己也走上相同的道路——一旦他们的地位因劳动阶级自下而来的攻击而遭到威胁时。资本主义一旦稳固，教会也就与之和解：人们只要比照一下自克特勒（Ketteler）以来至今的德国中央党[2]的发展即可明白。教权制这一方面竟至迎合资本主义之意的地步。确实，教权制有时揭示出“基督教的社会主义”——亦即在教权制指导下的社会主义——这种经济的末世论

---

1 《马太福音》16：19，耶稣对彼得说：“我要把天国的钥匙给你，凡你在地上所捆绑的，在天上也要捆绑，凡你在地上所释放的，在天上也要释放。”此即天主教会之“系释权”的由来。虽然一般说来是指教皇所握有的普遍裁治权与教导权，特殊而言则是指（作为上述权力之一部分的）将信徒的罪与罚加以赦免的权力。——日注

2 克特勒（Wilhelm Emanuel von Ketteler，1811—1877），德国的圣职者，1850 年后担任麦滋的主教。凯氏具政治家资质，于 1848—1849 年任法兰克福国民议会的议员，1871—1873 年任国会议员。他拥护天主教教会相对于国家的自由；为了对抗经济的自由主义，他致力于以天主教之慈爱精神为基本的社会福利事业。不过，有感于仅此并无以达成劳动阶级的救赎，转而在社会政策的问题上，专注于天主教社会政策理论的树立。

德国的中央党是于 1870 年组织成的天主教政党，拥护天主教会的权利并标榜大日耳曼主义，与俾斯麦对抗，因而爆发文化斗争。后来，俾斯麦这一方因社会民主党的势力扩张，而领悟到与中央党相争的愚昧，于是放弃打压天主教的政策；中央党这一边也缓和其大日耳曼主义与教皇至上主义，而与政府之间达成妥协，九十年代以降遂积极地协助政府。中央党除了拥护天主教会这一点外，不论在阶级上或思想上皆获得相当广泛的支持，据说其政策具有相当高的弹性。1913 年以来，其在野党的色彩强化，第一次世界大战期间渐渐滋增进步的倾向，后成为威玛体制重要的支柱。——日注

期待（而社会主义一词则被理解为各种不同的、多半是小市民的乌托邦），并且确实也有助益于瓦解对于市民经济体系的信仰。然而，劳工运动对于权威之典型且不可避免的敌意，改变了教权制的态度。近代的无产阶级并非小市民。威胁到无产阶级之生存的，并非须以巫术加以驾驭的鬼神或自然力量，而是可以理性地洞知的社会条件。劳动阶级当中最具经济力量的阶层往往拒斥教权制的任何指导，或者只接受其为免费的利益代表——只要教权制真的代表其利益的话。资本主义秩序愈是具有不可毁坏性，教权制的利害关怀就愈是要求与新树立的权威相妥协。教权制相应于其天生自然的伦理关怀，竭力于将劳动阶层对企业主阶层的资本主义从属关系塑造成人格性的、权威性的、有慈爱可言的隶属关系；其所运用的方法，特别是鼓吹其“福利制度”——阻止无产阶级之反权威的运动自由——并且尽可能地赞助至少在表面上看来有利于维持“家族纽带”及劳动关系之家父长性格的家内工业，而拒斥助长反权威的阶级意识之生成的工场内的集结。教权制对于罢工这种反权威的斗争手段，以及所有服事于此种手段的社会组织，都抱持着最深切的不信任感，尤其是当：由罢工而蕴生出有害于教权制利益的、超越信仰之相异的团结关系这种威胁时，其不信任感最为激烈。

教权制的生存条件在近代民主制内部里产生变化。在民主制里，面对着各种政治权力与敌对的社会势力，教权制除了像所有其他政党一样建立起一个政党组织并使用宣传手段之外，别无选择。此种必要性会强化官僚化的倾向，既然教权制机构必须遂行政党官僚制的机能。一方面是对于政治斗争与宣传具有决定性的各要素之势力，另一方面则为中央权威的势力，会以牺牲旧有的（主教一教士的）地方权力为代价而增强——一如任何从事斗争的大众团体里的情形。在手段的使用上，除了高度情绪性的忠诚手段（Andachtsmittel）——这是针对群众煽动的反宗教改革领导者们一开始便使用的手段——之外，和其他群众政党一样：建立起教权制指导下的团体（Genossenschaften）。例如，金融贷款可以靠着呈示告解证明书而取得，或者至少宗教的生活态度可以视同为信用能力。劳动组合、青年团体以及特别是学校的支配等，皆属此。若学校为公立的，则教权制要求对其课程上的控制权，否则即以修道士所管理的学校来与公立学校竞争。其与政治权力素来的妥协——在刑事上与民事上被赋予特权，"移动"教会则领受经济上的补贴[1]——尽可能地被维持下去，并且，对于在教会规制下的一切生活领域，国家权力乃从属于教会这点，被视为原本即神意所在。

然而，在民主治之下，权力乃委之于被选举出来的议员手中，教权制也能够容忍"国家与教会的分离"。所谓国家与教会的分离，如众所周知，可有多解；例如：已获取的运动自由，以及自国家统制之下解放出来的自由，可能提供给教权制如此之大的势力，以至于愿意忍受其形式特权的丧失。表面上看来似乎是最重要的一个经济后果为宗教预算的废止，但这一点也不妨碍到另一笔潜在的"宗教预算"之在美国重新生出：在美国，这个宪法上政治权力与宗教完全绝缘的国度里，由天主教占多数的地方会便拨给教权制管理下的学校任意数额的补助金，此即为对教权制而言形

1　所谓移动教会（wandernde Kirchen）是指因兵役、义务劳动或农工业的移动劳动等缘故而离开故乡往赴他乡的人们所组成的集团，或为这些人们的司牧之故所设置的种种制度与设施。从军教士（牧师）的制度即其典型。——日注

式上更为便利的潜在“宗教预算”[1]。况且,在土地与财产的积累自由放任的情况下,“死手”的财产尽管慢慢的、但不可扼抑不断增大的情形,在今日确实如同往昔一般。

教权制依附者的团结程度,在有诸多信仰混合的国度里,且受敌对者所包围的情况下,例如德国,不消说自然是最强固的;此外,在主要为农业一小市民、与主要为工业居民之间的地理性分隔显著的地区,例如比利时,此种团结也特别强烈。在这些国家,教权制的影响通常是投注于反对在资本主义基盘上成长起来的阶级之支配,换言之,市民阶级,特别是劳动阶级的支配。

十、西方的信仰分裂及其对经济生活的影响;路德的态度;卡尔文教派的伦理与教会

为教权制地位带来很大变化的西方的信仰分裂,无疑的也是受到经济因素的激发。不过,整体说来只是间接的。确实,农民之所以对新的教理有兴趣,主要是基于以下这点:土地可以自非以圣经为根据的种种贡租及义务中解放出来;这也是现今[2]的俄国农民所抱持的态度。相反的,市民阶层直接的经济关怀最主要的是在于与修道院工业的竞争,其他的一切都只是次要的。禁止取息从来就没被当作是个问题。

就外在而言,教皇圣座权威的衰弱要为信仰的分裂负起

1　关于此一具重要性但相对而言较不为人所知的现象,参见 John W.Pratt,“Boss Tweed's Public Welfare Program”, *The New Youk Historical Society Quarterly*, *XLV*:*4*, Oct.1961, 396—411。

2　此处是指 1914 年之前。——德注

责任。致使教皇圣座权威衰落的原因，一则为教会的大分裂（Schisma）——其中亦有政治的因素——一则为因大分裂而势力高涨的宗教会议运动（Konziliare Bewegung），此一运动使得教皇在远处北方的国家里原本就较微弱的权威更加衰微。此外，教皇权威更因各君侯与身份层对其所发动的斗争而衰落，此一持续不断且颇有成果的斗争，主要在于反对教皇对国内教士圣职授予的介入及其租税、规费的体系；另一方面，各君主借着行政的合理化而大大增强其势力，彰显出政教合一与世俗化的倾向；再者，又由于教会权力封闭了"改革"动向之门后，教会传统在知识阶层、贵族与市民阶层的心目中失去了信用。

此种解放的趋向，与自宗教生活方式解放出来的渴望，几乎一点也不相干，并且与削弱教权之生活规制的渴望也只有很小的关联。若说教会的任何"反现世性"（Weltfeindschaft）会让一个追求生命的开放性、"人格"的自由以及甚或美与享乐的社会，感觉到是种桎梏，那就完完全全地错了。在这方面，教会实际上是无可非议的[1]。

实情正好相反：宗教改革者认为，经由素来的教权制的影响力，宗教对于生活的渗透还**相当不够**；这并且特别是市民阶层的想法。在理念上最反对教皇制的那些人，洗礼派及类似的教派，所要求于自己的那种（在我们今日看来无法想象其严格程度的）自我克制、禁欲及教会纪律，是教会从来也不敢去苛求于信徒的。教权制与地上权势及罪，不可避免的妥协，正是宗教改革决定性的激发点。

1　关于这点特别可以参考 E.Troeltsch，"Renaissance und Reformation"，Aufsätze zur Geistesgeschichte und Religionssoziologie，Gesammelte Schriften，Bd. Ⅳ，hrsg.v.H.Baron，1925。——日注

基督新教之禁欲的诸教派在凡是市民阶层成为一社会势力的地方取得支配权，而禁欲性最低的诸改革教会——英国国教会与路德派——则在（当时）贵族及君侯势力占优势的地方获胜。

市民阶层一般而言强烈的宗教感受性，使其虔敬之心独具特质。由于此种虔敬心的特质，使得他们与改革派的布道家站在一起，反抗传统的教会机制，就像他们先前站在教权制这边反抗帝王、站在托钵教团这边反抗俗世圣识者一样。在内容上，此种虔敬心，相应于其劳动方式，带有较强烈的理性伦理内涵，并且，使之较为强烈地热切追索其在神前的“自我义认”（Rechtfertigung）问题，这点也相应于其生活样式比农民更少受有机的自然过程所影响的事实。较之于教会革命的形态，市民阶层会十足地愿意接受一种教会内部的改革运动，如果此种内部的改革运动能够满足其伦理的要求。然而，这对教权制来说是有某些困难的，困难在于：教权制组织在历史上一旦确立的形成方式，以及教权制之具体的权势关怀；这些困难，教权制并无法适时地加以解决。经济的，特别是政治的个别具体状况，在信仰分裂的过程中所扮演的重大角色，我们已知之甚详，然而，我们切不可因此而忽略了宗教动机的重要性。

教会改革本身反过来也强烈地影响了经济发展。不过此种反作用视新信仰各自的特质之不同而有所分别。对于在资本主义基础上成长起来的阶级——市民阶级与无产阶级——路德派改革教会所采取的态度，较之于天主教会，只有程度上的差异，而无本质上的不同。路德对于经济生活的态度，极为强烈地受到传统所束缚，若就“现代性”（Mondernität）的判准而言，远远落后于佛罗伦萨的理论家之见解[1]。并且，路德教会明明白白地是奠基于负有宣扬圣经话语之使命的牧师之官职卡理斯玛上，极端地仇视一切对神置的官职权威的反抗。最重要的（就经济方面而言亦是如此的）革新，是去除“福音的劝告”，亦即停止将福音的劝告之价值提高到现世内的伦理与现世的社会秩序之上。换言之，将修道院与修道士的禁欲，视为善功成圣（Werkheiligkeit）之无益且危险的表现[2]，而加以废止，虽然对路德而言，此一废止并非一开始就确定。此后，基督教的美德只能在现世与现世的秩序——婚姻、国家、职业——**内部**里追求。由于教权制的失灵，以及建立教团的尝试之失败——这当然也是由于政治经济的大环境之故——并且由于教会之官职卡理斯玛的性格被彻底地确立——教会作为有义务经管圣经话语的救赎机构（Heilsanstalt）——在路德教派里，井然有序地宣扬纯粹教义——一切的一切惟取决于此——这项任务，落入政治权力的手中。以此造成的政教合一制，借着宗教改革时期大规模的教产还俗活动，在经济上大大地被强化了。

结果，一种反资本主义的心境与社会政策的取向（以此或以

1　“佛罗伦萨的理论家”，特别是指圣安东尼努斯（Antoninus Frolentinus，1389—1459）。圣安东尼努斯为圣多明尼加修会的会士，历经托斯卡纳地方诸改革修道院院长之职后，出任总会长；1446 年以降，为佛罗伦萨的大主教。在其所著的 *Summa Theologica*(《神学大全》)、*Summa Confessionalis*(《听罪提要》)、*De usuris*(《利息论》) 等书中，对于当时的经济发展表示出相当大幅度的妥协态度。参照 M.Weber，*Wirtschaftsgeschichte*，S.305；*Gesammelte Aufsätze zur Religionssoziologie*，Bd.1，S.72ff.，以及 R.H.Taweny，*Religion and the Rise of Capitalism*（Pelican Books），p.53，p.284 n.5，p.289 n.53。——日注

2　所谓善功成圣，是指因自己的功德——在天主教是实行“福音的劝告”，在清教徒是专心于现世内的“职业”，在犹太教是遵守“律法”——而使自己成圣及获得救赎的想法。但虽同为 Werkheiligkeit，在天主教与犹太教里，功德乃是为获得救赎的“现实因”，在清教徒的立场上，由于其“上帝预定论”的关系，功德不过是确信其受预选得救的“认识因”。相反的，路德派拒斥此种善功成圣的想法。——日注

彼的形式）成为所有真正“救赎”宗教共同的特色。然而，就这点而言，唯有两个宗教团体是例外：**清教**（der Puritanismus）与犹太教。它们彼此虽互有分别，但所抱持的却是与上述完全不同的态度。

在“清教主义的”教团当中（就最广义的观点，所有本质上为禁欲的基督新教的教团都包括在内），只有一个并非“教派”（Sekte），而是个“教会”（Kirche）——此处指我们一向所坚持的、社会学意义上的教会，换言之，一个教权制的“机构”（Anstalt），亦即：卡尔文主义（Calvinismus）。此一教会的内在特质，显著地相异于其他所有教会，诸如：天主教教会、路德派教会及伊斯兰教教会。关于卡尔文主义的理论，由于篇幅所限，我们不得已有意地以极端化的方式将其论列出来[1]。严格的卡尔文主义之基本教义，上帝预定论（Prädestinationslehre），在原理上排除了卡尔文教会成为救赎财之施予者的可能，并且接受此施予，对于受领者的永恒救赎也不会有任何意义可言。同样地，信徒自身的行为对于他在彼世的命运，一点也不相干。因为，他的彼世命运已根据神之不可且无可变更的裁决自亘古以来即已确定。被预定永生者根本无须为己之故而需求任何教会。教会的存在，以及不管在哪个重点上，教会的组织方式，就像所有其他的政治、社会秩序以及信徒的一切社会义务一样，完完全全都只奠基于神的积极命令上——此一命令的理由，吾人无以得知，不过其所有的要点皆于圣经中明确地透露出来，其详尽之处也可经由人类被赋予的（并

1 关于这一点，参照“Die protestantische Ethik und der Geist des Kapitalismus,” *Gesammelte Aufsätze zur Religionssoziologie*，Bd.1。——德注

且也是为此目的而被赋予的）理性（Vernunft）而加以补充与阐释——继之，教会的存在与组织方式，绝非是为了灵魂的救赎与罪人的爱的共同体，而绝对单只是为了增大神的声名与荣耀，换言之，也就是一种冷峻的、神的“国家理性”（Staatsraison）。教会绝非只为受选者而存在，同时也为了被诅咒者而存在；对此二者，教会为荣耀上帝之故，而压制罪（Sünde）——所有人类皆有的罪，一切被造物皆同等深刻因而无以架桥地隔离于神的罪——；所以，教会是教鞭（Zuchtrute），而非救赎机构（Heilsanstalt）。任何求取巫术性救赎财的想法，都是对上帝之定则的愚蠢触犯，教会并不提供此种救赎财。

此处，我们看到，教会已完全剥夺其卡理斯玛的性格，而变成一个社会组织（soziale Veranstaltung），然而其成立，乃是一种神法（divini iuris）上的义务，其品位高超于其他一切的社会组织之上，其组织形能是唯一由神所制定的一个。不过，除此之外，教会的成立，毕竟和成立神所意愿的国家此种社会义务及信徒之此世的“职业”义务，在原则上没什么不同。和其他所有“教会”不同的是：这些义务〔在卡尔文主义里〕并非靠着人为的努力而构成，亦即，并非靠着致力于超越在现世社会诸秩序中完成的伦理、而获得修道士那样的特殊恩宠状态，为其要旨。因为，此种努力在神的预定（Prädestination）之前是毫无意义的。信徒的义务在于：一方面于现世的为会诸秩序里，另一方面在“职业”（Beruf）里，竭尽一已之力以彰显神的荣耀。

此种“职业”的概念，在所有基督新教的国家里，乃得自于圣经的翻译，在卡尔文教徒之间，此一概念则完全明白地包含了得自资本主义企业的正当利润。此种利润及获得此种利润的合理手段，随着卡尔文主义首尾一贯的发展——虽然卡尔文本人的态度不尽相同——而得到越来越正面的评价：信徒对于被预定得救或沉沦的不可测与不可知性，自然是无法长久忍受的；他必须寻求“救赎的确证”(certitudo salutis)，探寻自己乃是被预定得救者的征兆。既然现世外的禁欲已被否定，他只有靠着以下的办法来寻得确定，一方面是意识到自己的行动乃是严格正直且合于理性地抑制着被造物的一切冲动，另一方面，于明眼得见的事物上，神是祝福他的劳动的。天主教所认为的“功德”(gute Werke)，作为救赎的“现实根据”(Realgrund)，在无可变更的神意之前，绝对是没有意义的；如今，对信徒个人也好，对其团体也罢，无比重要的是：个人在现世诸秩序中的伦理态度与命运，此乃其恩宠状态的“识别根据”(Erkenntnisgrund)。由于这是个全体人格之评价——评价其为受有恩宠或被拒斥者——的问题，更由于没有任何告解或赦罪可以开脱他或改变他在神前的地位，也没有任何“功德”，如天主教里，可以补赎所犯的罪过，因此，个人所能据以确信其恩宠状态的（如果他觉得有道理如此确信的话），惟其为在其整体态度上，在其生活样式的“讲求方法的”原则里，步入一条唯一正确的道路，亦即：为了神的荣耀而做工。“讲求方法的”生活，亦即合理性的禁欲形式，以上从修道院里被搬迁到现世来。禁欲的手段，原则上是相同的，亦即：拒斥一切虚浮的自我神化或其他被造物神化，排除封建的傲慢、艺术与生活之天真的享乐、“不经心”，避免一切金钱与时间的无益浪费，拒绝性爱的享受或一切偏离理性取向的事务——亦即以神的意愿与荣耀为其志向，换言之，在私人的职业上及神所制定的社会共同体内的理性工作的志向。

一切封建的奢华与非合理的消费之抑止，促进了资本的累积与财产为达收益目的的不断重新利用；并且，在“现世内的禁欲”之整体作用下，造就且拔举出了资本主义（及官僚制）所需要的“职业人”（Berufsmenschentum）。生活内容一般所针对的并非人，而是针对“即事的”理性目的；慈悲本身变成一种为了增加神的荣耀的、即事的贫民救济事务。并且，既然工作的成就乃是此一工作为神所喜的最确实征兆，那么，资本主义的利润就成为其经营乃受神所祝福的、最重要识别根据之一。

明白的是，此种生活方式，与“市民的”营利工作之（可能的，并且实际上是一般所惯用的）自我义认的方式异常紧密的相接合，并且正相一致：货币利润与财产本身并非目的，而是个人能力的指标。宗教的要求与有利于资本主义的市民生活方式，于此达成统一。当然，此事，特别是对赚取金钱的鼓励，并非清教伦理的目的与意义所在；相反的，就像其他所有基督教信仰一样，财富被认为是危险的，且充满诱惑的。不过，正如修道院，由于修道会成员之禁欲、理性的劳动与生活样式，一再地为自己招来财富的诱惑一般，如今轮到虔敬的、过着禁欲生活且禁欲地工作着的市民。

十一、犹太教的教权制与经济意识

纯就形式而言，犹太的宗教应该被归类为“教会”，因为它是一种人生而即为了服侍于它的“制度”，而不是由于具备宗教特殊禀赋的人所组织成的社团。不过，其特色在许多方面比起卡尔文主义要更不同于其他教权制的特色。它和卡尔文主义一样，没有巫术性卡理斯玛，没有制度性的救赎恩宠，也没有修道士制度。个人的神秘观想在此只不过是为神所喜且使人趋向神的种种宗教行为之一，因而不会导致像基督教里那种与官职卡理斯玛间的强烈紧张关系。其原因在于：自〔耶路撒冷的所罗门〕神殿失陷以来，犹太教里已没有真正的“崇拜”（Kultus）——其真正的意涵本为古犹太教与其他宗教所共同的，亦即，为信徒所举行的制度性的圣祭（Hierurgie）——只有为了布道、祈祷、歌唱、诵读与解释圣经之故的集会。并非这样的制度，而是个人，之遂行严格遵守神的律法，方为决定性的宗教情事。其他的一切都只是次要的。严格遵守神的律法，和清教徒的情况不同，并非获得神之祝福的识别根据，而是现实根据——以此，神会祝福信徒本身、他的子孙以及他的民族在此世的生活。相反的，个人不灭的思想，犹太教一直到后来才加以接受，其末世论的期待则是此世性的。

此种此世性的救赎期待，对于经济意识（在宗教亦为决定因素之一的情况下）极具重要性：和清教主义一样，神的祝福被认为是在个人劳动的整个特殊的经济成果中确证出来。此外，生活态度之高度理性的性格也是很重要的——至少强烈地受到宗教**教育**之性格的影响。在这方面，犹太教也和基督新教类似。对天主教徒而言，具备教义与圣经的详细知识是没有必要的，因为教会，作为救赎机构，已为他介入，只要他信赖教会的权威，对于教会的指示全盘相信，那也就够了，亦即所谓“信仰之默示”（fides implicita）[1]。信仰，在此是服从教会的一种形式。教会的权威并非奠基于圣经，相反的，是教会向信徒保证了圣经的神圣性——此

1 信仰之默示（fides implicita），见《宗教社会学》。——中注

一神圣性是教徒本身无法证验的。然而对犹太人和对清教徒而言，情形刚好相反：圣经是约束个人的律法，个人必须知道律法且加以正确的解释。犹太教育之所以无比地专注于对律法（Thora）的认知与决疑论式的解释，即由此而来；正如基督新教徒，特别是虔信派教徒之热衷于设立国民学校，亦是上述态度的结果，只是虔信派教徒对于“实学”（Realien）有较特殊的偏好。由此造就的思维训练，促进了合理性的经济意识；在犹太人这方，则促进了他们典型的辩证性的理性主义。

相对于此，第二命令造成造型艺术完全萎缩的结果[1]，大大压低了感性的艺术性之升华，而有助于对感性之自然主义的、合理性的处理。此种处理方式也是禁欲的基督新教所固有的，只不过比犹太教更少对感性的现实让步。二者之严格排斥任何形式的“被造物神化”，在促进“市民的”生活方式的方向上发挥了理性化作用，并因而摒斥一切对特殊封建的“浪费”的让步。对于所有市民的营利付与积极评价的态度，在密许那（mishnah）中已完全确立[2]。犹太教之自古于今皆然的特殊城市性的、绝对无法同化的、国际性的性格，一方面是奠基于仪式的机动，亦即：在不行割礼的世界中坚持割礼，以及因饮食戒律之故，犹太屠者（Schächter）之

---

1 《出埃及记》20：4—6：“不可为自己雕刻偶像，也不可作什么形象，仿佛上天、下地和地底下、水中的百物。不可跪拜那些像，也不可事奉他，因为我耶和华你的上帝是忌邪的上帝，恨我的，我必追讨他的罪，自父及子，直到三、四代。爱我守我诫命的，我必向他们发慈爱，直到千代。”——日注

2 犹太教的法典 Talmud 即由本文所称的密许那（mishnah）及密许那的注解葛玛拉（Gemara）所构成。密许那是以摩西的律法为中心，由代代的拉比对于摩西律法之演绎的口传律法所集结而成。密许那的部分与巴勒斯坦犹太法典及巴比伦犹太法典里的完全相同。——日注

不可或缺[1]，这使得正统的犹太人至今仍无法个别分散居住；另一方面则由于教权制共同体的彻底否定及弥赛亚期待的抱持。

在以上程度里，犹太人的宗教特质是影响了犹太人的经济意识，至于是否有更深远的影响，则很难加以论断。此外，这个命运独特无比的异民族所具有的特殊意义，基本上也只能由其历史的命运及其特殊的处境来加以说明——虽然这里头也有"种族的"因素不管怎样在运作着，然而我们无从予以掌握证明。

不过此处〔由其历史的命运来解释〕也必须要小心。以色列人或许从来就不是个"沙漠民族"——像莫克斯所说，他们的法律是源于贝都因法（Beduinenrecht），或像桑巴特所说，他们的性格是因顺应沙漠环境而塑成的[2]。在他们可能是此种沙漠民族的时代里，阿拉伯沙漠里根本还没有骆驼与马生存。从他们最古老的历史文书（底波拉之歌）[3]，正如他们后来的传统里，显示出他们是由山地部族所形成的一个誓约共同体（Eidgenossenschaft）。他们就像瑞士人和萨曼尼提人

1 犹太教有非常详细的饮食律，然此处的问题在于：不可吃动物血的规定。《利末记》17：10—13："凡以色列家中的人，或是寄居在他们中间的外人，若吃什么血，我必向那吃血的人变脸，把他从民中剪除。因为活物的生命是在血中，我把这血赐给你们，可以在坛上为你们的生命赎罪。因血里有生命，所以能赎罪。因此我对以色列人说，你们都不可吃血，寄居在你们中间的外人，也不可吃血。凡以色列人，或是寄居在他们中间的外人，若打猎得了可吃的禽兽，必放出他的血来，用土掩盖。"此外，另可参照《创世记》9:4，《利末记》3：17，7：26，19：26，及《申命记》12：23。

Schächter 是由希伯来语的 schachat 一字而来，意指遵守上述戒律的犹太人屠夫。这是一种祭官；为了使动物全身的血全部流光，他要预先将动物麻醉，然后用锐利的长刀迅速地切断动物的颈动脉来完成屠杀的任务。——日注

2 参见 Adalbert Merx，*Die Bücher Moses und Josua*（Tübingen，1907）。——日注

3 底波拉之歌参见《士师记》第五章。——日注

（Samnites）[1]那样，以步兵成功地抵挡了迦南和非利士城邦里的（车战的）都市贵族之征服企图，并且，也和瑞士人及（一时的）萨曼尼提人一样最后征服了一部分附近的城市，并支配了从埃及通往美索不达米亚的商业道路——一如瑞士人之控制阿尔卑斯山的通路，萨曼尼提人之控制亚平宁山的孔道。对一个像耶和华这样在山上受到礼拜的神而言，西奈这座最高的山正是合适的所在。如果自埃及逃脱一事并非历史事实（对我而言，有此可能），那么自"埃及为奴之家"被解救出来，或许是指以色列人之从耶路撒冷王国——仿效埃及而成为一个徭役国家因而受到祭司阶层的非难——被解放出来的意思。

教权制的发展，特别是在外人支配的时代，决定了其后的发展，特别是导致其与所有异血缘民族的绝对区隔，犹太人在货币交易（其次是商品贸易）上的逐渐专业化，是离散的犹太人（Diaspora）[2]自古以来所造就的结果，同样古老的是，他们之于异族环境里的不可或缺性：就其实，犹太人在罗马帝国的地位，已与其在中古时期的地位相类似——我们只需想想他们可以免于皇帝崇拜，而基督教徒却被强制这么做的意义。在阿拉伯人支配下的西班牙，以及现今的东方和（当然，

1　萨曼尼提人是以中南部阿尔卑斯山脉的山地与牧草地为原住地的古意大利的一个种族。约于公元前五世纪中叶赶走埃图利亚人（Etruria），在罗马发展之前即先行进出坎普尼亚平原。萨曼尼提人以其山地住民的粗野性之故，三度与罗马人发生冲突（即1—3回的萨曼尼提人战争）。第二次萨曼尼提人战争（前298—前290）中，却被罗马彻底击垮。另见M.Weber，*Gesammelte Anfsätze zur Sozial und Wirtschaftsgeschichte*，S.212f.，229，259Anm.2。——日注

2　在希腊语中为"散乱、分散"之意。指俘囚期以后，居住在巴勒斯坦以外的犹太人集团。——日注

> 免不了的）俄国，都有犹太人的手工业者存在，犹太人在经济上的专业化，似乎是随着其与周遭环境渐增的差异而升高，不过，这一切无论如何总是例外的现象。犹太人的法律，如桑巴特所说的，特别有利于有价证券之现代形式的发展；我认为这点并无法证明；相反的，犹太的商业法可能强烈地受到拜占庭的影响（并且，以此为媒介，受到泛东方的影响）。

举凡现身之处，犹太人即为货币经济的担纲者，特别是在借贷业务方面（在中古盛期，别无他人），并且也担待起商业上的一般广泛领域。无论对日耳曼的主教或对波兰的贵族而言，犹太人都是其城市兴建事业上不可或缺的要角。犹太人在近世初初期诸国的货运与赁贷业务上，在殖民公司的建立上，在殖民地商业与奴隶商业上，在牲畜与"物产"的贸易上，特别是在近代股市有价证券交易及货币发行业务上，相当强而有力且往往具有压倒性势力地驻足介入，完全是不争的事实。

至于在何种意义上我们可以将近代资本主义发展的决定性要角归予犹太人，这又是另一个问题。要考虑到：从赁贷暴利上、从国家及国家的信用与供应需求上，以及从殖民地的掠夺经济上，产生出来的资本主义，根本不是近代特有的，反之，这正是西方近代的资本主义与古代及中世纪的资本主义、甚至近代东方的资本主义所**共有的**要素。相较于古代（以及近东及远东）的资本主义，〔西方〕近代资本主义的特征毋宁是资本主义式的工业（Erwerb）组织；在此种组织的发展上，犹太人无决定性的影响力。更何况，恬不知耻的大钱商与投机者的心态，是早在先知时代及古代与中古时期就有的。并且，对于近代商业极具决定性的制度——法律上与经济上的有价证券形式与股市——自有其罗马－日耳曼的源头，犹太人只不过是特别将股市交易活动更进一步推展至今日所具有的重要性。

最后，典型的犹太商业“精神”——如果我们能这么具体而言的话——带有泛东方的性格，部分而言，正是前资本主义时代所特有的小市民性格。与清教徒共同的（并且也是清教徒所完全意识到的）是犹太人对于形式上合法的利润之正当化，并将之视为神之祝福的征兆，以及，某种程度的“召命”（Beruf）思想——只不过较不具清教徒那么强烈的宗教根基。犹太“律法”在特殊的近代“资本主义的”伦理之开展上所扮演的重大角色，或许是其合法性理论（Legalitätsethik，律法伦理）为清教徒伦理所吸收，并从而被纳入到近代“市民的”经济道德的网络里。

十二、教派、教会与民主制[1]

“教派”（Sekte）在社会学意义里并不是一个“小的”宗教共同体，也不是一个从任何其他共同体分裂出来，因而“不被承认”或受其迫害且视为异端的宗教共同体。洗礼派（Baptisten）即为社会学意义上的一个典型的“教派”，是基督新教在世上的诸派中最大的一个。并且，所谓教派，是指其**意义与本质**必然地弃绝普遍性且必然地奠基于其成员之完全自由的志同道合。其之所以必然如此，乃因其为一贵族主义的构成体，一个在宗教上完全**具有**

1　本节包含了某些韦伯在“The Protestant Sects and the Spirit of Capitalism”（GazRS，vol.1，207—236）中更详细讨论的材料。——中注

资格者（且唯有他们）所组成的团体，而不是教会那样的一个恩宠机构，将光亮照耀于正义者与不义者身上，并且正是特别愿意将罪人纳入于神之命令的训育下。教派具有"纯粹信徒团"(ecclesia pura)——"清教徒"(Puritaner)之名即由此而来——的理想，其为圣者所组成的**眼而得见**的共同体，害群的病羊要自其中驱逐，以免有碍上帝的眼。

至少就其最纯粹的类型而言，教派拒斥制度恩宠(Anstaltsgnade)与官职卡理斯玛。个人之有资格成为"教派"的成员，或因上帝自终古以来的预定（譬如成为克伦威尔之"独立派"核心部队的特殊洗礼派会员）[1]，或因"内在灵光"(inneres Licht)[2]，或借忘我而达到圣灵的能力[3]，或如古老的虔敬派之借"悛悔之战"(Buskampf)与恩宠的"顿然发现"(Durchbruch)；总而言之，个人必须靠着特殊的圣灵资质（诸如教反派所有的先驱者与教友派本身，以及大部分一般的圣灵教派），或靠着个人被赋予或自己赢得的特殊性卡理斯玛，才有资格成为"教派"的成员（此一教派的社会学概念自然必须小心地免于混入来自教会的中伤所附加于其上的一切怪味道）。

教派成员之集结为一个共同体的形而上学根据，极端分歧多样。就社会学而言，重要的是：此种共同体乃是一选拔机器

1 洗礼派可分为"特殊的"且"保守的"洗礼派，与"普遍的""阿明尼乌斯派的"洗礼派。前者是以其严格的方式信仰卡尔文的上帝预定论，认为唯有被神拣选的特殊的人方能得救，因此否认"传导"（"反传导洗礼派"）。后者则认为神的救赎是普遍地对着全人类的，强调人的自由意志，任何人都可因信仰而得神的拯救。——日注

2 此为教友派的立场，参见本章 p.414 注 2。——日注

3 例如在卫理公会派的看法里是如此，参见 M.Weber，*Gesammelte Aufsätze zur Religionssoziologie*，Bd.1，S.146ff.。——日注

(Ausleseapparat)，亦即，将有资格者从无资格者当中区分出来。因为，受选者或有资格者必须——至少在教派类型为纯粹型的情况下——避免与被拒斥者相往来。任何教会，包括路德派教会，当然还有犹太教，无不以破门律来对付那些顽强的不服从者与不信者。随着破门律而来的，虽非总是，但原则上通常就是经济的杯葛。除了某些教会（诸如祆教与什叶派）之外，多半只有种姓宗教(如婆罗门教)会走极端地普遍禁止与外人进行形而下的往来，亦即，性的往来与经济的往来。同样地，所有的教派也绝未做得如此过分。虽然如此，在其最为首尾一贯的发展路线上，正如修道士制度在其首尾一贯的发展上所发生的，教派走上这一步是十分可以想见的，至少，那些被排除于共同体之外的无资格者与被神拒斥者,全被置于最严格的杯葛之下。若让这些人参与礼拜活动，特别是参与圣餐礼，将会引发神怒且冒渎神。

将被神所明白拒斥者排除出去乃是任何教团成员的任务，此一观念已见诸卡尔文主义。卡尔文主义之贵族主义的、卡理斯玛的原则——如其预定及其对官职卡理斯玛的贬斥所显示的——就内在而言实与教派非常相近，尤其是在下述这个意义之下，亦即：各个圣餐共同体相对于官职（Amt）所具有的无比重要性。实例则为：严格的卡尔文教徒在库伊贝尔（Kuyper）的领导下，于〔十九世纪〕八十年代在荷兰所发动的教会革命；此一在政治上产生重大后果的教会革命之所以发生，是因为全体教会的上级官厅蛮横地勒令各个共同体要准许那些由不虔信的讲道者施予坚信礼的人参加圣餐礼。正因为唯有那些日日交相往来且深知彼此的人才能够判定相互的宗教资格，故而纯正的教派才会诉求共同体之绝对主权的原则。当具有同一“信仰”（Kofession）的各个共同体集结起来而形成一较大的共同体时，后者即为一“目的团体”(Zweckverband)，并且出于上述理由，决定性的处理权通常必然保留于个别的共同体。各个共同体是先行存在的（prius），并且，若我们愿意使用“主权”（Souveränität）这个概念的话，“主权”无可避免的是握在他们手里的。同理〔按即相互知交的道理〕，往往特别是那些“小”共同体（虔敬派教徒的“小教会”，ecclesiola）显得较为适合这些机能。此即“共同体原则”的负面性，且在其拒斥官职卡理斯玛——本质上具有普遍主义的一膨胀的性格——这点上达到极点。一个通过自由选拔（投票，Ballotage）所形成的共同体所具有的这种基本地位，对个人而言的实际意义在于：它认证（legitimieren）了个人的资格。凡被接纳成为会员者皆可以此向任何人证明，在其人格经过审查后，他符合此一共同体的宗教一伦理要求。如果此一审查被为严谨且值得信赖，并延伸到与经济相关的资格上时，这可为他带来极大的效用，包括经济层面。

在此至少举些实例说明。在二百年前的教友派与虔敬派信徒的文书里，吾人已可听闻如此雀跃的呼声：那些不信神者不把他们的钱放到他们的同类手中，而寄存或投资到虔诚的弟兄那里，因为其声誉卓著的正直与可靠比抵押凭证更有效，况且弟兄们经营的小商店顾客越来越多，因为连不信神者都知道，即使他们派个小孩或下人到那些商店去，所付不过“公道”实在的定价，且货值所付。教友派与虔诚派会员相互争取在零售业里实行“定价”制——对资本主义的计算而言，无论在哪方面皆为重要因素的一个制度——来取代东方典型的讨价还价方式的声誉。至今，特别是在美国这个教派的大本营，事情仍然如此。典型的教派成员，以及共济会会员（Freimaurer）[1]，作为一名作商，击败任何竞争者，且绝不仅限于与同教派人商谈的场合，因为人们相信他们出价绝对公道；凡想开设银行者，自会受洗成为洗礼派成员，或加入卫理公会，因为任何人都知道，在受洗或加入这些教派之前，要先进行一次严格的审验以考核其人的过往素行是否有污点，诸如，上酒馆、性生活、玩牌、借贷、其他轻浮草率及不诚实等等。若审验结果为正面的，即保证了此人之足以信赖。并且，例如在北美地区，个人的信用除此基础别无可言。凡所要求于真正基督徒的禁欲要求，也同样地发生于资本主义——至少在〔诚实为最上策〕这句话管用的地方——之于其新进者身上。在资本主义机制里所有的重要责任位置上，诸如董事会中的总裁、“发起人”（Promoter）、经理等，这类教派成员总是被优先考虑的。就像无论在什么时代皆有利于“离散的”（Diaspora）宗教，例如犹太教的情况，教派成员无论走往何处，皆可凭其出身共同体所发给的证书——在美国如今仍然通行——而处处找到信仰相同的、以弟兄相称的、接纳他且认证、推荐他的小小共同体，并以此迅速获得教外人所完全欠缺的、经济上的基石。并且，此种声誉是广泛地相应于教派

1　共济会是世界性组织的秘密结社。但所谓秘密结社，并不是指它怀抱有什么政治阴谋，反之，它是世界主义的、自由主义的、合理主义的友爱组织。它的起源，正如其名称（freemasonry，Freimaurerbund）所显示的，据说是中世纪末期伦敦的“石工”组合（一直到现在，会员都还是分为“徒弟”“职工”“师傅”三个阶级）。共济会本来不过是这种以信心、互相扶持、友爱为目的石工行会，到了近代，随着教会体制的衰微，而逐渐转化为精神的结合，会员也不再只限于石工而广及于许多知识分子；到了1717年正式编组成现在的形制。众所周知的是，由于其理性主义与启蒙主义的缘故，普鲁士的腓特烈大帝及法国的百科全书派人士纷纷加入此一组织。然而，也就是因为这样的倾向，必然招致教会的反感。1738年，教皇克里蒙十二世对它发出破门令，继之而来的是在天主教国家里它所遭受的强烈迫害。此外，由于其世界主义的倾向，多少也遭到国粹派的嫌恶；随着帝国主义的强化，其活动也越来越困难。——日注

成员之实际资质的，因为，任何官职教权制的权威性教会纪律再怎么样也比不上被教派除名的威吓力与特别是教派教育的严厉所具有的强烈效果。

相对于天主教徒之非督导式的、个人的秘密告解——其作用在于赦免罪人之过，而很少是为了使其革心洗面——古老的卫里公会是以班级制度来进行告解，亦即为告解组成小团体，每周举行集会；虔敬派与教友派里则为会员间的相互监督与忠告。其无可比拟的效果在于：个人在一个教派里，必须在教友之不断的批判下自我“坚守”。随着生活与日俱增的世俗化，此种个人自重自持的基础扩展且浸透到整个美国的生活里去：只消视其奠基于投票〔以决定新会员之加入〕的、不胜枚举的、为一切可以想见的目的而设的社团与俱乐部，乃至于学校里的少年俱乐部。在中产阶级里，甚至如今，个人都还以任何一个这类的社团之“徽章”为据而被认为“绅士”。尽管这些现象目前或许正趋于崩解，但如今仍可以肯定的是：美国的民主制并非由毫不相干的个人所集拢的沙堆，而毋宁是由极度**排他性的**、但完全自由成长的教派、社团与俱乐部所集结成的一个混合体；以这类团体为中心，个人本身的社会生活在此中进行。一个美国学生若被投票表决不得加入一个声名卓著的俱乐部，很可能就迫使他走上自杀之途。当然，类似的现象广见于许许多多自由的结社，因为，在极大部分的情况下——特别是在非经济性的社团里，个人是否愿意和什么人共同成为某一社团成员的问题，并不纯就功能的观点来考虑，换言之，为具体的社团目的作适用性方面的考虑；并且，成为一个无论其种类为何的、“上流的”社团的成员，无论何处皆被视为一种对其全体人格之“高抬”的认证。此种现象的强度，再没有任何地方可与美国的古典时代相比，换言之，“教派”及其派生物，以其对人格的形成具有无出其右的影响力之故，是为美国之不成文的、但却为最重要的宪法要素之一。

在教权制里，我们面对一股力量，亦即，基于〔人应该比服从于人更服从于神〕这个命题，教权制对峙于政治权力而要求自己领域内独立的卡理斯玛与独立的权力、取得服从并对政治权力设下确固的限制。对于那些被它要求支配的人，教权制在其支配权所及的范围内，会保护他们免于来自其他权力的干涉，无论此一干涉者为政治当权者、丈夫或父亲。此种力量是来自于教权制本身固有的官职卡理斯玛。由于政治权力与教权制权力两者在完全发展之时都会提出普遍的支配权要求，换言之，要求由自己这方来划定其对个人的支配界限，故而，相互妥协与结盟、彼此携手划分领域以进行共同支配，乃是两者之间合适的关系，所谓“国家与教会分离”的方式，也只有在国家或教会任一方事实上**放弃**对于那些在他们而言、基本上唾手可及的领域之完全的支配，才有可能。

与此相反，**教派**拒斥官职卡理斯玛，首先则为教权制的官职卡理斯玛。正如个人可以只因特殊的、被共同体审验过且予以确认的资格而成为教派的成员——洗礼派所谓的“再洗礼”(事实上是具有资格者的成年者洗礼)，正是此中最明白的象征——同样地，他也可以只因特殊的卡理斯玛而行使一种教权制的权力。教友派典型的事神态度是静静地等待，看看神的圣灵是否会于今日降临在某个共同体成员的身上，唯有他这样的一个人才足以就讲道或祈祷发言。当那不断证明自己特别有资格宣扬神的话语的人被放置到特殊的席位上、且不得不站定于通过讲道的准备以支援圣灵之到来的立场上时，这已是对寻求规则与秩序之需求的一种让步；这也是大多数的教友派共同体里所发生的情况。尽管如此，所有纯粹且首尾一贯的教派，即使在其因经济与教育的利益之故而发展出正规的官职的情况下，还是坚持在此最严格意义上之“俗人传道”与“〔会员之〕共同司教主义”（allgemeines Priestertum）的原则，而这正是任何首尾一贯的“教会”所摒斥的。

甚而，举凡“教派”性格被纯粹保持之处，共同体往往就保持住基于共同体的“直接民主制的行政”，并坚持教会官员之为共同体之“仆人”的性格。在教派这种固有的结构原理之中，已明显地存在着其与民主制结构之内在的选择性的亲和力(Wahlverwandtschaft)。对于政治权力，教派的态度不仅独特且极具重要意义，换言之，教派乃是一个特别反政治的、或至少是非政治的构成体。由于教派根本不能够也不得提出普遍的要求，并且只愿作为有资格者所组成的自由的团体，所以根本不可能与政治权力结构结成同盟。如若结盟，就像新英格兰的独立派，那么就会产生出一个由教会认可资格者所形成的贵族制的政治支配，那么就会产生出一个由教会认可格者所形成的贵族制的政治支配，其以所谓半途立誓（Halfway Covenant）的方式来达成妥协[1]，而致使特殊的教派性格丧失殆尽。克伦威尔领导下的圣徒议会之未竟

1 所谓半途立誓是指 1657 年在新英格兰的组合教会的会议里，对于会员资格要件所做的让步。其旨趣在于：对那些受过洗礼、过着道德高尚的生活且具有正统信仰的人，即使并无个人的回心经验，也承认其完全的会员资格（只不过不能参加圣餐式）。——日注

其功的支配[1]，正是此种方式之最大的实验。纯正的教派必然是支持“国家与教会分离”和“宽容”的，其原因如下：一、教会根本就不是一个用以压制罪的普遍性救赎机构，其不能忍受政治控制与规制的程度，并不低于其对教权制之控制与规制的拒斥；二、没有任何官职权力（不论其种类为何）能够施予不够资格的个人救赎财，并且，政治权力之于宗教问题上的任何运用，都是毫无意义可言的，或者根本就是魔鬼的勾当；三、教派与教外者毫不相干；四、总而言之，在其不愿放弃其存在与活动之最内在的宗教意义的情况下，教派本身除了是个由宗教上够资格者绝对自由地形成的团体外，并无其他。以此，首尾一贯的教派也总是采取这样的立场，并且正是“良心自由”（Gewissensfreiheit）之要求最为纯正的担纲者。

其他的共同体也使用“良心的自由”这个字眼，只不过意义不同。我们固然可以说诸如罗马、中国、印度、日本这些政教合一的国家里，是说得上“良心的自由”与“宽容”的，因为他们都容许被其征服或兼并的国家之各种可能的崇拜存在，并且没有任何宗教的强制。然而，此中自有其原则上的界限，亦即政治权力之国家的官方崇拜，诸如罗马的皇帝崇拜、日本之宗教性的天皇崇拜、或者包括中国的皇帝之上天崇拜在内，是皆基于政治理

1　克伦威尔于 1653 年 4 月以武力解散“残余议会”(Rump Parliament)〔亦即长期议会(Long Parliament）中，多数议员被放逐后，残余分子组成的议会〕，再让各郡的独立派教会推荐适当的候补者，而于此中选取一百四十名组成所谓的圣徒议会，亦被称作“贫乏国会”(Barebone’s Parliament)。在主观上虽燃起改革的热潮，然而由于急进派与稳健派的对立，而无法获得任何成果，遂于同年 12 月被解散。——日注

由而非宗教。正如沉默者威廉[1]或更早的腓特烈二世大帝[2]的宽容，或如利用教派成员作为技术劳工的某些庄园领主，或如阿姆斯特丹城里教派成员为实业生活之担纲者所享有的宽容，是皆取决于经济的动机。与此相反，真正的教派——尽管〔教派与教会之间〕有各式各样的过渡形态，但我们此处故意将之置于一旁——必然会在特殊的宗教理由之下要求政治权力的不干涉与"良心的自由"。

一个完全发展的，换言之，在揭橥普遍主义的要求下发展的救赎机构（"教会"），则反过来愈是为纯粹类型就愈少能容忍"良心的自由"。举凡教会提出此种自由的要求之处，皆因其处于少数派之故，并为自己本身要求一些原则上它所不能认可于其他人的东西。正如马林克罗特（Mallinckrodt）[3]在帝国议会里所说的，"天主教徒的良心的自由，是即：得以服从于教皇"，也就是：遵照自己的良心行事。然而，一旦得到权势，不管是天主教教会或（古）路德派教会也好，就是卡尔文派或洗礼派的古教会也罢，都不会认可**别人**的良心的自由，并且就其护卫官职义务——亦即灵魂的

1　Willem Ⅰ（1533—1584），奥拉宁公爵，企图抵抗西班牙以使荷兰立。1576年，荷兰全境诸州在全体参与下订定和约。其后，南部的天主教州省在西班牙的怀柔下分离，但北部七州则于1579年缔结成"乌特瑞希特（Utrecht）同盟"，威廉出任首任总督。1581年发布独立宣言，荷兰联邦共和国于焉诞生。其后，威廉于1584年被暗杀。他原本为天主教徒，尔后改宗路德派，最后则改宗卡尔文派。上述1576年的和约，即奠定于宗教宽容的基础上。——日注

2　Friedrich Ⅱ（1194—1250），神圣罗马皇帝亨利六世之子。1198年为西西里国王，1215年为日耳曼国王，1220年为神圣罗马帝国皇帝。他比同时代的其他君主先一步在西西里树立起绝对专制的统治机构。他爱好学问与艺术，尤醉心于自然科学。在他Palermo的宫廷里，有伊斯兰教与犹太学者出入，自己则精通六七国语言，显著带有世界主义的性格。虽循霍亨史陶芬家族之例，他也与教皇时起冲突，一再不睦，但在宗教的问题上，却支持基于较宽容原理的教会改革运动。——日注

3　Hermann von Mallinckrodt（1821—1874），天主教的政治家。1867年以降出任德意志帝国议会的议员，中央党的创立者之一。——日注

救赎，或在卡尔文派来说，守护神的荣耀——这一点上着眼，他们也不会做出上述的认可。反之，首尾一贯的教友派之良心的自由，除了自己本身的自由外，也包括其他人的自由，换言之，丝毫也不强迫那些教友派或洗礼派之外的人行为举止就得像是个教派内的人。在首尾一贯的教派的基地上，以此生长出被支配者（特别是任一个别的被支配者）**对立于**权力——无论其为政治权力、教权制权力、家父长制权力、或其他任何种类的权力——的一种被视为无可剥夺的“权利”(Recht)。此一意义上的“良心的自由”，或许一如耶利内克(Jellinek)[1] 具有说服力的论断，是为最古老的“人权”(Menschenrecht)；无论如何，由于此种“良心的自由”最能广泛地包含了一切取决于伦理的行为整体且保障了免于权力、特别是国家权力之干涉的自由，故而原则上为首要的“人权”：具有如此性质的这样一个概念，固不为古代与中古所知，就连附带着国家之宗教强制的、卢梭的国家理论[2] 也未知其然。

附着于此一基本权制之上的，是其他诸如“人权”“市民权”或“基本权”等，特别是追求个人本身之经济利益的权利——在一个对任何人皆一律有效的、具抽象规范之形而被保证的法理规则系统的范围内，根据自己的裁量——其最重要的从属内容则为：

1　Georg Jellinek（1851—1911），德国的公法学者。相对于素来之绝对主义的公法理论，他倡言国家应基于法律约束自己，以及保护个人之基本权与公权的自由主义的公法理论，并且试图将法学在哲学、比较法学与社会学的基础上综合性地建立起来。与本文相关者，应特别参照其所著的 *Erklärung der Grund-und Menschenrechte*，1.Aufl.，1895。——日注

2　卢梭在其《社会契约论》里，认为当权者可以决定哪些条款足以作为市民的信仰内容，但并不是以其为宗教教义，而是以其为社会性的感情才如此决定——若无此种感情，则不可能是善良的市民及忠实的臣民。当权者虽无法课以义务于不信于此的任何人，但不信者，不论何人，皆可自弃于国家而远离……任何人一旦公开承认这教义，却又采取不信的行动，则应处以死刑。参见 Rousseau，*Contract Social*，Ⅳ，8。——日注

个人财产的不可侵犯性、契约的自由与职业选择的自由。所有这些权利皆在启蒙时代的信仰中找到其终极的正当性，亦即，相信个人的“理性”（Vernunft）运作，只要不被压制的话，必然会基于神意以及个人为最明白自己之利益所在者的道理，至少会在相对而言最好的世界中产生出来。这种对于“理性”的卡理斯玛式神圣化，在罗伯斯庇尔（Robespierre）的理性的神化中[1]找到其最具特征性的表现，也是卡理斯玛在其波澜万状的命运之旅中所采取的最后形式。清楚的是：对于形式的权利平等与经济的活动自由的这些要求，已为家产制与封建制法秩序之一切特殊基础的崩解铺好了路，一方面有利于抽象规范的世界之出现，间接则为官僚化的出现，另一方面则特别有利于资本主义的扩张。正如教派之采行“现世内的禁欲”——尽管采行的动机并不尽然与教理一致——以及教派之教会规律（Kirchenzucht）的性质，育养了资本主义的精神心态与资本主义所需的、合理性行动的“职业人”（Berufsmensch），同样地，人权与基本权的提出则为资本的增殖欲之自由地支配物财与人类，提供了前提条件。

1　正确说来，从事“理性之神化”的，是艾伯特派（J.R.Hébert），特别是肖梅特（P.G.Chaumette）。他于 1793 年将巴黎的圣母院改变为崇拜理性的神殿，盛大举行理性的祭典，其后，全国的天主教教会，不是被关闭，就是被改变成理性的神殿。罗伯斯庇尔（Robespierre，1758—1794）认为此种对理性的崇拜会迷惑人心，而人心的统一则有赖于宗教，故而进行新的“最高存在的崇拜”（Culte de l'Etre Suprême）。换言之，他于 1794 年 5 月 7 日的法令里，宣言“最高存在的实在与灵魂不灭”，对内外表明革命的法兰西并非无神论；在他的催促下，于 6 月 8 日举行“最高存在”的新祭典。——日注

译名对照表

Aachen　亚琛
Abbāsid　阿拔斯王朝
Abberufung　罢免
Abköemmlichkeit　余暇
Abrichtung　调教
Achilles　阿基里斯
Acre　圣亚克
action bonae fidei　诚意诉讼权
action stricti iuris　严正诉讼权
actiones in factum　事实诉权
ad nutum amobile　自由撤换
Adelsföderation　贵族联盟
Adolf, Gustav　古斯塔夫・阿道夫
Aegidius　埃吉迪乌斯
aequum et bonum　平衡与善
Aguitaine　亚奎丹
Ahnenprobe　系谱证明
Akklamation　欢呼赞同
Alexander　亚历山大
al-Ghazâlî　阿尔・卡撒里
Alkmaioniden　阿克麦翁尼登家
allgemeiner Untertaneneid　一般的臣民宣誓
allgemeines Priestertum（会员）共同司教主义
Allod　自由所有地
Allod　自有地
Alltag　日常
Alltagskapitalismus　例行化的资本主义
Altersklassen　年龄阶级
Ambarvalia　安巴瓦利亚祭典
'Amil　包税者
Amon（Amen）阿蒙神
Amortisation　死手的财产取得
Amortisationsgesetze　死手财产取得禁止法
Amtshierarchie　官职层级制
Amtsmechanismus　官职机制
Amtstreuepflicht　职务忠诚义务
Anatolia　安那托利亚
Andachtsmittel　忠诚手段

Anerkennen 承认
Anhang 郎党
Anjou 安如王朝
anphiktionia 邻保同盟
Anstaltscharakter 制度性
Anstaltsgnade 制度恩宠
Anstaltskirche 组织化的教会
Anstellung 任命
Antoninus Frolentinus 圣安东尼努斯
Antony, Mark 安东尼
Antrustiones 侍从
Apisstier 阿庇斯圣牛
Apparat 机器，机构
Aquinus, Thomas 阿奎那
Aram 阿拉姆语
arbiter elegantiarum 品味大师
Archon（雅典）执政官
Areoi 阿瑞欧伊
Areopagus（雅典）元老议院
Arius 阿利乌斯派
Arte di Cailmala 卡理玛拉商人行会
Askese 禁欲
Asoka 阿育王
auctoritas 事前认可
auf festes Geld gesetzt 缴纳固定货币额的义务下被任命
Aufsichtsrat 董事会
Augsburg 奥古斯堡
Augustus 奥古斯都
Aurelius, Marcus 奥理略
Ausleseapparat 选拔机器
Autoritaet 权威

baillis 国王代理人，地方行政长官
Bakunin 巴枯宁
Ballotage 自由选拔，投票
Bannforst 禁猎林
Banngewalt 禁制权
Baptisten 洗礼派
Barebone’s Parliament 贫乏国会
baron 有爵位者
Basileus 拜占庭的皇帝
Bataillon 大队
Bauernlegen 圈地运动
Beamtentum 官吏制度，官吏群
Becker, C.H. 贝克
Bedouins 贝都因人
Beduinenrecht 贝都因法
Befugnis 权限
Beglerbeg 地方长官
Behörde 官府
Beicht 告解
Bektaschiorden 贝克塔西教团
Belgae 比利吉人
Belgium 比利时
Benedictus a Nursia 圣本笃
Benediktinerorden 圣本笃修会
beneficium 恩俸
Benefizialwesen 恩俸制
Bérat 认可状
Berechenbarkeit 可计算性
Bernardus 圣伯纳

Berserker 勇猛战士
Beruf 职业，志业，召命
Berufsmenschentum 职业人
Beschneidung 割礼
Besitzrecht 占有权
Betrieb 经营
Beutefolgschaft 掠夺扈从团
Beutekapitalismus 掠夺资本主义
Bewaehrung 确证
Bewucherung 暴利
Bildung 教养
Birmingham 伯明翰
Bismarck 俾斯麦
blind pool 盲金
blonde Bestien 金黄兽
Blutbann 流血禁制权
Blutgerichtsbarkeit 流血司法权
Boeotia 比欧提亚
Boiotarch 比欧塔克
Book of Mormon 摩门经
Bordeaux 波尔多
Boss 党老大
Bossuet, Jacpues Benigne 博絮埃
Boyars（俄国）包亚贵族
brachium saeculare 世俗之腕
Bruderliebe 兄弟爱
Bruedergemeinschaft 兄弟共同体
Bruges 布鲁日
Bruno V.Köln 圣布鲁诺
Brutus 布鲁塔斯
Buero 办公室
Bull Moose party 革进党
Bürokratie 官僚制
Bürgertum 市民阶层
Buskampf 悛悔之战
Busse（compositio）赎罪金
Bussrecht 处罚权
Byzantine 拜占庭

Caecilianus 凯基利安努斯
Caliph 哈里发
Calvinismus 卡尔文主义
canones regulares 在会伽侬（修道参事会员）
Canossa 卡诺沙
capitulare de villis 庄园管理条例
capitulare missorum 巡察使敕令
caput mortuum 残渣，遗制
caritas 慈善
Carolingian 卡罗琳王朝
Carrhae 卡拉埃
Cäsar, Julius 恺撒
Cäsarismus 恺撒制
Cathédrale de Chartres 沙特尔圣堂
Caucus-System 政党的官僚化
Caucusdemokratie 小组民主制
cavaliers 保皇党
certiudo salutis 救赎确证
chaka 恰卡
Chamberlain, J. 张伯伦
chancellor 大法官
chancery（英国）大法官府

Chara　宗教法庭
character indelebilis　不可磨灭的印记
charisma　卡理斯玛
Charisma der Rede　雄辩的卡理斯玛
Chaumette, p.G.　肖梅特
Chylon　奇隆
Cimbri　西恩布里
Citeaux　西妥
Claudius　克劳地乌斯
clausura　禁区
Cleisthenes　克利斯梯尼
Cleon　克里昂
clerici　参与者
Clermont　克莱蒙
Cluny　克鲁尼
Codex Iuris Canonici　天主教教会法典
Colbert, Jean Baptiste　科尔伯特
Collatio　年金
collegio（威尼斯）内阁
coloni　部曲
comitia　民会
Commenda　康曼达
commendatio　托身
Commodus　康莫都斯
Commons, the（英国）下议院
commune　城市自治共同体
Concessions　赐地
concilium oecumenicum　普遍大公会
concione（威尼斯）民会
condottiere　佣兵队长
Congo　刚果河
consensus ecclesiae　教会的一致意见
consiglio dei dieci（威尼斯）十人委员会
consiglio di credenza　小评议会
consiglio maggiore　大评议会
consilia evangelica　福音的劝告
consilium et auxilium contra omnes　用进言与助力以对抗万人
Constantine（F.V.Constantinus）君士坦丁大帝
Constantius Ⅰ. 君士坦丁修斯
Constitutio Antoniniana　安东尼努斯敕令
contubernium　准婚姻（事实婚）
convention　党大会
coram rege（king's bench）王座前的法庭，王室法庭
coroner　检察官
county court（英国）州郡法庭
coupsd'état　政变
cours d'amour　爱情法庭
Crassus　克拉苏
cromwell　克伦威尔
Cuchulainn　库·丘林
Culte de l'Etre Supreme　最高存在的崇拜
curiäregis　王座会议
custos rotulorum　卷宗记录保管者

Danzig　但泽
dare ad proficuum maris　依契约分配海外贸易的利润
Deborah-Lied　底波拉之歌
decuriae　十人组

decuriones　市镇议员
decuriones（罗马）市议员
Degen　从士
Delphi　德尔菲
demagogue　群众领导者，群众煽动家
demos　人民
Deo placere non potest　总不为神所喜
deputatist　依附者
Deputat Pfründe　实物俸禄
de Rancé　第兰西
Derwisch　得未使
Derwîschorden　得未使教团
Despotie　专制政治
Dewshirme　征调少年
Diadochen　亚历山大的继承者
Diakon　助祭
diaspora　离散的犹太人
Dienstlehen　服务采邑
Dienstrecht　服务法规
Differenzeinwand　拒付差额
Diktator　狄克推多
Dingund Heergenossen　司法与军事同志
Dingverbànd　司法集会人团体
Diocletian　戴克里先
Dionysoskult　狄俄尼索斯崇拜
Diözesen　教区
Disziplinierungsmittel　纪律化手段
divini iuris　神法
Diwan（土耳其）国务会议
Doge（威尼斯）执政官，总督
Dogmatik　教义
domi　内地
Dominicus　圣多明尼加
Dominikaner　圣多明尼加修会
dominus　专君
Domkapitel　主教座堂委员会
Donatist　多纳提斯派
Donatus, Casea Nigrae　多那突斯
doomsday Book　土地清丈册
Doppelvasallität　复主从关系
Dorfherr　村领主
Dorians　多利安人
droit de resignation　官职移转税
duces（罗马）部队长
Durand, Durandus　杜兰
Durchbruch　顿然发现
Dworjanstwo　宫廷贵族

Ebenbürtigkeit　同等出身
Ebenbürtigkeitsdoktrin　同格理论
Ebert, Friedrich　艾伯特
ecclesiämilitans　战斗教会
ecclesia pura　纯粹信徒团
ecclesiola　小教会
Edictum perpetuum　永久告示录
Ehrenkodex　荣誉法典
Eidgenossenschaft　誓约共同体
Eigencharisma　固有卡理斯玛
Eigengesetzlichkeit　固有法则性
Eigenkirche　私有教会
Eigenkirchenwesen　私有教会制
Einfühlung　所见一同，感情投入

Eingebung　启示
Eingebung　鼓舞士气
Eingestelltheit　态度
Eingestelltsein　志向性
Einheitskultur　统一的文化
Einverständnisgemeinschaft　谅解性的共同体关系
Eisenseiten　铁骑队
Ekstase　忘我
emir（近东）军事指挥官
endogamer Promiskuität　族内乱婚制
Entzauberung　除魅
ephebeia　壮丁训练所
Epheben　壮丁
Ephebie　壮丁制
equity（英国）平衡法
Erblichkeit　世袭性
Erfolg　效验
Ergasterien　作坊
Erkenntnisgrund　识别根据
Erlösungsreligion　救赎宗教
Erwerbstrieb　营利经营
Erzämter　帝国最高官职
Erziehung　教育
Erzwingungsstab　强制干部
étatsgénéraux　三级会议
Eteobutaden　埃提欧布塔登家
ewig Gestrigen　永存的昔日
ex cathedra　圣座
ex fide bona　根据信义诚实
exceptio usurariae pravitatis　不当暴利控诉
Exchequer（英国）财政部
Exemtionen　复免权
exercitiäspirtitualia　心灵修业
exkommunikation　破门律
extra cclesiam nulla salus　教会之外无救赎

Fachmann　专家
Fachmenschentum　专家
familiaris　家人
Familienhaupt　家族长
Fatima　法蒂玛
Feldjäger　猎骑兵
Felix（让渡者）菲利克斯
Felonie　不履行采邑封建义务，违反忠诚原则
Fetwa　伊斯兰教长老的意见（判断）
Fideikommiss　家族世袭财产
fides implicita　信仰之默示
Filiationssystem　分院制
Flächenstaat　领土国家
foederati　同盟部族
Formel　程序
frankpledge　自由人连坐法
fratres Arvales　阿尔瓦列斯神官团
Freie Herren　自由贵神
Freimaurer　共济会会员
Friedrich Wilhelm Ⅰ（普鲁士）腓特烈一世
Fronhof　封建领地
Fürstenstand　诸侯身份

Gallicanisme 教宗权限制主义
Gefolgschaft, Gefolgsleute 扈从
Gefolgsschaftspartei 扈从者政党
Gegenreformation 反宗教改革
Geheimbund 秘密结社
Geheimlehre 密传
geistliche Erziehung 圣职教育
Gelegenheitshandel 投机商业
Gelegenheitsvergemeinschaftung 随机共同体关系
Gelegenheitsverwaltung 随机式行政
Geltung 妥当性
Gemara 葛玛拉
Gemeindekult 共同体崇拜
Gemeinschaftshandeln 共同体行为（行动）
Gemeinwirtschaft 共同体经济
Generalablas 一般性的赦免
Genossenschaftskirche 共同体教会
Genossenrecht 合伙权利
gentes minores 二流家族
Gentry（俄国）武士贵族
gentry 乡绅
Gerichtscherr 司法领主
Gerusia 长老会议
Gerusia（斯巴达）元老院
Geschlechterstaat 氏族国家
Gesellschaftshandeln 结合体的行动
Gesinnung 信念
Getreuer Herr, getreuer Mann 君君，臣臣
Gewalt 灵力
Gewissensfreiheit 良心自由
Gewissensgelder 良心钱
Gewolltes 意欲政策
Ghibellinen 皇帝党
Giessen 吉森
Gladstone, W.E. 格莱斯顿
Gottesgnadentum 神授性
gottgewollte Obrigkeit 神所意属的权威
göttliche Sendung 神之使命
Graf（国王官吏）格拉夫
Gregory Ⅶ 格列高利七世
Grossvezir 宰相
Grosswesir （近东）大宰相
Grundher 土地领主
Grundherrschaft 庄园（领主）制
Guelfen 教皇党
Guenstling 宠幸
gute Werke 功德
Gutsbezirke （普鲁士）领主制农庄
Gutsherr 物财领主

Hadrian 哈德良
Halfway Covenant 半途立誓
Hansabund 汉撒同盟
Harding, Stephen 哈丁
Hausmacht 王畿
hausmayer（maior domus）宫宰
Hausmuter 家母
Hebert, J.R. 艾伯特
Hedschas 赫哈斯
Heerkaisertum（罗马）军事王制
Heerschild 授封权
Heerschildordnung 授封权制度

Heilige Offizium 圣厅
Heilsanstalt 救赎机构
Heldenekstase 英雄性忘我
Heldentum 英雄性
Hellenentum 希腊的宗教
Heloten 无权居民
Henry Tudor 亨利·都铎
Herr 支配者
Herrenfall 封君死亡
herrenlose Sklaverei 无主人的奴隶制
Herrenrecht 支配者权利
Herrentreue 封君对封臣的诚信义务
Herzog 军事元首
hetairoi 骑兵
Heterokephalie 他治制
Hierarchie 层级制
Hierokratie 教权制
Hieronymus 圣希罗尼穆斯
Hierurgie 圣祭
Hintersassen 隶属民
Hintersassenkontingente 隶属民部队
Hofrecht 庄园法
Hohe Pforte 中央主管机关
Hohenstaufen 霍亨斯陶芬家族
homagium ligium 无条件的封建宣誓
homagium simplex 有所保留的封建誓言
Homer 荷马
Homerule-Vorlage 爱尔兰自治法案
homme vivant et mourant 有生有死的人
homo mercator vix aut numquam potest Deo placere 商人的经营固然无罪，但总非上帝所喜
Homo vassali mei non est homo meus 我的封臣的封臣并非我的封臣
Honoratioren 望族
Honoratiorenorden 名望家教团
Hort 财宝
Hugenotten 休京诺派
Humiliaten 谦卑者
hundred court（英国）百户村法庭
Hurrian 赫伦人
Husain 胡笙
Hyksos 西克索人

idschma 伊什玛（教会的一致意见）
Ikhnaton 阿肯纳顿
iktàh 恩俸
Imâm（伊斯兰教）教主
Immunitäten 豁免权
imperator（罗马）军司令官（皇帝）
Imperium 世俗权力
Imponderabilien 不可估量的
independents 独立派
innere Mission 对内传教
inneres Licht 内在灵光
innerweltliche Askese 现世内的禁欲
Inquistion 审问程序
Instanz 当局
Instanzenzug 审级制
institutionelle Wendung 制度化变质
interdictum ab ingressu ecclesiae 禁止入堂
Intuition 直观

Investiturstreit 主教叙任权之争
Iroquoi 易洛魁同盟
iuris dictio 司法权力
ius colendi 耕作权

Jackson, A. 杰克逊
Janitscharen（jeni chai）新军
Jansenismus 詹森主义
Jellinek, Georg 耶利内克
Jesuitenstaat 耶稣会国
Josia 约西亚
Josua 约书亚
Jünger, Jüngertum 使徒，门徒
Jünglingsweihe 成年礼
Justice feodale 采邑法司法权
Justice in Eyre 巡回法官
Justice of Peace 治安长官
Justice signeuriale 领土法司法权
Justiciar（英国）巡察长官
justum pretium 公平价格

Kabinettsjustiz 王室裁判
Kadi-Justiz 卡地裁判（审判）
Kaffir 卡佛族
Kämmerer 国王私有财库管理者
Kanalrebellen 运河法案叛逆者
Kaplàn 助理祭司
Kapuziner 卡普钦修会
Karl Martell 铁锤查理
Karthäuser 卡尔吐锡恩修会
Kaserne 兵营
Kasino 集会所
Kaste 种姓
Katholikentag 天主教教徒大会
Kautelarjurisprudenz 预防法学
Kelt 凯尔特人
Ketteler, Wilhelm Emanuel von 克特勒
Ketzer 异端者
Kiev 基辅
king's bench 王室法庭
Kingdom of influence 影响力的王国
Kingdom of prerogative 位权的王国
Kipchak Khanate 钦察汗国
Kirchenzucht 教会规律
Kléros 克里娄
Kleruchien 军事份地持有者
Klienten 客
Klostergrundherrschaft 修道院庄园制
Klub 俱乐部
Kluniazenser 克鲁尼系修道院
Knickerbocker 克尼克波克
Kobetsu（日本）皇族
Kokudaka 年贡米额
kollegial 合议制的
Köln 科隆
Kolonenheer 部曲军
Kompetenz 权限
Kongregation 宽律修道会
KöniglicheAmtsgericht 皇家的官职法庭
Königsgefolgschaft 国王扈从制
Königsrichter 国王法官
Königtum 王制

Konkordate 协约
Konsul（罗马）执政官
Kontor 营业所
Konvention 习律
Konventionalismus 习律主义
konziliare Bewegung 宗教会议运动
Konzilien 宗教会议
Kriegerkommunismus 战士共产主义
Kriegsfürst 战侯
Kriegsfürstentum 战侯国制
Kultivierung 陶冶
Kultus 崇拜，礼拜，仪式
Kuyper, Abraham 库伊贝尔

l'aigle de Meaux 莫城之鹫
Labadie 拉巴迪
laeti 屯田兵
Lageund Beutekommunismus 军事的掠夺共产主义
Laienbrüder 助修士
Laienerziehung 俗人教育
Lamaismus 喇嘛教
Lancaster 兰开斯特家族
Landesherr 州领主，邦主
Landeskirche 地方教会
Landesvater 君父
Landfrieden 境内和平法令
Landparzellen 份地
Landrat（普鲁士）郡守
Lassalle 拉萨尔
Laud, William 劳德
Laudemienzahlung 规费
Law, John 罗
le roi règne, mais ne gouverne pas 国王并不君临统治
Lebensführung 生活样式，生活态度
Lebensmethodik 生活方法论
Legalitätsethik 合法性伦理，律法伦理
Legitimierung 正当化
Legitimität 正当性
Lehensfeudalität 采邑封建制
Lehensträger 受封者
Lehnbürgeschaft 市民封臣阶层
Lehramt 指导权威
Lehrautorität 教导权威
Lehre 教说
Leibherr 人身领主
Leibherrlicher Verband 人身领主团体
Leihezwang 强制授封
Leiturgie 赋役制
Leroy-Beaulieu, A. 勒罗伊－伯琉
lettre de justice 书面形式的直接指令，敕令状
lettre de survivance 世袭特许状
lettre patente 公开状
levellers 水平派
Levy, H. 李维
lex de imperio 主权法
Lex Manciana 曼西安法
Lex Salica 萨利法典
liber et heres esto 指定奴隶为继承人
liberi 自由人，儿子

Liebig　利比布
Liga　天主教同盟
ligue des seizes　十六人同盟
Ligurian Sea　利古里亚海
limitanei（罗马）边境守备兵
lit de justice　国王（个人）亲临
Lochos　神圣部队
locutio ex cathedra　圣座宣言
lord lieutenant　郡代理长官
Losorakel　神谕（签决）
Lourdes　罗尔得
Loyola, Ignatius de　罗耀拉
Lübeck　卢比克
Lukokescha　慕塔雅瓦王国的女王

Machimoi　武士阶级
machimoi（埃及）武士
Machtkonstellationen　实力状况
magistri militum（罗马）司令
Mahdi　马赫迪
Mahdîsmus　马赫迪教
Maiz　麦滋
major domus　宫宰
Makedonen　马其顿人
Malatolta　非法征收的钱
Mallinckrodt, Hermann von　马林克罗特
Mameluke　马木路克
man of conscience　良心之士
man of honours　荣誉之士
mana　玛那
Mancipium　手权
Manifestation　宣示
Mannentreue　封臣对封君的诚信义务
Männerbund　男子结社
Männerhaus　男子集会所
Mannfall　俸禄持有者（封臣）死亡
manus　夫权
Marcomannic　马克曼尼克（战争）
Markgrafschaft　边防区
Marschall　马厩管理者
Massendemokratie　大众民主制
Massengebilde　群众组织
Massenhandeln　群众行动
Mckinley, W.　麦金雷
Mecca　麦加
Mechanismus　机制
mèdena apelpizontes　什么人也不指望
Mendelssohn-Bartholdy, A.　门德尔松
Mennoniten　孟诺派
Merkantilismus　重商主义
Merx, A.　默克斯
Metánoia　心神变化
Methodisten　卫理公会派
Mewar　麦瓦王国
Meyer, Ed.　迈尔
Michels, Robert　米歇尔
militiae　外地
Ministeriale　家士
Mir（俄国）密尔
misericordia　慈悲
mishnah　密许那
Missaticum　巡察使辖区

missi dominici 巡察使
Mittellandkanal 中部运河
Mjestnitschestwo 品位制度（秩序）
Modernitaet 现代性
monarchic constitutionalism 王制立宪制度
Mönchskirche 修道教会
Mönchtum 修道生活
monitores 鞭挞者，监督
monokratisch 一元制的
montes pietatis 当铺
Montesguieu 孟德斯鸠
Muata Jamvo 慕塔雅瓦（王国）
Mufti（伊斯兰教）传法者
Muhammed Ali 穆罕默德·阿里
muktah 包税者
Muraji（日本）连氏
muten 授封申请
Mutterrecht 母权制
mutuum date nihil inde sperantes 要不望任何报酬地借贷

Nachbarschaftsverband 邻人团体
Nachfolgerkreierung 继承者选任
nation-states 民族国家
Naturalwirtschaft 自然经济
Nepoten（教皇国）亲族
Nepotismus（Nepotenwirtschaft）阀族主义
Nero 尼洛
Nerva 尼瓦
Nichtwirtschaftlichkeit 非经济性
Nietzsche 尼采
nihil inde sperantes 什么也不指望
Nikon, Nikita Minov 尼康
Nizamal-Mulk 尼撒阿马克
Noblesse de la robe 法服贵族
noblesse oblige 贵族伴随义务
Nomarchenherrschaft 郡县长官支配制
Norbertus 圣诺伯特斯
Notabeln 望族
Novatianus 诺瓦提阿奴斯
nulle terre sans seigneur 没有无领主的土地

Obrigkeitsperson 官方人士
Odnodwórzy（俄国）自耕农
Oeknomische Grossbetrieb 经济上的大模经营
oekumenische Konzilien 大公会议
Offiziat 官方职务
Ohuenbeichte 秘密告解
Oikos 庄宅
Oligarchie 寡头制
Omar 乌玛
Omi（日本）臣氏
opera servilia 奴隶的劳务
Opschtchina（俄国）农村共同体
Orden 严律修道会
Ordengesinnung 修道院信念
Ordination 叙品
ordonnance 敕令
orenda 奥伦达
Orpheus 奥菲斯
Ostracism 陶片放逐制

Othman Bey 奥斯曼・贝

Palavers（非洲）商议
Pâli-Texte 巴利圣典
Papsttum 教皇权
Pariakaste 贱民阶级
parlements（法国）最高法院
Parthia 帕提亚
Pater Familias 家长
patria potestas 父权
Patriarch 长老
patriarchale Herrschaft 家父长制支配
Patriarchalismus 家父长制
Patrick 圣帕崔克
Patrimonialismus 家产制
Patronatrecht 教会保护权
Paulet, Charles 保列
pex Dei（Gottesfriede）神之和平
Pax Romana 罗马大一统
Peculium 准财产（特有财产）
Pelopidas 神圣部队
Pepin The Short 矮子丕平
Pepin of Heristal 海利斯多丕平
Pericles 伯里克利
Periöken 非全权居民
petty sessions 小治安法庭
pezetairoi 重甲步兵
Pfalzgraf 宫伯
Pfründe 俸禄
Pfründner 俸禄持有者
phalanx 密集部队
Pharao 法老
Pharisee 法利赛人
pize causae（罗马）慈善基金
Picknik-Prinzip 食物捐献原则
Pietät 恭顺
Pietisten 虔敬派
Pilgrim Fathers 皮尔葛林移民先祖
Pius X 庇护十世
Pius, Antonius 皮亚士
Plantage（罗马）大农场
Plataea 普拉托
Plebiszit 人民投票
plebiszitär 直接诉诸民意的
Plutokratie 金权政治
Pocahontas 波卡洪塔斯
Polisfeudalismus 城邦封建制
politischer Herrschaftsbetrieb 政治支配经营体
pomjestje 服务采邑
Pompey 庞培
Popolani 市民
popolo grasso 富裕市民
popolo minuto 下层市民
possessores（罗马）大地主
Potala 布达拉宫
präbendale Amtsorganisation 俸禄的官职组织
präbendales Beamtentum 俸禄官吏制度
Präbendalisierung 俸禄化
Prädestinationslehre 上帝预定论
Prämonstratenser 普列蒙斯脱拉特系修

道院
praesides（罗马）县令
praetor（罗马）法务官
precarium　假性占有
Prediger　传教者
pregadi（威尼斯）元老院
prerogative writ　大权令状
Presbyterialverfassung　长老制
presbyterians　长老派
Presidential Primaries　总统预选制
prévots　地方官（baillis　的下级）
Prhoboúleuma　事前同意
Priestemönche　司祭修士
Priesterfürst　祭司侯主
Priesterkönigtum　教士君主制
Primat　首位权
Primogenitur　长子（单独）继承制
Primus inter Pares　同侪者第一人
princeps（罗马）元首
prius　先行存在
Privatbeamten　私人职员
Privy Council（英国）国王亲信会议
procurator　监理官
Proletarier　无产阶级，无产者
Proportionalwahlsystem　比例代表制
Protestantismus　基督新教
Provence　普洛望斯
Ptolematic　托勒密王朝
Punic Wars　布匿战争
Puritaner　清教徒
Puritanismus　清教主义

Quäker　教友派
quarter sessions　四季法庭
quorum clause　法定人数条项

Rabbinentum　拉比制
Radschputten　拉吉普特族
Räte von Haus aus　宫廷外顾问
raison d'état　国家理性
Ramessiden　拉默塞诸王
Raskolniki　分离派
rasrjadnaja perepis　门第品位表
Rathgen, Karl　拉特根
Rationalismus　理性主义
Raya　拉亚人
Realgrund　现实根据
Rechenhaftigkeit　计算性
Rechnung　账目
Recht am Amt　官职持有权
Recht auf das Amt　官职要求权
Rechtfertigung　正当化，自我义认
Rechtmäsigkeit　正当
Rechtsfindung　法发现
Rechtsgenossen　法律上的自主团体
Rechtsstaat　法治国家
Rechtsweisen　法的宣示
Referendum　全民投票
regel Chrodegangs　克罗蒂冈戒律
Regiment　联队
Reichsreputationshauptschluss　帝国代表主要决议
remontrance　建议书

Rentier（Rentener）坐食者

Repräsentativsystem 代议制度

Rhens 雷恩斯（选侯会议）

Richter, Eugen 欧以根·里希特

Ringebrecher 财宝施予者（国王）

Rittercensus 骑士登录

Rittergutsbesitz 骑士庄园主

Robespierre 罗伯斯庇尔

Roosevelt, Theodore 罗斯福

Roundheads 圆颅党

Rousseau, J.J. 卢梭

Rumelia 罗美利亚

Rump Parliament 残余议会

Sacerdotium 教会权力

sachlicher Zweck 即事化的目的

Sachlichkeit 即事性

Sachsenspiegel 萨克林律鉴

Sadducaic 撒都该派

Säkularisation 教产世俗化

Salian 撒利安王朝

Salier 沙利神官团

Salisburg 索尔斯堡

Salmasius, Claudius 萨尔马休斯

salvä fide debita domino regi 保留对国王阶下的忠诚

Samnites 萨曼尼提人

Samthaftung 连带责任

Saracen（伊斯兰教）萨拉森帝国

Sarissenphalanx 长枪密集方阵

Sassanids 萨珊王朝

Satrap 波斯总督

Satrapieverwaltung 总督行政

Schächter 犹太屠者

Schah 沙皇

Schamanen 萨满

Schamanenekstase 萨满的忘我

Schari'ah（伊斯兰教）圣法

Schiitismus 什叶派

Schisma 大分裂

Schmidt, R. 施密特

Schoffenbarfreie 参审自由人

Schurtz, Heinrich 舒兹

Schwertbrüder Orden 刀剑兄弟团

Sekebaro（国王官吏）沙卡巴罗

Sekte 教派

selbstständige Berufslos 独立的无职者

Seldschúk 塞尔柱

selfmademan 自力更生的人

Senatus 长老会议

Senatus（罗马）元老院

Seniorat 长者继承制

seniores 领主

Sethe, Kurt 泽特

Severus 塞佛伦斯王朝

Sexagenarios de Ponte 六十回桥

Shahr Banu 夏巴努

Sheich ül-Islam 伊斯兰教长老

sheriff（英国）州长，郡长，郡守

Shinbetsu（日本）神族

Shôgun（日本）将军

Sicilian Vesper 西西里的晚钟事件

Signoren（意大利城市的）门阀
sine ira ac studio　无恨亦无爱
sipāhi　希帕士
Sipāhi-Pfründe　希帕士俸禄
Sitten　风俗
Siyāsat nāmah　政治之书
Smith, Joseph　约瑟夫·史密斯
Sohm, Rudolph　佐姆
Soldat　领军饷的人
sordida munera　卑贱的职务
Souveränität　主权
Spener, P.J.　史宾纳
Sportel Pfründe　规费俸禄
Squirarchie　乡绅阶级
St.Francesco d'Assisi　阿西西的圣方济
Staatsanstalt　国家组织
Staatsraison　国家理性
stabilitas loci　定住义务
Stadtfeudalismus　城市封建制
stadtherrschaftlicher Feudalismus　城市支配的封建制
ständische Territorialkörperschaften　身份制领域团体
Stand, Stände　身份团体
Standesgemaessheit　身份相应性
Ständestaat　身份制国家
ständisch　身份制的
star chamber　星法院
stereotypieren de Macht　具定型化作用的力量
Stetigkeit　恒常性
Stiftsfähigkeit　教会机构委员资格
Stifts pfründe　圣职者俸禄
Stiftungen　教会财源，基金
Strafversetzung　惩罚晋升
Stuarts　斯图亚特王朝
stump speeches　政坛演说
Stutz, Ulrich　史图兹
Sufism　苏菲派
Sühnegerichtsbarkeit　赎罪司法权
Sultan　苏丹
Summepiskopat, summiepiscopi　国教会首长
Sunnitismus　桑尼派
superstitio　迷信
Surplus-Leistung　剩余功德
survivance　官职世袭权
Sûtra　经典
synagoge　会堂
Synod, der heilige（俄国）圣公会议
Syssitien　餐会

Tacitus　塔西图斯
Taft, W.H.　塔夫特
Tagliacozzo　塔利亚柯佐
Tallagia　如意税
Talmud　犹太法典
Tartars　鞑靼人
Teilfürstentum　分国
Tertiarier　第三教团
Teutones　条顿
Teutonic Order　条顿骑士团

Theodizee　神义论
Theokratie　神权政治
Theresia, Maria（奥地利）特蕾西亚女皇
Thesauros　国王财宝
Thessalia　帖撒利亚
Thomism　圣多玛斯哲学
Thora（犹太人）律法
Thorn　图隆
Tiberius　提比留
tier état　第三阶级
Tilsit　蒂尔西特
Tischgenossen　共食伙伴
tote Hand　死手
Totteilung　决定性的分割
Trajan　图拉真
transsubstantiatio　全质变化
Trappisten　塔拉皮斯特修会
tretij element　第三类分子
Tridentinum　特伦特大公会议
Trier　特里尔
trinoda necessitas　三调制
trireme　三层桨战舰
Truchsess　宫廷长，粮食、调膳之长
trustis　侍从
tschinownik　卿位持有者
Tunisia　突尼西亚
Turnusprinzip　轮番制的原理
tyranny　僭主

ubicumque fuerimus in Anglis　朕于英格兰无所不在
Udaipur　乌代普
uji（日本）家氏
Ulema（伊斯兰教）学者
Umayyad　乌玛雅王朝
Ungeld　恶钱
Unpersönlichkeit　非人格性
Untertan　子民
Unwirtschaftlichkeit　非经济性
Unwürdigkeit　不够格
upaspistai　轻装步兵
Urkirche der Grosspfarrei　大教区的原教会
Urteilsfällung　作成判决
Urteilsfinder　判决发现人
Urteilsgründe　判决理由
usuraria pravitas　不当暴利
Utrecht　乌特瑞希特（同盟）

Veraklichung　贵族化
Vergesellschaftung　结合体关系，利益社会关系，理性组织化
Vergesellschaftungsform　合伙组合方式
Verinnerlichung　内化
Verjenseitigung　彼世化
Verkehrswirtschaft　交换经济
Verona　维罗纳城
Versachlichung　非人格化，即事化，切事化
Verstande　悟性
Verwaltung　行政
Verwerfung　永劫不复
Vespasian　韦帕芗

Viehbestiz 家畜财产
Villard, Henry 亨利・威拉德
villicus 庄头
Villikationsordnung 古典庄园
Voelkerrecht 国际法
Vogt 领地管理人
Vogteirecht 保护权
Volksrichter 人民法官
Volkswirtschaftsrat 国民经济会议
vorberatendes Gremium 筹备审议团体
Vorwahlrecht 准选举权
Vulgata 拉丁文圣经

Wahlmechanismus 选举机制
Wahlverfahren 选举程序
Wahlverwandtschaft 选择性的亲和力
Wakuf（伊斯兰教）宗教性基金
Wakuf-Laedereien（伊斯兰教）捐献地
Wallenstein, Albrecht von 华伦斯坦
wandernde Kirchen 移动教会
Wars of Roses 玫瑰战争
Weistum 睿智
Weltabgewandtheit 脱离现世性
Weltflucht 逃离现世
Wergeld 人命金
Werkheiligkeit 善功成圣
Wertabwägung 价值考量
Wertfrei 价值中立
wesentliche Räte 宫廷顾问官
Weyerstrass, K. 魏尔斯
Wiedergeburt 重生，再生
Wilde, Oscar 王尔德
Willkür 恣意专断
Wilson, Woodrow 威尔逊
wirtshcaftende Gemeinschaft 有经济作用的团体
Wisla 威斯拉河
wotschina 祖传的自有地
Writ of Certiorari 案件移送令

yeomanry（英国）武装自耕农
York 约克家族
Young, Brigham 杨格

Zambesi 尚比西河
Zauberer 魔法师
Zeitalter der Individualitäten 个性的时代
Zirkumscriptionsbulle 教区划定敕书
Zisterziensorden 西妥修会
Zoroaster（Zarathusthra Spitama）琐罗亚斯德
Zuchtrute 教鞭
Zulu 祖鲁人
Zunft 行会
Zwangsapparat 强制机构
Zweckverband 目的团体
Zweischwerterlehre 双剑理论

索 引

四画

五画

六画

七画

九画

十画

十一画

十二画